IDEAS: A HISTORY OF
THOUGHT AND INVENTION

人类思想史

平行真理：从维科到弗洛伊德

PARALLEL TRUTH: VICO TO FREUD

【英】彼得·沃森（Peter Watson）◎著
姜 倩 南宫梅芳 韩同春 高录泉 苗永姝 刘 织◎译

全国百佳出版社
中央编译出版社
CCTP
Central Compilation & Translation Press

目录

CONTENTS

CONTENTS

目录

目录

CONTENTS

第一章　东方的文艺复兴

葡萄牙保守发现新大陆的秘密

就在葡萄牙人还在非洲西海岸探险进而发现了巴西和远东的时候，印刷术的发明正悄然改变着欧洲人的知性生活。尽管读写能力的提高在一定意义上代表着巨大的进步，但是，这却使葡萄牙人在保守他们的重大地理发现方面变得更加困难了。

毫无疑问，葡萄牙人在保守消息上不约而同地达成了一致。例如在国王约翰二世（1481—1495）统治时期，葡萄牙国王曾使用咒语和包括死刑在内的形式各异的刑罚阻止人们走漏消息。1481年，国会请求国王禁止外国人在王国内定居，特别是热那亚人和佛罗伦萨人，“因为他们盗取了关于非洲和海岛的王国秘密”。[1] 在稍后的1504年，曼纽尔国王重申继续严格保守王国在东南和东北的航海秘密，违令者将处以死刑。“从那以后，出现了这样的情景，涉及去往非洲、印度和巴西的航海路线的所有航海图、地图和航海日志都被放置到了皇家的海图收藏室并处在巴斯孔塞洛斯（Jorgéde Vasconcelos）的保管之下。”[2] 不少历史学家曾经指出，不止一部官方修订的记载葡萄牙人地理大发现的编年史的有意漏缺就是为了保护重要信息不被泄露。唐纳德·拉克（Donald Lach）在他的有关葡萄牙统治的资料调查中说，查禁有关非洲大发现和贸易的消息的政策几乎确定无疑地被每个葡萄牙人贯彻执行：“很难相信偶然性能单独解释这样的事实，那就是不止一部的记录亚洲新发现的著名作品在1500年和中世纪期间在葡萄牙被出版了。”[3]

这样的禁令不会持续很久。葡萄牙的地图制造者们叫卖他们的服务并散播他们掌握的有关海外世界信息，以高价把他们的内部消息出售给那些最高出价人，正如同那些曾经经历过这种航行的航海家和商人所做的一样。有些人看上去对此种行为怀有负罪感，而且经常会忽略了详细的军事机密。但是，慢慢地，随着16世纪帷幕的展开，地理大发现变得稀松平常起来。令人兴奋不已的线索竟然出现在了葡萄牙国王颁布的一般公告中，国王们通过官方书信把这些消息告知教皇和欧洲的其他君主。传播这些消息的另外一个途径就是在里斯本的大量意大利商人，这些人中有一部分是威尼斯的间谍。这样，去往印度的路线尽管规定为国家机密，却仍然成为许多早期著作的主题，这些作品的作者都是来自葡萄牙国内的外国人。如果一张普通的图画模糊不清了，总会有一些乐意做这些事情的人把它重新改造一番。[4] 葡萄牙保守秘密的政策，用拉克的话说就是，在盛行了50多年后，在中世纪的时候被打破了，正当人们认清葡萄牙在香料生意上不可能再维持以往的垄断地位的时候。大约1550年以后，游记文学作品开始在社会上风行，同时耶稣会会员开始出版他们著名的“字母书”。多年以来，这些作品提供了对远东地区最为全面翔实的描绘。[5]

耶稣教和印度教的关系

16世纪出版的一系列有关教皇的丛书使葡萄牙国王能创造出些渐渐被称做保教权（*padroado*，不同于西班牙语中的patronato）的事物。葡萄牙国王被准予使用一部分教会收入去从事探险活动，并被赋予向教皇举荐一些候选人去担任非洲和印度地区的主教且能领取圣俸的权利。[6] 如此一来，印度的果阿（Goa）被确立为耶稣会会士活动的指挥中心，如此在1542年，在方济各·沙勿略（Francis Xavier）到达那里4个月之后，他给远在罗马的他所在修道会的神父寄去一封信，在信中他俨然认为果阿已经成了一个“完全信仰基督的城市”。[7]（它最初的名字叫做Ticuari，意思是“30个村”。）随着沙勿略的到来，耶稣会会员成了保教权内基督教传教士事业的公认的领导者。

早期的每次探险活动中都会有同一类或不同类的传教士或牧师参加，而且他们中的很多人都记录了自己的探险经历。但是，直到耶稣会会员成了海外传教使团中最活跃的人员时，一个完整的通信联系体系才算确定下来，消息的分发正式成了日常事务。依纳爵·罗耀拉（Ignatius Loyola）就明确要求他的修道会成员在罗马寄信给他。重要事务需要以正式信件邮寄，而那些不重要或者私人信件另外作为附属邮件（*hijuela*）与正式信件一起邮寄。所有这些信件都被誊写三份并且通过三条不同的路线发往罗马。[8]“这些消息都经过深思熟虑的加工包装，因为它们被用做教会的教诲和指引，并激发公众对分布广泛的事业产生兴趣。”[9]一所办事处在罗马设立，专门负责与传教士的书信往来事务，接收海外来信并编译书信内容，之后传播信中的情报，使之遍及整个欧洲大陆。就这样，有关印度的民族、文化和思想观念的信息第一次传播开来。随着果阿渐渐变成管理中心，所有的信息，无论它来自何方——比如说中国或日本，都变成了“印度信函”而为人所知。也就是在这个时候，一所耶稣会大学在葡萄牙的科英布拉（Coimbra）建立起来，这里同样变成了发往欧洲的耶稣会信件的存放处和派发处，这些信件会中转到罗马。[10]一共有五种类型的信件——已经提到过的 *hijuela*，为使归家的修士增加对东方的兴趣所写的激励性信件，宣传上很受限制的公开分配账目，个人账目，和作为有效附录的“相关文件”，例如部落的详尽历史、关于具体事件的历代记和一些关于传教士们认为回来的人们应该得到更多的详细知识的争议。[11]最后，当这些信件类型逐渐固定下来以后，罗马和科英布拉的耶稣会就终止了把这些信件翻译成其他不同的欧洲语言的行动，而采用了拉丁文出版的措施，就像《方济各印度通讯》（*Epistolae indicae*）一样。[12]

耶稣会会员的著述与非教徒作家不同，因为这些非教徒中有不少人并不关心贸易。他们也提及军事行动，但是一般情况下他们关注文化事件、思想观念和实践、远方人民的制度与习俗。例如，关于备受关注的马拉巴尔（Malabar，马拉巴尔海岸处于印度西海岸，就在现在所说的孟买[Bombay or Mumbai]的南方），耶稣会会员记述那里的统治者的死亡仪式，描述了哀悼者如何在一个场地集合去参加火葬，讲述了他们如何彻底刮净自己的身体，直到“只留下睫毛和眉毛”，介绍了他们如何清洗自己的牙齿并避免在13天之内食用蒌叶、肉类或鱼类的情况。[13]同样，他们的记述提到了司法行政部门是怎样根据罪犯的社会等级制定刑罚，依靠酷刑的审判是如何常见，有些罪犯被强迫把他们右手的前两个指头伸进滚烫的油锅里。“假如被告的手指被烫坏，他将被拷打以强迫他坦白是怎么处理偷来的物品。无论他承认与否，他仍将被执行酷刑。如果被告的手指没有被烫坏，他将会被释放或者原告将会受到或罚金或被流放的惩处。”[14] 孟加拉人被描写成“圆滑世故的英俊黑人，目前所知的最精明而富有才智的种族”。[15] 但是，他们同样被指责为“过于谨慎而又背信弃义”。记录者谈到，在印度的其他地区如果把一个人称做孟加拉人将会被看成是一种侮辱。这些记录进一步指出，在葡萄牙人未到达之前，孟加拉国早已被穆斯林统治了大约300年了，这确实是一个不争的事实。也就是从葡萄牙耶稣会会员那里，整个欧洲才第一次这样详细地了解到莫卧儿王朝（Mughals）在印度的降临，也明白了他们和阿富汗人之间争夺最高霸权的斗争。[16]

大部分的耶稣会会员意识到，认识印度的关键在于掌握当地语言和研究当地文学著作。[17] 在对印度教追根溯源的过程中，他们获得了一些圣书，而且有时候会把这些书翻译出来并将译稿送往欧洲。其中就包括《摩诃婆罗多》（*Mahabharata*）的18本书。但一般来说，耶稣会会员很少去系统地研究印度教，他们抛弃了很多被看做“神话”的传说。[18] 印度教中毗湿奴（Vishnu）、湿婆（Shiva）、梵天（Brahma）三位神的名字传到了欧洲，但在这里，印度人所建立的一种三位一体的模式*Tri–murti*，也被欧洲人看成是“毫无希望的迷信”。这些信中经常提到印度教徒的宝塔，把它们描述成“由石头或大理石建成的很大的房子”，塔“里面有公牛、母牛、大象、猴子和人的图像”。[19] 毫无疑问，有些耶稣会会员对这些纪念碑的尺寸留下了深刻的印象，他们相信这些建筑都是由亚历山大大帝（Alexander the Great）或罗马人建造的。耶稣会会员认为印度教存在三种类型的牧师，即婆罗门（Brahmans）、瑜伽士（Yogis）和古鲁（Gurus）。他们观察并描写了前者从7岁开始就搭在肩上的细丝，每一条细丝代表敬奉不同的神，而且还记述了三条细丝在某个地方打结，“因此他们（印度教徒）宣称拥有了像我们宗教中一样的三位一体”。但一般而言，耶稣会会员并不尊重这些等级，而且令他们感到震惊的是，印度教的牧师竟然能够结婚。[20] 他们对于印度的社会等级制度和普通的婚姻习惯感到着迷，有个观察者提到，有“很多人娶了他们的堂姊妹、姐妹和姑姨”。这个观察员甚至把印度人的习俗作为与主教论争的依据，他鼓励主教允许有血缘关系的第三和第四等级的人之间在欧洲可以通婚。但是，耶稣会会员从未表现出对本地人的学识或印度的博大文化的敬意或者同情。这也是东方的文艺复兴能够产生影响的原因所在。

★ ★ ★

中国的“国家复兴”

中国，尽管遥遥远离欧洲大陆，然而，在思想领域同样呈现出了一些新奇深奥的类似之物。例如，在16世纪末，它经历了自己的文艺复兴，戏剧、小说和哲学的发展达到了顶峰。许多知识分子都归属于一个政治和文学社团，即“复社”(the Society Renewal)。再例如，现在佛教以及良知的观念或“性本善”的影响已不断扩大。从一定程度上说这是中国式的柏拉图主义，它认为人的头脑在被个人主义观念和欲望侵蚀之前存有与生俱来的善的准则，它需要人自身努力去探求。这种“心学”学派引来很大的争议，因为这个学派的提倡者公然指责孔子学说蒙蔽了存在于每个人心中的想法。[21] 16、17世纪中国文艺复兴的另一个方面表现在书院和藏书楼的大量出现，因为中国抓住了西方铅活字印刷术的发明这个契机。[22]

同时代的另一个创新包括《律学精义》(音律的本质)，这本书由朱载堉(1536—1611) 所著，他是世界上第一个详细说明等程调律的人。[23] 李时珍

天一阁藏书楼

(1518—1598)著有《本草纲目》一书，在书中他记录了上千种有药用价值的植物和动物。而且，他第一次提到了天花接种的方法，这种方法几乎同于稍后在西方发展起来的免疫科学中的疗法。社会学的原初形态也被王夫之引介到了中国，他认为社会在自然产生的强大作用力下进化发展，这种思想在中国的文化背景中影响特别深远，因为它扼杀了一部分人所持有的一种希望。这些人认为如果旧有的观念方法能够复兴，那么，他们就可以回复到历史的黄金时代即汉朝。王夫之实际上看到了久远的过去的"蛮荒性"[24]，他坚持认为历史不会倒退回去，在中国这是一种相当有影响力（也是不受欢迎的）的姿态，因为它被打上了反孔子的烙印。

朱载堉（1536—1611）

正如有自己风格的文艺复兴一样，中国的明朝也同样具有自己的钳制思想的制度。这主要是因为1646年以来恢复了官场文职职务竞争的制度——科举考试。[25]之所以恢复这些考试，还有一个原因，那就是大量的私人书院如雨后春笋般地出现了。因为明王朝严格控制考试的科目，所以，它能够控制大部分人的思想并且减少针对王朝的反对浪潮。18世纪早期，这种措施最终带来了更加直接的控制和一套类似西方同等产物的机制，其中包括一系列被查禁的书：名册上一次列出了10231个书目，而实际上有2300个书目是不可触及的。与此同时，会对那些持有不同政见的人采取一定的惩罚措施，强制做苦力，流放，抄家，有时候会处以极刑。[26]

就像英国和法国那样，中国在18世纪早期在百科全书方面也产生了兴趣。采用活动的铜字模印制的一本百科全书内容不下1万章。在1716年最著名的字典——《康熙字典》诞生了，这本书直至20世纪一直都是西方汉学家研究中国的基础书目。总而言之，正如谢和耐（Jacques Gernet）所说，18世纪有超过50部"大手笔"出现，把中国的知识文化编成经典，在教化民众的大业上发挥着和西方欧洲相似的作用。思想并不是总沿着同一条道前行，那

李时珍（1518—1598）

嘉业堂藏书楼

稣会会员的影响主要表现在天文学、制图法和数学上。在1702年，学者冈石（Gangshi）向耶稣会神父安托万·托马斯（Antoine Thomas）提出，把里（li）作为测量地球子午线的单位。这种革新虽然比英里（mile）晚，但却早于千米（kilometer），后者也以类似方式得以确定。[27]

对中国的狂热

随着18世纪的慢慢远去，中国成了令欧洲人产生极大兴趣的对象，有时候几乎达到了一种疯狂的地步。“很快，所有的人或者宣扬孔子的圣明，或者高度赞扬中国教育的优势，或者把他们拥有的东西涂饰成中国式样，或者在体现中国风格的花园里建造塔状建筑……”[28] 1670年，耶稣会会员亚他那修·基歇尔（Athanasius Kircher）曾记录说，中国被医生（应为“士大夫”）统治着，就像柏拉图所主张的那样。而另外一个人勒孔德(Le Comte)神父在他的《中国现势新志》（*Nouveaux mémoires sur l'état de Chine*）一书中谈论到，中国早在

2000多年前就已经践行基督教中的美德了。[29] 这种言论使他受到了来自巴黎大学学者的责难，他们认为他让基督教显得“多余”了。莱布尼茨认为，在关涉到道德和政治等大多数事情上，中国领先于欧洲；而且他不断努力宣扬应该教授中文，使之成为普遍语言。伏尔泰持有相同观点。

中国人式的美席卷了欧洲，就连“所有的王室都被卷入了这美的潮流”。在山索斯（Sans Souci），有一座中国式亭阁；一座瓷质宫殿屹立在德累斯顿（Dresden）；维玛城里有一个中国式公园；更有一个名叫广州（Canton）的中国村庄坐落于瑞典国君盛夏避暑之地皇后岛（Drottningholm）。除此之外，在卡塞尔（Cassel）城外有一座中国村落，英国克佑区（Kew）和德国宁芬堡（Nymphenburg）这两个地方都有宝塔。坎伯兰郡（Cumberland）的公爵在泰晤士河上有一艘中国式游船，其表面雕刻着一条龙，华托（Watteau）和布歇（Boucher）都是用中国式样上的色，每个人手中都端着瓷质的杯子品着中国茶。[30]

★ ★ ★

对于欧洲旅行者来说，伊斯兰世界距离家乡的路程要比远东文明社会近得多。关于伊斯兰教，首先值得一提的就是它的教义本身已经证实了它获得了极大的成功。18世纪期间，穆斯林的宗教信仰从大西洋一直传播到了中国南海，从乌拉尔河流域几乎一直散播到了赞比西河的河口。它成了最占优势的宗教信仰，在陆地上占有的面积至少是基督教的三倍。

波斯的伊斯法罕（Isfahan）脱颖而出成为继巴格达和托莱多之后的有力的继承者，变成了伊斯兰教在艺术、文学和哲学方面文艺复兴的中心。在那个历史阶段，波斯语是伊斯兰世界的通用语，而不是阿拉伯语。伊斯法罕是萨法维（Safavi）帝国的首府，那里兴起了一个微型画画家流派，由出身地毯织工的比哈扎德（Bihzard）领导，同时还出现了一个个性化极强的散文作家流派。伊斯法罕的荣耀也吸引了很多学者，特别是法尔萨法赫兹（falsafahs），尽管哲学当时在正统宗教看来仍然是一个存有疑问的事情。当时出现了重新解读亚里士多德、柏拉图和“异教徒”价值观的风气。在这些哲学家中，米尔·达马德（Mir Damad）（1631年逝世）就是一个例子，他认为整个世界全部由光组成；而柏拉图学派的苏哈拉瓦迪（Suhravardi）认为在别的地方存在一个想象的领域。

这段“波斯的繁盛”同样孕育了三大法律、文学传记的新体裁、绘画和书法鉴赏的新理论和翻译的新流派。[31]在某种意义上，这次繁荣相对于意大利的文艺复兴，它更是一次“充满诗情画意”的运动而不是一次“实证主义的”变革。[32]

16、17世纪左右，除却“充满诗情画意”或柏拉图式的持点，伊斯兰教也是苏菲派禁欲神秘主义的阿布·法兹改革。当然，严格说来，把苏菲派禁欲神秘主义称做“柏拉图主义的”或“新柏拉图主义的”不是很准确；或者根据某些学者意见，把它看成“神秘的”也不是正确的。然而，这也正是许多人之所以认为苏菲派禁欲神秘主义是一个极其个人化的伊斯兰教形式的原因。他们认为它是通往上帝那里的道路的苦行僧式的追求途径，它深埋于人的自身，在我们与生俱来的本性中都存有这种种模糊的概念（正如中国人所解释的“心学”）。苏菲派教徒（sufis）有穿着羊毛制品的习惯（sufi的意思就是“羊毛”），而且有时候他们把自己打扮成塔里格（*tariqah*）的形象，他们接受自己独特的接近上帝的方法的教育。这样，有时候就会让他们陷入崇拜圣徒的感情中去，比如那些接近上帝并已经在天堂的苏菲派教徒。除了柏拉图主义，这里还出现了和佛教重叠的事例。

阿布·法兹（Abulfaz，1551—1602）并没有以伊斯法罕为基地，而是依托于阿克巴（Akbar）的宫廷，他著有《阿克巴—那玛，阿克巴之书》（*Akbar-Namah, the Book of Akbar*）。[33]按照阿布·法兹的解释，苏菲派的基本理念与文明的组织状态有关，它是男人和女人之间温和文雅关系的鼓励，这种关系反映为在所有事情上的抚慰。这种观点不同于许多人对伊斯兰教的认识（特别是“9.11”发生之后的现在），而且19世纪末，有相当多的穆斯林疾呼宗教信仰的改革，因为堕落腐败确定无疑地渗透进伊斯兰教中去了（这也让我们再次想起了中世纪时中国的佛教中也渗透进了堕落腐败因素），从而煽动起了暴力行为的发生。穆罕默德·宾·阿卜杜勒·瓦哈比（Muhammad bin Abd-al-Wahhab）（死于1791年）对苏菲派提出了详细的异议，特别是对于圣徒的崇拜，他认为这种崇拜类似于邪神崇拜，实际上是对穆罕默德的背弃。在正统的教义中，这是很严重的罪过，所以，瓦哈比和他的信徒们，加上之后加入的伊本·沙特（Ibn Saud）——他是阿拉伯半岛上沙特阿拉伯当地的一个首领，他们一起努力，建立了一个以强硬的教义为基础的国家。然后，令整个穆斯林世界感到恐怖的事情发生了。他们开始破坏许许多多的宗教圣地，不仅仅是苏菲派的也包括主流伊斯兰教的，因为他们认为这些地方也浸染了邪神崇拜的恶劣因子。为了完全控制这个国家，瓦哈比还大肆屠杀了许多参拜这些地方的朝圣者。

虽然经历了很多困难，他们最终被镇压下去了。但是，瓦哈比却永远不会完全消失。短期来看，他们的被镇压产生了异样的结果，因为他们被一支新型的土耳其军队征服了——这支军队采用了已在西方有所发展的武器和战术策略。这件事情表明了部分土耳其人在思想上的一个显著的转变。[34]正如我们将要看到的那样，伊斯兰教和西方以及西方的思想观念之间的联系呈现多样化。

★ ★ ★

穆斯林世界对西方国家的冷漠

尽管从1492年开始在西班牙衰退，并且在1683年取得了一次胜利，但整个穆斯林世界很长时间以来都保持着一种机警的状态，理智地说，他们甚至以默然的态度对待西欧所发生的一切。[35] 知名的伊斯兰教专家伯纳德·刘易斯（Bernald Lewis）曾这样写道："早在几世纪前发生的伟大的翻译运动，曾经给穆斯林和其他阿拉伯读者带来了许多用希腊语、波斯语和叙利亚语创作的作品，但是这个运动走到了尽头，所以，欧洲最新的科学著作几乎全不为他们所知。直到18世纪晚期，只有一本医学方面的书被翻译成了中东语，那是一篇16世纪关于梅毒的论文，在1655年它被呈送给了土耳其的苏丹穆罕默德四世。"刘易斯说这次翻译不是意外的。据说梅毒来源于美国，而且已经从欧洲传播到了伊斯兰世界（在阿拉伯语、波斯语、土耳其语和其他语言中被称为"法兰克疾病"的梅毒仍然为人们所熟知）。甚至当重大的概念突破发生在伊斯兰世界的时候，他们也并不总是认可。例如，威廉·哈维（William Harvey）在1628年出版的《心脏和血液的运动》，就被13世纪一个名叫纳菲（Ibn al-Nafis）的叙利亚医生的作品抢先阐明和哈维相似的观点。他的论文大胆地辩驳伽林和阿维森纳（Avicenna）的传统学识，阐明了循环理论，但它仍然不为人知，在医学实践上也没有产生影响。从神圣的罗马君主那里去拜访土耳其国苏丹的大使奥吉尔·盖斯林·德·布斯贝克（Ogier Ghiselin de Busbecq）在1560年写就的一封信中曾这样评论："每个民族都情愿接受其他民族所创造的有用的发明。例如，他们会很适当地去使用大大小小的加农炮和我们的其他发明。然而，他们从来都不可能去印刷书籍并装配公共时钟。他们坚持认为，如果他们的宗教书籍被印刷的话，那他们的经文将不再是经典了；而且，他们认为，如果安装公共时钟，那么，他们的敲钟人和古代的仪式的权威性将会受到削弱。”[36]

当然，这种看法不可能完全正确，或者此评论只提供了一个不全面的描述。但有一个事实确实存在，有很多土耳其人总感觉精神上超越欧洲人，他们认为欧洲人是无信仰的“空虚”者，“总是在无知中欢呼雀跃”。这种感觉时不时地使他们自负地认为不必向西方学习任何东西。[37] 但是，从16世纪以来，越来越多的最新学术成果表明，土耳其人确实追随西方的发展，特别是军事、采矿、地理和医学领域。伊斯坦布尔早在1573年就拥有自己的天文台，塔基丁（Taqi al–Din）作为首席天文学家手底下就有15个助手，尽管这个天文台7年之后就被毁坏了。塔基丁思索出了一种新的计量星球纬度和经度的方法，他的这种方法相比以前所创制的计算方法更准。同时，他还发明了一种新式的天文装置。[38] 土耳其帝国的大使曾分别于1721年和1748年在巴黎和维也纳参观了天文台，而且用意大利语和法语写成的天文学著作在1768年和1772年也被翻译成了土耳其语。[39]

穆斯林退步的理论

爱克米勒丁·伊撒努古（Ekmeleddin Ihsanoglu）教授是土耳其研究科学史的专家，他指出，在土耳其大陆上的宗教学校的数量从14世纪的40所增加到了15世纪的97所，到16世纪数量已经攀升到了189所。再后来，在整个帝国数量达到了665所。[40] 特别是奥斯曼帝国时期的土耳其人，他们创作了许多地理学方面的书籍，其中，卡蒂布·切莱比（Kâtip Çelebi，1609—1657）是那个时期最著名的自传作家和翻译家，他为读者提供了对欧洲的科学和艺术机构进行广泛调查的信息，并第一次（以暗示的方法）表明了土耳其在科学发展上落后的一面。[41] 切莱比的著作 *Kesfü z-zünun* 表述了对文艺复兴学术界的批判性调查结果，而且他还翻译了墨卡托的著作。

翻译欧洲书籍的联合行动大约开始于1720年，是遵循来自内夫谢希尔（Nevsehirli）的大宰相易卜拉欣帕夏（Damat Ibrahim Pasa）的指令进行的，当时是苏丹艾哈迈德三世（Ahmet Ⅲ）统治期间，在奥斯曼帝国历史上被称为

"郁金香时代"。[42]这次潮流在大使及其随员们的推动下蔓延到了之前提到的欧洲（有一股延伸到了圣彼得堡，另外还有巴黎和维也纳）。在1720—1721年之间，法特玛武官戈西克（Fatma Müge Göçek）关于大使馆全体成员前往巴黎的记述表明，在法国以技术物品作为回报的时候土耳其带来了军事赠品。[43]戈西克说，在那个时期，土耳其的医学院正处在消减状态，同时国家也面临着掌控未受培训的从业者的棘手问题。[44]法国人被告知，尽管当时伊斯坦布尔拥有24个公共图书馆，但充满谎言的书籍（有关历史、诗歌、天文学、哲学）都不能捐赠或遗留到这些图书馆中。

所以，最新的学术成就形成的描述就是土耳其的战利品——君士坦丁堡和伊斯坦布尔，尽管它驱使很多携带或未携带手稿的希腊和拜占庭学者前往西方，这也确实唤醒了伊斯兰学术的复苏，它的思想家们对西方的和文艺复兴思想感兴趣。因为某些原因，这种兴趣在17世纪减弱了，只是在18世纪的早些年里开始复兴。

然而，整个18世纪，土耳其国从欧洲分离的进程逐渐缓慢，而且，那里慢慢出现了一批前往穆斯林国家的新游客，他们是由一些我们今天所称的专家和那些为伊斯兰雇主提供专门服务的个人组成的。在远东的穆斯林国家这是完全真实的，比如在莫卧儿王朝统治下的印度，意大利医生马努齐（Manucci）就在那里被雇用。这种现象最终促使许多穆斯林在态度上发生了变化，他们感到震惊：一个人能够向先前曾受歧视的异教徒学习。[45]同时有很多从东方到西方的旅行路线。在世纪初，只有一些俘虏和外交特使曾走过那条路途。毕竟在欧洲那里没有值得穆斯林去朝拜的圣地，理论上说，那里也不是对奢侈品感兴趣的商人向往的地方。（有一个例外，那就是艾弗利雅·切莱比[Evliya Çelebi]，他曾在17世纪下半期在欧洲游历，并有精彩的纪录流传下来。）18世纪是一个开始变动的世纪。正如古尔菲尚·汗（Gulfishan Khan）最近指出的那样，有许多穆斯林和印度教徒的印度人去往欧洲旅游。[46]现在不仅被派遣出去的外交特使的数量在增长，他们都负有出外考察的使命，而且他们对待外国人的态度也柔和多了。一家数学院校在1734年由一个法国人发起而推荐给了土耳其的军队，而且，在一个匈牙利人的指导下于1729年建立了一家印刷厂。然而，这种进步仍然是不协调的。伯纳德·刘易斯描述了哥伦布地图中的一张土耳其版本的地图（现已遗失），这张地图绘制于1513年，幸存于伊斯坦布尔的托普卡珀宫

(Topkapi Palace)。它一直被放置在那里，无人问津，直到1929年被一个德国学者发现。[47]

但是，从东方去往西方的旅行确实在继续增加。首先是埃及的帕夏，然后是土耳其的苏丹，再后来波斯的伊朗王，各自派遣学生去巴黎、伦敦和其他西方城市留学。尽管刚开始他们是为了追求学习军事技术，但是，这也促使他们必须学习法语、英语和其他欧洲语言，而且他们也确实这样做了，这些外交特使可以很自由地阅读通过这种方式而获得的任何东西。然而，这里需要一提的是，在一定意义上他们是存在缺陷的。这是因为伊斯兰教认为基督教是一种更早的启示形式，所以倒退回去没有多大意义。因此，他们的兴趣还是主要集中在西方的经济和政治上。[48]

在西欧国家的伊斯兰外交特使们主要对两种政治观点感兴趣，首先就是爱国主义，特别是来自于法国和英国的观点。这种思想尤其吸引那些年轻的土耳其政客，他们认为如果土耳其国家的爱国主义得以普及的话，它能够团结不同的人民和帝国的各个部落去共同热爱国家的领土，同时这也意味着共同效忠国家的统治者。第二种思想就是民族主义。这种民族主义更多地存在于中欧和东欧，它很大程度上关注种族和语言的同一性。这种观点长远看来不是很成功，它会导致分裂和瓦解而不是团结统一。[49]

除去政治，吸引外交特使更多目光的主题是妇女、科学和音乐的地位问题。“伊斯兰教既允许一夫多妻又允许纳妾。去往欧洲旅游的穆斯林游客总会吃惊地有时甚至恐怖地谈论西方妇女的无礼和鲁莽，以及她们自身获得的难以置信的自由和荒唐的尊重，还有欧洲男性缺少男子气概的警觉去反抗妇女放纵带来的不道德和男女乱交的行为。”[50] 这种态度来源于基本的伊斯兰道德规范，根据这种教义有三类人不能享受全部的保护——异教徒、奴隶和女人。[51] 对数学和天文学的兴趣在18世纪晚期的穆斯林印度正在增长，牛顿的《数学原理》也在19世纪20年代被翻译成了波斯语，翻译者是加尔各答的一名穆斯林。早产儿保育器发明于埃及，天花疫苗也被引进到了土耳其。[52]

针对阿拉伯/伊斯兰世界中这种“不协调”的成就，曾有各种各样的理论解释。[53] 一种理论把它和中东地区贵重金属的耗竭联系起来，这也正与欧洲人在新大陆发现金银和其他贵重金属的事件关联起来。另一种生物学上的理论把阿拉伯世界的衰退归结到他们表亲婚姻的流行上。还有一种生物学上的观点把责任归咎于可怜的山羊，因为是它们撕裂了树皮扯掉了草根，从而使曾经肥沃的土地变成了荒漠。其他的一些理论把眼光放在了与之有关的现代化之前的中东对有轮交通工具的放弃上，可是这种观点看上去更多的是提出问题而不是解决问题。“为人熟知的古代文物在中世纪变得非常稀有珍贵，这种状况一直延续到它们在欧洲的影响或规则下被再次提出。”[54]

这些解释没有一个让人觉得很满意。其中一个原因就是到现在伊斯兰世界不再等同于中东，因为在印度、远东以及非洲也有许多穆斯林。正如之前所提及的那样，伊斯兰教已经在世界范围内的传播上取得了巨大的成功，这完全是以精神（而不是以物质）来鉴定的，本来是阿拉伯人的宗教信仰，这种信仰取得了极大的成功，作为舶来品绝不逊色。关于这种“不协调”更广泛的解释，如果有的话，那肯定起因于世界的广泛开放，那个时候是一个探险的年代。欧洲人在这个时候进入了亚洲、澳洲和美洲，在那里他们发现了广阔的土地和相关的植物群、动物群和自然资源。总之一句话，他们巨大的市场由前所未有的规模需求交易、革新和资本构成。这是最简单不过的解释，却也是最值得一信的解释。

★ ★ ★

17世纪法国国王路易斯十四得知，葡萄牙在印度的定居者并不像他们所期望的那样安全，由此路易斯十四看到了自己的机会。他毫不慌乱地增加了6个年轻的耶稣会士——他们都是科学家同时也是高级教士，他们加入了国王派往暹罗的外交使团。[55]他们被安置在印度南部的海岸，作为第一个法国的“印度使团”（与葡萄牙人相对立），他们去获得荣誉和远扬的名声，一方面是为了他们所经历的严酷的考验，另一方面是收集能详细记录他们经历的《耶稣会士书信集》（*Lettres édifiantes et curieuses*）。这些耶稣会士相比以前的使团人员具有更多的同情心，更乐于帮助印度人，在所谓的“让步”中更能清楚地表明这一点，他们允许崇拜天主教信仰。这些举措就产生了有名的马拉巴仪式（*rites malabars*）或叫中国仪式（*cérémonies chinoises*），这是一种宗教崇拜的混合物，在罗马它受到公然指责并最终在1744年被宣告有罪。但是，如果这种宽容的方法不能够使罗马教廷满意的话，它将会向艾比·比格侬（abbé Bignon）寻求帮助，他是法国国王的图书管理员并在法国重组铭文学会，他要求传教士注意印度的经文。因为他渴望获得这些材料去构建东方图书馆的主干。在1733年，《耶稣会士书信集》里他们作出了回应：他们发现了一本完整的《吠陀经》，这本书长期以来被认为已经丢失了。[56]（实际上它是一本完全用格兰他文字[Grantha]写成的《吠陀经》。*）假使这些法国耶稣会士没有采取那些宽容的、乐于助人的策略，他们就根本无法接近当地的牧师和知识分子，从而也不能首先见到印度的经文，也就无法意识到它们的存在。许多年以后，由于罗马教廷的不够宽容，耶稣会士和有文化的印度人之间的关系恶化了，以致从次大陆出发的货运也终止了。然而，从那以后，欧洲受到梵文的影响，也成了知识领域的一个重大事件。

“只是从1771年开始，世界才真正变成了圆的；智慧的地图的另一半也不再是空白了。”这是雷蒙德·施瓦布在他所著的《东方的文艺复兴》一书中所说的话，他是一位法国学者。书的题目取自埃德加·奎内特（Edgar Quinet）在1841年所写的一本书，这本书描写了很多梵文手稿在18世纪流入了欧洲，并把这些手稿和荷马的《伊利亚特》和《奥德赛》进行了比较。[57] 在这里我就引用了奎内特和施瓦布的题目作为本章的标题，接下来的内容很大篇幅都借鉴了他们的作品。施瓦布所表达的意思是，印度经文及注解的引入和与此同时流入的埃及象形文字作品，或多或少比得上古代希腊语和拉丁语作品的引进，其中许多用阿拉伯语翻译的书籍在11、12世纪已经转变了欧洲人的生活。施瓦布自己认为，梵文语言和文学的发现是“思想界一项重大的发现”。[58]

这种转型差不多开始于1771年，当时并“不出名的”安基提尔·杜伯龙（Anquetil–Duperron）就在这一年在法国出版了他的翻译著作《阿维斯陀经》（*Zend Avesta*）。施瓦布认为“这是有史以来第一次成功地破解了亚洲的一种晦涩语言。”[59] 安基提尔被爱德华·萨义德描写成一名法国学者和“信仰的泛基督教主义者（詹森教派信徒、天主教徒和婆罗门）”。他在苏拉特的时候抄录并翻译了《阿维斯陀经》，用施瓦布的话说，他用“将陈旧的人道主义驱逐出地中海盆地”。[60] 他是第一个前往印度以学习经文为明确目标的西方学者。起初，他把梵语（Sanskrit）称做Sahanscrit、Samcretam 或者 Samscroutam。

* 爱德华·萨义德关于西方对“东方”态度的存在争议的观点将在下文得到评价。

威廉·琼斯和孟加拉亚洲协会／梵语、希腊语和拉丁语的关系／破解象形文字

然而，东方的文艺复兴恰当地来说应该从威廉·琼斯到达加尔各答和1784年1月15日孟加拉亚洲协会成立开始算起。这个协会是由一群有着很高才能的英国文职雇员组织的，他们受雇于东印度公司。除了每天帮助管理次大陆的工作外，他们有更广泛的兴趣，包括语言的学习、对印度经典著作的整理和翻译、天文和自然科学。其中有四个人值得一提。第一位，沃伦·黑斯廷斯（1732—1818），孟加拉地方长官，他是一位颇受争议的政治家，后来因为腐败遭受指控（持续了7年时断时续的审判，最后被宣告无罪），但是在此期间他仍然精力充沛地推动协会的各项活动。[61]是黑斯廷斯确保有学问的婆罗门聚集到威廉堡去补充那些最可信的文稿，因为这些书稿阐明了印度的法律、文学和语言。这个组织的另外几个人就是法官威廉·琼斯、亨利·考布鲁克（Colebrooke，“梵语大师”）和查尔斯·威尔金斯。这些人一起成功地完成了三件事情。他们搜寻、整理并翻译了印度主要的印度教和佛教经典。他们展开对印度历史的调查，其中，琼斯以他卓越惊人的才智发现了梵语和希腊语、梵语和拉丁语两者之间巨大的相似之处，并在这个过程中用一种新的方法改写了历史，这种方法我们将在本章的剩余部分深刻挖掘。

这些人都是富有才智的语言学家，特别是琼斯。他是一位数学教授的儿子，除却是才华横溢的诗人，他更称得上全才。15岁的时候他就用希腊语出版了诗集。16岁的时候，因为之前他通过阅读《叙利亚人在伦敦的生活》一书学会了波斯语，他把哈菲兹的诗作翻译成了英语。[62] 后来他说过，他已经学习了28种语言，并且精通其中的13种。

除却琼斯之外，另一个令人瞩目的人物就是简·弗朗索瓦·商博良（Jean François Champollion），他译解了埃及的象形文字。1822年弗朗索瓦写了著名的《写给达西尔的一封信》，在信里他指出了辨认象形文字的关键，那就是利用由三种语言书写的罗塞塔石碑铭，这个石碑是从埃及带回来的，它成了关键所在。“1822年9月14日的早上，弗朗索瓦跑着从他住处的深蓝色芸香丛中穿过，跑进铭文学院（*Institut des Inscriptions*）图书馆，他知道能在那里找到哥哥，[吉恩·雅克]弗朗索瓦·菲热克在那里工作。他大声呼喊着对哥哥说，‘我

明白了'，然后跑回家就不省人事了。昏迷了5天之后醒来，他立刻理清自己的思绪，终于实现了他一生的梦想，怀着虔诚的心情完成了笔记。在21日他口述了一封信给他哥哥，署上的日期是后天，在27日他把这封信读给法兰西铭文学术院听。"〔63〕

解读的过程现在已经为人所熟知了。罗塞塔石碑有三种语言这个事实既是一个机会也是一个障碍。其中一种是希腊语，这是已知的。另外两种语言，一种是表意文字，就是意义的图像表示法；另一种是字母文字，口语声音的表示法。〔64〕当人们认识到某些少数的且经常提及的特征一定为元音，椭圆形装饰是在用一种上下倒置（比如A就是B的儿子）的方式专供国王命名使用的时候，表意文字就被突破了。弗朗索瓦意识到这些不能辨识的字母字迹是对希腊语的翻译，而且象形文字是同一意思的速记形式罢了。

孟加拉亚洲协会成立于1784年，沃伦·黑斯廷斯被授予会长职务，但是他拒绝了这一任命。所以，琼斯接受了会长职务，那时他来印度才刚刚18个月。他有一个重大的发现，那就是梵语和希腊语、拉丁语之间的关系，他在亚洲协会的第三次周年纪念会上透露了这一重大成果。11年中，每年他都会为了纪念协会的发现而作重要的演讲，其中不少讲话都是关于东方文化的重要评论。但是，他的第三次演讲是最为重要的一次演说，他的题目是"关于印度教徒"，发表于1786年2月2日。他这样说道："梵语这种语言无论怎样古老，它都有一套令人奇妙的系统；它比希腊语更加完美，比拉丁语更加丰富　比两种语言中的任何一种更加精致优雅，然而与它们却有着更为紧密的关系　这种关系既表现在动词的词根上也表现在语法形式上，也许这些只是巧合；这种关系如此密切，以至于如果不相信它们有着某些共同的起源，那么将没有语言学家能够分析这三种语言了，尽管这些共同之处或许并不存在。"〔65〕

今天看来我们很难去领会这种观点的全部影响。琼斯把梵语和希腊语、拉丁语联系起来，并坚持认为，如果有什么区别的话，那就是东方的语言要早于西方语言，并且比西方语言优越。他的这一观点沉重打击了西方文化的根基和西方文化优于其他任何文化的（至少是默许的）设想。思想和态度上需要一个重大的再定位。这也只不过是个历史。安基提尔翻译的《阿维斯陀经》是第一次用基督徒和古典传统完全忽略的方式写成的亚洲作品。这就是施瓦布所说的，现在世界真的变成了圆形：东方历史至少和西方历史处在同等的地位上，而不再从属于西方，也不再是西方历史的一部分了。“基督神教的普遍性已经结束，一种新的宇宙神教占据了新的位置。”斐力克斯·拉科特（Felix Lacôte）在对法国亚洲学会进行研究的过程中，他在一篇题为“印度主义”（L'Indianisme）的文章中指出，“欧洲人怀疑古代印度有值得探索的价值，这是一种顽固的歧视，沃伦·黑斯廷斯在18世纪后半期一直不遗余力地去反对这种歧视。”[66]然而，直到1832年，事情完全颠倒过来了，德国的浪漫主义代表奥古斯特·威廉·施莱格尔（August Wilhelm Schlegel）有着不同的观点。他认为在他的世纪里更多有关印度的知识被创作，“比从亚历山大以来的21个世纪的时间里创造的还要多”。[67]（施莱格尔就像琼斯一样，也是语言方面的天才。当他15岁的时候，他就能说阿拉伯语和希伯来语，在他17岁还是赫尔德的一名学生的时候，就能作神话学方面的长篇演讲。[68]）19世纪的时候，德国的东方学家弗里德里希·马克斯·穆勒（Friedrich Max Müller）成了牛津大学第一位比较哲学方面的教授，他曾谈道：“如果有人问我带着敬意来看19世纪的人类古代史的话，其中最重要的发明是什么，我将会用下面的简短句子作为回答：梵语 *Dyaus Pitar* ＝希腊语 Zeùs，Π α τ η ρ ＝拉丁语 Juppiter ＝古挪威语 Tyr。”[69]

梵语是开启这些发现的钥匙，但是却不是唯一的突破。施瓦布总结了这个阶段五个重大的发现，每一个发现都在思想领域产生了一个意义深远的倾向。它们就是1785年梵语的破解，1793年巴拉维语的译解，1803年楔形文字的辨识，以及1822年和1832年象形文字与阿维斯陀语的破译，“这些发现推倒了长期横在语言探索前面的高墙”。这些发现的一个直接影响就是第一次抹去了在远东研究中的神秘色彩，远远超出了猜测。从1640年以来牛津大学就成立了阿拉伯研究劳德教席，但是，对印度和中国的研究现在才开始走入正轨。[70]

西方国家的《沙恭达罗》

1822年，英国人从亚洲运回伦敦的西藏和尼泊尔的宗教书籍开始为人所共知。其中最为重要的是佛教正经，有100卷是用藏语写成的，80卷是用梵语写作的。它们都是由英国人类学家布赖恩·霍奇森发现并运回西方的。由于这些典籍的翻译，西方的学者开始意识到基督教和佛教之间的相似之处。在德国，历史哲学家约翰·戈特弗里德·冯·赫尔德（Johann Gottfried von Herder）受到了安基提尔所翻译的《阿维斯陀经》的深刻影响，而且他被派遣把某个《薄伽梵歌》（*Bhagavad Gita*，1784年被翻译成英文）的维尔金斯英文版带回了德国。但是对于赫尔德来说，当他读到琼斯英文版的迦梨陀娑的《沙恭达罗》的德译本时，他的思想发生了重要变化。施瓦布这样总结了其重要性："众所周知，赫尔德继对'一个想像中的印度'的热情之后，又重新点燃了欧洲对'一个已破译的印度'的强烈兴趣，借此，那种将印度看做是人类早期摇篮的看法在浪漫主义者中广为传播。"[71] 同样的，《薄伽梵歌》和《牧神赞歌》（Gita Govinda）的德语译本出版于19世纪的前十年，它们对弗里德里希·施莱尔马赫（Friedrich Schleiermacher）、谢林（F.W. Schelling）、奥古斯特·施莱格尔、席勒、诺瓦利斯（Novalis）以及后来的歌德和亚瑟·叔本华都产生了巨大的影响。

在《沙恭达罗》中记录了这一重大的令人惊奇的事。它不仅俘获了赫尔德，同时也吸引了歌德，虽然他不太在意佛教所宣扬的多神论，但即便如此，他却写下了这些话："*Nenn'ich Sakontala dich, und so ist alles gesagt*"（意思是"当我接触了《沙恭达罗》，所有的事情都明了了"）。《沙恭达罗》是促使施莱格尔学习梵语的一个因素。琼斯因为翻译《沙恭达罗》而获得的名气，同他因为发现了梵语和希腊语、拉丁语之间的相似点而取得的名声一样辉煌，以至于歌德称赞他为"无与伦比的琼斯"。"《沙恭达罗》第一次把真实的印度和它的根基联系在了一起，靠着这种根基，赫尔德在人类民族的初期建构了印度国家。"[72] 海涅模仿了《沙恭达罗》中的很多诗篇。1830年，安东尼·德·谢才（Antoine-Léonard de Chézy）翻译的迦梨陀娑的经典著作在法国的出现是"一个形成19世纪结构的文学事件，不是靠它的直接影响而是因为给世纪文学引入了不可预料的竞争。"[73] 谢才的翻译作品用歌德著名的诗句作引言，在这些德国诗句中公开承认《沙恭达罗》是一颗"把黑夜照耀得比白天还要明亮的璀璨明星"。拉马丁在谢才的翻译作品中看到了"一篇诗作中体现出来的三倍于荷马、忒奥克里托斯（Theocritus）和塔索（Tasso）三者的才华"。[74] 到1858年，《沙恭达罗》在法国是如此的出名和受尊重，以至于它被改编成了一部芭蕾舞剧在巴黎的上演，其中音乐由恩斯特·雷耶（Ernst Reyer）创作，剧本由泰奥菲勒·戈蒂埃（Théophile Gautier）改编。

施莱格尔、波普和洪堡

《薄伽梵歌》的影响确实是意义深远的。它的作诗法、它的智慧、它的纯然的复杂性和丰富性带来了一种重大的变化，这就是对待印度、东方及其包容性的态度的转变。法国学者让－丹尼斯·朗奇耐（Jean-Denis Lanjuinas）写道："从这些非常久远的印度古代英雄史诗的片断中能够探寻到系统的轮回转世说、上帝存在和灵魂不朽的高明理论、斯多葛派哲学的所有高尚理论……完全的精神上的泛神论和上帝主宰一切的幻想，这是一件令人惊奇的事情。"[75] 其他人在印度发现了斯宾诺莎和贝克莱的先驱，而且朗奇耐自己也不断地评论说，*Hitopadesha*（政治、友谊和世间智慧的教诲，可以追溯到公元前3世纪）之中蕴含了一个适用于所有时代的崇高的精神道义，有着与《圣经》和教父同等的训诫力。弗里德里希·施莱格尔在《论印度人的语言和智慧》（***Über die Sprache und Weisheit der Indier***）中进一步确认了这些结论，他认为印度形而上学的传统与希腊和拉丁思想有着同等的地位。这在当时比我们现在所感到的要重要得多，因为相对于自然神论和怀疑论，这种态度承认印度人在上帝真实方面有着同欧洲人一样的全面的知识和信仰。但是，这与教堂所传授的非常不一致。琼斯已经推测出梵语、希腊语和拉丁语有着同样的起源，但是，有人怀疑梵语实际上并不是上帝创世以来最原初的口头语言，而是"完美"的语言。婆罗门和亚伯拉罕之间有什么关系呢？

梵语的丰富与启蒙运动的信条有冲突，启蒙运动认为语言是从最初的简单空泛逐渐发展得越来越复杂精美的。[76]这种情况却带来了一个越来越明显的结果，那就是维科的观点是正确的，语言的结构能揭示出很多人类古代的情况。再就是，这种状况开创了语言学的伟大时代，正如19世纪所得到的称谓，语法和词汇都得到了学习研究，从而揭示了语言的语群。例如，从希腊语、拉丁语和波罗的海（斯拉夫）语中分离出了日耳曼语。[77] 施莱格尔和弗兰兹·波普（Franz Bopp）的作品影响了威廉·洪堡（Wilhelm von Humboldt），他在1818年帮助梵语确立了在德国第一的位置。[78] 洪堡对于语言能够教给我们不同民族的心理这一点特别感兴趣。那个时候很多宗教信仰者仍然相信，最早的（最完美的）语言必定是希伯来语，或者极其像它的语言，因为它是上帝子民的语言。波普反对这种偏见，他认为甚至在几千年以前梵语就已经相当复杂精美了，在这个过程中他对希伯来语是最早的语言这一观点产生了怀疑。以这种方式思考的话，语言被认为有着很自然的历史而不是神圣的历史，所以语言研究实际上极易受到科学探索的影响。[79]

谢林接受了琼斯的观点并往前发展了一步。1799年他在一次题为“神话哲学”（*Philosophie der Mythologie*）的演讲中提出，正如肯定存在一个“母语”那样，世界上肯定存在一个为所有民族所共享的神话。他认为德国受过语言训练的学者有责任去为现代欧洲人去创作“一个所有人类神话传统的融合物……印度和希腊以及斯堪的纳维亚和波斯所有的传说必须被接受为一种新的世界信仰的一部分，这种信仰能够再生一个由唯理论搅乱的世界”。[80] 希波吕忒·泰纳（Hippolyte Taine）有着极其相似的观点，他认为佛教和基督教的和谐一致是“历史上的最伟大的事件”，因为这揭示了世界的源神话。[81] 印度是如此的辽阔，如此的富有生机，它的信仰如此的深奥微妙，以至于它绝不再是如此简单地受诅咒的异教徒，不能驱逐他们而幻想有一天能够使他们皈依基督教。基督教必须吸收千年之久的并依然充满活力的异教。[82]

再深究一步，我们就能发现，最终发明的东西要深刻影响人们的最有决定性和最基本的方式蕴藏在“变化”的概念中。如果信仰处在不同的发展阶段，然而它们都以某些神秘的方式联系着，只假设这么多的话，是不是这就意味着上帝，而不是人类，可以被说成“正在变化”，活在地球上的剩余生命能够以典型的希腊人的基督教传统被理解呢？很明显，这是一个很重要的问题。所有这些变化的观点的最重要的方面就是自然神教被赋予了一种新的改进状况或前景的机会。上帝将被看到，而不再是一种神、人同形同性的感觉，但他是一个抽象的超自然的实体。如此，上帝和人类之间再次出现了一种实际存在的非常巨大的差异。[83]

★ ★ ★

人类的语言以一种系统的方式相联系正被逐渐理解，同时它以近似于林奈所发明的生物学上的分类的方式存在着，伴随着赫顿地质学上的进展，在强化关于在进化过程中什么将变得出名这个早期观点方面发挥了重要作用。但是，东方的文艺复兴在极为不同的发展过程中发挥了至为重要的作用，它的影响甚至支配着今天的生活。这也是它与浪漫运动起源的联系所在。

印度的研究和德国的浪漫主义之间的关系是最明显和最重要的关联。印度学说在德国因为多种民族主义而流行起来。坦率地说，德国学者似乎认为，印欧语/印度语/波斯语的传统与最初罗马帝国的野蛮入侵有关系，同时也和斯堪的纳维亚人的神化有关系，这就给希腊和拉丁的地中海古典主义提供了一种可供选择（更多的是来自北方）的传统，尽管这种地中海古典主义在之前的2500年里一直支配着欧洲人的生活和思想。更进一步说，佛教和基督教之间的相似点，世界精神的印度教观点，所有这些对于德国人来说都是神意显现的最简单的形态，实际上是最初的形态，这种是犹太教和基督教得以成熟的形式。但是，这种形式意味着上帝的真实目的被隐藏在了东方宗教信仰的某处之中，在基督教会之前作为世界上第一个宗教信仰，不知何故在印度的古代典籍中被发现了。这种观点暗示着，全人类只有一个上帝，而且有一个世界神话，对这种观点的理解将十分重要。用赫尔德的术语来说，这种祖传的神话是“我们人类童年时代的梦想”。[84]

影响浪漫主义的一个更深刻的原因就是最初的印度经文是以诗歌的形式写成的。所以有一种观点变得很普遍，它认为诗歌是“母体语言，诗句是人类从上帝那里获取智慧的最初的形式（人类是能唱歌的一种动物）。诗篇被认为是伊甸园里最早的语言，而且通过印度的古代诗篇能重新发现伊甸园似的世界。通过这种方式，语言学家和诗人们联合起来去创作施瓦布所说的‘多元主义对一元统一性的报复’”。[85] 与此同时，科学家们正忙着寻求控制世界的方法，想象着世界将以越来越少的自然规则而运转。当每一次进步的理论渴望经验的缩减时，社会学家们此时都希望在一个相同的方向上有进展，而语言学家和诗人们却走了另外一条道路，他们想通过新的宗教去寻求社会的重建。这种观点认为人类种族有一个最原始的统一，但是经过一段时间以后，它却发展成了同样具有合理性的不同的信仰，它的传说和神话以及践行具有同等的权威性，同样都适合于它们所影响和控制的环境和乡村。根据这种评论，曾经存在一种最原初的一神论，而后来分裂变成了多神论，这就意味着解放的概念在理论上和神话学上并不是不一样。“印度和希腊的所有传说，斯堪的纳维亚人和波斯人的所有传说，‘必须被’理解为一种新式普遍宗教的元素，这些元素将会重建一个由唯理论搅乱的世界。”[86]

受东方文学影响的西方作家

受到这些观点影响的一系列的诗人、作家和哲学家们在地域分布上甚至跨越了大西洋。爱默生和梭罗（Thoreau）皈依了佛教。爱默生第一批诗作中的一篇叫做《梵天》，其灵感就来自于《薄伽梵歌》。他的文章中包含了很多介绍索罗亚斯德、孔子、印度教和吠陀经的一些内容。他在1848年10月1日这样写道："我感恩于见到《薄伽梵歌》的那个重要的日子。它是一本最有价值的书；对于我们来说，它就像一个帝国，绝不是弱小或者毫无价值，而是宏大、尊贵、稳固；另一个时代和环境中的古老智慧的声音已经思考并解决了仍在考验我们的相同的问题。"[87] 梭罗把他收集的东方书籍留给了爱默生。惠特曼承认在创作自己诗作时已经提前阅读了印度的诗篇。歌德开始学习波斯语，他在《东西歌女》（*West-Ostliche Divan*）的序言里讲道："现在我想洞悉人类种族的第一个起源，当他们还仍然靠着世俗的语言从上帝那里接受训诫的时候。"[88] 海涅在波恩和柏林分别师从施莱格尔和波普学习梵语。[89] 正如他所记录的："我们的抒情诗目的在于歌唱东方。"施莱格尔相信，印度的原始居民——雅利安人——被北方吸引了，所以他们是德国人和斯堪的纳维亚人的祖先。施莱格尔和另一位德国东方学家费迪南德·艾克斯坦（Ferdinand Eckstein）认为，印度、波斯和古希腊的史诗取材于相同的神话，而这些神话形成了《尼伯龙根之歌》的基础。《尼伯龙根之歌》是德国一部伟大的复仇史诗，瓦格纳就是参看这部史诗而创作了他的音乐戏剧《指环》。[90] 艾克斯坦寻求"在异教信仰的古代存在先前的基督教……"[91]"对于施莱尔马赫，就像对于整个诺瓦利斯的周围一样，所有宗教信仰的源头'能够被找到'。按照理查德·胡赫（Ricarda Huch）的说法，'在无意识之中或者存在于东方，这是所有宗教信仰的来源之处'。"[92]

叔本华接触东方之后发生了转变。他对佛教的观点是，"从来没有一种神话这样接近真理，尽管它也不能"。[93] 他深信"我们的宗教信仰不会或者以后也将不会扎根于印度；人类民族的最初始的智慧不允许因为发生在加利利的越轨行为而从自己的道路上转移"。[94] 叔本华说，基督教而非犹太教，"在精神上是印度的，所以很大程度上是印度的起源，而且直达埃及，尽管只是间接地"。[95] 然后，并非完全从逻辑论理出发，他继续检验他所看到的作为基督教的印度伊朗起源："在一些本质的方面，尽管基督教仅仅宣传一些整个亚洲很久以前就知道的东西，甚至更好的东西。但是对于欧洲人来说，这却是一个新的伟大的发现。”然后他继续谈道：“《新约》……一定包含了一些印度起源；它的道德规范——把道德伦理变成了禁欲主义，它的悲观主义，它的降凡都证明了这种起源……出自印度教智慧的基督教教义，已经完全替代了与它的教义格格不入的一支旧派犹太教。”[96]

拉马丁承认印度的哲学转变了他的大部分思想。“对于我来说，它超越了其他任何思想：它是大海，而我们只是云彩……我读了又读……我大声呼喊，闭上了双眼，我怀着敬佩的心情被它彻底征服了……”[97]对于一系列的诗句他有自己的设计，那是“灵魂的史诗”，他把它描述成*Hindoustanique*一样，但是自己却从来没有意识到。[98]“从那里（印度）能够立刻吸入神圣、温柔和悲哀的气息，对于我来说就好像从一座远离人类的伊甸园里经过一样。”[99]对于拉马丁来说，印度的发现和它的文学不仅仅是“加于古老图书馆上面的新翅膀；它也是船只失事的船员所欢呼的新大陆”。[100]对于另一个伟大的法国作家维克多·雨果，东方既让他着迷又使他反感。1870年9月，他发表了题为“致德国人”的演讲，在演讲中他极力让听众去宽恕巴黎，在这种努力过程中，他打了一个被多次使用过的比方，实际上德国人也喜欢这样谈论他们自己。“德国是西方的祖先正如印度是东方的祖先。让我们尊敬她吧。”[101]他的诗多次提到夜叉、恒河、婆罗门、“巨轮”和根据“鸟的聚会”而来的神奇的鸟。[102]古斯塔夫·福楼拜写道，“生命的每一个原子跃动于巨大的印度森林”，[103]而魏尔伦(Verlaine)“投入到印度神话中”度过了自己的假期。[104]

瓦格纳的佛教思想

1865年，法国（自封的）伯爵、臭名卓绝的种族理论家约翰夫·阿瑟·德·戈比诺（Joseph–Arthur de Gobineau）出版了《中亚的宗教与哲学》(*Les religions et les philosophies dans l'Asie centrale*)（1865），这本书的主要观点是所有欧洲人起源于亚洲。当时，戈比诺正在写作一本书，为了证明他的观点，他甚至在1855年去波斯旅游。[105]他不同意别人所认为的北欧的语言来自于印度的观点，但是他却承认北欧的人民是从印度迁徙过来的。对于他来说，雅利安人是人类中的贵族阶级，他认为“Aryan”这个单词与德语“*Ehre*”（意思是“荣耀”、“正直”）有关系，在《关于人类民族的不平等》的最后一部分，他称之为"土著德国人种的能力"。他认为德国的雅利安人是神圣的，是世界上种族的领袖，最后他的总结宣扬："德国民族已经吸取了雅利安民族所有的活力……在他之后的白种人没有任何强大和积极的东西可以提供。"[106]

在他生命的最后日子里，瓦格纳"匆忙投进了戈比诺的怀抱"。[107] 他见到了戈比诺，并为其文集作序。瓦格纳发现这个法国人的哲学观和"知识"与自己的目标非常契合，他试图以"未来音乐"的形式取代法国—意大利歌剧在卡农中的中心地位，这就促进了一种截然不同的传统的形成，即德意志史诗、德意志异教信仰、"不可改变的纯净之源"。[108]"正如瓦格纳在《我的生命》中叙述的那样，就在1855年创作管弦乐曲作品《英雄传唤使》（*Die Walküre*）的时候，发生了帮助他完成他的人生使命的事情："布诺夫（Burnouf）所写的《印度佛教的历史》（*Indian Buddhism*）的导论是我拥有的书里面最让我感兴趣的一本，在书里我找到了创作优秀诗篇的材料，从此以后这些内容一直在我脑中酝酿着……按照佛教的观点，在他之前存在的每个生命的前世（有着前世的真身）就是现在一样清楚明白地维持不变。"[109] 瓦格纳的日记中间加注解释佛和佛教的概念。"对于我来说，任何事都是离奇的。我常常对着天堂的国度投去怀旧的目光。但是在我眼里，天堂会转瞬变得非常忧郁。"[110]《罗摩行那》的元素在《帕西法尔》（*Parsifal*）中出现，而且在某个时期，一位作曲家计划从《恒河的声音》（*Stimmen vom Ganges*）一书提取要素，创作一出戏剧。[111]

★ ★ ★

那时，东方的文艺复兴意味着许许多多的事情。它给宗教信仰、历史、时代、神话以及世界人民之间的关系点亮了新的光芒。在启蒙运动和工业改革的中间，它给诗歌和看待俗世琐事的诗意化和审美的方法注入了新的生命。短期来看，它是一种动力，帮助创造了浪漫主义革命，这也正是下一章的主题。但是从长远来看，梵文和希腊文、拉丁文共同起源的发现将会形成现代科学哲学的部分，而这种哲学与遗传学、考古学和语言学有关系，这些学科已经教给我们许多有关世界人类的知识，更准确地说，这些知识是我们人类历史最伟大和最重要的方面。这代表着一种重大的思想转变，而相对于18世纪的其他发展进步却经常被忽视了。

注 释

〔1〕唐纳德·F. 莱茨（Donald F. Lach），《亚洲在欧洲形成中的作用》（*Asia in the Making of Europe*），芝加哥：芝加哥大学出版社，1965年，第1卷，第152页。.

〔2〕同上。

〔3〕同上，第153页。

〔4〕同上，第155页。

〔5〕J. C. H. 艾夫林（J. C. H. Aveling），《耶稣会士》（*The Jesuits*），伦敦：布朗德&布里格斯出版公司，1981年，第157页。

〔6〕约翰· W. 欧马里（John W. O' Malley）编辑，《耶稣会士：文化，科学与艺术（1540—1773）》（*The Jesuits: Culture, Science and the Arts*, *1540–1773*），多伦多：多伦多大学出版社，1999年，第338页，尽管这也被视为障碍。

〔7〕同上，第247页。

〔8〕莱茨，如前所引，第314页。

〔9〕同上。

〔10〕同上，第316页。欧马里（编辑），如前所引，第380页。

〔11〕资料最初来源于约翰·科雷亚·阿方索（John Correia–Afonso SJ），《耶稣会士信件和印度历史》（*Jesuit Letters and Indian History*），孟买，1955年。

〔12〕同上，第319页。关于艺术作品如何克服语言障碍，参见：安娜·杰克逊（Anna Jackson）和阿明·贾弗（Amin Jaffer）编辑，《对峙：亚洲和欧洲的相遇（1500—1800）》（*Encounters: The meeting of Asia and Europe* *1500–1800*），伦敦：V & A 出版社，2004年，尤其是高文·贝利（Gauvin Bailey）那一章。

〔13〕参见欧马里（编辑），如前所引，第408页及后文，关于耶稣会士报告的其他印度传统。

〔14〕莱茨，如前所引，第359页。

〔15〕同上，第415页。

〔16〕零散的引语来自于关于瘟疫、硬币、价格以及粮食能吃多久的信件。一般来说，政治被忽略了，并没有囊括在人们对政治或统治者的个人意见里。科雷亚·阿方索，如前所引，多处。

〔17〕莱茨，如前所引，第436页。

〔18〕同上，第439页。

〔19〕欧马里（编辑），如前所引，第405页，讨论了基督教教徒比印度教教徒更懂得

印度教教义的问题。

〔20〕莱茨，如前所引，第442页。

〔21〕谢和耐（Gernet），《中华文明史》（*A History of Chinese Civilisation*），英格兰剑桥：剑桥大学出版社，1982年，第440页。

〔22〕欧马里（编辑），如前所引，第343—349页，关于耶稣会士在中国的使命。

〔23〕谢和耐，如前所引，第441页。

〔24〕贺凯（Hucker），《帝制中国的岁月》（*China's Imperial Past*），伦敦：达克沃思出版社，1975年，第376页。

〔25〕谢和耐，如前所引，第507页。

〔26〕同上，第508页。尤其是在中国的古代繁荣时期，书中的人物不允许使用皇姓的，否则就是亵渎君王。

〔27〕谢和耐，如前所引，第521—522页。

〔28〕康马格尔，《理性王国》（*The Empire of Reason*），伦敦：威登菲尔&尼克尔森出版社，1978/2000年，第62页。

〔29〕同上。

〔30〕彼得·沃森（Peter Watson），《从马奈到曼哈顿：现代艺术市场的兴起》（*From Manet to Manhattan: The Rise of the Modern Art Market*），纽约和伦敦：兰登书屋/古典书局，1992/1993年，第108—109页。

〔31〕马歇尔·G. S. 霍德逊（Marshall G. S. Hodgson），《伊斯兰的冒险：世界文明中的良知和历史》（*The Venture of Islam: Conscience and History in a World Civilisation*），第3卷《火药、帝国和当代》（The Gunpowder, Empires and Modern Times），芝加哥和伦敦：芝加哥大学出版社，1958/1977年，第42页。

〔32〕同上，第50页。

〔33〕同上，第73页及后文。

〔34〕同上，第158页。

〔35〕霍拉尼（Hourani），《阿拉伯民族的历史》（*A History of the Arab Peoples*），马萨诸塞剑桥：哈佛大学出版社贝尔纳普分社，1991年，第256页及后文。伯纳德·刘易斯（Bernard Lewis），《什么错了》（*What Went Wrong?*），伦敦：威登菲尔&尼克尔森出版社，2002年，第7页。

〔36〕刘易斯，如前所引，第118页。

〔37〕阿什利·茨拉克曼（Asli Çirakman），《从"世界恐慌"到"欧洲病夫"：奥斯曼

帝国的欧洲影像和16世纪到19世纪的社会》(*From the 'Terror of the World' to the 'Sick Man of Europe': European Images of Ottoman Empire and Society from the Sixteenth Century to the Nineteenth Century*)，纽约：彼得·朗出版公司，2002年，第51页。

〔38〕诺格鲁（Ekmeleddin Ihsanoglu），《奥斯曼帝国的科学、技术和学术》(*Science, Technology and Learning in the Ottoman Empire: Western Influence, Local Institutions and the Transfer of Knowledge*)，奥尔德肖特：阿什盖特文献出版公司/Variorum，2004年，第Ⅱ 10—15页。

〔39〕同上，第Ⅱ 20页。

〔40〕同上，第Ⅲ 15页。

〔41〕同上，第Ⅸ 161页及后文。

〔42〕同上，第Ⅱ 20页。

〔43〕法特玛（**Fatma Müge Göçek**），《当东方遭遇西方：18世纪的法国和奥斯曼帝国》(*East Encounters West: France and the Ottoman Empire in the Eighteenth Century*)，牛津：牛津大学出版社，1987年，第25页。

〔44〕同上，第58页。

〔45〕刘易斯，如前所引，第25页。

〔46〕参见，例如：古尔菲尚·汗，《印度穆斯林对于18世纪西方的理解》(*Indian Muslim Perceptions of the West During the Eighteenth Century*)，牛津：牛津大学出版社，1988年。米歇尔·菲什（Michael Fischer），《反向潮流到殖民主义》(*Counterflows to Colonialism: Indian Travellers and Settlers in Britain 1600–1857*)，牛津：牛津大学出版社，2004年。

〔47〕"16世纪末有人写成了本关于新大陆的土耳其著作，很明显这本书的资料来源于欧洲——口头的而非书面的，这本书描述了新大陆的植物、动物和新大陆的原居民，并表达出这块受恩泽的土地能不久就能被伊斯兰教的光芒照耀的愿望。这本书直到1729年打印出版才被人所知。……知识是要努力才能获得的，是要储存下来的，甚至在必须的时候，还是要买来的，而不是个人自己发展出来的。"刘易斯，如前所引，第37—39页。

〔48〕同上，第46页。

〔49〕同上，第47页。

〔50〕同上，第66页。

〔51〕它将会改变。参见霍拉尼，如前所引，第303页及后文。

〔52〕刘易斯，如前所引，第79页。

〔53〕霍拉尼，如前所引，第261页，关于贸易模式的改变。

〔54〕刘易斯，如前所引，第158页。

〔55〕欧马里（编辑），如前所引，第241页及后文。

〔56〕穆那，《信仰》(*The Faith*)，伦敦：奥兰姆出版社，2002年，第557页，是有关诺比利 (Roberto de Nobili) 受审的，他打扮成禁欲者的样子。

〔57〕雷蒙德·施瓦布 (Raymond Schwab)，《东方文艺复兴：欧洲对印度和东方的重新发现 (1680—1880)》(*The Oriental Renaissance: Europe's Rediscovery of India and the East, 1680–1880*)，纽约：哥伦比亚大学出版社，1984年，第11页。

〔58〕同上，第7页。

〔59〕亚伯拉罕 (Abraham Hyacinthe Anquetil—Duperron)，《波斯古经的传统》(*Translation of Zenda Avesta: Ouvrage de Zoroastre*)，巴黎，1771年。

〔60〕同上，第xii页。

〔61〕派特里克·特恩布尔 (Patrick Turnbull)，《沃伦·哈斯丁》(*Warren Hastings*)，伦敦：新英语图书馆出版公司，1975年，第199页及后文。

〔62〕施瓦布，如前所引，第35页。

〔63〕莱斯利 (Lesley) 和罗伊·阿德金斯 (Roy Adkins)，《埃及之钥》(*The Keys of Egypt*)，纽约：哈珀柯林斯出版社，2000年，第180—181页。这使人们重新发现了真实的象形文字，商博良 (Champollion) 执著于此并取得了突破。

〔64〕施瓦布，如前所引，第86页。

〔65〕同上，第41页和参考文献。

〔66〕同上，第21页。关于印度人的智慧，参见米林顿 (E. J. Millington) 翻译的弗里德里希·冯· 施莱格尔 (Friedrich von Schlegel) 的美学及其他著作。伦敦，1849年。

〔67〕施瓦布，如前所引，第21页。

〔68〕同上，第218页。

〔69〕罗林森 (H. G. Rawlinson)，《欧洲文学和思想中的印度》('India in European literature and thought')，见加勒特 (G. T. Garratt)，《印度遗产》(*The Legacy of India*)，牛津：牛津大学出版社，1937年，第35—36页。

〔70〕同上，第171页及后文。

〔71〕罗伯特·克拉克 (Robert T. Clark)，《赫德：他的生平与思想》(*Jr, Herder: His Life and Thought*)，伯克利：加利福尼亚大学出版社，1955年，第362页及后文。

〔72〕施瓦布，如前所引，第59页。

〔73〕M. 冯·赫尔斯菲尔德（M. Von Hersfeld）和迈尔维斯（C. MelvilSym）翻译，《歌德信件》（***Letters from Goethe***），爱丁堡：爱丁堡大学出版社，1957年，第316页。

〔74〕阿方斯·德·拉马丁（Alphonse de Lamartine），《文学常识教程》（***Cours familier de litérature***），巴黎：私人印刷，1856年，第3卷，第338页。

〔75〕施瓦布，如前所引，第161页。

〔76〕同上，第177页。

〔77〕同上，第179页。

〔78〕保罗·R. 斯威特（Paul R. Sweet），《威廉·冯·洪堡》（***Wilhelm von Humboldt***），辛辛那提：俄亥俄大学出版社，第2卷，1980年，第398页及后文。这证明了洪堡对美洲印第安人的语言和对斯里兰卡语一样感兴趣。

〔79〕施瓦布，如前所引，第181页。

〔80〕同上，第217页。

〔81〕同上，第250页。

〔82〕马克(Marc Citoleux),《阿尔弗雷德·德·维尼》(***Alfred de Vigny, persistences classiques et affinités é trangères***)，巴黎：Champion出版社，1924年，第321页。

〔83〕施瓦布，如前所引，第468页。

〔84〕克拉克，如前所引，第130页及后文。

〔85〕施瓦布，如前所引，第273页及后文。

〔86〕同上，第217页。弗里德里希·威廉·谢林（Friedrich Wilhelm Schelling），《神话哲学》（*Philosophie der Mythologies*），慕尼黑：C. H. 贝克出版社，1842/1943年。

〔87〕施瓦布，如前所引，第201页。

〔88〕同上，第211页。

〔89〕不熟悉德语的读者可以借鉴：弗兰兹·波普（Franz Bopp），《梵文、古波斯语、希腊语、拉丁文、立陶宛语、哥特语、德语和斯拉文尼亚语的比较语法》（***A Comparative Grammar of the Sanskrit, Zend, Greek, Latin, Lithuanian, Gothic, German and Slavonic Languages***），由伊斯特维克（Lieutenant Eastwick）译自德语，并由威尔森（H. H.Wilson）安排出版。三卷本，伦敦：马登和马尔科姆出版社，1845—1853年。

〔90〕施瓦布，如前所引，第213页。

〔91〕同上，第220页。

〔92〕同上，第219页。

〔93〕吕迪格·萨夫兰斯基（Rüiger Safranski），《叔本华》（*Schopenhauer*），伦敦：威登菲尔&尼克尔森出版社，1989年，第63页。

〔94〕施瓦布，如前所引，第427页。

〔95〕同上。

〔96〕亚瑟·叔本华（Arthur Schopenhauer），《作为意志和想象的世界》（*The World as Will and Idea*），霍尔丹（R. B. Haldane）和肯普（J. Kemp）翻译，伦敦：特吕贝尔出版公司，三卷本，1883—1886，第3卷，第281页。

〔97〕施瓦布，如前所引，第359页。

〔98〕同上，第357页。

〔99〕同上，第361页。

〔100〕同上。

〔101〕乔安娜·理查森（Joanna Richardson），《维克多·雨果》（*Victor Hugo*），伦敦：威登菲尔&尼克尔森出版社，1976年，第217页及后文。

〔102〕施瓦布，如前所引，第373页。

〔103〕同上，第417页。

〔104〕参见艾米莉·卡尔卡松（Émile Carcassone），《勒贡特·德·列尔和印度哲学》（'Leconte de Lisle et la philosophie indienne'），《比较文学杂志》（*Revue de litérature comparée*），第11卷，1931年，第618—646页。

〔105〕施瓦布，如前所引，第431页。

〔106〕米歇尔·D. 比迪斯（Michael D. Biddiss），《种族主义思想之父》（*The Father of Racist Ideology*），伦敦：威登菲尔&尼克尔森出版社，1970年，第175—176页。

〔107〕施瓦布，如前所引，第438页。

〔108〕理查德·瓦格纳（Richard Wagner），《我的人生》（*My Life*），两卷本，纽约：道得密得（Dodds Mead）出版公司，1911年，卷2，第638页。施瓦布有一整章讲魏格纳的佛教。

〔109〕他还说他"憎恨"美国。这是个"可怕的噩梦"。威廉·阿特曼（Wilhelm Altman）编选，《理查德·瓦格纳的信》（*Letters of Richard Wagner*），伦敦：登特出版社，1927年，卷1，第293页。

〔110〕施瓦布，如前所引，第441页。

〔111〕朱迪斯·戈蒂埃（Judith Gautier），《奥普雷的理查德·魏格纳》（*Auprès de Richard Wagner*），巴黎：水星（Mercure de France）出版社，1943年，第229页。

第二章 价值的伟大颠覆——浪漫主义

法国作曲家埃克托尔·柏辽兹（Hector Berlioz）是位杰出人物。“每件关于他的事都被抹上了传奇色彩，” 哈罗德·勋伯格（Harold Schonberg）在其《作曲家的人生》一书中说，“他几乎是凭一己之力打破了欧洲音乐的固有传统。在他之后，音乐变得截然不同。”[1] 即使是作为一名学生，他的特立独行也令人惊讶。“他既不信上帝，也对巴赫（Bach）不屑一顾”，作曲家、指挥家和钢琴家费迪南德·希勒（Ferdinand Hiller）以这种方式描述柏辽兹：“高高的前额，突出的眼眶下镶嵌着深陷的眼睛；大大的弯曲的鹰钩鼻；薄薄的漂亮的嘴唇；相当短的下巴，满头蓬松的浅棕色的头发，可以令拥有最惊人的创造力的理发师也无能无力——不管谁见到他的脑袋都会难以忘怀。”事实上，柏辽兹差不多就是以他的脑袋、他的行为和他的音乐而闻名于世的。一天晚上，法国剧作家恩斯特·乐高弗（Ernest Legouvé）在一次观看韦伯（Weber）的歌剧《魔弹》（*Der Freischütz*）的演出过程中遭遇到了骚乱。“我邻座一个人从座位上站起来，弯着身子以雷鸣般的声音朝管弦乐队大吼：‘你们根本就不需要用两支长笛，你们这些蠢货！你们要用两支短笛！两支短笛，你们听到没有？哦，真是些蠢货！’这个人的爆发引发了大规模的骚乱，我回头看到一个年轻人情绪激烈，浑身战栗，紧握着拳头，眼睛不停地闪烁，满头的头发——这头头发看起来像一把巨大的伞，一把撑在灰色的鸟喙上面的可移动雨篷，在不停地伸缩头颅捕食。”那时的漫画家们抓住机会在这上面大作文章。[2]

柏辽兹站起来当然不是纯粹为了表现自我或者大出风头，尽管当时有人这样认为。门德尔松（Mendelssohn）是其中一位受到他影响的人。在他们第一次见面之后，门德尔松写道："热情只是表面化的，在女人面前做出不顾一切的绝望的样子，装出一副不可一世的天才形象，这些都令我无法忍受。"[3] 这不是对柏辽兹雄心壮志的公正评价，尤其是他对管弦乐队的态度，耶胡迪·梅纽因（Yehudi Menuhin）归因为一种新的社会观。[4] 音乐界普遍认为柏辽兹是历史上最伟大的管弦乐改革者。直到19世纪30年代，管弦乐队很少会由6个演奏者组成。早在1825年，柏辽兹用150个演奏者组成了一个管弦乐队，但是他坦言，他"梦想中的管弦乐队"应该由467人组成，外加360人的合唱队，包括242只弦乐器、30架竖琴、30架钢琴和16只法国喇叭。[5] 正如勋伯格所评价的那样，柏辽兹远远超前于他的时代，这是音乐的第一次真正的浪漫派的表现，他充满热情和改革精神，是音乐领域内一位"无法无天的君主"，是第一位有意识的先锋人士。[6]"他放荡不羁，高度情绪化，机智，雄辩，独特，他非常强烈地意识到他身上的浪漫主义精神。他非常热衷于浪漫主思想：渴望表现自我和追求奇异的事物，从而与古典主义思想所强调的秩序和克制形成了鲜明对比。"[7]

★ ★ ★

浪漫主义：历史上的三个拐点

浪漫主义是一场宏伟的思想革命。与法国大革命、工业革命和美国革命非常不同，浪漫主义几乎毫无基础。以赛亚·伯林（Isaiah Berlin）说："西方政治思想史上（尽管他是在广义上使用政治一词）出现了三次主要的转折点，我们所说的转折点指的是所有观念领域的剧烈转变，由此导出了新的问题：新思想、新词汇、新关系，在这种关系下，旧的问题无法得到如此充分的解决，它们看起来更加遥远、陈旧，有时显得莫名其妙，以至于过去那些令人烦恼和怀疑的问题，看起来使用了旧时代留下的想法和疑问。"[8]

以赛亚·伯林说，这些转折点中的第一个出现在公元前4世纪末的短暂间隔中，从亚里士多德（Aristotle，前384—前322）之死到斯多葛学派的出现，当时雅典的哲学学园"开始停止在单纯的社会生活环境中思考个体所扮演的角色，并且停止探讨和公众以及政治生活相关的话题，好像这些问题已不是探讨的中心，甚至不再有所意义，而这些此前一直是学术和学园谈论的中心话题，人们谈论的话题突然转变为单纯讨论内心体验和个体拯救。"[9] 这种伟大的转变表现在价值观上就是——"从公众转向私人，从外部转向内部，从政治转向伦理道德，从全市居民转向个体，从社会秩序转向非政治化的无政府主义"——（转变）是如此深刻，以至于以后再也没有同样的转变发生。[10]

第二个转折点是由马基雅维利（Machiavelli，1469—1527）开创的。他认为人的"自然本性与道德品行存在差异，并设想，政治价值不仅与基督教伦理不同，而且在原则上说，与之不可调和。"[11] 这导致在对不信任任何形式的政治安排所进行的神学辩护的过程中，产生了一种宗教功利主义。这也是一种新的和令人吃惊的观点。"人们事先还没有被号召以开放的心态在一系列不可调和的价值间作出选择，如个人与公众，无所目的的存在在这个世界上，并且被预先告知原则上不存在什么终极的、客观的评价标准可供选择。"[12]

马基雅维利

第三个伟大的转折点——伯林认为是迄今为止最伟大的——孕育于18世纪末，以德国为先锋。[13] "当浪漫主义思想还处于雏形时，它目睹了真理概念以及伦理和政治合法性的破灭，绝不是客观的和绝对的真理，而是包括主观的和相对的真理——合法性也是这样。"伯林说，这产生了巨大的难以估量的影响。他说，最重要的转变这样的设想已经蕴含在西方思想中。在过去，人们一直理所当然地认为，所有的普遍性问题都遵循同样的逻辑模式：它们都是关于本体的问题。它遵循这样的观点，即一旦所有相关的信息都已收集完毕，人生的重要问题就可以得到最终答案了。换言之，我们可以这样来解读道德和政治问题，比如："对人来说，什么是最佳的生活方式？""权利是什么？""自由是什么？"原则上来讲，同样准确的回答应该像这样的问题："水是由什么组成的？""有多少星星？""尤利乌斯·恺撒（Julius Caesar）是什么时候死的？"[14] 伯林说，回答这些问题的战斗已经打响，但是，"我们始终在假定答案已被揭示出来"。这是因为，尽管各种宗教的不同之处随着时间的流逝依然存在，然而有一种基本的思想与人紧密相连，它包括三个方面。[15] "第一，有一个关于人的本性的实体，它是自然或超自然的，只有相关的专家才能理解它；第二，具有一种特殊的本质，试图追求达到某些特殊目的，从而对它施加影响或使其成为上帝或者事物的非人特性的一部分，三是追求达到这些目的使人成其为人；第三，这些目标以及相应的利益和价值（这是神学、哲学或科学需要去发现和阐明的）相互之间不能发生冲突——事实上，它们必须形成一个和谐的整体。”〔16〕

正是这一基本思想催生了自然法的概念，也开启了人们对和谐的寻找。人们已经意识到某些矛盾的存在——如亚里士多德发现火在雅典和波斯以同样的方式燃烧，然而两地的道德和社会法则却不相同。虽然如此，直到18世纪，人们始终假设，一旦能够收集到足够的数据，世界上所有发生的事情都可以得到和谐一致的解释。〔17〕伯林用来强调这一点的例子是这类问题：“我可以追求公正吗？”“我可以践行仁慈吗？”任何经过深思熟虑的人都能看出，一旦出现对这两个问题（大部分人会附和）都回答“是”的情形的时候，就会出现自相矛盾。按照传统的观点，往往假定一个真命题不能和其他真命题发生逻辑矛盾。浪漫主义的论辩对手对诸如价值、行动与选择问题的答案这类思想表示怀疑，认为它们根本不可能被发现。浪漫主义认为这些问题中部分没有答案，是完全难倒人的、是没有结果或推理过程的。（从源头上来追问），他们进一步认为，原则上说，我们无法担保价值不会互相冲突。相反，他们坚持认为这是一种“自欺”之谈，并且会引来麻烦。最终，浪漫主义创造出一系列新价值观，实际上这是一种看待价值的新方法，它和旧的方法截然不同。〔18〕

维科的预见

第一个约略提到这种新方法的人是詹巴蒂斯塔·维科（Giambattista Vico，1668—1744），作为那不勒斯的一名法律系学生，他用一种惊人的简单方式颠覆了启蒙主义科学中心论的思想。1725年是值得记住的一年，维科出版了《新科学》（*Scienza Nuova*），书中他宣称，“自从人类能够有把握地知道，并因此建立了一门关于他们自己创造的科学，（有关人类文化的知识）比有关物理自然

维科

科学更真实了。”他说，人的内心世界可以通过一种方法来了解，这种方法不是简单地——也不可能——用于那个并不是我们创造的，那个外在的、物理的、被当做传统科学研究对象的世界。在此基础上，维科说，语言、诗歌和神话都是由人类创造出来的，它们都是真理，我们可以比后来取得成功的数理哲学更有理由宣称它们的有效性。“真理之光永恒且永不熄灭，它超越所有问题：公民社会无疑是人类创造的，因此只能在人类思想的范围内探索它的组织原则。不管是谁对它的思索都不能认识人类自身，但是令人大为惊奇的是，哲学家们集中他们所有的精力去研究那个既然由上帝创造那就只有上帝知道的自然世界：他们忽视了研究不同的民族，或者说公民社会，而这个世界是人类创造的，人类能够了解它。”〔19〕

也许很简单，但是非常重要，事情就是这样，维科说道，但是人类把自己搞得太忙了，根本无暇注意到这些。例如，人们共享同一个自然，必须以相似或类似的方式将他们的文化整合起来。〔20〕他说，这使严谨的历史学家可以做到，甚至必须要做到，即重建其他时期和阶段的人类的思想历程。〔21〕他认为公民社会中的每一个人都应该具备某种普遍信仰——这是从普遍意义来说的。他还发现各地都有三种相同的重要信仰、它们是普罗维登斯的一种贯穿全部历史和所有宗教的对神的信仰、灵魂不朽观以及需要控制激情的观念。〔22〕他说，人已经在历史进程中表现出他的本性，因此我们可以说神话和诗歌“是人类内心世界的真实记录”。〔23〕从以上所说的所有内容可以看出，维科使人文科学发生了重大转变，他提高了人文科学的地位，从而使它们与自然科学获得了同样的价值。

赫尔岑

维科的创新精神在几十年里并没有在其他地方受到重视，一直到康德，这种新方法才被人追捧。康德的伟大贡献在于，他认识到是思想改造了知识，知识被改造过程中存在一个本能的直觉过程，对于世界上的各种现象，我们最能够确信的只是“我”或“非我”的区别。〔24〕他说，从这个意义上来讲，理性“就像一盏照亮了自然界隐密之所的灯”，然而作为一种解释来讲，它又是不充分的和错置的。〔25〕康德说，取而代之的是，出生过程是一种更好的隐喻，因为它暗示出是人类理性创造了知识。为了决定我在一个特定环境中应该做什么，我必须听取“内心的声音”。康德的这种思想具有极大的颠覆性。从科学角度来看，理性在本质上是逻辑的，用于研究自然是可行的。[26] 但是内心的声音无法和这种精致的逻辑思维方式相一致。它的命令不一定是真实的表述，此外，它并不必然是正确或错误的。“命令也许是正确或是错误的，也许是怀有私利的或是无私的，也许是可理解的或是晦涩难懂的，也许是微不足道的或是极其重要的。”内在声音的目的，通常是为某人树立一个目标或确立一种价值观，而科学对这些无能为力，只能由个体来创造。这是个体观的基本转变，是一种全新的个体观。[27] 首先（第一），人们认识到，道德是一种创造性的过程，第二，同样重要的是，它是对创造性的新的强调，这同时也提高了艺术家的地位，使其与科学家并驾齐驱。[28] 艺术家们从事创作，以此表现自我，并创造价值。艺术家不像科学家（或哲学家）那样去发现、计算和推理。在创作过程中，艺术家设定好目标，然后以自己的方式去实现这一目标。“赫尔岑（Herzen）问道，作曲家把歌曲创作出来之前，它在哪儿呢？”在这个意义上，创造性活动是人唯一的完全的自主性活动，因为这个原因，它要求创造者拥有卓越的才华。“如果人的本质是自制——有意识对自己的目的和生活方式作出的——这是一种以激进的方式与旧的模式划清界限，而人在宇宙中的地位的概念原本处于旧模式的控制下。”[29] 伯林坚持认为，当人类习惯于按照通行全宇宙的法则做事的时候，浪漫主义想象或许意味着和谐的观点以突然一击摧毁了自然法则的概念，如果按照传统的自然法则，那就意味着和谐的思想，人应当找准自己的位置，从而遵循通行于全宇宙的自然法则。出于同样的原因，艺术也发生了改变，表现范围也扩大了。艺术不再仅仅是模仿或表现，而是表达，它远远上升为一种更为重要、更有意义和志向远大的活动。当人在进行创作的时候，他才是最真实的自我。“那不是理性所能具备的能力，而是源于自我内部的神圣火花；在那样的过程中，我扮演了上帝的角色。”这种新的道德准则使得人与自然之间形成了一种新的关系。“自然是我想注入我的意志的物体，是我要塑造的。”[30]

康德

★ ★ ★

我们依然生活在这场革命所产生的影响中。两种相互对立的观察世界的方式——客观的科学理性散发出冷漠、超然之光，而艺术家则精神高涨，充满创造的热情——构成了现代的无序状态。它们的出现有时都是同等真实和合理的，但是它们有时在根本上是水火不容的。正如以赛亚·伯林所描述的那样，我们认识到这种不可调和，我们艰难地一步一步移动。

这种分裂首先并且最为清晰地出现在德国。18、19世纪之交见证了拿破仑在奥地利、普鲁士和德国许多小公国的一系列伟大胜利，这明显地显示出德语世界在经济、社会和政治方面的落后。战争的失败造成了复兴德国的渴望，作为回应，很多说德语者开始转向对内在精神的探索，试图通过理性（知性）和美学来团结和激励他们的人民。[31]"浪漫主义来源于痛苦与不幸，在18世纪末，德语国家是欧洲遭受痛苦最深的。"[32]

哥德和赫尔德

在18世纪70年代，知识分子的文化活动和精神活动主要集中在大德意志帝国各公国的宫廷中，这种活动方式延续了维科和康德所开创的传统。[33]萨克森－魏玛的卡尔·奥古斯都公爵（Karl August）同时雇佣了约翰·沃尔夫冈·歌德（Johann Wolfgang Goethe）和约翰·戈特弗里德·赫尔德（Johann Gottfried Herder）来到他的宫廷。我们简单提及一下歌德，但是首先得说说赫尔德。他起初学习神学，后来在哥尼斯堡随康德学习哲学，在那里，康德向他介绍了休谟（Hume）、孟德斯鸠（Montesquieu）和卢梭（Rousseau）的著作。[34]在他们的影响下，在1784—1791年之间，他被激励开始撰写四卷本的《人类历史哲学的概念》一书。在这些书中，赫尔德有意识地拓展了维科的思想，他认为，展现在文学和艺术中的人类意识的增强是历史进程（通常是积极的）的一部分。[35]"我们生活在一个我们自己创造的世界里。"[36]对于赫尔德来说，正是人类天性中那种"自我表达的力量"造成了世界各地文化的多样性。接着他认为，人类本性只有通过不同民族间历史的比较才能被理解。[37]赫尔德说，每个"Volk"（民族）都有它自己的历史，产生了具有本民族特色的道德思想、艺术和文学，更不用说它们的语言。[38]“一个民族的所有东西中，还有什么比祖先传下的语言更宝贵呢？他说，诗歌和宗教凝聚成立一个民族，理解它们的内涵需要通过精神的或象征性的方式，而不仅仅是从功利角度来理解。（他说，古典诗歌是民族精神的活化石。）[39] 正如罗杰·史密斯（Roger Smith）所说的，赫尔德之后对人文学科的研究——特别是历史和文学——成为理解社会的新方式的中心元素。[40]

费希特和自我

创造活动中的一个重要因素是意志。约翰·戈特利布·费希特（Johann Gottlieb Fichte）第一次并且最为形象地介绍了这一思想。[41] 费希特从康德停止的地方开始研究，他认为：“我开始意识到自我，不是作为某些更大结构中的一个组成因素，而是通过与非我的冲突，***Anstoss***，通过与死亡抵触产生的猛烈影响，面对它，我反抗，我必须屈从于我的自由的创造欲。”由于这个原因，费希特将自我描述为“活跃、努力和自律。他决心、改变，通过思想和行动来瓜分世界，使其和自己的观念和类型相一致”。康德把自我构想成一种无意识的直觉过程，但是在费希特看来，却不如说它是“一种有意识的创造活动……我不能接受任何东西，因为我必须这样，”费希特坚持认为，“我相信它，因为我愿意”。[42] 他说，存在两个世界，人都属于这两个世界。有一个物质世界，它“外在于我们”，由因果律掌控，同时存在一个内在的精神世界，“它完全是我自己的创造”。[43] 这种洞见（本身就是一个创造）对哲学的理解带来了一个激烈的转变。“我的哲学以我为本，并非反之亦然。”这样，意志在人类心理学中扮演了越来越重要的角色。费希特说，所有人的理性思考在本质上都是采用了通用的方式，他们的不同在于他们的意志；这能够并且肯定会导致冲突，但是理性不能做到，因为逻辑就是逻辑。[44]

约翰·戈持利布·费希特

这个思想影响巨大。首先，对作品的理解改变了。人们改变了以前将工作视为丑陋的必需品的观念，而变成视为“人的神圣任务”，因为只有通过工作——意志的一种表达方式——能使人发挥出他的与众不同之处，以及创造的本性，来对自然中的“死的原料”加以改造。[45] 人现在离中世纪的僧侣理想越来越远，人们现在的真正本质不是通过沉思来理解，而是通过行动来理解。在某种意义上，尤其是在德国浪漫主义之中，路德教会的职业观被浪漫主义思想所吸收，但是取消了本来作为人的活动目标的上帝及其崇拜活动，而现在则是追求个人自由，尤其是“当个人目的达到后，创造活动就结束了”。[46] 艺术家现在所做的事就是要表现“动机、正直、真诚……纯洁的心灵，自发性”。目的，而不是智慧与成功，才是有价值的。传统的模式——只有圣人能够知道，并且通过理解而获得“幸福或美德或智慧——已被悲剧英雄所取代，他们不惜一切代价来认识自我，对抗各种失败的可能”。[47] 世上的成功都是无关紧要的。

价值的颠覆

这种价值的颠覆不能夸大。首先，人创造了自我，因此不存在所谓确定决定了人如何行动、如何反应和思考的自然。它与以前的任何思想都不一样，他对这种结果的出现不负责任。第二，它已被证明非常骇人听闻，此后，人的价值不是被发现而是创造出来了，没有方法可以将它描述出来或系统化，“因为它们不是事实，不是世界的真相”。它们完全在科学、伦理学和政治学领域之外。第三，令人不安的事实是，不同文明或民族或个体的价值可能会相互抵触。和谐不可能得到保证，即使是一个人自己的价值观也可能会随时改变。[48]

这里，思想转变的重要性也不能无限夸大。过去，在一次宗教战争中，如果一个基督徒杀了一个穆斯林，他也许会感到惋惜，认为一个如此勇敢的对手为信仰而死是不应该的。但这是问题的关键，真实的情形是，他会说，穆斯林这种衷心的错误信仰只会使情况更加恶化。敌人和他的错误靠得越近，他越少获得尊敬。[49] 浪漫主义者持有完全相反的观点。在他们看来，那些殉教者以及悲剧英雄为了他们的信仰，勇敢地和他们几乎不可能战胜的敌人作斗争，这是穆斯林教徒心中的完美形象。[50] 他们所欣赏的价值就是战胜对手，在失败时能激发出蔑视妥协的精神，或取得世俗的胜利。[51] 艺术家或取胜无望的英雄就是这种方式下诞生的。

★ ★ ★

正是这种思想导致了一种立即使我们认可的文学、绘画和（最为生动的）音乐形式的出现——反抗乏味的和庸俗的社会殉教英雄、悲剧英雄、被排斥的天才、遭受痛苦的野蛮人。[52] 正如阿诺德·豪塞尔（Arnold Hauser）所正确指出的那样，现代艺术的每个方面都与浪漫主义的某些重要方面密切相关。“现代艺术的全面繁荣、混乱和热烈……它的无节制、不留情面和喜出风头癖都来源于此。这种主观的、自我中心主义的态度，已经成为对我们来说很重要的事情，以至于我们发现这是我们必须经历的过程，绝对不可避免，也不可能通过不涉及我们的感觉的抽象的思维训练来复制。”[53]

狂飙突进运动

浪漫主义运动起源于19世纪80年代，在这最前面的十年里，涌现出了一场声势浩大的狂飙突进运动，德国年轻一代的诗人反抗他们所受的严格教育和社会习俗，从而自由地表达他们的情感。[54] 这些“考虑不充分的”作品中，最著名的是歌德的《少年维特之烦恼》(1774)。[55] 这里我们有堪称完美的浪漫主义乐章，书中的个体试图反抗并表现出与社会的格格不入。维特是一个年轻、充满激情、热情洋溢的个体，然而他却被严格的、缺乏活力的和虔诚的路德教会孤立在外。但是歌德仅仅是开始，夏多布里昂（Chateaubriand）和卢梭(Rousseau）的绝望和醒悟、多愁善感和忧郁引发了浪漫主义，歌德与他们一道探索新的方式，按照他们的价值观，传统社会已不能满足浪漫主义英雄的精神需要。维克多·雨果（Victor Hugo）那种宏阔的、多方延伸的全景图像，泰奥菲尔·戈蒂耶（Théophile Gautier）和大仲马 （Alexandre Dumas）的“波西米亚树林”，在其中，政治野心和个人野心相互交织，雨果得出这样的观点，即“浪漫主义就是文学的自由主义”，[56] 司汤达（Stendhal）和普洛斯柏·梅里美（Prosper Merimee）将艺术视为“普通人禁止进入的神秘天堂”，强调了浪漫主义的一个目标，这就是我们说的“为艺术而艺术(l'art pour l'art)。”巴尔扎克（Balzac）强调，一个作家“不可避免地”要站在客观的角度关注时代的重大问题，否则他就不能称之为一名艺术家。[57]

拜伦、柯勒律治和华兹华斯/浪漫的“自我”

正如法国浪漫主义从本质上是法国大革命影响的一样，英国浪漫主义也源于工业革命的影响（拜伦、雪莱、戈德温和雷·亨特都是激进主义者，尽管瓦尔特·司各特和华兹华斯有所保留或者说相对保守）。正如阿诺德·豪塞尔所界定的那样，“浪漫主义”激情从本质上来说，就像很难想象城镇没有从乡村独立出来一样，要是没有工业化城市中的冷漠和不幸，就没有他们的悲观主义。[58] 年轻一点的浪漫主义者——雪莱、济慈和拜伦——采用了毫不妥协的人道主义，他们意识到工业化的生活方式对人们的生活产生了广泛的非人性的影响，甚至保守主义的典型代表华兹华斯和司各特都在他们的作品中表现出“民主主义的”同情心，其目标在于普及——甚至是政治化的——文学（的普及）。[59] 跟他们的法国和德国同道一样，英国浪漫主义诗人相信，超越的精神是诗歌灵感的来源。他们沉迷于语言，探索意识，试图寻找那些有能力创造出诗歌般语言的人，从而与柏拉图所说的某种神圣意图相一致。这和柯勒律治的著名警句中所说的“诗人是未获人类承认的立法者”的意思一样。（华兹华斯害怕“想象的启示”。[60]）在这个意义上，诗人成了他们自己的上帝。[61] 雪莱也许是典型的浪漫主义者：无神论者和天生的反抗者，他将世界视为一场正义力量和邪恶力量的伟大斗争。甚至他的无神论，据说，他把上帝当做暴君来反抗，而非否定自我。与雪莱一样，济慈的诗弥漫着普遍的忧郁，哀叹“美不是生活本身”，因为美超出了他的领悟能力。艺术的神秘在于取代信仰的神秘的过程中。

雪莱

拜伦也许是最著名的浪漫主义者。霍华德·孟福德·琼斯（Howard Mumford Jones）比较恰当地指出华兹华斯的以自我中心只是一种主观性的行为，而拜伦则是“想让全欧洲都关注他”。[62] 拜伦把他作品中的英雄描写成一个永恒的无家可归的流浪者，这在一定程度上是由于他自己天生的野性，而绝

拜伦

不是独创。但是早先的这种类型的英雄由于游离于社会之外，所以总是感觉自己是有罪的或表现出忧郁不安。然而在拜伦那里，这种局外人的角色转变为“自以为是地反抗”社会，“孤立的感觉发展成愤愤不平的孤独”，他的英雄们比好出风头者更胜一筹，“他们公开展示他们所受的创伤”。[63] 这些叛逆者向社会宣战，他们是19世纪文学的主宰。如果这类英雄由卢梭和夏多布里昂创造，那么到了拜伦的时代，这已经变成了自恋。“英雄对自己不留情面，对他人同样残忍。他知道无法得到宽恕，也不向上帝或人类祈求宽恕。尽管他生活悲惨，但他从不后悔，也不指望有任何不同……他粗野而狂热，但他有着高贵的血统……他身上散发出一种奇特的魔力，任何女子都无法抵御，而与他来往的男子，要么是朋友，要么是敌人。”[64]

拜伦的意义甚至超过以上这些。他的“堕落天使”的思想作为一种原形被其他许多人所借鉴，包括拉马丁（Lamartine）和海涅 （Heine）。在其他事情中，由于背离上帝，19世纪被抹上了愧疚的色彩，并且，拜伦式的悲剧英雄总是力求尽善尽美。从长远影响来看，拜伦所促成的其他转变也同样重要。例如，是拜伦鼓励读者与英雄保持亲密关系，由此增强了读者对作者的兴趣。直到浪漫主义运动之前，作家的私生活在很大程度上是不为人所知的，读者对他们的私生活也没多大兴趣。拜伦的自我表现改变了一切。在他之后，作家和读者的关系变得愈加紧密，从某方面说，就像医生和病人以及电影明星和他们的影迷的关系一样。[65]

“第二自我”

与此相关的是另外一个主要转变，即出现了“第二自我”的概念，这种信仰存在于每一个浪漫主义人物中，存在于幽暗和混乱的隐秘的灵魂中，是完全不同的人，一旦接近这种第二自我的方式被发现的话，一种非正统的且更深层的本体将无所遁形。[66] 这事实上就是无意识的发现，这里可以解释为隐藏在理性思维之外的一种实体，虽然如此，理性思维依然是非理性思维的来源，只有这样，非理性才能解决问题，揭示秘密，或沉迷于某物，而意识是高于神秘的、夜间活动的、奇异的、鬼魂似的和恐怖的事物的。[67]（歌德曾经将浪漫主义描述为“医院诗歌”，诺瓦利斯把生活描写成“一种思想的疾病”。）第二自我，即无意识，被视为放大精神世界的一种方式，并被寄予希望对作为浪漫主义特征之一的抒情诗有所贡献。[68] 无意识的发现将有专章阐述。

此外，心灵比其他人更为敏感的艺术家的思想也非常重要，它也许有着通向神圣之境的一条直接途径，这可以追溯到柏拉图，具备这种思想的艺术家自然会和资产阶级产生冲突。[69] 19 世纪早期思想的焦点是先锋概念的出现，带有先锋思想的艺术家被看做是超越于他们时代的人，当然也超越资产阶级。艺术是个“禁果”，它只适合于创始者，最不可能和“无教养”的资产阶级扯上关系。与这一思想相去不远的是，年轻人被认为比年长的人更具创造性，而且肯定优于他们。年轻必然会知道即将到来的是什么，肯定会抱着极大的热情去迎接新思想和新风尚，并自然地对越来越多的固有思想程式产生隔膜。天才的概念激发了人的本能活力，促使他们通过一生努力而艰苦的学习来培养自己新的才能。

特纳和德拉克洛瓦／贝多芬

在绘画上，浪漫主义孕育了特纳（Turner），约翰·霍普纳（John Hoppner）说，欣赏他的画就像是看煤火（一个对柏辽兹音乐的比喻），德拉克洛瓦（Delacroix）也说，一幅画应当首先是一场视觉盛宴。但是在音乐中，浪漫主义超越了自我。浪漫主义作曲家中的伟大一代都依次在十年的时间里出生——柏辽兹（Berlioz）、舒曼（Schumann）、李斯特（Liszt）、门德尔松（Mendelssohn）、威尔第（Verdi）和瓦格纳（Wagner）。然而，在所有这些人之前是贝多芬（Beethoven）。孟福德·琼斯说，所有的音乐都以贝多芬为归宿，所有的音乐都以贝多芬为起

贝多芬

点。[70] 贝多芬、舒伯特和韦伯组成一个小组，我们可以称之为前浪漫主义作曲家，他们改变了音乐思想和音乐表演的面貌。

贝多芬（1770—1827）和莫扎特（Mozart）的巨大不同在于，贝多芬认为自己是一个艺术家，他只比莫扎特大14岁。而莫扎特从来都没有说过自己是一个艺术家——与海顿（Haydn）和巴赫（Bach）之前所说的一样，他把自己视为一个熟练的工匠，给他人提供商品。但是贝多芬把自己看做异类中的一员，一个创造者，并且把自己摆到与王族以及其他高贵灵魂同等的地位上。“我内心中所包含的东西，”他说，“必须被释放出来。”[71] 歌德就是一位感受到贝多芬个性力量的人，他写道：“我从没遇到过这样一位精神专注和强烈、这样充满活力和拥有如此伟大心灵的艺术家。我很能理解，对他而言，要找到一种适合这个世界及其运行方式的艺术形式是多么的困难。”[72] 例如，甚至他的音乐手稿中划去的部分都带着强烈的情感，而莫扎特在这方面就有所缺陷。[73] 就像在他之后的瓦格纳一样，贝多芬感觉到世界应感谢他的存在，因为他是个天才。一段时期内，两位维也纳王子给贝多芬固定的年金，试图让他留在这座城市。在他们其中一位意外丧生后，贝多芬将其财产送交法庭，要求强制性地付款给他。他觉得这是他的权力。[74]

在贝多芬一生所创作的许多优美音乐中，有两部曲子最为突出，这两部作品永远地改变了音乐的发展进程。它们是首演于1805年的《英雄交响曲》以及首演于1824年的《第九交响曲》。[75] 哈罗德·勋伯格想知道，在《英雄交响曲》首次演出的这一重大场合中，听众的思想到底经历了什么样的震撼。“这是面对一个交响曲中的怪物，它比以前所写的任何交响曲都要长得多，它有个太为庞大的总谱；它有着复杂的和弦和巨大力量；它有着强烈的不和谐音；它有一段葬礼进行曲，在其强度之下，听众几乎陷于麻痹状态。”[76] 这是一种新的音乐语言，对许多人来说，《英雄交响曲》 及其悲怆感将永远无法超越。乔治·马雷克（George Marek）说，听《英雄交响曲》的经历就类似于听到原子弹爆炸的消息时的反应。[77]

无论如何，贝多芬是个浪漫色彩十足的人物，但是大约在《英雄交响曲》首演时，听力障碍开始折磨他，并立即发展成完全的耳聋，这些都促使他运用心灵来创作。他的重要歌剧《费德里奥》（尽管剧中人物太多），大提琴和钢琴协奏曲，著名的奏鸣曲，如《华尔斯坦》和《热情》，都有神秘和不朽之处。但是《第九交响曲》是其中的关键，它也获得了后继浪漫主义者的最高礼赞。所有的证据表明，它的首次公演惨不忍睹，仅仅两次彩排之后，许多演唱者唱不出高音。(领唱者请求贝多芬换掉高音，但是他拒绝了——没有人比他拥有更宏伟的愿望。[78]）然而，《英雄交响曲》和《第九交响曲》的共同之处是什么呢？是什么使得它们听起来如此新颖，如此不同于莫扎特的音乐呢？是因为贝多芬最关注的是人的内心状态，那种自我表现的迫切渴望和灵魂的激烈震荡。“贝多芬的音乐并不文雅。他所呈现的音乐，是一种富有同情心的戏剧，充满斗争和坚定，这是以前或迄今为止，没有哪个作曲家能做到的……《第九交响曲》并不优美或者说，甚至并不吸引人。它仅仅是庄严和崇高……这是音乐的向内转，是灵魂的音乐，是极端主观性的音乐……”[79] 正是《第九交响曲》中“反抗和放弃”及其激烈交战深深影响了柏辽兹和瓦格纳，乐曲中保留着勃拉姆斯（Brahms)、布鲁克纳（Bruckner）和马勒（Mahler）的理想成果（他们在很大程度上做不到)。[80] 德彪西公开承认，伟大的时代即将拉开序幕 ，而对于作曲家们来说，这些伟大的成就是一个“普遍性的噩梦”，他的意思是说，只有极少数作曲家能与贝多芬比肩，也许只有瓦格纳才能超越他。

舒伯特

弗兰兹·舒伯特（Franz Schubert）被描述为“古典主义浪漫派”，他短暂的一生（1797—1828）都活在贝多芬的阴影之中。[81] 他强烈地感觉到他只能成为一位艺术家，他告诉他的朋友，“我来到这个世界上除了作曲之外没有其他目的”。从一个唱诗班的儿童歌手他开始了他的音乐生涯，在他成长发育而变音后，他不得不在学校里以教授音乐为生。他不喜欢这个行当并将精力转向了作曲。和5英尺4英寸的贝多芬相比，他同样身材矮小，只有5英尺1.5英寸。他的绰号是“施沃恩”（像圆筒一样的)，贝多芬的听力不好，而他则是视力不佳。更重要的是，他是拥有两个自我的浪漫主义音乐家的“完美”榜样。一方面，他为歌德、席勒、海涅等人的诗歌谱曲，这些作品被人们

弗兰兹·舒伯特

广泛接受并为他赢得了声誉；另一方面，他酗酒并且染上了性病，可以说，对快感的渴望将他的身体搞垮了。这在他的音乐作品尤其是B小调交响曲《悲伤之歌》中得到了展现。[82] 同时，他也是为无伴奏歌曲谱写音乐的大师。[83]

贝多芬逝世后，翌年，舒伯特也与世长辞。那个时候，所谓的“现代社会”即将来临。新的铁路线正迅速地将人们连接在一起。工业革命为资产阶级带来了巨大的财富，也（给无产阶级）带来了令人绝望的贫穷。这些方面都对音乐界造成了直接的影响。音乐不再仅仅是宫廷艺术，而成为新兴的资产阶级欣赏的对象。资产阶级发现，舞蹈音乐，尤其是华尔兹的伴奏乐，已经成为1814—1815年维也纳议会时期的流行时尚。在19世纪20年代的狂欢节上，仅在一个晚上，维也纳就举行了多达1600场舞会。[84] 这座城市还拥有四座剧院，不时地上演歌剧，大学和其他一些地方分布着为数众多的礼堂。中产阶级打造音乐的时代来临了。

指挥家

譬如对音乐会和歌剧来说，除了那些新建的剧院，技术革新对乐器本身也产生了意义深远的影响。贝多芬增加了管弦乐队的人数（本章开头曾经提及），柏辽兹进一步扩大了其规模。与此同时，得益于新的金属制造工艺，一些原本不太可靠的18世纪的管乐器得到了很大改进。例如，由此设计出的按键和气阀使喇叭和低音管演奏的曲调更趋一致。[85] 新的金属工艺，以及铰接的按键，还保证了演奏者的手指能够准确地按住气孔。大号得到了改进，阿道夫·萨克斯（Adolph Sax）发明了萨克斯管。[86] 同时，管弦乐队人数的增加产生了对乐队指挥者的需要。那个时候，大多数的乐队要不由首席小提琴手指挥，要不由演奏键盘乐器者指挥。贝多芬时代之后，大概在1820年前后，出现了我们今天所熟知的指挥家。作曲家路德维格·施波尔（Ludwig Sphor）和卡尔·玛丽亚·冯·韦伯（Carl Maria von Weber）以及巴黎音乐学校管弦乐队（建于1828年）的建立者弗朗克斯·安托万·哈贝内克都是这样的指挥家，路德维格和卡尔·玛丽亚用指挥棒指挥乐队演奏他们创作的曲子，弗朗克斯则用弓来指挥。

钢琴／第一位超级名家

尼科罗·帕格尼尼

也是在那个时代，现代钢琴诞生了。它有两个方面的进步。第一，在工业革命中发展起来的钢铁铸造技术赋予了钢琴全新的钢结构，这就是说，他比莫扎特时代更加坚固和结实了。第二个方面的进步可以用尼科罗·帕格尼尼（1782—1840）的事例来说明，他是一位音乐天才，19岁就登台表演，他可能是迄今为止最伟大的小提琴家。[87]他是一位堂堂正正的技艺大师，也是一位令人眼花缭乱的杂耍大师，他喜欢在演奏时故意将一根弦拨断，并且整个晚上只用三根弦，他简直可以称得上是第一流的“超级名家”。[88]然而，他却实实在在地发展了小提琴演奏技术，他“玩”出了新的运弓法、指法、和声法，他还在在演奏过程中鼓励钢琴演奏者在其他乐器上更广泛地仿效他的新方法。[89]

至少可以说，在钢琴演奏速度方面最善于仿效帕格尼尼的是弗兰兹·李斯特，他是历史上第一个开个人演奏会的钢琴家。为了满足新兴富足的资产阶级对音乐会的需求以及他们对欣赏大师们表演的渴望，许多音乐大厅如雨后春笋在欧洲应运而生（在北美也小规模地建立）。当然，这在一定程度上也归功于像李斯特这样的大师。而许多音乐大厅的建立也有助于造就一大批作曲家和演奏家，这时涌现出了韦伯、门德尔松、肖邦、李斯特四大钢琴家，以及柏辽兹、门德尔松、韦伯、瓦格纳四大指挥家。[90]

哈罗德·勋伯格说：“大概在1830—1840年这十年间，音乐的整个和声词汇发生了变化。这看起来有点毫无来由，然而，作曲家们突然一下子用起了第七、第九甚至第十一和声、可变和声、彩色和声而不是古典的全音阶和声……不平常的曲调组合、复杂的不协调的和声，使那个时代守旧的心灵备受折磨——这也恰恰展示了浪漫主义音乐的特质。”[91]因此，可以说，浪漫主义音乐有它自己的“声音”——它丰富多彩，富有美感，它表达着自己的情绪，甚至带有神秘主义色彩——它还有焕然一新的一面：它有一个“节目”，即传达一个迄今为止还让人难以置信的故事。[92]此种新的发展强调了音乐和文学之间一种新的密切联系，其目标是描述人的内心情感与理智的状况——这一目标也是贝多芬首先追求的。

韦伯

如果不是从严格意义上与贝多芬和柏辽兹相比，那么，卡尔·玛丽亚·冯·韦伯和舒伯特一样，就可以称得上是具有非常鲜明的浪漫主义色彩的音乐家。韦伯髋部患病，走起路来一瘸一拐，他还患有肺痨——这是属于浪漫主义时代的疾病，这是一个悲剧，病魔慢慢地吞噬了他的生命（美女拉·特拉维亚塔和拉·博海米也是肺痨患者）。韦伯还是一位吉他高手，在他不小心喝了一杯硝酸弄坏了嗓子之前，他还是一位完美的歌手。他还拥有一双大手，这意味着他能够演奏相当数量的乐章，而普通人是难以做到的。[93] 他被招到德累斯顿掌管歌剧院，在那里他建立了乐队指挥一个人主导整个乐队的演奏模式（刚开始就是他自己当乐队指挥）。他努力工作，抗拒人们对意大利歌剧的狂热（主要是对罗西尼的作品）。由于韦伯的努力，德国歌剧传统得以确立并由瓦格纳集其大成。韦伯的歌剧《自由射手》在1820年首演，它开创了新的纪元。这部歌剧在19世纪一直深受欢迎，歌剧讲述了一个阴谋，表现了超自然的和魔鬼的神秘力量。他自己说，歌剧中最重要的诗句出自英雄马克思之口，即“我深陷黑暗，跌跌绊绊”。[94]

柏辽兹

尽管柏辽兹也曾从莎士比亚、拜伦、歌德那儿“取经”，但他是历史上第一个以坦诚的自传方式在音乐中表现自我的作曲家。[95] 他被描述为“第一个真正的音乐狂人”，从上述的角度讲，贝多芬在他面前也黯然失色。有这么一个人，他灵活机变，富有革新精神，拥有和贝多芬一样的对自己的天分的意识——浪漫主义运动正是由此促成，他著有生动的自传，他的音乐也具有自传性。柏辽兹的第一部伟大作品——也可能是他一生中最伟大的作品《鸦片噩梦》，是一部和声幻想曲，记载了他对爱尔兰女演员哈丽特·史密森强烈的爱意。[96] 尽管至少从传统的意义上讲，这段情事一开始并无多少浪漫可言。在他看到她在舞台上表演到他们正式会面这一段时间里，柏辽兹一直在写信批评她，这些信太热情太暧昧了，弄得他很迷惑甚至害怕起来（他说他将去剧院看她表演，但是只会愤怒地嚎叫，在她的歌迷拥抱她时他会离开）。当他听到关于她的一些传闻后感到非常失望，他就让她在他的交响乐的最后一幕中扮演妓女的角色。当他得知谣言纯属子虚乌有时，柏辽兹对乐章作了改动。某天下午，当她终于同意在他的一场演出后公开见面时，大卫·卡恩斯说，“这是他们的浪漫日历上的一个节日”。[97] 到柏辽兹为止，音乐还从来没有以如此的程度讲述故事，这一理念改变了作曲家和听众。在这些作曲家中，给人印象最深的是瓦格纳，他认为只有三位作曲家值得人们关注，他们是李斯特、柏辽兹和他自己。这对舒曼和肖邦恐怕有欠公平。

舒曼

就某些方面而言，罗伯特·舒曼是最完美的浪漫主义作曲家。他的家庭深陷精神错乱和自杀的泥潭，他一生都忧心忡忡，担心自己不得善终。作为一个书商和出版商的儿子，他是在歌德、莎士比亚、拜伦和洛瓦莱斯等伟大的浪漫主义作家的作品熏陶下长大的，这些大作家对他裨益至巨（他曾泪雨滂沱地拜读拜伦的《曼弗雷德》，并在后来为它配乐[98]）。舒曼尝试自己写诗，并且在其他许多方面仿效拜伦从事他热爱的事。18世纪50年代初，他曾经有一个星期脑袋里充满了幻觉，当时，他觉得天使们在向他口授音乐，而野兽正要攻击他。他曾跳河自杀但却未遂。此后，按照他的要求，他被送进了精神病院。他最知名的也可能是他最受欢迎的作品是《安魂曲》，在《安魂曲》中他描绘了他的朋友、他的妻子克拉拉以及肖邦、帕格尼尼和门德尔松（《安魂曲》对勃拉姆斯有重大影响[99]）。

肖邦

尽管肖邦与许多浪漫主义作曲家交往密切，其中包括德拉克罗瓦（舒曼写过许多信给他，探讨关于乔治·桑的爱情故事），但是肖邦还是装做对他们的追求不屑一顾。肖邦对德拉克罗西的画作礼貌但缺乏热情，他对阅读浪漫派的作品兴味索然，但他跟贝多芬、柏辽兹和李斯特一样清醒地意识到自己是一个天才。他生于波兰，19世纪三四十年代住在巴黎，那时巴黎是浪漫主义运动的中心，在音乐出版商普雷耶的晚间音乐沙龙上，他和李斯特、门德尔松等四人一组演奏钢琴。[100] 肖邦发明了新的钢琴演奏法，就是我们今天熟悉的那种。这反映在他区别于其他演奏者的指法上，至少在当时，他发展了钢琴演奏技艺，虽然具有实验性，但钢琴发出的乐音确实也更优雅动听了。"藏在花丛中的一尊大炮"，舒曼对此评价道。(这样的多愁善感一去不复返了。)[101] 肖邦引入例如关于踏板法、指法、节奏的新理念，事实证明，新的理念影响深远。他偏爱英国的布劳德伍德公司的钢琴，虽然跟一些很实用的钢琴相比不够先进。[102] 他的作品具有像印象派绘画那样的鲜明色彩和微妙之处，正如人们能够由德加了解德诺阿，人们一听到这样的音乐就能够了解肖邦。他从没有认为他是一个浪漫主义者，但是他的波兰连衫裙和夜祷却隐含浪漫主义特征（在他和他的波兰连衫裙以及他的音乐中，我们能体会到他热爱祖国的拳拳之心）。[103] 不提肖邦，我们就无法完全理解钢琴乐。

李斯特

同样，也不能不提李斯特。和肖邦一样，李斯特也是一位杰出的艺术大师(他10岁就登台表演独奏)；和贝多芬（李斯特得到了他的布劳德伍德钢琴）、柏辽兹一样，他也很有号召力——这一点自然得益于他英俊的相貌和他精湛的钢琴演奏技艺。[104] 在他之前，钢琴演奏者都是将手腕贴近钢琴演奏。他是一开始就登台表演的一流钢琴演奏家。（表演时）他会先坐下来，扔掉手套，举起双手，然后开始按琴键（这时，妇女们会抢着去捡李斯特扔下的手套。[105] 然后，他就变成一个杂耍大师，许多人也认为他是牛皮大王。[106] 但毫无疑问，他是钢琴演奏者中最富浪漫气质的人，而且是迄今最伟大的一位，他汲取了柏辽兹、帕格尼尼、肖邦的艺术经验。它首创钢琴独奏曲，欧洲各地的钢琴家纷至沓来向他学习。他对瓦格纳影响巨大，他

李斯特

开创了新的音乐形式，特别值得一提的是交响诗——这是一种标题音乐，具有由诗或剧本传达的象征意义。[107] 在他那大胆的半音音阶的音乐中，他引入了不谐和音，这一点为从肖邦到瓦格纳之间的每一个作曲家所仿效。李斯特最终成为一位德高望重的音乐老人，他比他同时代的人多活了几十年。作为历史上自大的人之一，他长了一头平滑的白发，脸上布满了疣子，这使得他的相貌与他年轻时那个年代的人相比，显得与众不同。[108]

门德尔松

弗利克斯·门德尔松可能是在莫扎特之后取得最广泛的成就的音乐家。他是一位优异的钢琴家，当时最伟大的指挥家、风琴演奏家。他还是一位出色的小提琴家，他的诗集和哲学著作也被人们广泛阅读。（阿尔弗雷德·爱因斯坦称他为“浪漫的古典主义者”。）[109] 他出生于富裕的犹太银行家家庭，是哲学家摩西·门德尔松的孙子。他是一个强烈的爱国者，他相信他的同胞在所有的艺术领域都能够做到出类拔萃。确实，如果真是这样，那么门德尔松将会是超越文化的。在他还是小孩子时，家人就让他5点起床，学习音乐、历史、希腊文、拉丁文、科学和比较文学等功课。他出生的时候，母亲看着他的手评论说，“这是弹奏巴赫赋格曲的手。”[110] 和其他许多浪漫主义音乐家一样，他也是一位少年天才，然而他非常幸运，他的父母能够雇得起交响乐队来演奏他创作的曲子，由他担任乐队指挥。他曾到巴黎拜访李斯特、肖邦和柏辽兹。他创作的第一首曲子从莎士比亚的《仲夏夜之梦》获得灵感，莎翁剧本中的仙境是完美的浪漫主义材料（尽管门德尔松从不相信魔鬼）。[111] 离开巴黎后，他作为一名音乐导演来到莱比锡，短时间内他就使莱比锡成为德国的音乐中心。作为使用指挥棒的指挥家中的一员，他使用指挥棒使莱比锡交响乐队成为当时成功运用各种乐器进行演奏的样板——精确、省时、追求速度。他扩大了乐队规模并修改了剧目。[112] 门德尔松可能是第一个采取今天还受欢迎的霸道风格的指挥家，也是我们今天所知的基本剧目的主要制订者之一——当然还包括莫扎特和贝多芬，海顿、巴赫（门德尔松使他沉睡了百年的《马太受难曲》重放光彩）、李斯特、肖邦、舒伯特、舒曼亦有贡献。门德尔松设计出了我们现在能够听到的大多数音乐会的构成：一部前奏曲，一部大规模的作品，比如说一部交响乐，紧接着是一部协奏曲。（人们认为，直到门德尔松为止，大多数交响乐还是太长了，难以一次听完：门德尔松的乐章之间点缀着一些较短的、设计有欠用心的片段。）[113]

★ ★ ★

歌剧是所有的艺术形式中最为热情奔放的，它的发展为伟大的浪漫主义运动进一步开疆拓土。19世纪产生了两个伟大的歌剧国度，一个是意大利，一个是德意志。

威尔第／《福斯塔夫》

朱塞佩·威尔第（Giuseppe Verdi，1813—1901）不同于同时代的音乐家，他在儿童时代并没有表现出天才。他的钢琴弹得并不好，他首次投考米兰音乐学校也没有成功。他的第一部歌剧还说得过去，第二部很失败，但他的第三部歌剧《纳布甲尼撒》（*Nabucco*）使他在意大利家喻户晓。这部歌剧排演时，油漆工和机械工都放下了手头的工作，因为歌剧的音乐太激动人心了，他们都围着乐队看起了表演。除了音乐之外，威尔第采用了规模更大的交响乐队，《纳布甲尼撒》之所以在意大利家喻户晓，是因为这部歌剧被看做是意大利人民反抗奥地利侵略和统治的象征。《飞吧，思想，乘着金色的翅膀》（*va,pensiero*）合唱关注犹太流亡者对家园的渴望，这一点与意大利人民对自由的渴望是一样的。[114]歌剧第一次上演，观众们就为它起立鼓掌。[115]威尔第自己就是激进的民族主义者，他希望在活着的时候能看到意大利的统一，此后他（勉强）成为新议会中的一员。在奥地利占领期间，字母“V.E.R.D.I.”被刻在意大利各个小镇的墙上，人们将它理解为：维托里奥。[116]

在《纳布甲尼撒》之后的两部歌剧——《伦巴第人》（*I Lombardi*）和《埃尔纳尼》（*Ernani*），特别是在《麦克白》中，威尔第创造了一种新型歌剧音乐，这种音乐以前从来没有听到过，但是浪漫主义作曲家曾经作过提示。威尔第不是试图创造优美动听的、克制的音乐，而是在寻找歌唱者的声音所能创造的并反映歌唱者的内心状态——他们的骚动，他们的爱、恨、心理压力和绝望的声音。在《麦克白》将要进行彩排的时候，威尔第写信给巴黎大剧院的导演，信中他清楚地阐明了他的目标。在其他事情上，他反对当时的一位著名歌手尤金妮亚·塔多利尼的选择。"对扮演麦克白夫人来说，塔多利尼具有的优点太多了。可能你会认为这么说有点自相矛盾！塔多利尼面容姣好，而我却喜欢麦克白夫人扭曲、丑陋的面容。塔多利尼嗓音完美，而我根本不希望麦克白夫人开口唱歌。塔多利亚嗓音清晰、响亮、绝妙、富有磁性，而我却希望麦克白夫人发出粗陋、混浊、空洞的声音。塔多利尼的声音像天使一样，麦克白夫人的声音却应该如同恶魔……"〔117〕威尔第把精力转向了音乐剧、情节剧，在这些剧作中粗陋的情绪——"爱、恨、复仇、强烈的权力欲得以呈现其原始色彩"。〔118〕这是由悦耳的乐调而不是交响乐队的协调一致造成的，所以它具有瓦格纳所欠缺的人性主义。〔119〕即便如此，这和过去的任何事情还是有所不同，这意味着他的歌剧大受观众欢迎时（第一次上演时剧院大门提前4小时打开，观众非常之多），也会受到空前的批评和攻击。1855年在纽约上演《弄臣》(*Rigoletto*)时，两个男人要把《弄臣》告上法庭，禁止其演出，理由是它太淫秽了，不适合女观众观看。〔120〕

威尔第在其长达87年的生命的最后时期成为意大利音乐协会的主席，他重新从莎士比亚的作品中获得启示，创作了歌剧《奥赛罗》(*Otello*)和《福斯塔夫》(*Falstaff*)。在莎士比亚的原著中，福斯塔夫是一个悲剧兼喜剧人物，也可能是莎士比亚竭力塑造的典型（在威尔第的合同中规定：在着装彩排后如果不妥的话，他可以取消歌剧）。我们可以喜欢福斯塔夫也可以不喜欢他。我们认为让一个傻瓜能成为悲剧人物是很难的，当然，他可以自得其乐。威尔第的音乐为莎士比亚的故事增添了庄严感，这样我们就看到悲剧真的诞生了，尽管很明显并没有悲剧英雄。从这个意义上说，1893年2月威尔第的《福斯塔夫》在米兰拉斯卡拉剧院的首演，意味着浪漫主义的终结。〔121〕

瓦格纳／《尼伯龙根指环》

那时，瓦格纳和他的浪漫主义招牌也成为明日黄花了。且不论瓦格纳是否是比威尔第伟大的音乐家，他都可以称得上是一个更伟大、更复杂的人物，他具有像福斯塔夫一样的性格，坚强而温和。瓦格纳具有贝多芬／柏辽兹式的性格，甚至使他们黯然失色，而且他能够一直意识到自己的天分。他的歌剧细胞遍布全身。〔122〕"我不喜欢模仿别人，我的作品必须有自己的特色和亮点。这个世界亏欠我许多。我不能像风琴演奏大师巴赫那样靠可怜的薪俸生活。”[123] 和威尔第一样，他的音乐生涯开始较晚，直到他15岁时听到贝多芬的《第九交响曲》和《菲德里奥》，他才决心要成为一名音乐家。对于钢琴他并不能比修补匠做得更多，他也承认他也并非最好的乐谱读者。哈罗德·勋伯格说，他的早期作品“并无天才表现”。[124] 和柏辽兹相比，瓦格纳的音乐强烈到使他最初的爱好者都感到恐惧；和舒伯特相比，他一直处于负债状态，至少在他职业生涯的早期是这样。在莱比锡，他收到了一些学费（但很快就被解职），人们都知道他是酒鬼、赌徒，缺乏自控力，独断专行，喜欢空谈。

在一系列的冒险之后，当他的债权人到处寻找他的时候，他写出了五幕剧《黎恩济》（*Rienzi*），这使他声名大噪，就像《纳布甲尼撒》使威尔第名满天下一样。[125]《黎恩济》在德累斯顿成功上演，这使接下来的《漂泊的荷兰人》（*Der fliegende Holländer*）的成功有了保障，此后瓦格纳被任命为德累斯顿合唱团指挥。瓦格纳接着写出了《汤豪舍》（*Tannhäuser*）和《罗恩戈林》（*Lohengrin*），这两部剧作都很受欢迎，尤其是后者，由木管乐器和弦乐器混合演奏。由于在1848年的起义中他支持革命一方，他不得不逃离德累斯顿。[126] 他秘密移居到魏玛，和李斯特待在一起，然后流亡到苏黎世，在瑞士的6年，他没有创作出任何乐曲。他开始写他的音乐理论著作，他熟读了叔本华，最终他写出了一系列的著作，包括《艺术与革命》（*Art and Revolution*，1849）、《未来的艺术作品》（*Art Work of the Future*，1850）、《犹太教与音乐》（*Judaism and Music*，1850）以及《歌剧与戏剧》（*Opera and Drama*，1851），他还根据中世纪日耳曼人的尼伯龙根传说写出了一部大型剧本。这部剧作就是瓦格纳所谓的“综合艺术品”，是各种艺术的统一，在这样的艺术品中，瓦格纳要求所有伟大的艺术——语言、音乐、布景、服装——必须都以神话为依据，并且作为上帝之音的第一份记录和他的神圣手稿上的现代（也是浪漫的）光泽。对瓦格纳来说，回到前基督教传统是非常必要的，因为基督教过去一直比较反常。一种可能是像东方的文艺复兴所展示的印度的雅利安人神话，但是瓦格纳根据德国的状况，选择了与古典的地中海传统相对应的北方传统。这就是他选择日耳曼人的尼伯龙根传说的原因。[127] 除了新的神话，他还发展了新的演说形式，或者毋宁说他对旧的形式加以娱乐化，头韵（*Stabreim*）唤起传奇中隐藏的诗情，在第一行出现的元音会在下一行的第一个音节或单词中重复。在此基础上他产生了关于交响乐队的新想法（对瓦格纳来说，它甚至将比贝多芬和柏辽兹的乐队规模更大）。这里他发展了他关于贯穿一部作品的完整音乐的概念。所以，交响乐队和歌手一样变成了戏剧的一部分。（瓦格纳骄傲于他从来没有写过一页“吟诵曲”，他将之称为“我们这个时代最伟大的艺术成就”）。[128]

一位批评家说，以上事件造成的结果是，当整个欧洲都在吹嘘威尔第的时候，他们也谈论起了瓦格纳。许多人（到现在也）不喜欢这种新型音乐，另一位（英国）批评家认为瓦格纳的音乐简直是“噪音”，应该将其解聘。其他人认为瓦格纳的作品充盈着强烈的生命力，《特里斯坦与伊索尔德》的创作成功证明了这一点。“在音乐史上还从来没有过与其在幅度、强度、谐音的华美、管弦乐作曲法的厚重、知觉、力量、想象力和色彩诸方面可以相比的格局乐谱。对19世纪后半叶的乐坛来说，《特里斯坦与伊索尔德》开幕的和音是一次叛逆、一个新的概念，正如贝多芬的《英雄交响曲》和《第九交响曲》对于19世纪上半叶的乐坛一样。”瓦格纳后来说他在创作这部歌剧时有点神情恍惚，“可以完全相信，我当时沉浸在对灵魂事件的深思之中，并且之后勇敢地从思索之中跳出来创作能够表现它的外部形式”。《特里斯坦与伊索尔德》是一部入木三分的作品，“他剖示了人内心深处的潜意识层”。[129]

瓦格纳得到了疯狂的巴伐利亚国王路德维格二世的救助，在这段时间里，他确立了他在音乐史上独一无二的地位。路德维格是一个同性恋，他爱上了瓦格纳的音乐，可能也爱上了瓦格纳本人。他对瓦格纳说，在巴伐利亚，只要瓦格纳开口，他可以毫不迟疑地为他做任何事情。瓦格纳说：“我是最富德国气质的人，我是德国精神的代表，我认为自己的作品具有无与伦比的魔力。”[130] 尽管由于他的奢靡和对政治的诽谤性的攻击有一段时间被迫流亡，他和路德维格的这段缘份最终还是使得他达到了职业生涯和浪漫主义运动的顶点。这就是瓦格纳所献身的理想——在拜罗伊特节日剧院演出《尼伯龙根指环》（*Der Ringdes Nibelungen*）。1876年拜罗伊特迎来了戏剧节，戏剧节上首次上演了瓦格纳用25年时间创作的《尼伯龙根指环》。[131] 在首届歌剧节上，有4000多门徒来到拜罗伊特，德国国王、巴西国王和王后，还有7个其他国家的王室，大致有60名来自世界各地的新闻记者参加了戏剧节，其中包括两名纽约的记者，他们被准许使用跨洋电缆传送信息以便他们的报道能够在第一时间与美国读者见面。[132]

尽管有人对他的作品吹毛求疵，而且一直如此，但是《尼伯龙根指环》造成的席卷之势成为音乐观念上的又一个转折点。"爱可以使力量恢复的宇宙戏剧"是一个寓言，它能够解释为什么只有传统价值观才能将现代社会从不可避免的厄运中解救出来，他对基督教也毫不妥协。[133] 虽然这一点是借助神话来表现的，但它也是现代的，这就是他的吸引力。(瓦格纳还称歌剧所讲的故事与他的家庭有相似之处。)"听众被卷入了远处的永恒的某一时间之中，并为自然力胁迫。《尼伯龙根指环》具有如下理念：他不涉及女性／男性们，而是涉及个体；不涉及整个人类而涉及某个民族；不涉及意识而涉及潜意识；不涉及宗教而涉及基本仪式；不涉及整个自然界而涉及自然现象本身。"[134] 从那以后，瓦格纳就生活在了王室和神性之间，得到赞美，受到款待，锦衣玉食，沉浸在一片馨香中，并利用一切机会来提高自己的写作水平和音乐水平。在头骨学上，对犹太人的观点声称，雅利安人是从上帝一派相承的——这一观点不如瓦格纳的音乐能经受考验。坦白说，其中某些观点很可笑。但毫无疑问，瓦格纳非常自信，他具有尼采哲学所谓的意志力，他将拜罗伊特作为他躲避日常琐事的庇护所，这有助于他静下心来进行思考——在19世纪后期的德国能生活在这样的氛围中很不容易。[135] 在音乐方面他对李斯特、布鲁克纳、马勒、德沃拉克甚至勋伯格和伯格（Berg）都有重大影响。韦斯特、德加、塞尚的作品都具有瓦格纳风格，奥迪龙·雷登（Odilon Rdeon）和亨利·芳汀－拉托尔（Henri Fantin-Latour）的绘画也从他的歌剧中汲取了灵感。马拉美和波德莱尔也称他们从瓦格纳那里获益良多。再后来阿道夫·希特勒说："要想了解国家社会主义的德国，就必须了解瓦格纳。"[136]

这一评论令人遗憾。浪漫主义的真实意图或者说根本目的，已被诗人济慈阐明，他说，他写诗是为了减轻"神秘现象的负担"。从某种程度上说，浪漫主义一直是作为宗教信仰瓦解的一种反应而存在的，在18世纪它已经表现得很明显，在整个19世纪也是。科学家们试图——或者说希望——对神秘现象作出解释；而浪漫主义者对其很感兴趣，并在许多方面充分利用它。这一点科学家是不会或不能理解的，这一点可以说明为什么诗歌和音乐成为浪漫主义的领导主力——因为它们更善于"减负"。

这种科学观点与艺术观点的背离，也就是以赛亚·伯林所说的不相容或不一致，不能再继续下去了。浪漫主义的世界和阴暗、热情、神秘的内心世界会创造出一种补偿性的美，甚至创造出智慧。但是在讲究实践的维多利亚时代，新的技术和新的科学重大发现不断涌现。19世纪，外部世界被前所未有地拓展、征服和控制，我们需要适应这个时代，至少应该尝试去适应。这一适应促成了两个方面的发展，它们都与本书的内容相关。在文学和艺术领域，在音乐、绘画、诗歌方面，出现了我们所知的“现代主义”运动；在科学领域，出现了到现在为止还很时髦的科学——探索潜意识的科学。

注 释

〔1〕 哈罗德·C.勋伯格,《作曲家的人生》,伦敦:大卫－波因特/麦克唐纳·福多乐出版社,1970/1980年,第124页。

〔2〕 参见大卫·凯恩斯,《柏辽兹》,伦敦:艾伦·莱恩/企鹅出版社,1999年,第263—278页,各处,柏辽兹和希勒的友谊。

〔3〕 勋伯格,如前所引,第126页。

〔4〕 梅纽因和戴维斯,《人类的音乐》(*The Music of Man*),第163页。

〔5〕 勋伯格,如前所引,第126页。

〔6〕 雅克·巴尊(Jacques Barzun),《古典,浪漫主义,现代》(***Classical,Fomantic,Modern***),伦敦:瑟克&瓦伯格出版社,1962年,第5页。

〔7〕 勋伯格,如前所引,第124页。

〔8〕 伯林,《本体的意义》(*The Sense of Reality*),伦敦:查托&温达斯出版社,1996年,第168页。

〔9〕 同上,第168页。

〔10〕 同上,第168—169页。

〔11〕 同上,第168页。

〔12〕 同上,第169页。

〔13〕 参见霍华德·孟福德·琼斯,《革命与浪漫主义》,马萨诸塞剑桥:哈佛大学出版社贝尔纳普分社,1974年,第368页,德国民族主义者对拿破仑做出了回应,也可参见格罗德·N.伊森伯格,《不可能的个性:浪漫主义,革命和现代自我的起源,1787—1802》,普林斯顿、新泽西和伦敦:普林斯顿大学出版社,1992年,第45—47页和第94页,关于伯林的沙龙。

〔14〕 伯林,如前所引,第170页。

〔15〕 同上,第171页。

〔16〕 同上。

〔17〕 同上,第173页。

〔18〕 同上,第175页。

〔19〕 参见伊兹列尔,《激进启蒙运动》,牛津:牛津大学出版社,第668页,有一种观点认为,维科是从哲学上反对自然主义的人。

〔20〕 同上。

〔21〕 同上,第666页。

〔22〕 同上，第665页和第344页。

〔23〕 同上，第344页。

〔24〕 孟福德·琼斯，如前所引，第242页；也可参见霍索恩，《启蒙与失望：社会理论史》，英格兰剑桥：剑桥大学出版社，1976年，第32—33页。

〔25〕 罗杰·史密斯，如前所引，第337页。

〔26〕 伯林，如前所引，第176页。

〔27〕 孟福德·琼斯，如前所引，第229页。

〔28〕 伯林，如前所引，第178页。

〔29〕 同上，第179页。

〔30〕 巴尊，如前所引，第135页及后文，探讨关于意志这一思想的发展。

〔31〕 伯林，如前所引，第179页。

〔32〕 豪塞尔，《艺术社会学》，纽约：古典书局/克诺夫出版社，未标明出版日期，第3卷，第174页。

〔33〕 罗杰·史密斯，如前所引，第346—347页。

〔34〕 孟福德·琼斯，如前所引，第66页。

〔35〕 同上。

〔36〕 罗杰·史密斯，如前所引，第347页。

〔37〕 正如奥尔特加·加塞特（Ortega Y. Gasset）后来所说的："人物所谓本性，有的只是他的本性。"奥尔特加·加塞特，《历史正像一个系统》，参见《哲学和历史，恩斯特·卡西尔文选》，克里本斯基（R. Klibonsky）和派登（J. H. Paton）主编，1936年，第313页。

〔38〕 孟福德·琼斯，如前所引，第100页。

〔39〕 同上。

〔40〕 罗杰·史密斯，如前所引，第350页。

〔41〕 伯林，如前所引，第179页。

〔42〕 孟福德·琼斯，如前所引，第242页，费希特关于意志的思想中可能包含早期的超我概念。

〔43〕 伯林，如前所引，第180页。

〔44〕 同上，第181—182页；也可参见霍索恩，如前所引，第238—239页。

〔45〕 伯林，如前所引，第182—183页。

〔46〕 同上，第183页。

〔47〕 孟福德·琼斯，见谈论浪漫主义天才的章节，如前所引，第274页，其中谈到一个人最好的帮助社会的方式是通过尽可能全面地认识自我。

〔48〕 伯林，如前所引，第185—186页。

〔49〕 同上，第187页。

〔50〕 尽管由于德国民族主义的出现，浪漫主义者意识到，其他文化中的英雄也许更接近人类所共有的创造性这种“不可见的本性”。孟福德·琼斯，如前所引，第279页。

〔51〕 伯林，如前所引，第188页。

〔52〕 孟福德·琼斯《革命与浪漫主义》中的第12章，如前所引，标题为“浪漫主义者的反抗”。

〔53〕 豪塞尔，如前所引，第166页。

〔54〕 罗杰·史密斯，如前所引，第346页。

〔55〕 孟福德·琼斯，如前所引，第274页。

〔56〕 豪塞尔，如前所引，第192页。

〔57〕 同上，第188页。

〔58〕 同上，第208页。

〔59〕 伊森伯格，如前所引，第142—143页。

〔60〕 同上，第144页。

〔61〕 豪塞尔书中的句子，如前所引，第210页。

〔62〕 孟福德·琼斯，如前所引，第288页。

〔63〕 豪塞尔，如前所引，第212页。

〔64〕 同上，第213—214页。

〔65〕 同上，第216页。

〔66〕 同上，第181页。

〔67〕 在他的探讨“个性的两种概念”，格罗德·伊森伯格试图考察浪漫主义者们关于男女不同之处的观点。如前所引，第18—53页。

〔68〕 尼古拉斯·波义耳的诗歌净化说。歌德，《诗歌与时代》(*The Poem and The Age*)，第1卷，《欲望之诗》(*The Poem of Desire*)，牛津：牛津大学出版社克拉伦登分社，1991年，第329—331页。

〔69〕 孟福德·琼斯探讨了这方面的内容。如前所引，第264页。

〔70〕 同上，第394页。

〔71〕 勋伯格，如前所引，第83页。

〔72〕 同上。

〔73〕 例如，参见阿尔弗雷德·爱因斯坦，《音乐简史》(*A Short History of Music*)，伦敦：卡塞尔出版社，1953年，第143页。

〔74〕 勋伯格，如前所引，第86页。

〔75〕 《英雄交响曲》起初是献给拿破仑的，但是根据伟人传，贝多芬在波拿巴称帝后改变了想法。乔治·R.马雷克，《贝多芬》，伦敦，威廉·金伯出版社，1970年，第343页。

〔76〕 勋伯格，如前所引，第89页。

〔77〕 爱因斯坦，如前所引，第146页，马雷克，如前所引，第344页。

〔78〕 孟福德·琼斯，如前所引，第293页。

〔79〕 勋伯格，如前所引，第93—94页。

〔80〕 孟福德·琼斯，如前所引，第394页。

〔81〕 爱因斯坦，如前所引，第152页。

〔82〕 同上。

〔83〕 同上，第154页。

〔84〕 勋伯格，如前所引，第98页。

〔85〕 同上，第109页。

〔86〕 巴尊，如前所引，第545—546页。也参见：安东尼·贝恩斯（编辑），《乐器的演变》，伦敦：企鹅出版社，1961年，第260页，关于萨克斯管的发展。

〔87〕 梅纽因和戴维斯，如前所引，第165页；孟福德·琼斯，如前所引，第391页；参见贝恩斯（编辑），如前所引，第124—125页，帕格尼尼和小提琴的最终的演变情况；第91页，关于英国和德国（维也纳）钢琴的不同。

〔88〕 据说，他之所以如此优秀，是因为他将自己出卖给了魔鬼（他有尸体一样的外貌）。他从没试图否认这样的诋毁。梅纽因和戴维斯，如前所引，第165页；孟福德·琼斯，如前所引，第410页。

〔89〕 勋伯格，如前所引，第110页。

〔90〕 爱德华·登特说，浪漫主义的确立是由于韦伯的出现。温顿·迪安（编辑），《浪漫主义歌剧的出现》(*The Rise of Romantic Opera*)，英格兰剑桥：剑桥大学出版社，1976

年，第 145 页。

〔91〕 勋伯格，如前所引，第 112 页。

〔92〕 爱因斯坦，如前所引，第 152 页。

〔93〕 勋伯格，如前所引，第 119 页。

〔94〕 孟福德·琼斯，如前所引，第 410 页。

〔95〕 爱因斯坦，如前所引，第 176 页。

〔96〕 孟福德·琼斯，如前所引，第 410 页。

〔97〕 凯恩斯，如前所引，第 2 卷，第 1 页。

〔98〕 孟福德·琼斯，如前所引，第 375 页。

〔99〕 梅纽因和戴维斯，如前所引，第 178 页。

〔100〕 杰里米·希普曼，《肖邦：勉强的浪漫主义者》(*Chopin:The Reluctant Romantic*)，伦敦：格兰兹出版社，1995 年，第 132—138 页，多处。

〔101〕 同上，第 103 页。勋伯格，如前所引，第 153 页。

〔102〕 梅纽因和戴维斯，如前所引，第 180 页。

〔103〕 爱因斯坦，如前所引，第 199 页。

〔104〕 埃利诺·普雷恩伊 (Eleanor Perényi)，《李斯特》，伦敦：威登菲尔 & 尼克尔森出版社，1974 年，第 56 页，也可参见贝恩斯（编辑），如前所引，第 165 页。

〔105〕 梅纽因和戴维斯，如前所引，第 165 页。

〔106〕 然而，阿尔弗雷德·爱因斯坦提醒我们，在 19 世纪，是李斯特拯救了天主教音乐。如前所引，第 180 页。

〔107〕 同上。

〔108〕 普雷恩伊，如前所引，第 11 页。

〔109〕 爱因斯坦，如前所引，第 158 页和 178 页。

〔110〕 同上，第 179 页。

〔111〕 同上，第 158 页。

〔112〕 同上，第 160 页。

〔113〕 勋伯格，如前所引，第 183 页。

〔114〕 同上，第 214 页。

〔115〕 梅纽因和戴维斯，如前所引，第 187 页。

〔116〕 孟福德·琼斯，如前所引，第 325 页；梅纽因和戴维斯，如前所引，第 187—

188页。

〔117〕 查尔斯·奥斯本（选辑者、翻译者、主编），《威尔第书信集》，伦敦：格兰兹出版社，1971年，第596页。

〔118〕 孟福德·琼斯，如前所引，第216页。

〔119〕 爱因斯坦，如前所引，第172页。

〔120〕 玛丽－简·菲利普斯－马特兹，《威尔第》，牛津：牛津大学出版社，1993年，第203页。

〔121〕 同上，第715页。

〔122〕 爱因斯坦，如前所引，第185页。

〔123〕 勋伯格，如前所引，第230页。

〔124〕 同上，第232页。

〔125〕 爱因斯坦，如前所引，第185页。

〔126〕 同上，第187页；但也可参见：妮克·瓦格纳，《瓦格纳》，伦敦：威登菲尔&尼克尔森出版社，2000年，第25页，“关于汤豪舍的问题”。

〔127〕 《尼伯龙根之歌》（A.T.哈托新译本），伦敦：企鹅出版社，1965年。

〔128〕 爱因斯坦，如前所引，第188页。

〔129〕 勋伯格，如前所引，第239页。

〔130〕 约翰·路易斯·迪·加塔尼（John Louis Di Gaetani），《透视瓦格纳的指环》（*Penetrating Wagner's Ring*），纽约和伦敦：联合大学出版社，1978年，第206—207页，例如，他的观点是关于莱茵河的。

〔131〕 爱因斯坦，如前所引，第190页；也可参见：贝恩斯（编辑），如前所引，第258—259页，关于拜罗伊特一些可用的新乐器。

〔132〕 勋伯格，如前所引，第244页。

〔133〕 爱因斯坦，如前所引，第191页。

〔134〕 妮克·瓦格纳，如前所引，第172页。

〔135〕 爱因斯坦，如前所引，第192页。

〔136〕 迪·加塔尼，如前所引，第219—238页。也可参见：埃里克·莱温（Erik Levine），《第三帝国的音乐》（*Music in the Third Reich*），伦敦：麦克米伦出版社，1994年，第35页，关于希特勒的支持者瓦格纳的研究。

第三章　历史，史前史和深时间的产生

拿破仑在埃及／西方考古学的兴起

1798年5月，人类思想史上一次异常重要的探险活动拉开了序幕，这次探险活动的出发点位于法国的土伦市（Toulon）。大约有超过167名专家(*savant*)汇集到一起，他们中有化学家、机械工程学家、生物学家、地质学家、建筑师、画家、诗人、音乐家以及医生等等，主要的作用就是为一支在法国南部港口集结的超过3.8万人的军队提供指导和帮助。与这支军队中的士兵一样，这些专家似乎也并不知道这次探险的目的地在哪，因为他们年轻的指挥官拿破仑·波拿巴一直把探险的目的地当做军事秘密。这些专家们的平均年龄不超过25岁，其中最年轻的人只有14岁，但是这群人中间还是包括了很多当时的著名人物：比如皮埃尔－约瑟夫·雷多特（Pierre–Joseph Redouté），一位擅长画花卉的画家；还有重要的地质学家格劳泰特·德·多洛米厄(Grautet de Dolomieu)，著名的多洛米厄山脉就是为了纪念他的功绩而命名的；还有卓越的化学家和自然学家尼古拉斯·孔德(Nicholas Conté)。[1]

事实上，他们这次探险活动的目的地是埃及，维克多·雨果（Victor Hugo）曾经在自己的作品中将这个地方称为“西方的穆斯林圣地”，拿破仑乘坐的“东方号”（*L'Orient*）航船最终选择了附近的亚历山大港港口靠岸。这次探险活动不仅是一次文化和知识上的探险，而且也是一次殖民活动。波拿巴在公开宣称这次探险活动的目的时，就表明此行的目的不仅仅在于对这个地方的征服和占领，而是要把埃及法老的智慧和伊斯兰教徒的虔诚综合起来，最终，这个军团在埃及所做的一切“都会由阿拉伯语《古兰经》得到精确的解释并合法化”。与这个军团在一起，这些专家和学者们获得了充分的自由去学习中东世界的文化知识。他们费尽心思所做的这些事情也带来了让人惊异的结果。当时周围的生存环境是严酷的，这些专家们必须随时接受各种考验。在这种条件下，孔德发明了一种新型的水泵和一种新型的写字铅笔，这种铅笔不必使用石墨做原料。而外科医生拉雷（Larrey）在这种情况下似乎变成了一位人类学研究者，对于由犹太人、土耳其人、希腊人与贝多因人（Bedouin）* 组成的混居族群及其相互之间的关系他作出了解释。每隔十天左右，这些学者们就要出版一期杂志，一方面是为了给军队的士兵提供一些生活乐趣，另一方面也是为了记录下自己的活动和重要发现。拿破仑还亲自为这些专家们举办定期的辩论会，作为他们自己的娱乐消遣方式，辩论的话题大部分都是关于政府、宗教和伦理学的问题。[2] 更为重要的是，最后，这些专家们为以后出版的那本《埃及记述》(*The Description of Egypt*)一书搜集了丰富的素材，这部书总共分为23个大卷，每一页都足有一平方米的面积那么大（请记住，米制在这时成了一种新型的尺度），这本书在后来的25年里陆续出版。这本书探究了许多事情。开头部分包括一个100多页长的导言，这个导言是由当时著名的学者吉恩－巴普蒂斯特－约瑟夫·傅立叶（Jean–Baptiste–Joseph Fourier）完成的，他是当时埃及学院的一位秘书，这所学院是拿破仑秘密设立的。傅立叶清楚地证明了以下观点：法国将埃及视为是“伟大记忆的中心”，是亚洲、非洲和欧洲的交汇点（正如古代的亚历山大港一样），而且对于艺术、科学和国家体制等方面都意义非凡，将来还会孕育出伟大的事物。《埃及记述》还详细介绍了在埃及自然存在的全新的动植物种群、化学物质和地质特征。但是，最能激发起这些专家想象力的东西还是这里遍地的考古宝藏，他们也因此成为世界上最早的埃及古物学者，而在他们回到自己家乡的时候受到公众的普遍欢迎，当地考古宝藏的数量之多，足以令触及者狂喜不已。尤其是那时一块巨大的花岗岩在罗塞塔(Rosetta)附近被发现，这块花岗岩是一组士兵小分队在清理出一块地准备构筑工事的时候发现的。这块花岗岩上刻印了三种文字，一种是象形文字，一种是通俗化的、草书书体的

---

* 一个居无定所的阿拉伯游牧民族。——译注

埃及文字，还有一种就是希腊文字。这块花岗岩的发现使象形文字在不久之后被破译成为可能。[3]

人们可以说西方的考古学是伴随着这次探险活动而开始的，在这一点上我们要感谢拿破仑。事实上，在思想领域中，我们需要感谢拿破仑的远不止这些。他从埃及探险归来之后就发动了与德国之间的战争，而这竟然也间接地有所裨益。在这场三十年战争（the Thirty Year War）中，大约两千个实行自治的小分队存活下来，他们都说德语，但是到了19世纪初，这一数目却锐减到三百左右。与别处相比，这仍然不是一个小数目。1813年，在普鲁士（Prussia）的领导下，德国人最终战胜了拿破仑，在战争的过程中，德国人一直在学习服从命令和遵从统治，并且在此后运用得相当熟练。[4]这对于1871年德意志帝国的统一来说是相当重要的一步。

洪堡的德国教育改革

在18世纪，以德语为母语的国家，犹如万花筒中的碎片一般四分五裂，无论是从政治自由、贸易繁荣、科学进步还是从工业革新方面来说，已经远远落后于荷兰、比利时、大不列颠和法兰西等国。正是拿破仑在最终失败之前的快速挺进，使人们认识到这一点。19世纪，不仅是政治上的而且是智力上的发展，德国的崛起有目共睹。大约在19世纪20年代，直到拿破仑横扫欧洲大陆，德国缺少大学的实际状况才显现出来。在18世纪，只有哥廷根（Göttingen）大学能够获得学术荣誉。然而，拿破仑发动的战争使德国人受到了羞辱，并促使人们采取行动，比如亲法的普鲁士大臣威廉·冯·洪堡（Wilhelm von Humboldt，1767—1835）在拿破仑崛起之前一直待在巴黎，毅然通过实施一系列的行政改革来推动德国的发展，这些行政改革极大地影响了德国人的精神生活。更为特别的是，洪堡还构想出了现代大学的理念，认为大学不应该仅仅是培养牧师、医生和律师的传统形式的学院，而应该是把从事学术研究当成主要活动。与此同时，洪堡要求德国高等学校的教师必须要有教师资格学位。这在当时是让大学与普通学院的联系更为直接的创新，并且有助于在德语社会中传播一种理念，那就是在独创研究基础上建立奖学金。博士学位这种建立在独创研究基础上的较高学位的理念得以引进，德国人的精神生活得到了改进，不久以后，这种模式开始逐渐影响到欧洲和北美洲。[5]

哲学博士

这只是德国智力上产生影响力的黄金阶段的开始，接下来，1933年，这种影响因为阿道夫·希特勒的暴政而结束。这些发展最初体现在柏林大学（后来的洪堡大学）。在那些著名的思想家中，有哲学家格奥尔格·威廉·弗里德里希·黑格尔（Georg Wilhelm Friedrich Hegel，1770—1831）、历史学家巴特德·乔治·尼布尔（Bartold Georg Niebuhr），还有法学家弗里德里希·卡尔·萨维尼（Friedrich Karl Savigny）。这不仅仅是些名号，新的学科在传统的法学、医学和神学衰落之前已经建立起来了，比如哲学、历史学、化学、生理学的专门化在那时变得日益深入和影响广泛。[6] 专业化的理念使新学科获得了新的力量，比如历史学家的历史学、化学家的化学。就像罗杰·史密斯（Roger Smith）曾经指出的，就是在这个时候，专业化的文学和一般意义上的阅读之间的差别显现出来了。史密斯还说，这些新的理论学科还不包括社会学和心理学，社会学和心理学始于更加实践性的方式，远离大学，主要出现在监狱、收容所和劳教所。[7]

黑格尔和历史学的兴起

黑格尔对于历史学的发展也起到了一定作用。在他的著作《历史哲学》（*The Philosophy of History*）中，他进一步阐明了自己的观点，“神的意志”随着时间的流逝而呈现，就像宇宙呈现出自己的样子，历史实际上也是在描述“神的意志”。对于黑格尔来说，这意味着作为理解终极真理的方式，神学将被历史学取代。在黑格尔的解释中，人类不是被动的接收者，也不是历史的旁观者，从任何意义上来说，人类都是参与者、创造者，或者说是历史的同创者，即人类和神一起创造了整个历史。黑格尔提出了关于历史如何向前发展的著名理论——正反合理论。他的观点就是，在某些关键时期，“世界历史人物”（比如拿破仑）的出现会使一个时代的中心观点升华和典型化，这个观点支持了许多关于过去以及过去如何走到现在的最令人满意的观点。[8]

文献学

但是这不仅仅是黑格尔。我们还了解到，这个学科也指引了德国历史研究的复活——语言学，也即语言的比较科学。甚至在19世纪，虽然威廉·琼斯爵士(Sir William Joans)关于梵语、拉丁语和希腊语之间关系的调查使语言研究发生了改变，但是，古典语言还是占据着一个特定的位置。琼斯的见解已经产生了它应有的影响力，因为在那个时代，很多人对古典语言相当熟悉，不仅仅是博士论文——甚至是自然科学方面的论文——都必须用拉丁文写作。在学院里，古典学者致力于逻辑学、修辞学和道德哲学的研究，因而希腊文和拉丁文受到重视。威廉·琼斯的开创作用以及随后古老印第安《圣经》的发现和翻译，变革的不仅仅是语言学，还包括对于所有文本的研究。至关重要的一步首先发生在18世纪晚期的哥廷根大学，因为那时《圣经》文本遭到了众多的批评和质疑。在这段时间里，它对神学的研究产生了非常深刻的影响。而且这意味着在19世纪早期，语言学成为新型大学中的主要学科，至少是与人类学一样重要的学科。[9]

洪堡自己也对语言学特别感兴趣。在巴黎，洪堡与孔狄亚克（Condillac）成为朋友。孔狄亚克这个法国人帮助推翻了语言起源于单个的神赐的语言并且其他的语言由此代代相传的权威观念。和孔狄亚克一起，洪堡接受了语言不断进化并且受到不同部落和民族不同经验的影响的观念。[10] 洪堡认为，语言是“精神行为”，而且它反映了人类的进化经验。[11] 所以，这就是语言学和历史学为什么会成为大学学术的中心的原因，在19世纪，这个中心将变得更为重要。伴随着东方的文艺复兴，语言学一度使印度成为一个学术活动的昌盛之地，而且，语言变化的分析好像暗示有四批人曾经先后从这片原始的土地经过中东移民到达欧洲。这个观点现在已经不再为人们所接受，但它依然证明了自身的重要性，因为它正处于一场争论的语境中，1819年，弗里德里希·施莱格尔（Friedrich Schlegel）首次使用“雅利安人”（Aryan）来描述最初的操印欧语

孔狄亚克

系(Indo-European)的这个族群。这个观点遭到了后来理论家的肆意篡改。[12]

在洪堡改革的德国大学系统中，迄今为止，关于历史学/语言学的最具争议然而却是最有影响的学术形态就是对于《圣经》和与之相关的文献的考订。[13] 世界是开放的，由于东方复兴和拿破仑的足迹遍至各地，在埃及和其他中东地区，越来越多的手稿被发现（比如在亚历山大帝国和叙利亚），这些手稿呈现出的多样性既有趣又有益，它们不仅告诉学者们早期的思想是如何变化的，而且还证明了它们有助于完善年代测定技术。语言学家转变成了历史学家，就像利奥波德·冯·兰克（Leopold von Ranke，1755—1886），他们是临界校验和测定原始资料年代的先驱者。

《圣经》文本批判/施莱尔马赫/大卫·施特劳斯《耶稣传》

尤其是人们的注意力逐渐转向了《新约圣经》(New Testament)。关于文本意义的注释没有什么新东西，但是，新一代德国语言学家们更加野心勃勃：他们配备了新的技术，取得的第一个成就就是精确地标注了福音书的日期，其效果就是更展示了不同叙述之间的矛盾，以至于它们的整体可靠性也开始受到质疑。必须要指出的是，这既不是一蹴而就的，也不是深思熟虑的结果。最初，F.D.E.施莱尔马赫（F.D.E.Schleiermacher，1768—1834）等学者仅仅是希望能概括出可以被任何正常人所接受的《圣经》的叙述规律。但是在这个过程中，文本本身存在着太多的疑问，所以耶稣作为历史人物的真实存在这一观点开始瓦解，并且这还冒着破坏基督教独特意义的风险。[14] 最具争议且具有爆炸性的德语文本作品是1835年由大卫·施特劳斯（David Strauss，1808—1874）出版的《耶稣传》(*The Life of Jesus, Critically Examined*)。施特劳斯深受德国浪漫主义的影响——他创作了一部浪漫主义悲剧而且上演了，他还对磁性和催眠疗法表现出非常浓厚的兴趣。用这种方法，他得出了对上帝的理解，即上帝在本质上是无所不在的，而不是干预历史进程的某人。[15] 这样，施特劳斯就用历史来对抗宗教，认为

施莱尔马赫

其详细资料是不充足的，从长远来看，实在无法支持基督教在19世纪存在下去。他的发现很有煽动性——耶稣不是一个神圣的形象，奇迹从来不曾发生，我们身边的教堂跟耶稣的存在几乎没有一点关系。1839年，施特劳斯被苏黎世大学授以教授之职，这引发了当地一场令地方政要非常焦虑的骚乱，以至于施特劳斯甚至还没有机会坐上教授的交椅就不得不“退休”了。但是，他的观点却不会这么轻易就“退休”了。在英国，比乔治·艾略特（George Eliot）还有名的玛丽亚·埃文斯(Marian Evans)“几乎让自己陷入绝望，因为将施特劳斯的著作翻译成英文的经历让她的灵魂变得麻木，但是她仍然认为这是她对人类的职责”。[16] 施特劳斯的作品只是19世纪与宗教斗争的个案之一，而这一切就开始被冠以“上帝死了”的名头。

★ ★ ★

破解楔形文字

在拿破仑·波拿巴28岁的时候，他成功取得了意大利战役的胜利，他说：“当那些巴黎人见到我三四次以后，不是我这个人让他们转头看我，他们想看到的是功绩。”[17] 就如我们看到的那样，拿破仑在埃及获得了另一个胜利，在那里，他带领着167个专家和学者，这些人发现并给欧洲社会带来了充满魅力的早期文明。这些发现不久之后就被其他人进一步开拓，并给19世纪带来了另一门新的历史学科——考古学——的新生和英雄时代，至少在西方是这样。

考古学这个名词最开始使用是在19世纪60年代，它扩大并深化了语言学，考古学走到了文本之前，并且确定人类在有文字记载以前有更加深远的历史——史前史。1802年，乔治·弗里德里希·格罗芬（Georg Friedrich Grotefend，1775—1853）校长交给哥廷根科学院三篇文章，详述了他对波斯波利斯（Persepolis）楔形文字手稿的译读。他主要是通过重新排列楔形文字组(“就像鸟的爪子站在柔软的沙子里”)和确定字母组之间的空格，然后将它们的排列同梵文联系起来才破译的，因为楔形文字和梵文是（地理上）相近的语言。格罗芬猜测有一些碑铭是国王的，一些国王的名字也是可知的。[18] 几年之后，其他楔形文字包括古巴比伦文字都被译读出来。19世纪20年代，商博良（Champollion）破译了古埃及的象形文字，1847年，奥斯丁·莱亚德(Austen Layard)爵士挖掘出了尼尼微（Nineveh）[1]和尼姆鲁德(Nimrud)[2]，就在现在的伊拉克。在那里，他发现了亚述（公元前885—前859年）和森那恰瑞布（Sennacherib,公元前704—前681年）的国王阿舒尔二世（Assurnasirpal II）的令人惊奇的宫殿。大门的伟大守护者被发现了，有不完整的公牛，有狮子，比正常的形状要大得多。这些发现在欧洲引起了震动，并且为考古学的流行作出了很多贡献。这些挖掘还最终导致了记载着史诗《吉尔伽美什》的楔形文字块的发现，《吉尔伽美什》之所以出名有两个理由：首先，它比《荷马史诗》和《圣经》更为古老；其次，它叙述的许多情节，比如一场大洪水，是对《旧约全书》中往事的追忆。

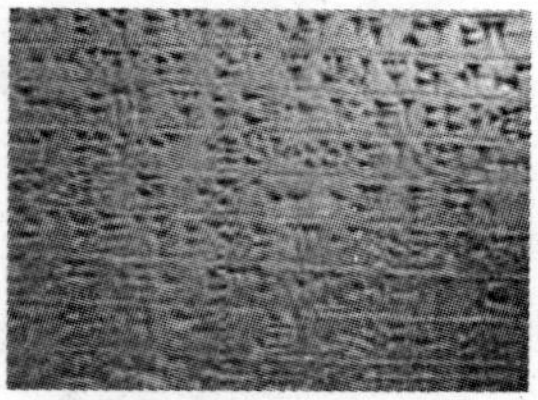

大英博物馆的楔形文字样本

尼安德特人的发现

每一个发现都把人类的历史向回推进了一步，而且开始为新的手稿照亮了道路。但是，除了《吉尔伽美什》史诗，没有什么东西对于新的年代测定是有根本性意义的：它与《圣经》的年代表并没有有根本的矛盾。流入莱茵河的德塞尔河（Düssel）流经一个名叫尼安德谷（德国的尼安德谷[Neander Thal]）的山谷，1856年，当工人们开始清理在尼安德谷边的一个小岩洞时，所有的一切都开始改变了。工人们在那里发现了一个头骨，这个头骨和其他的骨头一起埋在泥土1英尺下的地方。工人们将它们带给当地的一个朋友，工人们感觉到这个朋友接受过足够的教育并且能够帮助他们。这个朋友将骨头带给了波恩大学的解剖学教授赫蒙－夏夫豪森(Hermann Schaaffhausen)。夏夫豪森鉴别出这些遗骨是一个头骨的最高部分、两块腿骨、左臂的一部分、骨盆的一部分，还有其他一些碎骨。在他后来总结的发现报告中，夏夫豪森特别提到了几点：骨头的厚度，大面积的伤疤留在了跟骨头连接着的肌肉上，眼睛上面有显著的凸起，低窄的前额。更为重要的是，夏夫豪森认为这些骨头并没有变形，不仅是因为它们在那里保存了这么长的时间，还因为一些病态的过程。“充分的证据表

① 古代亚述的首都。——译注
② 亚述的一座古城。——译注

尼安德特人骨骼

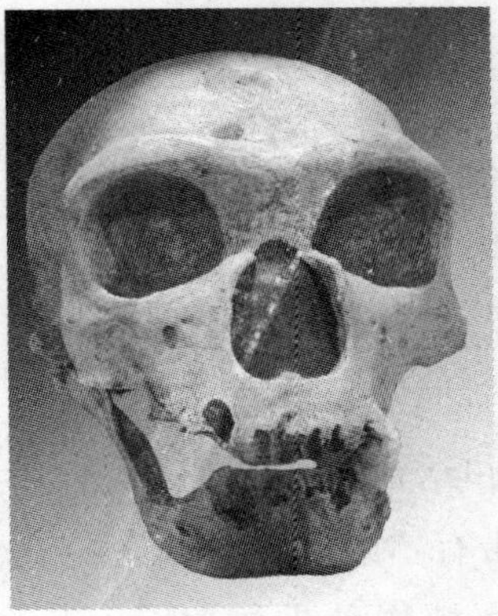

尼安德特人头骨

明，”他写道，“假设人类与在洪积层中发现的动物共同存在，假设更多野蛮的种族在史前已经灭绝，人类与古代动物生活在一起，这时哪个种族的自身结构提高了，哪个种族的基因就传续了下来。”他总结道，他所选的样本“可能指的是野蛮的原始人，他们在德国人（Germani）之前就居住在欧洲北部”。[19] 虽然这与我们今天所说的尼安德特人不完全相同，但尽管如此，它仍然是一个突破。这种观点没有立即改变人们对时间的态度，因为它太具争议性了，但是却构成了19世纪晚期思想的“背景辐射”的一部分，由此，布歇·德·佩尔特(Boucher de Perthes)等人的洞见和发现才得以巩固。就像我们现在理解的，史前史最早的轮廓之一，是约翰·卢布克（John Lubbock）1870年所著的《文明的起源》（*The Origin of Civilisation*）与《人类的原始状态》（*The Primitive Condition of Man*，1870）：“从早期的粗糙的石器工具到青铜和铁制工具的发现，考古学为技术能力的稳步提高提供了证据。当缺少支持人类生物学上的进化的化石证物时，进化论学者抓住了人类文化上的进步的证据，这至少是支持他们主张的间接证据。史前史考古的伟大进展发生在19世纪晚期，这就允许一系列的文化时期的构建，足以支持人类进程的顺次演进。但很少考虑到不同的文化可以在同一个时期共同存在的可能性。”[20]

★ ★ ★

到这时，“科学”这个术语开始显示出它的现代意义（“科学家”这个名词是1833年由威廉·维卫尔[William Whewell]创造的）。直到18世纪末，“自然哲学”和“自然历史”这两个名词才被提出来。之所以这样，是因为自然哲学听起来更温和、更人道，而且还因为它是一个混成术语：许多当地的“自然历史”学会举办诸如文学主题、人文学科和哲学的演讲。渐渐地，随着各种各样学科的形成，又因为专业化的发展，首先在德国，然后在其他国家，科学开始成了指称这些新活动的术语。

现在我们理解这些可能有些困难，但在18世纪末19世纪初，当语言学家们开始动摇基督教的根基时，科学人士并没有在最大程度上参与进去。大部分的生物学家、化学家和生理学家们仍然是虔诚的宗教信仰者。林奈（Linnaeus）就是一个恰当的例子。林奈是启蒙思想的主要代表人物之一，并且是现代生物学的创始人之一，他构想了一部分进化的深层背景，但他与伏尔泰等人却大不相同。关于存在之链（the Chain of Being）的最早的突破是由自然主义者约翰·雷(John Ray)实现的，他认识到，在新大陆和非洲发现的数以千计的物种中的每一个物种都不能在有意义的层次上分级，它们的生命以多种多样的方式变化着。因此，林奈认为对世界上的物种进行重新分类，可能会使他产生新的关于神的计划的想法。他没有说自己了解上帝的想法，也没有随意地公开承认他的分类体系是人为的。但是，他认为这个分类可能会与造物主神圣的设计更接近一些。特别重要的是，在他自己的植物学领域中，他吸收了R.J.卡梅腊鲁斯(R.J.Camerarius)在1694年关于植物性征的发现，这意味着林奈把生殖器视为关键特性，在此基础上建立了他的体系。[21]（在那时，人们不同程度地把有性生殖归结为是自然发生的，归结到“微生物”，归结到雄性和雌性的胚种在子宫里“结合”，这些微生物或者说胚种的流动性带有“记忆”，这就确保它们知道它们将要发展成为哪种形式。）林奈还在《植物种志》（*Species Plantarum*，1753）、《植物属志》（*Genera Plantarum*，1754）和《自然系统》（*Systema Naturae*，1758）中发明了双名法，并关注了物种、类属和家族等等的系统性类似。造物主的计划不是直线式的这一点变得很明显，这也导致了布丰（Buffon）对林奈进行攻击时提出了他的“退化”理论，比如已知的200种哺乳动物的种类都起源于38种“原始”形态。这就是较早的进化观念。[22]

林奈

地质学的诞生

但是，另一种学科即地质学正在形成的进程中，地质学将会把历史特别是史前史置于不同的根基之上，并且进一步为达尔文的学说铺平道路。地质学在根本上不同于哲学及其他所有科学，就像查尔斯·吉利斯皮（Charles Gillispie）所说的那样，地质学是关注自然历史胜于关注自然法则的第一科学。

水成论者与火山学家的对垒

在17世纪，笛卡尔（Descartes）是将新天文学和新历史学联系形成统一的宇宙观点的第一人。按照他的观点，甚至是太阳——更不用说地球——只不过是另外一颗星球罢了。他推测地球有可能是由冷却的球状灰烬形成的并且被太阳的“漩涡”所捕获。（为了避免教会的批评，他说仅仅是“可能”发生而已。）伯纳德·丰特内尔（Bernard de la Fondenelle）在他的著作《各种社会》（*A Plurality of Worlds*,1688）里面就已经强调了人类在新秩序中的无意义，甚至怀疑其他星球是否有人居住。[23] 物理学在宇宙万物中执行相同的法则，这个观点是思想上的一个主要变革，这种观点不可能出现在中世纪人们的头脑中。至少在西方的理解中，关于天与地的根本观念源于亚里士多德学派，他们坚持二者有根本的不同：一个不能引发另一个。[24] 最终，笛卡尔的物理学被牛顿的理论所取代，“漩涡”理论被地心引力理论所代替，但是这并没有使早期的地质理论产生多大的改变。1691年，托马斯·伯内特（Thomas Burnet）出版了他的著作《地球的神圣原理》（*Sacred Theory of the Earth*），在书中　他认为地球是由多种多样的材料凝聚而成的，中心是密集的岩石，然后是密度较小的水，然后是一层很轻的硬壳，我们就居住在这层硬壳上面。这就合宜地解释了大洪水——洪水即是在稀薄的地壳之下的巨大辽阔的水。几年之后，1696年，牛顿在剑桥大学的接任者——威廉·惠斯顿（William Whiston）提出　地球是由一颗彗星留下的一大团的尘埃形成的，这些尘埃凝聚成固体，然后这个固体又被另一颗经过的行星留下的水所淹没，于是形成了地球。[25] 地球曾经被广阔的海洋所淹没，随即海水又退却了，这一观点被G.W.莱布尼茨（G.W.Leibniz）证明是不朽的。莱布尼茨补充了这个理论，他认为地球曾经比现在要热，因此地震也比现在更猛烈。(甚至在当时,认为现今的地震对地球表面的影响是微不足道的,这个观点也是很明确的。)

地质学与《创世纪》

18世纪时,在自己的“星云假说”理论中,康德认为整个太阳系都是由于气体云团的冷凝作用形成的,威廉·赫兹(William Herschel)后来的发现也有力地支持这一理论,赫兹那经过极大改进的望远镜显示,或者说看起来能够显示出,很多在夜晚中看到的星云或者“模糊的微粒”都是由气体和尘雾“明显地冷凝之后形成了中心的星体”。[26] 布丰在此基础上进一步发挥,但是与之前的笛卡尔一样,他也寻求与教会的妥协,认为整个地球在起源时是一个炎热的大火球,但是经过了七个重要的阶段之后,地球才逐渐冷却成现在的这个样子(类似于《圣经·创世纪》中认为的一周七天一样),正是在这七个阶段中的最后一个阶段,人类产生了。

随后逐渐兴起了一种观点,这种观点认为地球本身随着时间的流逝也发生了很大的变化。虽说如此,然而地球已经形成,早期的地质学家们必须要面对的一个核心问题,就是解释那些由于水的沉积作用而形成的水积岩怎么可以仍然屹立在干燥的陆地上的。正如彼得·鲍勒(Peter Bowler)所指出的那样,答案无非两个:要么是海平面降低了,要么就是陆地升高了。“一种观点认为是那些水积岩沉积在了现在已经消失的广阔海洋的平面,这种观点就是后来为人熟知的岩石水成论,它在罗马海神说之后产生。”[27] 而另外一种观点就是岩石火成论,它在火神说之后产生。迄今为止,18世纪最有影响力的岩石水成论者,在事实上也是当时无论在哪方面都最有影响力的地质学家,就是亚伯拉罕·戈特洛布·沃纳(Abraham Gottlob Werner),他是当时德国弗赖堡(Freiburg)矿业学校的教师,他指出,当地球发生冷凝过程的时候,其表面是不平坦的,而在不同的地区,潮水退却的速度也有差异,岩石的形成就可以通过这种不同来解释。最早形成的岩石将会最早显露出来。紧接着,假如说潮

沃纳

水的退却可以足够缓慢的话，它就可以对先前形成的岩石进行侵蚀，侵蚀作用可以导致岩石被潮水重新带回海洋中，这些沉积物将会在潮水退却得更远时显现出来，形成第二层次的岩石群，而且这一过程在重复不断地进行着。通过这种方式，不同种类的岩石相继形成，并且连续性地构成了五个历史阶段。第一个阶段形成的是“最原始”的岩石，包括花岗岩、片麻岩和斑岩等种类，它们是在最早的潮水冲刷过程中结晶形成的。而最后一层的岩石，是在所有的潮水都退却之后形成的，是由于火山活动的作用而形成的，比如说，这就可以用来解释火山岩和凝灰岩是如何形成的。根据沃纳的观点，地球上的火山爆发都是由于沉积在地底的煤炭燃烧所引发的。[28]他一直认为火山活动对于地球的形成并不会产生太大的影响，而且，虽然他对宗教毫无兴趣，但是他的岩石水成论还是与《圣经》中关于大洪水的记载非常契合，这也是为什么他的观点能够在欧洲如此普及的一个重要原因。所以说，他的观点也被人们称为“建立在《圣经》基础上的地质学”。

这一理论清晰明了，值得推荐，但是它也同样存在着一系列严重的问题。首先，它没能解释为什么沃纳记录下来的一些种类的岩石比其他种类的岩石出现的时间要晚，但它们存在的位置却在其他种类的岩石之下。另外一个更加重要的问题就是维持地球上所有陆地的潮水的总量处于不断变化中。如果计算的话，似乎需要有深达几英里的潮水存在，这又反过来向我们提出了一个更大的问题：那就是当潮水退却的时候，它又会有怎样的变化？

对沃纳来说，他在当时遭遇到的理论上的最大对手，虽然一开始的影响力远不及他，是来自启蒙中心爱丁堡的苏格兰人詹姆斯·赫顿（James Hutton，1726—1797），以及他的岩石火成理论。从18世纪中期开始，就有许多自然学家开始认为火山活动曾经给地球带来一些影响。比如说，人们就曾注意到在法国中部的一些山脉中，虽然在历史上没有关于火山活动的记录，却存在着火山的形态。其他一些人还指出爱尔兰“巨人之路”（the Giant's Causeway）看起来是由玄武岩材质的圆柱所构成的，这些石柱是由熔融状态凝结而成的，因此，它们的起源应该是火山。赫顿并没有从地球的起源着

赫顿

巨人之路

手，而是要求自己多进行观察而不是思考。他察看了自己生存年代发生的可以看到的地质变化，并且接受了这一地质变化过程仍将继续进行下去的观点。通过这种方式，他认为地球的壳，它的最表层，也是最易受影响的一层，是由两种类型的岩石组成，其中一种是火成论起源的岩石（是由地热所形成的），另外一种是水成论起源的岩石。而且他还更进一步地观察到那些火成论起源的岩石（包括花岗岩、斑岩和玄武岩），一般都位于水成论起源的岩石层下方，但也有一种情况例外，那就是由于地下巨变的力量将火成岩从下面翻到上面。和其他的地质学家一样，他也认为风化作用和侵蚀作用在今天仍然把大量的砂石、石灰石、黏土以及鹅卵石的细沙沉积在河口附近的海底。接着他就问，是什么使这些沉积物转换成为我们今天到处可见的坚固的岩石。他认为最终的原因只能是地热。水的作用最先被排除了——这是一个重要的突破，因为如此之多的岩石基本上是不溶解于水的。那么这么多的地热是从哪里来的呢？赫顿总结认为这些热量来源于地球的内部，是通过火山喷发的活动释放出来的。他意识到，火山活动就可以用来解释在世界的各个地方都可以看到的旋转的、成角的地层现象。他指出现在的火山活动仍在继续，不同的大陆仍在升降着（在那时候就存在有苏格兰和瑞典地区的大陆正在提升的证据），而且，正如现在很多人看到的那样，河流仍然携带着大量的沉积物奔向海洋。[29]

赫顿的理论观点最早于1788年发表在爱丁堡皇家社会学会的《学报》(*Transactions*) 上，紧接着在1795年，又发表了他的两卷本著作《地球的理论》(*Theory of the Earth*)，“这篇论文也可以被看做是最早的关于地质学综合研究的论文，而不仅仅是一种设想”。[30] 赫顿理论体系中的一个至关重要的前提就是：最早时期化石的存在都是完全固定的（“化石”最初意味着地下挖掘出来的任何东西）。在17世纪的地质学家尼古拉斯·斯泰诺（Nicholas Steno）和约翰·伍德沃（John Woodward）看来，这些化石不过是当时存在的生物的遗骸而已，这些生物中有很多已经灭绝了。[31] 但是从中也可以认识到：那些位于

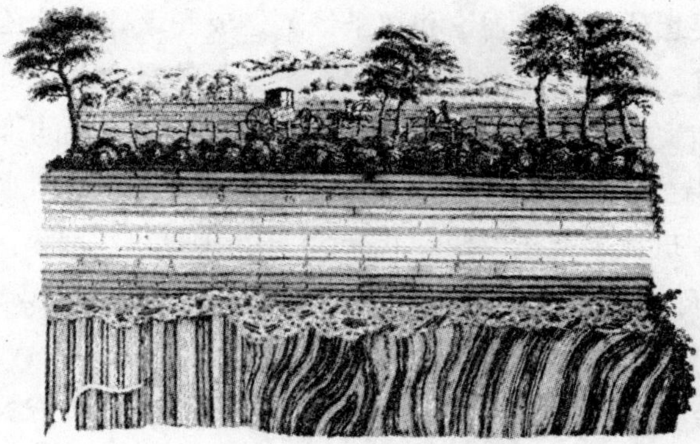

《地球的理论》插图

山顶的动物化石的出现，要归因于诺亚的大洪水。当赫顿的著作出版的时候，潮水的历史真相就再也不是人们质疑的问题了。"当地球的发展历史开始被证明是地质学发展历程的时候，它告诉人们的就是一场遍及地球的潮水肯定曾经给地球带来了极大的改变，而且这也是形成现在地球表面情况的最初原因。它的出现也证明了上帝不仅是一位创造者而且还是一位统治者。"正如同水成论不会引发质疑一样，所以说《圣经》中对于世界产生的叙述，如其在《创世纪》(*Genesis*）所揭示的，也应该是无可争辩的。正是由于这个原因，人们仍旧相信天地万物产生至今已历经6000余年，虽然有人开始怀疑这个时间并不够长，但是很少有人认为地球的历史还会更加古老。问题就是动物的产生是否要比人类的产生早，但是即使这样，人类的历史也没有自然而然地变得更加古老。[32]

毫无疑问，赫顿的岩石火成论要比沃纳的水成论更加符合历史事实。然而，很多批评家反对岩石火成论，因为它指向了地质时代广阔的领域，"一个难以想象的年代，远远地超出了以前任何人可以正视的领域"。[33] 正如沃纳和其他的一些学者观察到的那样，现在的火山和地震活动对于地球表面只是产生"微乎其微"的影响。如果事实总是如此，那么不仅仅是说明地球必定有相当久远的历史，因为比如说很多大的山脉，它们被提升到了如此的高度，而且赫顿的观点也为地球安置了一种"恒稳态"。这和以前的一种观点形成了鲜明的对比，在以前的观点看来，地球的温度曾经比现在高很多，而且当时的地质活动——诸如洪水或者不是洪水而是别的——更为壮大。这至少暗示出了地球的发展。当然，赫顿的理论也包含着一些平淡无奇的事情，因为他认为我们现在所认识到的地球是由一系列的"极微小琐碎的事件"所引发的，而并非经历了剧烈的大灾害，诸如洪水灾害。要想使赫顿的理论和《圣经》达成和谐，另外还需要一些机敏的智力上的诡计。因此就曾经出现过“大蒸发”的概念（这可以用来解释那些潮水是如何消失的）。然而，正如查尔斯·吉利斯皮所说的那样，在19世纪有很多声名显赫的科学界人士，不顾赫顿的理论，仍然赞同水成论：这里面就包括约瑟夫·班克斯爵士（Sir Joseph Banks）、汉弗莱·大卫（Humphry Davy）以及詹姆斯·沃特（James Watt），更不用说W. 海德·沃拉斯顿（W. Hyde Wollaston）这位皇家社会学会(Royal Society)的秘书了。[34] 在1802年约翰·普雷菲尔（John Playfair）出版一个通俗版本之前，赫顿的理论并没能在社会上真正流行开来(见下文，关于19世纪的普及者们所起到的至关重要的作用，以及他们在信仰下滑时起到的作用)。

但是，赫顿（一位自然神论信仰者）确信这一正在进行中的探测过程将会获得最终的胜利，而且在当时和他持同样观点的人还有不少。在1815年，威廉·史密斯（William Smith），当时的一位运河修筑者，后来也常常被人们称为英国地质学之父，他认为分布在整个地球不同地方的相似类型的石块，里面都可能包含着同样的化石样本。这些化石样本中的很多生物现在已经灭绝了。这一事实暗示了物种产生、繁荣直至最后消失和灭绝的全过程。这一过程发生在漫长的时间变化中，它使岩石安顿下来并且变硬。这一理论在两个方面有着重要的意义：首先，该理论证实了岩石分层的连续性这一现象的形成，不是瞬间实现的，而是经历了一个漫长的历史过程。第二，该理论强化了认为存在着各自独立的、大量的创造和灭绝的观点，这一观点和《圣经》中所记录的观点存在着很大的分歧。[35]

威廉·史密斯

《圣经》中的观点一直遭到人们的质疑，而且反对的声音一浪高过一浪。不过，在19世纪初期，几乎没有任何人质疑过大洪水的观念。《圣经》中所提出的水成论观点，仍然是最受欢迎的观点。彼得·鲍勒曾经说，当时，地质学方面的书籍销量有时候甚至超过了畅销小说的销量，但是这种地质科学“要想受到人们的尊重，那么仅仅只需要它看起来是不打破当时的宗教和社会传统的”。[36] 然而，水成论的观点在1811年的时候也曾经遭受过一次严重的歪曲，法国人乔治·居维叶(Georges Cuvier)出版了他的著作《化石尸骨研究》(*Recherches sur les ossements fossils* [*Researches on Fossil Bones*])。在十年时间里，这本书先后被重印过四次，在这本书中，作者认为一种新型的、更加具有时代性的水成论才是人们最需要的。居维叶是当时法国历史自然博物馆的馆长，这一博物馆是在1789年前法国皇家植物园的基础上建立的，居维叶认为在地球最早存在的那段时间里，人类是不存在的，当时地球上仅仅存在水灾等一些自然灾害而已。他总结认为，依照赫顿的方式来看，

乔治·居维叶

由于山脉区域附近生活的猛犸和其他很多大型的脊椎动物都可以在冰中“完整地嵌入”，所以说当时自然灾害的发生肯定是突如其来的。他同时还指出，如果当时所有的山脉升高到海平面以上的话，这些自然灾害给人们带来的损失只能就是——精确地说——更加不可想象的强烈，强烈到整个物种都会被灭绝，毫无疑问，包括人类的早期形态。[37] 巴黎盆地的出土文物更进一步地证明了咸水和淡水中沉积物的变化情况，这也被用来暗指“在陆地和海洋这两个对应的环境中所发生的不同的变革”。[38] 但是，居维叶的研究还是和《圣经》上的记录存在着很多不一致的地方。他同样认为在岩石深处的那些生物标本与现存的生物个体之间存在着极大的区别，这一发现是相当重要的，而且更为难得的是，世界上任何地方的化石分布都遵循着一定的层次性。这一层次的顺序依次是：鱼类，两栖类，爬行类以及哺乳类。他还据此总结道，在岩石层中越是古老的动物，它成为灭绝种类动物的可能性也就越大。因为在当时来看，没有任何形式的人类化石被发现，所以他总结认为：“……人类的产生必然是在某一个特定时期实现的，这一时期就是上一次的自然灾害和再向前推算一次的自然灾害之间的那个时间。”[39] 他同时还证明：前往埃及的探险活动，带回了那些已成木乃伊的动物尸体，这些动物大都存在于几千年前，它们同样和现在存活的很多动物种类存在着一致性，这也证实了物种存活和发展过程的稳定

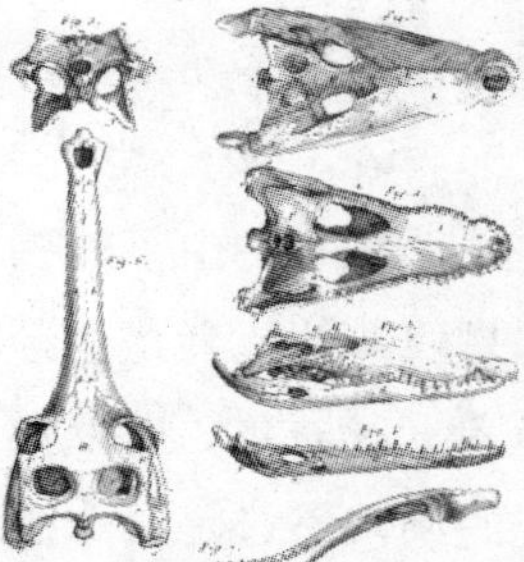

《化石尸骨研究》插图

性。也就是说化石中的物种在灭绝之前必然生存过相当长的时间。[40]这种观点在某种意义上来说，是《圣经》故事中不完整的一部分。在水灾到来的时候，人类被创造出来，但不是动物，因为动物要比人类古老多了。

然而，居维叶的发现促进了水成论和灾变说两种观点的普及，尤其是在英国，而且正是由于这两种观点的压制，使得赫顿的理论直到19世纪20年代才在这里出现。罗伯特·詹姆森（Robert Jameson）是爱丁堡韦氏（Wernerian）社会学研究会的权威人物，甚至连他自己都设法控制赫顿的理论，防止它在自己的家乡产生过大的影响。[41]事实上，还有另外一个原因可以解释为什么地质学家，尤其是英国的地质学家，会逐渐地接受水灾理论：这一原因就是存在着很多与地质学家生活的大陆周围种类完全不同的巨大石块。用现在的观点看来，这些石块大多是冰川期（Ice Age）的冰川沉积之后形成的，但是决定它们分布的首要原因却是大洪水。这种观点最为坚定的拥护者就是威廉·巴克兰（William Buckland）——牛津大学的第一位地质学教授。在1819年一次著名的“地质学和神学解释之间关系”（*Vindiciae Geologicae; or, the Connexion of Geology with Religion Explained*）为题的就职演说中，他竭力“解释说地质学研究越来越趋向于证实自然宗教理论的根据；而且从这一理论发展出来的很多事实，与历史书籍中的创造物和大洪水的相关记录达成了一致”。[42]此外，当他在牛津大学之前的很长一段时间里，一些矿工于1821年在约克郡的皮克林山谷偶然发现了一个山洞，在山洞中，他们发现了很多“杂类尸骨”的遗迹。巴克兰找到了证明自己观点的机会。他迅速赶到约克郡，并且很快地确定出这些尸骨大部分是土狗的尸骨，除此之外，还有大量的鸟类以及其他物种的尸骨，包括很多动物种群在内，在英国都还没有发现——诸如狮子、老虎、大象、犀牛以及河马。更进一步来讲，由于这些被发现的尸骨中，每一件都是残缺的或者是已经损坏了的，而且损坏的方式都是一样的，所以他总结认为，这群矿工们发现的洞穴不过是一个土狗窝而已。他将自己的这些发现写成文章，首先是作为一篇学术论文发表，并且因此获得了皇家社会学会颁发的科普利奖章，而且在此之后他还

威廉·巴克兰

整理出了一份更加通俗的报告。他当时写作这篇文章的目的是为了强化大洪水的存在以及后来的人类出现。他的这些理论并没有起到太大的作用，主要在于：这些矿工所发现的大部分尸骨属于现今欧洲已经灭绝的生物物种；但是这些尸骨在沙子和淤泥沉积的河道里并不存在；而且也没有证据表明在水灾来临之前，这些动物曾经在欧洲生存过。在这之后，巴克兰认为，那些矿工们所发现的动物遗骸，肯定是在诺亚时代来临之前就已经被埋藏在那里了。他最终认定这些遗骸的最顶层尸骨在泥土和淤泥中保存得如此完好，"说明它们一定是突然被埋藏的，而且根据覆盖着泥土的后洪积世层的钟乳石来判断，这些尸骨的产生距今顶多不过五六千年。"[43]

古生代的确定

然而，大洪水理论本身还存在着很多无法解释的问题，尤其是世界各地多种多样的证据都证明洪水发生的历史时期各不相同，这一点连巴克兰本人也承认。（巴克兰与其他科学家一样，并没有让信仰歪曲自己的科学研究。）[44] 除此之外，到了19世纪30年代的时候，在解释为什么古代的地质活动会比现在的地质活动要强烈和频繁的问题上，地球冷却理论得到了人们的普遍认可，这更加证明了地球是不断发展的，而且以前的生命形式与现今的生命形式存在着极大的区别。在1824年，巴克兰自己描述出了最早为人们所知的恐龙，这是一只巨大的斑龙，虽然当时"恐龙(dinosaur)"这个词还没被人们正式创造出来，这个词是著名的解剖学家理查德·欧文（Richard Owen）最先创造的。也正是在这一年，约翰·菲利普(John Philips)确认了地质组成的先后次序分别是古生代(即鱼和无脊椎动物时代)、中生代(即爬行动物时代）和新生代（即哺乳动物时代）。[45] 这一研究成果是部分建立在亚当·塞奇威克（Adam Sedgwick）以及威尔士人罗德里克·默杰生爵士(Sir Roderick Murchison)的研究基础之上，他们两人较早开展了古生代的研

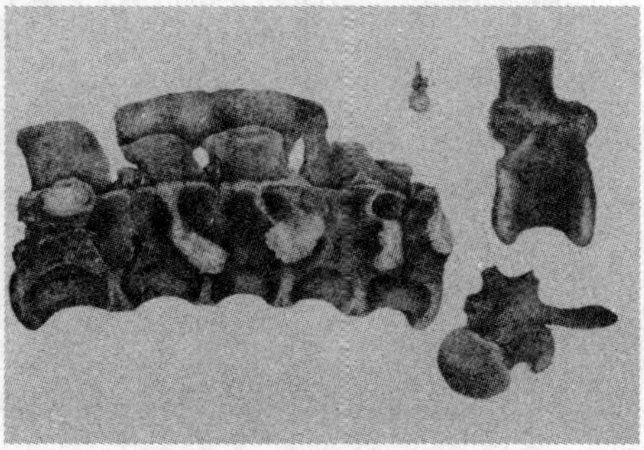

斑龙脊椎骨

究工作。古生代大体处于距今5.5亿至2.5亿年间，在这段时期，植物逐渐从海洋中转移到陆地上，鱼类开始出现，紧接着两栖动物和爬行动物也先后走上陆地。在2.5亿年前左右，这些新生种群全被消灭了，具体原因尚不得而知。从塞奇威克和默杰生的研究分析中，我们可以发现，地球上早期生命形态异常古老，最初的生命起源于海洋之中，后来逐渐地向陆地转移。这一研究成果同《圣经》中关于生命的起源形成了戏剧性的冲突，历史上是否发生过灾难性的大洪水已不再是争论的焦点。[46]

综合有关化石、岩石层研究与快速发展的胚胎学研究成果进行考虑，人们会得出很多有趣的结论。这其中的突出代表人物就是卡尔·恩斯特·冯·巴尔(Karl Ernst von Baer)，当时社会的主流观点认为人类的胚胎生长，浓缩了无脊椎动物、鱼类、爬行类到哺乳类动物的进化过程，但巴尔认为所有的生物晶胚在诞生之初都十分简单，演变发展出的特殊生理特征是为了适应各自的生活环境，巴尔尤其强调，低等动物群种并非人类未成熟的雏形。[47] 冯·巴尔同时指出生命形式的构成并非遵循“人类等级中心”论，人类仅是特定物种的最终进化结果。罗伯特·欧文在他的《脊椎动物的原型和异体》(*Archetypes and Homologies of the Vertebrate Skeleton*，1848)以及《四肢的创造》(*On the Nature of Limbs*，1849)两本书中指出，脊椎动物存在着基本相似的组织结构，为适应不同环境各有变化，但变化的趋势并非是向人类方向转化。[48]

赖尔的地质学原理

我们超越了自我，也走在了地质学研究的前面。居维叶、巴克兰、塞奇威克以及默杰生等人的研究发现，除了其自身价值以外，更重要的还在于给查尔斯·赖尔(Charles Lyell)的思想带来了决定性的变化。在1830年，赖尔出版了他后来著名的三卷本著作《地质学原理》(*Principles of Geology*)中的第一卷。赖尔的主要观点在这部书的副标题中清楚地体现了出来：《对地球表面的早期变化进行解释的尝试，对于进化过程的相关研究》(*Being an Attempt to Explain the Former Changes of the Earth's Surface, by Reference to Causes Now in Operation*)。他也同时受到了乔治·斯克罗普(Georges Scrope)的极大影响，斯克罗普是当时法国著名的学者，他的主要观点体现在对中央高原的研究当中，他认为“在过去

查尔斯·赖尔

马德拉火山口

很长的一段时间里，由于河流自身的作用逐渐形成了很多小山谷”。赖尔在他的这本书出版之前，曾经前往欧洲游览和考察了一番，会见了自己的地质学同行，比如艾蒂安·德塞尔（Étienne de Serres），了解到了大量的地质学特征，尤其是研究了西西里活火山，在这里他发现了一系列的长期的小型火山喷发而形成的巨大的火山锥。更为重要的是，火山灰停留在一些新近出现的岩石层上，正如我们现在发现的软体动物的化石和今天的软体动物有很多相似之处一样。这让赖尔认为没有必要一定用灾害理论来解释这座山的形成。

均变论

但是，从本质上说，《地质学原理》这本书是综合之作，而不是原始研究，赖尔从已经出版的材料中证实和解释了自己的两个结论。第一，异常明显的是，主要的地质学特征可以根据历史上的很多地质活动来进行推断，正如我们现在可以从当下的地质活动来推测现在的地质规律一样。在对这本书所作的评论中，地质均变论的术语开始被使用并且为人所理解。赖尔的第二个目标就是反对那种认为一次大洪水或多次的水灾导致了我们现在所看到的地球的地质特征的观点。他非常重视斯克罗普的观点，支持他的观点，同样认为是地球上的河流开拓了自己的山谷，而且“那些轻微弯曲的河床”不可能是剧烈地质变动的产物，也不可能导致剧烈的变动，更不用说一场突如其来的大灾难了。从宗教的角度来看，赖尔持有的还是一种常识性的观点，坚持认为并不应该是上帝干涉了人类自然生活的规律，从而导致了一系列自然现象的发生。正相反，他说，假定人们可以将历史回溯得足够深，那么，当时发生的地质活动如同今天所表现出来的一样静寂温和，但这些足够我们解释“那些岩石上的记录”。[49] 他还附带着说，这里有足够的证据来证明，贯穿整个历史，火山曾经周期性地爆发，但是这与大洪水和大灾害的出现没有任何的关系。而且他还比较了地质分层学、古生物学和自然地理学等学科的发现，在此基础上确定了以三种不同的生命形式为根据的历史时代。这三个历史时代分别是上新世、中新世和始新世，其中，始新世可以追溯到5500万年前。然而这里再一次证明了存在着比《旧约全书》记载的内容要古老得多的时间框架。

《地质学原理》这部书的第一卷开篇以大洪水作为主题，并且以此开始一步步驳斥那些思想。在第二卷里，赖尔推翻了《圣经》中关于创世的观点。通过对岩石上的一些生物化石的研究，赖尔认为人类的产生和种族的灭绝都存在着持续性的变化规律，这一点对所有不同的物种都是适用的。在18世纪，生物学家林奈一直坚持认为在世界上肯定存在一个“地球的特殊角落”，这里可以一直被用做人类生命起源的“神圣的孵化器”，在这里，生命和新的物种开始出现。赖尔指出了这种观点是多么的荒谬。他认为生命的产生源于不同的“创造焦点”。他认为人类的产生是在相对较近的时期，但其过程与其他动物物种的产生过程在本质上是没有什么区别的。[50]

赖尔理论的一个重要问题就是他使赫顿的地球“平稳状态”理论重新复活，这种观点认为我们现在所看到的世界是很多建设性力量和破坏性力量共同作用的结果。但是上述的这两种力量是从哪里来的呢？热力学在19世纪中期的几年中获得了长足的发展，诸如劳德·凯尔文（Lord Kalvin）等多位物理学家都认为地球一定是凉爽的，他们的根据就是地球至少有1亿年的历史了。这与事实相差甚远，但是仍然比《圣经》中所记录的要伟大得多。（一直到了20世纪，物理学家们才意识到特定元素的放射保证了地球中心处的温度。）[51] 后来人们才意识到，赖尔的书是对进化论观念的调侃和颠覆。但是它也不过就是个调侃而已：他对自然选择没有什么特定的概念。正相反，它确实颠覆了水成论的观点。

然而，历史上还有过很多坚持到底的尝试，这些尝试都试图将《圣经》中的叙述和关于洪水的科学发现整合到一起，而且这种整合在后来一系列被称为布里奇沃特论文（Bridgewater Treatises）发表的时候达到了高潮。“这一系列奇特的甚至对于现代读者来说是极端的论文，都是在当时的牧师弗朗西斯·亨利·艾格顿（Reverend Francis Henry Egerton）的授意下发表的，艾格顿也是布里奇沃特地区的第八位伯爵，一位高贵的牧师，他总是"勤勉地"连自己的教区都忽视了，他在1829年去世。艾格顿牧师钦定了自己的执行者，包括坎特伯雷的大主教、伦敦的主教，以及皇家学会的主席，他们的任务就是选择八位科学研究者，每一位研究者都要来自于自然科学的重要分支领域，这些人必须能够论证'上帝的权力、智慧，以及仁慈，正如在《创世纪》中所揭示的一样。还必须要借助一些合理的理论阐述来证实这一观点，比如说，上帝在动物界、植物界以及矿物界的创造物所展示出来的多样性和形态……'"被选出来的这八位"科学"学者，他们主要由神职人员、医师和地质学家组成。[52] 他们中的任何人都不会说一些超过争论话题本身的内容，但是这一系列的争论的存在都可以显示出：很多学者在尽量设法使科学待在原地不动，在这一点上他们准备得多么充分。这些被使用的论据大部分都是借用了这样一种观点：那就是说宇宙万物的产生是不可能用统计学的方法来推算清楚的，因此必然会存在一种"神圣的指引"在起作用，我们的世界之所以如此慈善，只能是因为上帝在发挥作用——证明这种观点的例子就是鱼的眼睛所起到的作用就是为了适应海底的光线情况，另一个例子就是铁矿石一般是与煤一起发现，通过煤，铁矿石可以得到更好的冶炼，相关的例子还有很多很多。[53] 在最后一篇论文中，托马斯·查尔莫斯博士（Dr Thomas Chalmers）坚持认为，人们心中存有的良心亦即道德的准确指示，都是"高雅的、庄严的和谐已经存在过的确证……"[54]

艾格顿

这些论文都被证明是普遍流行的。它们都在1833年到1836年期间发表，到19世纪50年代，这些论文中的任何一篇都至少被重印过4版。这些论文的主要缺点就是它们对待科学的草率态度，每一篇论文都是由结论性的话语组成，就好像地质学、生物学、哲学以及其他的多门学科都不会再有重要的突破性的发展，也好像要将这些业已发生的并且已经成为这些论文的议题都一笔带过。

《造物遗痕》

对于布里奇沃特论文的一个最为迅捷的反应就是查尔斯·巴贝奇（Charles Babbage）所写的非官方的《第九篇布里奇沃特论文》（*Ninth Bridgewater Treatise*），这篇论文在1838年发表，论文主要认为创造者可以像他自己发明著名的“可编程计算机”那样来工作，可编程计算机就是后来电脑的前身，而且在这篇文章里，巴贝奇还指出他可以根据自己在操作过程之前制定的规划来操纵机器改变操作。由此也产生了一种备受欢迎的观点，那就是“创造者的规则”，与物品复制的规则在很大程度上是一致的。这一观点在罗伯特·钱伯斯（Robert Chambers）那里被发挥到了极致，他是当时爱丁堡的另外一位重要的人物，《造物遗痕》（*Vestiges of the Natural History of Creation*）一书是他的代表作，于1844年出版，这本书中提出的观点在当时是一种激进性的变革，如此激进以至于钱伯斯在书出版时不得不选择了匿名的方式。这本著作虽然无法预期达尔文的物竞天择论，但它提出了进化论的基本观点。钱伯斯将生命发生发展的全过程看做是一个单纯的自然发展的过程。他的观点是通过以下方式展开的，他认为生命通过自然发生而开始，“并且把那些特定的实验作为根据，这些荒谬的实验希望证明那些小动物的产生明显地是由于电流的作用而导致的”。[55] 拿巴贝奇的《第九篇布里奇沃特论文》作为例子，在这里他用那些含混的造物规律来说明进化过程。但是他的最主要贡献，是将那些古生物纳入一种上行的体系，并且指出人类的生存发展规律从任何角度上来看都不能自外于自然世界中的其他生命体。虽然他并没有抓住自然选择理论的题中之义，或者说没能精确地揭示出进化论是如何运作的，但是钱伯斯确实涉及了进化论的一些观点，这些观点的提出要比后来的达尔文早了将近15年。[56] 詹姆斯·斯科德（James Secord）在他的《维多利亚时代的轰动》（*Victorian Sensation*，2000）一书中，揭示了《造物遗痕》的全部影响。他的观点更为彻底，他认为，从某种意义上来讲，达尔文就是被钱伯斯“抢先报道”出来的。还有就是英国社会广大的、各式各样的群体都在探讨《造物遗痕》。在大不列颠学会里，在时尚的

查尔斯·巴贝奇

知识分子沙龙以及社团中，在伦敦、剑桥、利物浦以及爱丁堡，而且也波及到了下层社会群体组织中，这本书中提出的观点引发了广泛的讨论，这些观点在绘画、展览以及在新型的、大众化普及的报纸上的卡通画中一再被提及，而且在女权主义者和自由思想家那里也得到了普遍的讨论。斯科德就是要使人们相信钱伯斯并不是一个真正的科学家，在某种程度上说他不过是一位出生于出版世家的平庸的知识分子，而他的那本书，表面上看是在本质上提供了一种关于历史"进程"的叙述，但实际上更多地是借用了近来流行的如同科学研究一样数目庞大的小说写作技巧而已（这些小说也是新近兴起的一种文化现象）。钱伯斯认为他的这部书将会引起公众极大的兴趣：他之所以匿名出版这本书的原因，一方面是防止这本书确实反响糟糕，另一方面是防止其反响太强烈。但是从作者本人的角度来讲，斯科德认为他之所以匿名出版的最主要原因就是，关于进化论的所有问题在19世纪40年代一直悬而未决，而且也是备受争议的。最为至关重要的一点就是这本书的出版，开始将进化论的观点普及到更大范围的人群当中（这本书有大约14个版本）。而且从这里也可以看出，达尔文的《物种起源》（*Origin of Species*）一书在当时解决了一个关键性的问题，但是却没有引发出另外的一个重要问题，那就是"进化论的观点并不是达尔文的一个中心观点"。这是人类思想史上一项重要的历史修订。[57]

冰川期

另外一个对于布里奇沃特论文相当具有说服力的回应，在钱伯斯《造物遗痕》这本书出版的同时出现，也同样试图展开对于科学本质的探讨。这个回应就是冰川期的发现，是由路易斯·爱格西（Louis Agassiz）和他的同事一起完成的。爱格西是一位著名的瑞士地质学家，在后来的1847年，由于他在冰河作用研究方面的重要贡献，他受聘于哈佛大学任教。但是最早的关于冰川期的思想却不是爱格西提出的，而是在1795年由詹姆斯·赫顿完成的，赫顿研究过程中的一个重要例子就是，他急切地想证实那些在日内瓦附近的奇怪的、"无确定路线"的漂石是否是由于当时已经退却的冰川带来并且停留在那儿的。但是，确实是爱格西最先收集和比较证实了大量的具体细节，这些细节的叙述打消了人们的质疑。赖尔针对地球的遗迹作了相当多的研究，爱格西则对冰川期作了

路易斯·爱格西

大量研究。

通过对现存的一些冰川的研究（其实在瑞士阿尔卑斯山附近这样的冰川还是很多的），爱格西开始得出以下结论：他认为在很早之前，欧洲北部的大部分地区都曾经被巨大的冰川所覆盖，在很多地方，冰川的厚度甚至可以达到3000米。这一结论的得出（由于爱格西当时研究的主要兴趣在于鱼类化石，所以他的所有观点都是那么不平凡），主要的根据就是现在也存在的、在冰川边缘所存留的三种形式的冰类，分别是“漂砾”、冰碛以及冰渍。“漂砾”是一些巨大的类似石头一样的东西，和日内瓦附近的那些冰块十分类似，它们的构造与周围的岩石存在着巨大的差异。[58]它们是由于周围冰川的边角产生的推力所造成的，当冰川增多的时候，就会漂浮到一个“陌生化”的环境之中，当地球再次逐渐升温变暖的时候，这些冰块又会重新退却。地质学家们研究发现了大量的花岗岩，而这个区域的其他都是由石灰岩组成的。早期的地质学家们一致认为这种现象的产生是水灾泛滥造成的，但是，爱格西却坚持认为这一现象是冰川作用的结果。冰渍是冰块向地面延伸的时候所形成的沙砾形式，按照J.D.马杜格（J. D. Macdougall）的话说，它的形成就如同是在地球表面铺上了一层沙纸一样。[59]（这些沙砾的形成为我们现代化的建筑事业提供了大量的原料。）冰碛是大量的冰渍堆积在一起，在冰川的边角附近形成的大规模的物体：纽约州长岛（Long Island）的绝大多数岛屿就是一块从头到尾长约110公里的大冰碛。爱格西和其他一些研究者都认为最近的大冰川期是从13万年前开始的，在2万年前达到发展的最顶峰，在1.2万年前到1万年前这段时间迅速地消失。在时间上，这与早期农业活动出现的明显证据表现出了一致性，这被证明是相当有意义的。[60] 这也证实了地质年代发展与文化演进两者的一致性。

★ ★ ★

拉马克

“进化”这一专业术语最早的起源是应用于生物学领域，而且具有排他性，仅仅适用于胚胎的成长和发育。在最早的拉丁语中，它的意思是“继续发展和生长”。除了这方面的应用之外，诸如“进步”和“发展”等词语也被用来代指那些简单的生物有机体一步一步成长为复杂生物有机体的（至今也不为人知的）整个过程。相关研究领域的很多专家分成了两个派别，争论的主要话题就是这样的说法是否同样适用于人类。接下来，进化这个词语被应用到文化研究领域，尤其是在维科（Vico）、赫尔德（Herder）以及其他一些学者的探索之后，他们认为人类社会的发展正在经历一个从最初的原始社会向后来更加先进的文明形式前进的过程。彼得·鲍勒指出，早期的人类学家诸如E.B.泰勒（E. B. Tylor）以及L.H.摩根（L. H. Morgan）认为不同的民族在文化发展上都要经历一个相似的历史阶段，那些“原始”民族仍旧归属于“文化发展比较迟缓的阶段，而这个阶段，在白种人是很早的时候就已经经历过了的”。[61]

拉马克

拉马克是进化论的一位重要拥护者。吉恩·巴蒂斯特·德蒙特、拉马克爵士（Jean-Baptiste de Monet，chevalier de Lamarck，1744—1829）有时被人们描绘成一个恶棍、一个傻瓜，事实并非如此。正是他发现了很多生物化石与现在活着的很多生物之间存在着很多共同之处。这一发现启发了他，他开始思考可能这些生物化石代表的生物种群至少还没有灭绝，正相反，它们很可能得到了某些进化和改变，然后以另外的生物形式继续发展，通过这种方式来应对地球环境的变化，也就是说这些生物种群现在仍然存在，不过是以一种“进化过的、我们辨识不出来的生物形象”继续发展。这也可以看做是达尔文生物适应环境理论的早期雏形。[62]拉马克对于地球发展所经历时间的长久性深信不疑，而且他也一直肯定动物们在如此漫长的时间段中必须要不断地进化和改变才能够更好地生存下去。而且他还进一步指出，人类正是这一变化发展过程的最终产物。[63]拉马克的进化理论具有双重重要意义。首先，他提出了自然界在经历从低级向高级发展和进化的过程中必然包含某种必然的规律。第二，他确信任何生物的器官使用得越多便会发展得越强大，而这些得到加强的或后天获得的特质将会传递给后代，而且“这种后天的变化是两性所共有的，或者说繁衍后代的双方都具有”。[64]

正是由于这些原因以及下面我们将要提到的其他一些原因，可以说，在19世纪中期的社会上流行着很多观念，正是这些观念的共同作用导致了达尔文后来所提出的物竞天择论的产生。[65] 关于生存领域竞争的理论最早在马尔萨斯（Malthus）的理论体系中体现出来，这一理论早在1797年就被提出来了。马尔萨斯认为，每一个部落或者民族之间都会展开关于资源的竞争，在竞争中失败的部落或者民族就将面临着灭绝的危险。“现在我们知道，除了参照了马尔萨斯的观点之外，达尔文在构建理论体系的过程中还从阅读亚当·斯密（Adam Smith）以及其他政治经济学家的著作中获得了顿悟。劳动分工带来经济优势，这反映在经由特殊化而趋异的概念上”。[66] 另外的一种理论由威廉·查尔斯·威尔斯（William Charles Wells）于1813年提出来，名为《一位白种女性的叙述》（*An Account of a Female of the White Race of Mankind*），他认为人类种族的形成过程发生在群族移动到未被开垦的领域过程中，因为在那里他们将面临着一种完全陌生的新环境。[67] 人群中的某些偶然的变异意味着一些个体能够较好地适应新的环境，而这些适应性较强的人群将会最终成为新的种族群体的首领。

于是，无论着眼于何处，在19世纪中期，在社会和自然两个领域，战斗和竞争所起到的作用都为人们津津乐道。[68] 现在看来那些刻在石头上的证据已经是毋庸置疑了，因为一幅人类历史发展全过程的画面已经清楚地展现在我们面前：“最早的化石（大约在6亿年前）主要是一些无脊椎动物的遗骸，而最早的鱼类大约应该出现在志留纪（也就是4.4亿年到4.1亿年前这段时间）。中生代（2.5亿年前到6500万年前）这段时间起主导作用的生物类型是爬行动物，包括恐龙。虽然哺乳动物在中生代时期还属于少数类型的生物，但是到了新生代（也就是6500万年前至今这段时间里），哺乳动物成为世界的主宰，而且在此基础上，哺乳动物得到了进一步的进化和发展，这其中就包括了人类种群的产生。”[69]（当然，括号中所提到的时间并不是19世纪被人们接受的。）在这种情况下，人们必然会对这一进化全过程中的最后物种产生想象，包括最先进的物种是什么，以及向人类进化过程中必须经由的历史阶段，并且会揭示出“具有象征意义的发展全过程”。在当时的一些书中，大部分的“生物进化树”都将一棵树描绘得比其他物种要粗得多，这棵最粗的树代表的就是人类。

当然，这一图表还必须根据詹姆斯·斯科德近来的著作进行进一步的修订。在斯科德的书中，他为达尔文的笔记提供了例证，这些笔记是达尔文在大英博物馆阅览室阅读到《造物遗痕》一书时记下的。《造物遗痕》中的诸多观点并未给达尔文留下深刻印象（他本人并没有购买过这本书），但是，《造物遗痕》这本书当时处于“流行前沿”，显然对达尔文产生了影响，以至于他的物竞天择论明显地区别于其他相关理论。[70]

华莱士

在这场“思想浪潮”、“流行前沿”中，在这种“普遍流行的观念”中，“进化”以及进化如何才能实现，一个决定性因素是阿尔弗雷德·拉塞尔·华莱士（Alfred Russel Wallace）的著作。华莱士在进化论发展史上的声誉以及角色在近代也经历了一个“进化”的过程。多年以来，人们认为，他在1858年送交给达尔文的那篇题为“从原始形态向不确定形态的多样化发展倾向”（*On the Tendencies of Varieties to Depart Indefinitely from the Original Type*）的文章，明显地蕴含着物竞天择论方面的内容，这样，达尔文不得不开始着手出版自己的那本《物种起源》。也正因如此，很多学者一直争论说华莱士从未获得他应得的认可，甚至暗中指责达尔文和他的追随者们一起故意将华莱士排斥在聚光灯之外。[71]但是，最近这些年来，对于华莱士文章更细致的研究表明，他关于物竞天择论的观点与达尔文的观点存在着很多不同之处，华莱士的观点和理论还远不能作为一项解释性的原理来运用。尤其是在物竞天择论的阐述上，华莱士并没有强调个体与个体之间的相互竞争，而是将注意力集中在个体与环境之间的竞争上。在华莱士看来，那些不太适应环境的个体，将会遭到淘汰，尤其是周围的环境发生巨大改变的时候，这种

华莱士

淘汰就会更加残酷。在这种竞争淘汰体系下，每一种动物都会竭尽全力地同周围的环境作斗争，而且它们的命运将不会依赖于其他的任何个体。[72]这种区别是根本性的，它也可以用来解释为什么华莱士对达尔文不抱有任何的怨恨，甚至是在华莱士将自己相关的论文提交给达尔文一年之后，达尔文才出版了《物种起源》。[73]

达尔文

但是先前所述的这些观点，都不应掩盖这样一个事实：那就是在《物种起源》这本书于1859年出版的时候，它向人们介绍了"关于生物进化论问题上的一种全新的——起码对达尔文同时代的学者来说是这样的——完全出人意料的解决方式"。达尔文的生物进化理论揭示出了生物界中一种全新的变化机制，这尚属首次。它揭示了一种生物是如何促成了另外一种生物的产生，用恩斯特·梅尔（Ernst Mayr）的话说，"这不仅代表一种新的科学理论取代了旧的（传统观点认为物种的发展是永恒不变的），而且要求人类重新思考世界和自身；更为具体一点来说，就是这种理论的出现，需要西方人摒弃一些原来广为传播和备加珍视的信仰。"在彼得·鲍勒看来，"思想史学家把这种生物学上的变革，视为整个西方社会在价值观上一场更大规模变革的征兆，正如同关于人类和自然的基督教义上的观点将会被唯物主义的观点所取代一样。"[74]达尔文主义中更加重要的一个观点就是物竞天择论——全书的支撑点，这部书的全名其实是《依据物竞天择或在生存斗争中适者生存的物种起源》（*On the Origin of Species by Means of Natural Selection, or the Preservation of Favoured Races in the Struggle for life*）。任何物种的个体都会针对环境变化表现出一些生理上的变异，而且那些适应性更加出色的物种将会继续繁衍后代，维持物种的延续。通过这种方式，那些比其他变异更加具有适应性的变异特征将会得到继承和发展。在这种理论中，任何"设计"都是没有必要的，同时进程也远比其他更为简省，而且处处可见。[75]

虽然说达尔文确实是在和华莱士交往之后，受他的激发才创作出版了《物种起源》这本书，但是不容怀疑的是，达尔文在19世纪30年代后期就有了生物进化论观点的初步设想，也就是他参加完了现在著名的《小猎犬号航海旅行》

(***Beagle***) 中的旅程之后。他在美洲南部的那些时光，尤其是在加拉帕戈斯岛(Galapagos Islands)，教会了他研究生物进化必须要从种群入手，而不是从生物个体入手，正如同他从一个岛屿到另一个岛屿来观测研究生物体的变异一样。他当时已经对普通美洲鸵的生活情况了如指掌，这是一种不会飞的鸟类，在它们前往巴塔哥尼亚 (Patagonia) 宽敞的彭巴斯草原的旅途中，它们不断地改变着自己的习性和食物。达尔文因此注意到，当一块领地被不同的两个物种同时发现的时候，它们之间必然会暴发一场争夺霸权的战斗。他也开始希望探索为什么在不同的两个岛屿或者大陆会出现密切相关的物种——是不是造物主曾经来到过这些地区，并且作了这种精妙安排？[76] 通过对于藤壶的研究，达尔文认识到了在一个物种内部存在着多么复杂的多样性，这些观察和引发的推测逐渐地汇聚到了一起。当达尔文的书在 1859 年 11 月 24 日这天正式出版的时候，第一天发行的1250册很快被读者抢购一空。他亲自在约克郡的依克利 (Ilkley) 装上水，然后静静地等待着暴风雪的到来。[77] 这个过程没有经历太长的时间，而且也很容易解释原因，恩斯特・梅尔总结说，达尔文的理论体系主要蕴含着六条哲学意义上的启示：(1) 用世界的进化论观点来取代世界静止的观点；(2) 证实了神创论的不可信和荒谬；(3) 对于宇宙目的论的驳斥 (这种观点认为宇宙的产生是出于某种特殊的目的)；(4) 抛弃了各种形式的“人类中心主义”观点 (这种观点认为世界的产生就是单纯为了人类生存和发展的需要)；(5) 通过单纯的唯物主义的进程来阐释世界的“设计”观念；(6) 用种群思维的观点来取代本质主义的观点。

我们必须对《物种起源》这本书的影响有清楚的认识。这一方面是由于达尔文自身影响力的原因，另一方面也是因为这本书的出版得到了其他相当多观点的支持，因为这本书的写作是任何一个独立的个体都无法完成的。[78] 而且这本书产生的影响还与一个重要的事实有着密切的关系：那就是詹姆斯・斯科德所指出的那样，这本书解决了——或者说看起来是解决了——一个生物学研究上的危机，而不是提出了一个危机。从本质上说，物竞天择论是进化论发展史上盖棺定论的一个组成部分，是这一理论的重要组成部分，而不是开始的部分，这种观点提出了一种运行机制，从一种生物体衍生出另一种生物体的过程就是这种机制起作用的结果。按照彼得・鲍勒的话说，《物种起源》一书的非革命性的本质，在斯科德书中的图表中可以清楚地反映出来，这个图表显示认为，一直到20世纪之前,《物种起源》一书的销售情况一直不如《造物遗痕》好。[79]

事实上,《物种起源》这本书的出版也引发了巨大的反对声浪。甚至达尔文自己都意识到物竞天择论将会被证明是最容易引发争议的话题，他的这种忧虑也确实是正确的。约翰·F.H.赫歇尔（John F.W. Herschel）是达尔文非常崇拜的一位哲学家，他都将达尔文的物竞天择论称为“一种混乱不堪的贪婪的理论”，与此同时，塞奇威克（他既是一位牧师也是一位科学家）也将达尔文的这一理论称做是“一种道德上的污蔑”。[80] 很多拥护《物种起源》的学者都对物竞天择论持冷淡的态度：比如说赖尔，他从来就没有完整地接受过这个理论，并且将这种理论描述为“令人恶心”的理论，而T.H.赫胥黎（T. H. Huxley）也不认为达尔文的这一理论能够经受得住实践的考验。[81] 在19世纪晚期，也就是进化论的观点得到了普遍认同的时候，物竞天择论仍旧遭到了人们的忽视，这在很大程度上是因为它要让人们相信，所谓的进化不过就是“朝着一个特定的目标发展，就如胚胎要一步一步地发展成为成年个体的经历一样”。如果从这个角度来看的话，进化论将不再像它有时所表现出的那样，成为宗教的潜在威胁。[82] 事实上，《物种起源》一书的研究内容中有两章是以生命有机体的地理分布状况作为基础的，充分借鉴和运用了上面所说的地质学和古生物学等学科的成果，人们很容易地就可以理解和接受这种理论，而不像物竞天择论那样令人难以接受。《造物遗痕》一书已经为这一理论开拓出了道路。恩斯特·梅尔曾经认为达尔文理论体系中的选择学说一直到20世纪30年代和40年代综合进化论的出现才获得了人们的普遍接受。[83] 很多人都简单化地认为《物种起源》一书中给我们的启示在道德上都是说不过去的，他们仍旧坚持认为这个世界是按照一定的等级体系建立起来的——根据上帝和神灵的旨意排定秩序——所以说达尔文关于偶然性变异的（杂乱而贪婪的）进化论观点将不可能带来如此的和谐状况。他们认为达尔文主义是自私的和无用的，仁慈的神灵是不会允许这个进化过程的。音乐才能以及解答抽象数学题目的能力在达尔文主义看来存在的目的是什么呢？[84] 应该说达尔文本人对于使用“天择”这个词也并不是非常乐意，而且还有很多人对于如何解释“适者”这个词还存在着很多的误解。一些批评者都认为达尔文的理论建构过程是不科学的，因为达尔文理论是无法经得起反证法验证的。

孟德尔

当然，达尔文的理论也存在着一个重大的缺陷。那就是没有解释遗传特征（“刚性的遗传特性”）借助何种机制传递下去。这是由修道士格里哥·孟德尔（Gregor Mendel）于1865年在莫拉维亚（Moravia）发现的，但是，达尔文和自己同时期的所有人都没对此给予充分的重视，一直到了1900年，这一理论才被重新揭示出来并且被普及到普通人群当中。一直到了孟德尔被重新发现的时候，德国生物学家奥古斯特·魏斯曼（Auguste Weismann）的理论才引起人们的充分重视，尤其是关于“种质”的观点，这一观点是从细胞理论中发展而来的。细胞首次被观测到是在显微镜发明之后，在当时它们被人们称做“小球”或者是“气泡”。到了19世纪早期的时候，显微镜在设计上取得了长足的进步，在玛丽－弗朗西斯·泽维尔·比查特（Marie-François Xavier Bichat）之后，生物学家们逐渐认识清楚了动物的21种组织结构，并且认识到这些组织都是由细胞构成的。现在看来它们构成了这些组织的组织壁，在内部包含着黏性的“生命物质”，也就是J.E.浦肯野（J. E. Purkinje）在1839年所提取出来的“原生质”。[85] 最终揭示出所有的动物和植物都是由细胞构成的，这两位学者是J.J.施莱登（J. J. Schleiden，1838年对植物的揭示）以及西奥多·施沃恩（Theodor Schwann，1839年对动物的揭示）。魏斯曼注意到了细胞中的细胞核并且在此基础上得出了以下结论，那就是这些种质自身并不是由全部生发细胞组成，而不过只是集中在细胞核的棒状结构上，因为有着不同的着色而得名，这就是染色体。但是，甚至是到了孟德尔的发现被人们重新认识的时候，他的种质的机制在某种意义上也并没能被人们普遍看做是“完全”达尔文化的理论。这其中部分的原因就在于，关于选择机制在发生作用的时候是产生连续变异还是不连续变异的话题上，产生过一场激烈的争论。也就是说，某些特征（诸如蓝色或者棕色的眼睛）是属于不连续的变异，而比如高度等特征，则属于连续变异。孟德尔选择的似乎是不连续的变异（诸如花的颜色，不管它的种子是否是褶皱的），因为在他看来，这些清楚明了的例子都可

孟德尔

以证明他想论证的观点，而且因为与达尔文相比，孟德尔持有一种相反的观点，也就是认为选择机制在混血儿问题上起到重要作用，以及在中介体方面的作用（混血儿问题在传统上是一个神学方面的问题，凭神的力量创造的种类之间出现的形式）。孟德尔的遗传学对于达尔文进化论的重大影响作用，一直到了20世纪20年代才被人们了解和认识。[86]

★ ★ ★

人类的起源

达尔文并没有仅仅止步于《物种起源》方面的研究。关于达尔文主义的论述都不能忽略《人类的起源》（*Descent of Man*）。"进化论"的观点在19世纪的任何领域中都有所体现，正如我们所看到的那样，甚至在物理学领域，诸如康德和拉普拉斯的星云假说，这一观点认为太阳系是大片烟尘构成的云团在重力作用的影响下凝结而成的。[87]

这就是为什么社会学、人类学以及考古学等学科开始在19世纪中期出现，并且联合起来在进化论的框架中得到继续发展的原因。早在1861年，亨利·梅恩爵士（Sir Henry Maine）就在他的《古代法》（*Ancient Law*）一书中，介绍了现代法律体系得以实现的具体途径，介绍了这一体系是如何从早期基于"族长制家族群体"的实践活动中发展过来的。[88] 同样经历了这一类似方式的主题著作还包括约翰·卢布克（John Lubbock）1870年写作的《文明的起源》（*Origin of Civilisation*）以及刘易斯·摩尔根（Lewis Morgan）在1877年写作的《古代社会》（*Ancient Society*），虽然迄今为止最有影响的一部书还是詹姆斯·弗雷泽（James Frazer）在1890年写作的人类学巨著《金枝》（*Golden Bough*）。早期的人类学家也受到了殖民主义经历的重要影响：对于殖民地当地居民进行教育普及的尝试多次发生，主要的目标就是为了将他们自身的文化发展导向为欧洲"明显"更为优越和先进的文化发展模式。事实上，他们这种尝试最终被证明是失败的，这至少说服了一些人类学家，也就是说"在文化发展的过程当中存在着一种固定的阶段发展次序"。[89] 所以，任何人都不可能人为地将文化从一个初级阶段提升到稍后的一个发展阶段。刘易斯·摩尔根将这些主要的阶段定名为蒙昧社会、野蛮社会以及文明社会，这种划分对于殖民统治者来说成了一项令人鼓舞的教条。他所讨论的主要观点包括政治观点的发展、家族观点的发展以及财产观点的发展。[90]

正是在这种智识氛围中，考古学家们开始思考关于石制手斧的进步和发展问题，尤其是“三个阶段的发展体系”（即石器、青铜器、铁器三个阶段）概念被提出来之后。接下来我们还会发现，在最初的一段时间里，“石器时代”的提法遭到了大多数人的强烈反对。几乎没有人能够接受早期的人类是跟现在已经灭绝了的生物生存在一起这种构想，一直到了布歇·佩尔特（Boucher des Perthes）的发现公布出来之后，这种反对的声浪才有所减弱，佩尔特在法国北部沙砾河床中发现了并存在一起的石制工具和已经灭绝了的生物的遗骸。而另一方面，大致说来是在1860年左右，由于《物种起源》一书的出版，人们的思想观念出现了一次重大的发展，人类更加古老的历史最终为人们所接受。查尔斯·赖尔（Charles Lyell）也最终接受了地球的“进化论”观点，并且在此后收集了大量的证据来证明自己的这一观点，并且在自己的专著《古代人类的地质迹象》（*Geological Evidences for the Antiquity of Man*，1863）一书中进行了详细的分析和阐述。

卢布克

早期的石制工具异常粗糙和简陋的特点证明：当时人们的社会和文化生活状况还是非常原始的。这一发现也启发了约翰·卢布克，他认为，社会的进化也很可能是从最早的野蛮状态一步一步发展而来的。这一观点在当时看来更加让人震惊，因为在19世纪的宗教思想家看来，与堕落前的亚当和夏娃比起来，现代人无疑是更加堕落的。正是在自己的《原始时代》（***Prehistoric Times***，1865）一书中，卢布克第一次使用了“旧石器时代”和“新石器时代”两个术语，用来描述从旧石器时代向新石器的过渡，他认为这两个社会阶段的划分完全可以根据使用残缺的石器到使用打磨过的石器这一变化来划分，虽然更多有说服力的区分标准在后来逐渐得以发现。[91]

★ ★ ★

三纪的体系

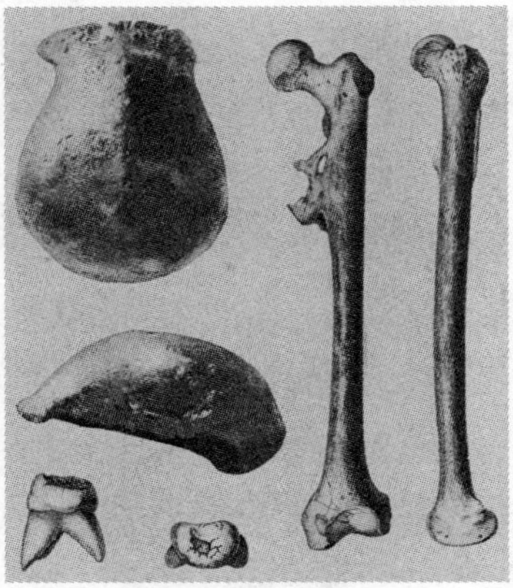

爪哇猿人的遗骸

对于很多人来说，关于人类是不是由类人猿进化而来的观点引发的诸多争论，其最关键的一个分歧就是关于灵魂的认识。如果说人类并不比猿类高明很多的话，那么传统的那种观点，也就是说将有没有灵魂作为人类和其他动物之间最根本区别的观点，是不是就应该遭到抛弃呢？达尔文的《人类的起源》一书出版于1871年，他想同时实现两个目的：首先就是向那些怀疑论者证明人类是由动物进化而来的，同时，在此基础上进一步清楚地解释这对人类意味着什么——以及人类是如何获得他们独特的特性的。

“虽然达尔文逐渐抛弃了上帝造物的理论观点，但是他确实更倾向于希望在不可避免地（假如是不规律地）要发展向更高级的物种时，白种人确实代表着较高的起点。”[92] 达尔文知道，在《人类的起源》一书中，最为重要的一点是，他必须要解释在从猿到人进化过程中出现的思维能力的巨大提高。[93]如果说进化过程是一个漫长的、渐进的过程，那么为什么在思维能力上会突然出现一个如此巨大的鸿沟呢？这也正是那些宗教怀疑论研究者们一直在寻找的答案。达尔文提出了“人类具有一种独一无二的生理属性”的观点，这个特殊的生理属性就是直立行走的姿势。达尔文认为这种直立行走的姿势，以及两脚落地行走的能力，将可以大大解放人们的双手，所以，在此基础上我们能够最终发展和提高自己使用工具的能力。而且，达尔文认为正是这种情况激发了这群猿类在智力上的飞速发展。[94] 达尔文在《人类的起源》一书中并没有提出具有说服力的原因，来解释诸如为什么原始人要采取直立行走方式等问题，一直到了1889年，华莱士才第一次指出这种直立行走的姿势是对于新型环境适应性更强的表现。他推测认为，正是由于环境的变化迫使早期的人类走出丛林，转而进入宽广的大草原进行生活，他还认为这或许是因为气候变化的原因，这种变化导致了森林面积的急剧减少。而对于草原生活来说，双脚行走似乎是一种适应性更强的行走方式。

尽管直立行走这一观点是由达尔文本人提出来的，但是这一观点的显著性和重要性在刚开始的时候并没有立即显现出来。一直到了尤金·迪布瓦(Eugene Dubois)在1891—1892年的时候发现了“爪哇猿人”，也就是现在所说的爪哇直立猿人，这一理论才算真正得到了认同（并且证实了发现尼安德特人的重要性）。爪哇直立猿人的遗骸中包含有支持直立行走的特殊关节，还有一块特定尺寸的头骨，它的大脑容量介于人类和猿类之间。即便如此，人类直立行走姿势的重要性，一直到了20世纪30年代才得到了人们的广泛认同。[95]

★ ★ ★

旧石器时代和新石器时代

达尔文主义产生的深远影响是相当复杂的。“在很多人眼中，进化论的出现是区分现代文明与西方思想中传统根源的分水岭。”[96] 这一理论的适时出现，不必说它在智力本质上的重要性，仅是在欧洲思想世俗化的过程中，已经发挥了主要的作用，这些内容会在后文中介绍和探讨。[97] 达尔文主义要求人们接受一种新型的历史观，也就是说历史的发展是偶然的，没有任何的既定目标，也没有最后的终结点。除了消除了人们对于上帝的依赖和需要之外，这一观点还颠覆了智慧的概念，诸如一些看似可以获得的东西，在实际上却是遥不可及的。这一观点全方位地颠覆了传统的观点，并且颠覆了未来发展的可能性。在这里主要就提两点：首先，正是因为达尔文主义的社会变更模式，引导马克思提出了社会进步避免不了革命冲突的观点；第二，也是达尔文主义的生物学观点，引导弗洛伊德构想出了无意识精神活动的“前人类”本质的观点。正如同我们在后来的章节中要介绍的那样，在进化论观点的背景下，达尔文关于什么构成了“适合度”的概念被很多人误解，并且，不管是有意识的还是无意识的，这又导致了很多不公平的甚至可以说是残酷的社会活动。但是，自从1900年基因规律再次被人们发现，以及在此基础上实现的科学技术全面繁荣的情况，达尔文主义最终获得了胜利。除了一小部分特定的美国乡村地区还有个别尴尬的“创世论者”固执己见，关于地球的进化思想，关于古老历史人类的进化论思想，现在已经深入人心了。

注 释

〔1〕 弗兰克·麦克林恩（Frank McLynn），《拿破仑》（*Napoleon*），伦敦：乔纳森·凯普出版社，1997年，第171页。

〔2〕 雅克·巴尊（Jacques Barzun），《从黎明到颓废——西方文化生活500年》（*From Dawn to Decadence, 500 Years of Western Cultural Life*），纽约和伦敦：哈珀柯林斯出版社，2000年，第442—444页。

〔3〕 同上，第442页。

〔4〕 同上，第395—396页。

〔5〕 罗杰·史密斯（Roger Smith），《丰塔纳人类科学史》，伦敦：丰塔纳出版社，1997年，第372页。

〔6〕 同上，第373页。

〔7〕 同上，第374页。

〔8〕 布尔斯汀（Boorstin），《探索者》（*The Seekers*），纽约和伦敦：古典书局，1999年，第210页，黑格尔对于伯特兰·罗素（Bertrand Russell）和本杰明·富兰克林（Benjamin Franklin）的批判。.

〔9〕 保罗·R. 斯威特（Paul R. Sweet）：《威廉·冯·洪堡：传记》（*Wilhelm von Humboldt: A Biography*），卷二，哥伦布：俄亥俄大学出版社，1980年，第392页及后文。

〔10〕 罗杰·史密斯，如前所引，第379及后文。

〔11〕 这对它自己来说是非常现代化的，但是洪堡在这一点上走得更远，他认为很多语言应该更加适应更高层次的目标，德语也不例外，尽管拿破仑获得了很大的成功。这正是一个异常危险的观点出现的开始。

〔12〕 罗杰·史密斯，如前所引，第382页。

〔13〕 同上，第385页。

〔14〕 同上，第387页。

〔15〕 大卫·弗里德里希·施特劳斯（David Friedrich Strauss），《耶稣传》（*The Life of Jesus*），由彼得·C. 霍奇森（Peter C. Hodgson）编辑并撰写导言，伦敦：SCM出版社，1972年，第xx页。

〔16〕 参见约翰·哈德利·布鲁克（John Hadley Brooke），《科学与宗教》（*Science and Religion*），英格兰剑桥：剑桥大学出版社，1991年，第266页，关于施特劳斯以及关于神话与谎言之间的区别的讨论。也可参见施特劳斯/霍奇森，如前所引，第xlix页。

〔17〕 文森特·克罗宁（Vincent Cronin），《拿破仑》（*Napoleon*），伦敦：柯林斯出版

社，1971 年，第 145 页。

〔18〕 C. W. 塞拉姆(C. W. Ceram),《上帝，坟墓和学者》(*Gods, Graves and Scholars*)，伦敦：格兰兹出版社，1971 年，第 207—208 页。

〔19〕 伊恩·塔特萨尔（Ian Tattersall），《化石的痕迹》(*The Fossil Trail*)，如前所引，第 14 页，赫蒙－夏夫豪森，《论人类最古老种族之头盖骨》（'On the crania of the most ancient races of Man'）。由 G.布什（G. Bush）翻译并撰写导言，见于《博物学评论》(*Natural History Review*）第 1 卷，1861 年，第 155—176 页。

〔20〕 鲍勒（Bowler),《进化：思想史》(*Evolution: The History of an Idea*)，伯克利、洛杉矶和伦敦：加州大学出版社，1989 年，第 65 页。

〔21〕 同上，第 65 页。

〔22〕 同上，第 75 页。

〔23〕 同上，第 26 页。

〔24〕 苏赞恩·凯利（Suzanne Kelly),《文艺复兴宇宙哲学中的地球理论》(*'Theories of the earth in Renaissance cosmologies'*)，参见塞西尔·J. 士尼尔（Cecil J. Schneer)(编者)，《通向地质学的历史》(*Towards a History of Geology*)，马萨诸塞剑桥：MIT 出版社，1969 年，第 214—225 页。

〔25〕 鲍勒，如前所引，第 31 页。

〔26〕 同上，第 37 页。

〔27〕 同上，第 40 页。

〔28〕 同上，第 44 页。

〔29〕 查尔斯·吉利斯皮(Charles Gillispie),《创世纪和地质学》(*Genesis and Geology*)，马萨诸塞剑桥：哈佛大学出版社，1949 年；哈珀火炬丛书，1959 年，第 48 页。

〔30〕 同上，第 41—42 页。

〔31〕 尼古拉斯·斯泰诺（Nicholas Steno),《尼古拉斯·斯泰诺关于固体专题的导论附固体内部的自然进程》(*The Prodromus of Nicholas Steno's Dissertation concerning a Solid Body Enclosed by Process of Nature within a solid*)，初版于 1669 年，后于 1916 年由 J. G. 温特（J. G. Winter）译为英文，《密歇根大学人文研究》第 1 卷第 2 部分，Hafner 出版公司再版，纽约，1968 年。约翰·伍德沃（John Woodward),《通向地球博物学和陆地之物的一篇论文》(*'An Essay Toward a Natural History of the Earth and terrestrial Bodyes'*)，1695 年初版于伦敦，再版于纽约：Arno 出版社，1977 年。

〔32〕 吉利斯皮，如前所引，第42页。杰克·雷普切克（Jack Repcheck），《发现时间的人：詹姆斯·赫顿和地球遗迹的发现》（*The Man Who Found Time: James Hutton and the Discovery of the Earth's Antiquity*），伦敦：西蒙＆舒斯特出版社，2003年。他们认为赫顿的文章是“难以参透的”，而且在当时来说，人们对于地球的遗迹缺乏兴趣。

〔33〕 参见，比如，吉利斯皮，如前所引，第46页。

〔34〕 同上，第68页。

〔35〕 同上，第84页。

〔36〕 鲍勒，如前所引，第110页。

〔37〕 吉利斯皮，如前所引，第99页。

〔38〕 鲍勒，如前所引，第116页。

〔39〕 吉利斯皮，如前所引，第101页。

〔40〕 鲍勒，如前所引，第116页。

〔41〕 同上，第119页。

〔42〕 布鲁克，如前所引，第203页，认为从某种角度上来说，巴克兰“阻止”了英国科学发展协会的工作，具体表现在“设计”工作上的懒惰。

〔43〕 吉利斯皮，如前所引，第107页。

〔44〕 鲍勒，如前所引，第110页。

〔45〕 同上，第124 页表格。

〔46〕 吉利斯皮，如前所引，第111—112页和第142页。

〔47〕 鲍勒，如前所引，第130页。

〔48〕 同上，第132页。

〔49〕 同上，第134页及后文。

〔50〕 吉利斯皮，如前所引，第133页。

〔51〕 鲍勒，如前所引，第138页。

〔52〕 吉利斯皮，如前所引，第210页。

〔53〕 同上，第212页。

〔54〕 同上，第214页。

〔55〕 斯科德，《维多利亚时代的轰动》（*Victorian Sensation*），芝加哥和伦敦：芝加哥大学出版社，2000年，第388页。

〔56〕 同上，第3章，第77页及后文。

〔57〕 同上，第526页，《造物遗痕》一书与《物种起源》一书在出版历史上的比较分析。

〔58〕 爱德华·鲁瑞（Edward Lurie），《路易斯·爱格西：生命科学》（*Louis Agassiz: A Life in Science*），芝加哥：芝加哥大学出版社，1960年，第97页及后文，关于爱格西对于冰季概念的进一步拓展。

〔59〕 J.D.马杜格，《地球简史》（*A Short History of Planet Earth*），纽约和伦敦：约翰威利父子出版公司，1996年，第210页。

〔60〕 但是还有一些其他的东西存在。在那些冰碛中还发现了相当多数量的钻石。这些钻石都应该是在地球深处形成的，借助火山喷发的过程伴随着岩浆而呈现在地球的表层。因此，这也是火山持续活动的重要证据之一，这就强化了以下事实，那就是冰季这一重要概念的发现，不仅确认了地球存在时间上的古老性，而且证实了地质学中的均变论观点。同上，第206—210页。

〔61〕 彼得·J. 鲍勒（Peter J.Bowler），《反达尔文的革命》（*The Non-Darwinian Revolution*），巴尔的摩和伦敦：约翰斯·霍普金斯大学出版社，1988年，第13页。

〔62〕 梅尔（Mayr），《生物学思想的发展》（*The Growth of Biological Thought*），如前所引，第349页，参见：穆那（Moynahan），如前所引，第651页。

〔63〕 皮尔楚·考斯（Pietro Corsi），《拉马克时代：1790—1830年法国进化思想》（*The Age of Lamarck: Evolutionary Theories in France 1790—1830*），伯克利和伦敦：加利福尼亚大学出版社，1988年，第121页及后文。恩斯特·梅尔，生物学历史研究中的著名学者，认为拉马克在宣扬他的进化论观点时体现出来的勇气要比15年后的达尔文强得多。梅尔，如前所引，第352页。

〔64〕 考斯，如前所引，第157页及后文。 针对那些支持或者反对拉马克观点的人所作的声明。

在前面的导言中，我们曾经谈到过人类发展史上"伟大的存在之链"的产生，也同样导致了19世纪中期的知识分子化氛围。是由于原始观念的存在为它提供了可信性，但是它并不是一个科学化的观点，在达尔文主义产生之后，这种观点就失去了继续存在下去的可行性。参见鲍勒，《进化：思想史》，如前所引，第59页及后文，关于19世纪"伟大的存在之链"产生的观点以及61页的一个图表。

〔65〕 其他的因素还包括工业化资本，这一概念认为人们应该被允许在商业活动中自由竞争，因为只有采取这种方式，才能使得社会商品与个体的自私属性保持一致性。

〔66〕 鲍勒，《反达尔文的革命》，如前所引，第 36 页。

〔67〕 同上，第 41 页。

〔68〕 巴里·盖尔（Barry Gale），《达尔文和生存斗争观：科学观念的超科学起源研究》，《伊希斯》（*Isis*），63 卷，1972 年，第 321—344 页。

〔69〕 鲍勒，《反达尔文的革命》，如前所引，第 57 页。

〔70〕 斯科德，如前所引，第 431 页。

〔71〕 鲍勒，《反达尔文的革命》，如前所引，第 42 页。马丁·费施南（Martin Fichnan），《达尔文学说分支的意识形态因素》，见埃弗雷特·孟德尔森（Everett Mendelsohn）（编者），《科学的改革和传统》（*Transformation and Tradition in the Sciences*），马萨诸塞：哈佛大学出版社，1984 年，第 471—485 页。

〔72〕 鲍勒，《反达尔文的革命》，如前所引，第 43 页。

〔73〕 梅尔，如前所引，第 950 页。罗斯·A. 施罗顿（Ross A. Slotten），《达尔文法庭的异端者：阿尔弗雷德·拉塞尔·华莱士生平》（*The Heretic in Darwin's Court: The Life of Alfred Russel Wallace*），纽约：哥伦比亚大学出版社，2004 年。

〔74〕 鲍勒，《反达尔文的革命》，如前所引，第 152 页。

〔75〕 梅尔，如前所引，第 501 页。

〔76〕 鲍勒，《反达尔文的革命》，如前所引，第 162 页。

〔77〕 同上，第 187 页。

〔78〕 同上，第 67 页。

〔79〕 斯科德，如前所引，第 526 页。

〔80〕 梅尔，如前所引，第 510 页。

〔81〕 T.H. 赫胥黎，“达尔文主义的牛斗犬”，在全面推进自然选择理论的成因中起到了极大的作用，甚至连他都没有给予自然选择充分的重视。

〔82〕 鲍勒，《反达尔文的革命》，如前所引，第 24 页。

〔83〕 参见：彼得·沃森（Peter Watson），《骇人之美：构建现代精神的人物与思想》（*A Terrible Beauty: The People and Ideas That Shaped the Modern Mind*），伦敦：威登菲尔 & 尼克尔森出版社，2000 年。/《20 世纪思想史》（*The Modern Mind: An Intellectual History of the Twentieth Century*），纽约：哈珀柯林斯出版社，2001 年，第 371 页，关于进化合成的概览。参见：恩斯特·梅尔和威廉·B. 普罗威恩（William B. Provine）编，《进化综合论》（*The Evolutionary Synthesis*），马萨诸塞剑桥：哈佛大学出版社，1990 年 /1998 年。

〔84〕 斯科德，如前所引，第224页和第230页。

〔85〕 梅尔，如前所引，第654页。

〔86〕 鲍勒，《进化：思想史》如前所引，第271页。

〔87〕 鲍勒，《反达尔文的革命》，如前所引，第132页。

〔88〕 同上，第135页。

〔89〕 同上。

〔90〕 刘易斯·摩尔根，《古代社会》(*Ancient Society*)，伦敦：麦克米伦出版社，1877年。

〔91〕 然而，整个的争论过程都被染上了浓重的种族主义色彩。比如说，一门新的头盖测量学学科开始出现，主要研究内容就是将不同种族的头盖大小拿来比较。该学科的两位主要代表人物就是美国的S.G.默顿以及法国的保罗·布罗卡，他们都认为那些“落后的”种族头盖骨都异常狭小，而且认为这就可以用来解释为什么他们会在人类文明发展史上处于原始的位置。

〔92〕 鲍勒，《反达尔文的革命》，如前所引，第144页。

〔93〕 同上，第145页。

〔94〕 同上。

〔95〕 参见布鲁克，如前所引，第147页关于迪布瓦（Dubois）之旅的背景。

〔96〕 鲍勒，《反达尔文的革命》，如前所引，第174页。

〔97〕 同上，第175页。

第四章

人类秩序的新思想：社会科学和统计学的起源

吉约坦和断头台／法国大革命的影响

吉约坦

1738年5月28日，约瑟夫－英格纳茨·吉约坦（Joseph–Ignace Guillotin）出生于法国西部的圣恩特斯(Saintes)小镇，他在家里的十二个孩子中排行第九。颇具反讽的是，吉约坦的母亲是因为偶然目击了一场残忍的公开绞刑而早产生下了吉约坦。或许正由于此，随着约瑟夫－英格纳茨的长大，他经常关注到，法国和其他国家地区一样，由于罪犯的不同身份，死刑的执行方式也存在着巨大的差异。大体看来，贵族成员获得的是一种快速的死亡方式，而在贵族身份等级以下的那些人往往遭受的是备受折磨和异常痛苦的死亡方式。在18世纪的法国，有超过100多次这样的死刑惩罚，这其中最让人惊恐的一次是弗朗索瓦－达米恩斯（François Damiens，1714—1757）的死刑，他生前曾试图用一把匕首刺杀国王路易十五(Louis XV)，并且成功地划伤了国王的手臂。在他的死刑执行过程中，达米恩斯胸脯、胳膊和大腿上的肉被烧红的火钳撕破，他擎着匕首的右手被硫磺烧焦，烧熔的导线和滚烫的热油被浇灌到他那些皮肤已经被撕裂的肉体上，接着他的躯体被四匹朝着不同方向奔跑的马挣裂为四块。死刑执行者都同情这个犯人，用尖利的匕首把达米恩斯关节上的跟腱割断，以使他的身体能够更轻易地被撕裂开。

在法国大革命的时候，约瑟夫－英格纳茨是一个有地位的著名的医生，是巴黎大学医学院的解剖学教授和医生主管。他还是当时国民大会的一名代表，同时也是当时的和平主义者，并且在人道主义情怀的驱使下，于1789年12月向国民大会提出了旨在创造一种新型的和更加人道的刑法典的六项主张，这些主张要求在不同等级的刑事处罚中，平等、不加区分地对待每一个罪犯。新的刑法典的第二章提议：自此之后的死刑，在执行的时候应该采用一种新型和简单的机械装置。在采纳吉约坦医生的提议之前，议会花费了很长一段时间讨论，在争论中，一位记者问道："这项装置是不是应该命名为吉约坦或者是米拉伯（Mirabeau）呢？"这个问题尖刻而浮夸，因为一个新型的装置还没有被设计出来，更不用说去制作出来了。

吉约坦既没有设计也没有制作那个装置，确实，这个装置是以他的名字命名的。设计者是另外一位医生安托万·路易斯（Antoine Louis）（在一个特定阶段，这一计划曾经打算称呼这个新装置为"路易斯装置"），而真正创建了这一死刑装置的人是古登（Guedon，又称为吉登[Guidon]）先生，一位为国家提供绞刑台装置的木匠。这一新型装置在1792年4月17日进行了首次测试（使用了稻草、羊以及一些尸体），当一具脖颈异常粗壮的尸体在三次斩首后都不能获得成功的时候，路易斯医生升高了绞刑台的高度，并且将刀刃的形状从凸起的弧形转变为成45度角的直立型。人们举办了宴会来庆祝"吉约坦之女"的诞生，并且誉之为"争取平等的最著名的工具"。

吉约坦断头台

可以说，吉约坦装置的首次使用是在"愤怒"中完成的，一周之后，也就是1792年4月25日，小偷兼刺客雅克·尼古拉斯·佩莱蒂尔（Jacques Nicholas Pelletier）接受死刑。[1] 数以千计的人们聚集起来观看这一新型装置，但是很多人感到失望——死刑执行过程如此快就结束了。

不论是吉约坦医生还是路易斯医生，都未能预见到这种新型的、经过改进的绞刑装置将会在未来的几年中多么频繁地被使用，或者是它在实现身份平等上究竟能取得多大的效果。1789年的法国大革命之所以被人们牢记，最为关键的是由于黑格尔所说的“耸人听闻的结果”，五年的血腥恐怖活动，私刑和大屠杀，以及喧嚣的持续多年的政治剧变，最终以拿破仑·波拿巴（Napoleon Bonaparte）的独裁统治和发动的20多年的战争为高潮而结束。被送到吉约坦装置行刑的人当中，很多是出于苍白无力的原因，所以，其中很多人的死依然能让人感到震撼：安托万·拉瓦锡（Antoine Lavoisier），化学家，因为他早先是一位税务官而受刑；安德烈·切尼（André Chénier），诗人，因为他的一篇不为某人喜欢的社论而受刑；乔治·丹东（Georges Danton），卡米尔·戴斯芒林斯（Camille Desmoulins），因为遭到罗伯斯庇尔（Robespierre）的抨击而受刑；罗伯斯庇尔本人以及另外的2500人也死于吉约坦装置之下。罗伯斯庇尔的忠实追随者菲利普·勒·布拉斯（Philippe Le Blas）竭尽所能地尽忠，但是即便这样仍然被送往战争广场并且同样被斩首。人们经常提及“癫狂的绞刑台”以及被“绞刑台的拥护者”所鼓舞的“红色大众”。[2]

《法国大革命》，戈雅作

从这种大混乱中能得到什么教训呢？历史学家雅克·巴祖恩（Jacques Barzun）指出，在“自由、平等、博爱”的名义下，很多渴求君主制度、贵族地位和教士臣服的“革命者”，都是一些能说会道的普通人——律师、工匠、地方官员和土地拥有者——他们大多缺少政治经验和管理经验。这些人中即使有不少接受过教育，但有时候依然表现得像个暴徒，这也可以用来解释事情的后果发生残酷逆转的原因。外国人，尤其是英国人，是以一种恐惧的心态看待法国大革命的。[3]

但是，法国大革命产生的影响要比以上所述的内容复杂得多，当然从很多方面来说也是很积极的。很多人严肃看待这些事件，从1789年以后的十年里卢梭（Rousseau）的《社会契约论》(*Social Contract*）平均每四个月就被重新印刷一次，由此可见一斑。[4] 整个成体系的变革建议被提出来，虽然其中的一些没有持续下来，但是大部分得以保留。公立大学和大院校进行了重组，削弱了教堂的权力，皇室图书馆改组为国家图书馆，公立艺术学校被建立起来，在这里，音乐家们能够公费接受专业训练。

测量上的革命

最为不朽和有影响力的发明是米的量度。在旧有的体制里，法国有令人难以置信的超过25万种不同的重量和尺寸度量单位，虽然应用最为广泛的长度单位是“派得”，与国王脚的长度相一致，这也有其他方面的应用——比如说，印刷方面“点”的单位，按照脚长度大小的1/144作为单位。这在战争背景下，或许没有什么是比这更具有煽动性的事情了，即使是在这一例子当中，1789年的事件不过是自1775年开始所讨论事情的沉淀，当时的主管者杜尔哥（Turgot）要求孔多塞（Condorcet）制定一个建立在钟摆1秒摆动基础上的、关于重量和尺度衡量的科学体系的计划。这又回到了伽利略的创意，伽利略认为长度的基本单位应该是钟摆敲响时在1秒钟时间内所摆动的距离（这实际上是特里兰德[Talleyrand]的创意）。但是，关于这一创意还存在很多问题，主要和地球并不是一个完美球形体这一事实有关，因为地球在极点处是扁平的，但是在赤道处却是凸起的。甚至牛顿都已经发现，随着纬度的变化，重力也在发生轻微的变化，并且不遵循始终如一的规律，所以钟摆的摆动比人们想象的要不稳定得多。之后的一个提议将计量单位建立在取自自然界的一些东西之上，法国还成立了一个专门的考察团来选择这种按照地球圆周长度为基础的计量单位，在这个圆周上，每个法国人都可以有自己的标杆。考察团认为一个能够和

孔多塞

可被分为4000万单元的圆周保持一致的衡量尺度，足以保证同法国的“昂”一样的精确度，人们普遍认同的日常的3倍脚的长度。[5] 这种计量方法受到了普遍欢迎，这种欢迎更大程度上反映为以此为基础所建立起来的一整套合理的计量体系：1克的重量是1立方厘米的雨水在达到最大密度的温度（4摄氏度）时在真空中的质量；1法郎是0.1克黄金，可以进一步划分为100生丁。除了十进制的时间表达方法之外，所有的这些都得到了认可。十进制的时间把30天一个月的12个月根据自然来命名（雾月，法国共和历的2月，相当于公历10月22日到11月20日，雾的月份；热月，法兰西共和历的11月，相当于公历7月19日到8月17日，热的月份；风月，风的月份），这很难被人理解。将1天分为10个小时、将1小时分为100分钟的做法也很难让人理解。人们不习惯于5点作为一天正午或者10点作为午夜的创意，这种计量体系被抛弃了。

但是，米制的重要性远远超过它本身。它经历了著名的试验过程或者说是7年的探测过程，让-巴普蒂斯特-约瑟夫·戴勒姆博雷（Jean-Baptiste-Joseph Delambre）和皮埃尔-弗朗索瓦-安德烈·莫琛（Pierre-François-André Méchain,）两个人绘制了从敦刻尔克（Dunkirk）到巴塞罗那（Barcelona）的子午线（其间穿越巴黎），并通过它来确定了地球圆周的精确长度，米制也就在此基础上建立起来。这次探测活动直接导致了1799年第一次国际科学研讨会的召开，协商和探讨戴勒姆博雷和莫琛提供的证据，并且给出最终的长度决议。讽刺的是，这一探测活动也产生了一些错误，由于错误具有重大意义，它们也成为精确统计学产生过程中的一个重要阶段，关于这方面的内容将在本章后面的部分详细论述。[6] 上述两人对于地球圆周长度的估算与现代卫星探测结果有很大区别，在这本书上将会用不少于7页的内容来介绍这些事情。

社会学

但是，1789年事件带来的一些零散性的后果当中，首当其冲的自然是恐怖行动，随后就是理事会（Directorate）和领事馆（Consulate）。对大多数人来说，这只是意味着原有的压制逐渐被一种新型的压制方式所取代。在另一些人看来，结果不过仅仅是强化了这样一种观点，人的真实本质是邪恶和野蛮、报复心强，认为人在世俗和精神领域中追逐最高权威的需要是理所当然的。[7] 还有第三种观点是不同的，这种观点坚持认为革命已经失控，因为在很多人强烈要求把自由摆放在秩序之前的时候，另外的很多人却希望改变这一优先顺序，要求把秩序摆放在自由之前。最大化发挥自由的最佳秩序形式是什么？这是导致社会学思想产生的根本性观点之一。

西耶斯和孔多塞

罗杰·史密斯注意到是法国革命者描述了社会学的变革，而且最先涉入此领域的人是西耶斯(abbé Sieyès)的《什么是第三阶层？》（*What is the Third Estate?*），他们竭力去验证，在法国，与君主、贵族或者教会相对应的平民阶层的精确定义是什么。在西耶斯和他后来的支持者看来，社会科学实际上是观念发展的一个阶段，世俗社会观点的一个进步，因为当时人们关注的是社会构成、社会秩序，而并不诉诸政治集团。[8] 孔多塞——在其他身份之外，他还是社会科学学会的常任秘书长（曾经因为逃避斩决而躲藏于此），继承了西耶斯于1789年建立社会科学学会时的观念，学会的具体目标是运用政治学的社会道德观念进行法国的社会重建。虽然社会科学学会在孔多塞去世后没能存在多久，但是在他被捕入狱的过程中，社会科学的观念一直在持续，而且伴随着1795年公立大学和大院校的改革，政治学的社会道德观念在新型大学中成为一门学科，定名为社会科学。[9]

西耶斯

社会科学在法国的流行根本不是一件值得惊讶的事情。经历了大革命之后，法国民族已经不再由原来的“国民”所组成，而是由新型的“公民”所组成，人们感觉这就意味着需要学习一种共同生活的新方式。这一点变得异常紧迫，因为不管是左翼的公民还是右翼的公民（这些术语最早在1789年以后用来反映法国国民大会［the French Constituent Assembly］的席位设计），都渴望一些新的生活方式。[10]

圣西门和实证哲学

圣西门

假如说西耶斯和孔多塞最早创立了社会科学这术语，那么最早配得上社会科学家头衔的人，起码在法国，就应该是克劳德－亨利·圣西门（Claude–Henri de Saint–Simon，1760—1825）。他曾经在独立战争当中为美国民众而战，因此，他很熟悉在一个新生的共和国中该如何运用启蒙思想，如果运用得当，这些思想将会为国家带来民主、科学和进步，像和他同时代的一批人一样，数学和自然科学的新发展深深吸引了他。这些学科的平稳发展与政治领域的混乱和盲目形成强烈对比，这促使他进入了社会科学的研究领域。科学的这些进步以及随之而来的普遍的乐观主义态度，促使他提出了“实证”这一术语，用来描述人类的一些活动，那些活动让人们最终不再相信任何形而上学的解释。圣西门认为伴随着法国大革命，尤其是假如生理学能够保持它当时的发展势头继续向前，人类科学将会变得越来越充满活力。他坚信在“诸如气候、健康、饮食和劳动等社会生活的具体环境”当中，必然存在着固定的规范和模式。他坚信在生活中必然存在着与政治（或者神学之类）无关的机制。对于圣西门来说，医药学，尤其是生理学，是社会机制运作的一个比较理想的隐喻模型。他开始探究在社会管理过程中是否存在着尚未被人们发现的规范，就像在一段时期内，血液循环的规律一直是个令人不解的谜团一样。[11]

英国的工业城市

但是，如果社会科学作为一种新型的思考方式和人类秩序的新型理论而最早在法国出现的话，那么，随着工业化的快速发展，尤其是在英格兰出现的大规模的从农村向城市的移民活动，社会科学这一新方法便成了显而易见的实际需求。在1801年到1851年之间，英格兰和威尔士的人口数量大约增长了一倍，从1050万增长到2080万，但是城市人口增长的速度大大超出这一比率。伯明翰的人口数量从7.1万增长到23.3万，增长达328%，格拉斯哥的人口数量从8.4万一跃增长为32.9万，增长达392%，曼彻斯特/索尔福德的人口数量从9.5万增长到40.1万，增幅达到了惊人的422%。[12]人口的迅猛增长不可避免地带来了严重的后果，这其中最为严重的就是恶劣的居住条件、过度拥挤的工厂、不道德且残忍地使用童工、原始和匮乏的医疗卫生设施以及随之而来的各种疾病。即使不能用百万来计算，数十万的工人居住在局促和拥挤的住房中，居住在被锅炉冒出的煤灰和浓烟弄得丑陋不堪的连最基本的设施都不具备的建筑物中。居住环境如此恶劣，以致在伯明翰和斯托克之间的整个区域，因其“黑区”（the Black Country）的绰号而远近闻名。[13]

黑区

童工和疾病

约翰·马克斯（John Marks）收集了很多关于童工和疾病恐怖事件的报道。“相当一部分贫困孩子在7岁的时候就被送到雇主那儿，每天要工作超过12个小时，连星期六也不例外，他们生活在工头的监督之下，经常要遭受工头皮鞭的抽打，有些儿童甚至一天要工作14或者15个小时，一周工作6天，连吃饭的时间有时都要因为擦洗机器而被挤占……这是1831年到1832年提交给政府工厂童工委员会（Committee on Factory Children’s Labour）的一部分证词：‘在凛冽的清晨，这些女孩什么时间就得去工厂呢？’‘在凛冽的清晨，大约要有6个星期，他们必须在凌晨3点出发，一直工作到夜里10点，有时候要拖延到10点半。’‘在这19个小时的劳动过程中，允许他们有几次休息和吃饭的时间呢？’‘早饭，15分钟，晚饭，半个小时，喝水，15分钟。’‘这些时间当中是否还会被擦洗机器的时间所占用呢？’‘他们一般还要去做他们称之为

'基调'[dry down]的事情；这件事情有时要挤占整个早饭或者喝水的时间，而且他们要尽自己最快的速度来吃晚饭或者早饭；如果时间不允许，他们只能将饭带回家里去吃。'"[14] 从1819年开始，通过了议会法案（Acts of Parliament）限制这种过度的压榨，但是这些法案远远不够，情况依然惨不忍睹。

在这一体系下，儿童们经常累得筋疲力尽，因此，早上不得不被人叫醒，很多儿童还必须依靠成年工头的帮助才能穿好衣服。"在一些煤矿里，生存条件更加恶劣——很多儿童在他们4岁的时候就被工头带走，去从事开关通风闸门的工作，他们必须在小旮旯里蹲坐数个小时从事压碎煤块的工作，按照一位委员会成员的话说，他们的工作'就是在最坏的环境当中做着最为孤独的工作'。"[15] 不出所料，这种安排带来的儿童死亡率的上升是发人警醒的，很多儿童在工作过程中因为过度劳累而睡着，不小心就被卷入到机器当中。这起码还是比较迅速的死亡方式。更为残忍的是，工厂肮脏的医疗环境还会导致很多疾病的产生，尤其是肺结核、霍乱和伤寒的综合症。

孔德

狄更斯和其他作家们还因此创作了他们所谓的"工业小说"，罗伯特·欧文（Robert Owen）和其他竞选者致力于呼吁法律的变更，但是认为工业化作为一个主题需要进行系统研究的第一人却是法国人奥古斯特·孔德（Auguste Comte，1798—1857）。值得一提的是，孔德有一双不正常的短腿，在一个全由女人组成的家庭里长大，这似乎给他带来了相当深远的影响：他总是和女人纠缠不清而且老是对比他处境差的人感兴趣。[16] 作为一个城市仆人的儿子，他通过自己的努力进入了巴黎理工学校，众所周知，这所学校以科学和工程学的课程而闻名，孔德致力于研究法国人和工业化变革。在巴黎理工学校，孔德确立了他终生的研究目标，即把物理科学的方法运用于社会学。[17] 孔德用最基本的判断认识到他所处的社会正在发生变革：他所谓的"神学"和"军事学"的价值正在被"科学的"和"工业化的"价值所取代。他认为，在这样一个社会里，工业家取代了勇士，科学家取代了牧师。社会科学家们"掌控了人类社会的和谐，实质上是在新的社会秩序中执行了高层牧师的角色"。[18]

在1817年至1824年，也就是从巴黎理工学校毕业之后，孔德一直担任圣

孔德

西门的秘书。在他们因为意见不和而闹翻之后（孔德认为圣西门在他公开发表的论文中没有给他足够的荣誉），孔德独自离开。孔德是阶段论的忠实信徒，在他的著作《实证哲学》（*Cours de Philosophie Positive*[*Course of Positive Philosophy*]）中，他认为人文科学和自然科学都经历了三个阶段。[19]第一个阶段即神学阶段，人们用神学解释一切现象；第二个阶段是形而上学阶段，人们将一切都归因于抽象的力量或形式；第三个阶段，他称为实证阶段，在这个阶段，科学“放弃了对终极原因的探索”，而是“在可以观察到的现象中”寻求规律性和可预言的次序。他相信，人类在主要科学领域的研究已经取得了系统性的发展：物理学在17世纪的成就，生命科学在18世纪以及他所处的19世纪早期的成就。孔德认为，从现在开始，科学，尤其是生命科学，应该成为文明化进程的核心。[20]在他看来，生命科学被称为“有机物理”，并分为生理学和后来被称为社会学的社会物理学两部分，社会学是孔德发明的新名词。孔德认为，社会物理学实质上是从生理学中分化出来的，“它有它自己的主旨，即不能转变为其他学科规律的关于社会世界的规律”。[21]孔德明确而慎重地试图用社会学来代替政治哲学，以此作为社会和谐的基础甚至是道德的基础，这个基础不偏袒任何党派，他认为这是“不可避免的”。他认为社会现象就像其他现象一样，有自己永恒的自然规律。但他对两种社会形式加以区分：一种是“静态”社会，控制着社会的结构，产生秩序和道德。一种是“动态”社会，控制着社会变化发展的规律。[22]

但是不久之后，孔德陷入了严重的困惑之中。他对于社会秩序的困惑，与他对于有组织的宗教（更不用说热烈的爱情了）的轻蔑观点结合起来，这些引导他尝试建立他自己的社会秩序形式，在这种新宗教里，其目的就是“让人们生活在爱中，这种爱是建立在实证知识基础上的”。孔德热衷于宗教仪式，他认为这种仪式有助于促成社会和谐，但是，以他的名义建立的慈善机构中，却很少有这种“实证”的存在。事实上，最重要的是，这些仪式类似于天主教的礼拜仪式，只不过他们崇拜的对象是对人类的爱。[23]因此，孔德的创造性精神发生了偏离和消解。这阻碍了他的社会物理学体系的成熟，并且这一体系最终因为两点重要的原因而坍塌，在他的体系中没有为心理学和个体动机留下丝毫的余地。并且，他受困于社会秩序以及实现这一秩序的方式是如此之深，以致他忽视了社会冲突的作用以及权力的残酷现实。这些缺陷留给了马克思去填补。[24]

赫伯特·斯宾塞

孔德有一个英国同行叫赫伯特·斯宾塞（Herbert Spencer，1820—1903），斯宾塞就像法国人一样，深受自然科学和工程学的影响。从斯宾塞的情况来看，他在英国中部铁路沿线的一个小镇德比（Derby）长大，斯宾塞的第一份职业就是为铁路公司工作。他受到自然科学和工程学的影响，与此有很大关联。但是，他和孔德有一个最根本的区别：孔德的最终目的是用社会学来影响政府政治，而在斯宾塞看来，社会学所表达的政府“应该尽可能地少干预公众事务”这样的观点，令他深感忧虑。斯宾塞是亚当·斯密和查尔斯·达尔文的崇拜者并接受了他们的观点来构想社会，他认为社会好比一个工厂，变得日益复杂，因而既需要机构的区别，又需要分工的专门化。他说，这是必需的，因为在达尔文的观点中，这样的结构能使社会具有更强的适应性。斯宾塞坚持认为变革发生在社会的每一个阶层，结果就是“适者生存”（这个词语是他所创造，虽然他仅仅是部分地吸收了物竞天择论），他认为这个过程将淘汰适应性较差的人，众所周知，这就是社会进化论的社会进化方式。[25]

斯宾塞

斯宾塞比孔德更加受欢迎，特别是在大不列颠王国和美国，在这两个国家，他的《社会学研究》（*The Study of Sociology*，1873）既作为精装书出版，又在出版社的系列丛书中出版。斯宾塞受到了广泛的追捧，原因之一就在于，维多利亚时期的中产阶级们从他那里听到了想听到的内容：个人的道德修养是变革的动因，因此，社会学支持“自由主义”经济学的思想，以及政府应最低限度地干预工业、健康和福利的思想。

★ ★ ★

马克思

在19世纪的学科发展中，德国社会学家们的研究赶上并超过了他们在法国和英国的同行们。在"冷战"时期，伴随着斯大林主义的恐怖和许多东欧国家的严峻形势，卡尔·马克思（Karl Marx，1818—1883）的名字背负了许多的压力。然而，在很多人看来，马克思一直被认为既是政治理论家，又是社会学家。他的社会学观点紧紧围绕着他所谓的异化和意识形态两个概念展开。[26] 异化的概念指的是人们的生活和自我形象被他们工作的物质条件所决定以及经常被破坏的程度。马克思说："那些在工厂里做工的人们，已经沦为了工厂工人。"由此马克思认为，他们终会感受到他们无力控制自己的生活，并且经常不得不去做那些远低于他们能力的工作。马克思用"意识形态"来指占统治地位的世界观，不知不觉地在社会中反映出来。举个例子来说，"意识形态"促使人们相信，我们对事物所处的状况束手无策、一筹莫展，是因为任何情况都是"自然而然"的。马克思的其他社会学观点围绕着社会的"经济基础"和"上层建筑"展开。在他看来，生产条件构成了社会的经济基础和根本现实，而社会制度——比如法律、行政事务，或者宗教——构成了社会的上层建筑。对马克思而言，人类最根本的科学是经济学，而不是心理学，而且，在阐述这一理论时，他也创造了一种看待人类事务的新方式，所谓"人类事务"指的就是信念、知识或者社会制度与权力操纵之间的关系。"尽管启蒙主义作家和19世纪的自由主义者都从主张人性展开他们的思考，但是，马克思反其道而行之，他试图通过历史学和经济学因素来解释人性。"[27]

直到19世纪末，马克思的观点还没有真正为西欧所接受，哈罗德·珀金斯（Harold Perkins）曾经说在19世纪80年代之前，英国几乎没有人知道马克思主义，这一状况现在看起来让人惊讶，但刚开始时就是这样。首先，在俄国，人们对马克思表现出了极大的兴趣，那时俄国是一个政治和社会发展都非常缓慢的国家，俄国人开始思考在这样一个落后的国家能否实现短时期的跨越式发展，或者是否需要经历不同的改革、革命和复兴，就像西方刚刚经历的一样。不久，马克思的思想也引起了西方世界的关注，而恰在此时，俄国爆发了暴力革命，并且，马克思的思想似乎是获得了官方的认可。

★ ★ ★

另一些促进了社会学学科的形成并且影响了整个20世纪的德国社会学家包括马克斯·韦伯（Max Weber）、费迪南德·托尼斯（Ferdinand Tönnies）和格奥尔格·齐美尔（Georg Simmel）。像马克思一样，韦伯的理论主要是侧重经济学领域的，但是他仍旧把自己的理论归功于对于孔德的借鉴，他也是最先称自己是社会学家的德国人。（这里涉及社会的概念，实际上在19世纪末期以前，“社会”还不是一个普遍性的称呼。人们会提及“政治社会”、“野蛮社会”等，但是不会提及更加抽象化的概念。[28]）

德国社会学家关注的主要思想是“现代性”，即现代生活与过去生活在社会、政治、心理、经济以及道德感等层次上的具体差异。这一广受关注的思想在德国表现得更为明显，因为德国在1871年1月1日正式获得了统一。马克斯·韦伯的所有工作都旨在证实是什么使得现代的西方文明如此与众不同，但是，正如罗杰·史密斯所描述的那样，所有早期的社会学家都对现代性产生的原因有着浓厚的兴趣。这是史密斯记录下来的一张表格：

赫伯特·斯宾塞：现代性意味着由好战的（军事）社会向工业社会的转变。

卡尔·马克思：这一变革是从封建主义向资本主义的转变。

亨利·梅恩：（Henry Maine，英国社会学家/人类学家，他的最主要贡献是《原始法律》[*Ancient Law*]，采用了一种进化论的方法）：认为社会变革是从身份制向契约制的转变。

马克斯·韦伯：由传统权威向理性—法制权威的转变。

费迪南德·托尼斯：由礼俗社会（共同体）向法理社会（现代社会）的转变。[29]

韦伯

韦伯认为社会科学应当得到发展，通过精确地分析和澄清究竟什么是“必然发生的现代化的社会和经济环境”的方式，来帮助刚刚获得统一的德国。在

马克斯·韦伯

各种各样的学者圈中，他都是其中之一，但主要是经济史学家。1872年，他成立了一个社会政策学会（Verein für Sozialpolitik，英文为Society for Social Policy），这个学会的目标就在于研究社会环境和工业化之间的关联。[30]如他们所见，该学会的成员认为德国正面临着一个进退两难的选择。他们普遍认为，在他们生活和工作着的德意志第二帝国（the Second Reich），除了接受工业化之外，别无选择，但同时，他们也意识到经济发展不能让所有人平等受益。因此，他们建议政府应该根据这种现实，制定相应政策，比如说国民保险制度，以降低工人阶层的贫困程度。[31]

在社会学领域中，韦伯是一个博学者。他首先撰写了经济学史，接着就作了一个关于19世纪80年代普鲁士经济大萧条状况的调查，在转向历史学的另一个不同领域的调查之前，以色列、印度和中国的原始宗教都为他研究现代西方的经济发展提供了一个比较视角。[32]这增加了他的著作《新教伦理和资本主义精神》（*The Protestant Ethic and the Spirit of Capitalism*）的权威性，这本书于1904年出版，是他所有著作中最为人熟知的。在这本著作里，他力图解释"资本主义作为现代社会中至关重要的经济发展模式，首先是由新教徒实施的一种实践，即使是在天主教的国家也不例外"。[33]而且，这些新教徒们并不一定关注财富的创造，同样的，尽管钱可以买到奢侈品，但是，更为重要的是，工作作为一种履行道德义务的形式，作为一种职业，它同时也是一个人对上帝履行应尽义务的最好方式。事实上，如同天主教徒的最高理想是通过逃离世事和内省的方式（像僧侣一样归隐）来净化灵魂，而对于新教徒们来说，相反的方面才是正确的：只有在帮助他人的过程中才能获得圆满。[34]

虽然韦伯是一个充满激情的政治学家，但是对于社会学他也像孔德一样，热衷于提出社会"价值中立事实"——也就是说，这些事实是不涉及从事这一研究的科学家的个人价值或者集体价值的。同时，韦伯竭力指出：科学不能提供价值或者告诉我们怎样生活，它只能提供新的事实来帮助我们决定如何生活。韦伯认为现代社会学的显著作用是它带来了觉醒。他说，这是一个"连上帝都没有也不可能有一个归宿”的社会。[35] 对于韦伯来说，现代性意味着合理性，各种事务机构建立在效率、秩序和物质满足的三位一体基础之上。照他看来，这要通过日益控制人与人之间关系的法律、商业、官僚政治机构来实现。韦伯也看到，问题在于，存在着自由和其他利益的商业化和工业化社会，给我们的生活带来了觉醒，也消解了人类任何“精神上的目的和追求”。[36] 他没有想到有什么方法可以解决这个问题，觉醒存在着并时刻伴随着人类。

韦伯的最终观点是建立新的人文科学，社会学就是其中之一，它在根本上区别于自然科学。我们可以根据因果法则的运用来解释自然界所发生的事情，但是，人类行为“有其固有的意义”，而且毫无疑问是需要用一种本质上独一无二的方法来加以“解释”和“理解”的。[37] 在现代社会，韦伯主义的二分法仍然中肯而具有活力。

托尼斯

尽管没有二分法这么有影响力，但是在当时，费迪南德·托尼斯（1855—1936）划分社会区别的观点也很重要。1887年，托尼斯形象地描述前现代社会是建立在礼俗社会（共同体，community）的基础之上，而他所说的现代社会则是建立在法理社会（社会，association）的基础之上。传统意义上的共同体自然有机地存在和发展，建立在每个共同体成员具有的共同的“宗教”价值观基础之上，这些价值观绝大多数是不成问题的。而另一方面，现代世界范围中的社会却以理性和科学的准绳来规范，依靠官僚机构来维系和发展。按照托尼斯所说，现代社会难以避免地会出现一些虚伪和专断之处，无法保证共同合作的人们达成属于自己的一致的价值观。这些观点和看法经常在一些现代性的作品中得到体现。

费迪南德·托尼斯

齐美尔

齐美尔

19世纪德国的第四位重要的社会学家是格奥尔格·齐美尔，他在1903年发表了文章《都市和人的精神生活》(The metropolis and mental life)。他解释说："情感生活的激烈化是都市个性确立的心理基础，而情感生活的激烈化则是由于外在和内在刺激快速而连续地转化而导致的。"[38] 齐美尔指导过卡尔·曼海姆(Karl Mannheim)和格奥尔格·卢卡奇（Georg Lukács）两个人，他认为19世纪的大多数新型城市（大都市，不包含一些中型的大学城市）都提供了一种新型的空间，对于人们的交感产生重要的暗示作用，"这个空间既是令人兴奋的又是彼此疏远的……由于客体文化的过度膨胀，导致了主体个性文化的萎缩……"[39] 如果第一个短句中所描绘的城市如同印象派画家极力想描绘的那样，那么这就可以用来解释为什么齐美尔在柏林经常被称做"哲学界的莫奈"。齐美尔其他有影响力的观点还包括对客体文化和主体文化的区分。齐美尔认为的客体文化也就是我们通常所说的"良好修养"，即马修·阿诺德（Matthew Arnold）描述的那种经过思考、写作、构建和描绘出来的最好的文化。这种文化形式之所以是客观的，是因为它属于"向那边"（out there）类型的文化，有具体的存在形式，就是每个人都可以看、听或者阅读，而且，齐美尔认为人们如何与这一评判标准发生关联是界定一种社会或者文明的最好的方式。而与此相反，齐美尔认为在主体文化中，个体注重于"自我满足和自我实现"，与那种"向那边"类型的文化没有任何关联，而是通过他或她自身的资源来实现。在主体文化之中根本不存在或者只存在少许可以分享的东西。齐美尔认为主体文化的一个经典范例就是商业文化；每个人都关注自己的利益。也就是说，每个人都或多或少地满足于自己的所得，而没有意识到集体利益的不满足状态，表现出一种疏离感。1894年，齐美尔成为教授明确地被称为社会学的课程的第一人。[40]

涂尔干

齐美尔再一次带我们回到了法国，因为在那里有他的对手埃米尔·涂尔干(Émile Durkheim，1858—1917)。作为一个来自洛林（Lorraine）的犹太学教拉比的儿子，既是一个犹太人又是一个外省人，涂尔干是双重的边缘人，这或者让他的眼光更加犀利。在1789年之后，法国又经历了多次的政局动荡——如1848年革命，1870—1871年的普法战争和对巴黎的围困——这些动乱都导致了涂尔干对社会稳定状况的持久兴趣，什么导致了社会稳定，又是什么破坏了社会稳定，以及哪些因素能够给动乱中的个体带来使命感，让他们保持诚实和乐观的品格。[41]

从职业意义上说，涂尔干是法国随之而来的一系列教育改革的受益者。伴随着巴黎围困和巴黎公社起义，法国共和党人和天主教的君主主义者展开了关于控制权尤其是教育控制权的争斗，以共和党人取得最终的胜利而告终。在他们的教育改革措施中，大学教育改革首当其冲，他们倡导依照德国模式建立科学研究院。涂尔干都赶上了这些改革的潮流：到1887年，他已经供职于波尔多大学（Bordeaux University），并开设了一门叫做“社会科学”的新课程。[42]也正基于此，当官方像对待其他大学一样开始重建波尔多大学的时候，涂尔干迅速取得了一个优先的位置并且开创了（至少在法国来说）一门全新的社会学学科。感觉到属于自己的机会来临了，涂尔干迅速行动，编著了一部本学科的教材，出版了两本视角更精细、更引发争议的著作，即《社会分工论》（*The Division of Labour in Society*，1893）和《自杀学》（*Suicide*，1897）。一年之后，他又创立了一本杂志——《社会知识》（*L'année sociologique*）。在1902年，他被推选进入了索邦神学院（Sorbonne，巴黎大学的前身）。

自杀／大混乱

《自杀学》一书是涂尔干最为知名的作品。如罗杰·史密斯所言，从表面上看来，这本书好像和社会学的主题毫不相干。[43]除了隐秘化、私人化和主观化之外，它一无是处（纪德[Gide]后来就曾指出自杀在原则上是无法解释清楚的）。但这却正是涂尔干的观点：试图解释心理学存在着社会学的维度。举个例子来说，在这本书的第一部分里，他运用统计学的观点来揭示自杀数量的变化，这与一个人是新教徒还是天主教徒有关，与一个人是居住在乡村还是居住在城市有关。这些观点在以前从来没有人提出过，所以，当时的人们都被涂尔干的这些发现所震惊。但是，涂尔干自己并不满足于这些明显的数量上的变化。他同时认为一些不太明显的社会特征也同样重要，并且将自杀现象划分为利己主义自杀、利他主义自杀、社会反常的自杀、宿命性自杀四种。他将“利己主义”描述为“社会试图成为个体情感的中心但却惨遭失败的一种衡量尺度”。[44] 在存在这些失败的社会里，相当大比例的人们的生活是无目标的、“不完整的”。他所定义的“社会反常”衡量的是一种缺乏社会规范的社会，这种社会里的人们过着一种无规律的生活，受到大量副作用比如高犯罪率危害的困扰。因此，涂尔干论证说存在着社会这样的环境，必然也就存在着相当多的社会现象，如利己主义、社会混乱，从某种意义上说，这些现象的存在完全超出了个人的范畴，而且不能简单地归结为生物学或者心理学学科。[45]

★　★　★

社会化的医药学

涂尔干用社会学的方法研究人类行为所取得的又一大成就，就是他为社会化的医药学，也就是我们现在所称呼的流行病学，提供了理论分析的基础。当然，涂尔干并不是进入这一研究领域的唯一的人——在18世纪的德国、奥地利以及瑞典，有很多学者开始为这个研究目标收集大量的数据。但是，社会化的医药学，也就是流行病学，也同样在一些工业化程度比较高的大都市产生，在人们应付当时泛滥成灾的社会问题和试验中产生，而不是仅仅局限于卫生学领域。最早的一个例子出现在英国，最早在此领域取得显著成就并为其他学者起到示范和借鉴作用的学者是约翰·斯诺爵士（Sir John Snow），他运用统计学／社会学的研究方法来分析当时流行的霍乱疫情。在1854年，伦敦爆发了一场空前严重的霍乱疫情，在不到十天的时间里，死亡人数就超过了500人。在根据已故患者和受感染患者的名单进行的资料分析中，斯诺注意到：大多数的霍乱病例都发生在布罗德大街（Broad Street）的临近地区。“在对已故患者的家庭成员进行采访的基础上，斯诺筛选出了一个共同的因素，那就是布罗德大街的水井，每一个病例中的受害者都曾经喝过那口水井中的水。同在布罗德大街区域的调查一样，对当地工厂的调查也同样提供了确凿的证据，只有极少数的工人感染上了霍乱，而且这些感染者病例中，绝大多数患者是在进入工厂之前就已经感染上了霍乱。斯诺分析并且建议工厂的人用一个独立的水井饮水……斯诺的认真调查最终证实了霍乱疫情的原因在于布罗德大街水井中的水不够纯净，斯诺请求官方当局尽快取缔这一处水井。”这一举动终结了霍乱疫情。虽然这一做法并没有带来立竿见影的效果，但是这一段小插曲也足以成为一段传奇。使斯诺的调查更加不同寻常的原因在于，直到他的调查过去了28年之后，罗伯特·科赫（Robert Koch）才发现了霍乱菌。[46]

流行病学与统计学

路易斯·帕斯特尔

疾病的病菌理论一直到了19世纪80年代才被彻底揭示出来。也就在这同一时期，斯诺形成了他的理论，匈牙利人伊格纳兹·塞麦尔维斯（Ignaz Semmelweis）发现了外科医生在接生时勤洗手可以减少产褥热。1865年，约瑟夫·李斯特（Joseph Lister）在此基础上更进一步，他提倡在外科手术过程中可以将碳酸（石碳酸）运用到病人的伤口上。但是，一直到了路易斯·帕斯特尔（Louis Pasteur），才注意到弱化的病菌可以用来提供对这些由它们所致的疾病的免疫力，接种疫苗的创意开始形成并且很快被应用到一些迅速扩散的传染性疾病当中，这些疾病一般在大城市中扩散：诸如肺结核、伤寒、霍乱。[47]

城市化与人口普查

城市化问题的加剧也促使英国从1851年开始建立一种十年一度的人口普查。人口普查的目标是：为现代化英国的社会化尺度提供一种看似简单但却是经验性的依据。同样，人口普查也刺激了第一次系统化地尝试来评估贫困化程度和住房问题。罗杰·史密斯就说过，人口普查“转变了整个国家的政治自觉和道德自觉”。[48]

人口普查反映出了人们对于统计学兴趣的增长。英国科学促进会（本身是一个新机构，建立于1831年）同年即成立了专门的统计调查部门。曼彻斯特统计学会也于两年之后建立，随后一年，伦敦统计学会也建立起来。直至今天，人们都这样理解，收集关于病态状况的数据，也就是说，或者关于犯罪或精神错乱的影响范围，或者关于社会营养状况的事实，这些数据将会为政府某些部门制定社会政策以及大学里的社会科学研究提供经验性的依据。那时，突然之间，人们可以获得大量的数据，用来描述伦敦或者其他什么地方的生活状况，或者说大约看起来是这样。这些大量的详细的数据催生了更为复杂化的统计分析的产生，而不再仅仅停留在清点数据的工作上。统计方法的两种类型之一关注于生活某一特定方面的统计分析的分布状态，而后一种类型则看到了统计分析之间的相关性。除了具有辅助社会政策制定的功能外，这些统计技术还有两个更为深远的影响。它们展示了如此不同的社会现象是怎样被联系到一起的，并且催生一些更为新鲜的话题，而且，它们还揭示了在一定程度上这些相关性永远达不到完美融合。由于这些统计分析在不断变化（与此同时，分布状况也在变化），问题主要聚焦到世界的不确定性上，这成为当务之急的问题，在20世纪的学科里，这一问题显得尤为突出，即使在物理学等自然科学学科里也不例外。[49]

凯特勒／拉普拉斯／勒让德

更加正式的统计学调查是从比利时天文学家L．A．J．凯特勒（L.–A.–J．Quetelet，1796—1874）开始的。他于1823年前往巴黎学习天文学，在那里他接触到了或然率的理论，这一理论由天文学家皮埃尔－西门·拉普拉斯（Pierre–Simon Laplace）在70岁时创建（他于1827年去世）。在这里，我们要重新提到戴勒姆博雷和莫琛两人的研究，他们两个人发展了米制的精确计量标准。肯·阿尔德（Ken Alder）在他关于这次研究的书中指出，上述两个人在他们各自的工作方式上存在着极大的不同。戴勒姆博雷把他的每一处发现都用钢笔记录下来，记在标注了页码顺序的笔记本上：他的每一处错误都可以被所有的人发现。而莫琛却恰恰相反，他习惯于用一些单页的纸张，经常就是小纸片，用铅笔在上边草草地书写，这些很容易褪色或者擦掉或者丢失。不管这些不同的方式是否有所预示，当他们两个人交换意见时，戴勒姆博雷无疑都会认为他的同行莫琛捏造了大量数据来与自己的预想保持一致。他们之间的这些“分歧”产生的另一个重要原因就是：事实上，地球的形状比莫琛所认为的要不规则得多，这也就意味着子午线的长度会发生轻微的变化，在某一特定的点上，重力也会相应地发生轻微的改变，因而也就影响到他们当时正在使用的铅垂线。但是，莫琛认为他早就获得了这一异常的结果，因为他误算了在三角测量试验中得到的恒星的读数。而现在，不管是在天文学领域还是在数学领域，确定恒星的精确位置几乎已经成为一个经典问题。表面上看来，决定恒星的精确位置（以及它的视动）似乎很简单，但是实际上一点也不简单。在米制计量方式产生之前，人们普遍认同的是，即使运用最为先进的望远镜，距离遥远的恒星的精确位置也很难得以确定。这些观测也带来了一系列的后果。首先，这些观测所获得的算术平均数被当做是“真正”的答案。那么，就会出现这种情况：人们在他们的读数中出现系统性差异，因此成组成组的研究者都致力于来消除这种偏见。但是，很多数学家对此仍不满意：他们感觉到接近平均数的观测数据应该比远离平均数的观测数据更加具有效力和影响力。这引起了两项重要的发展。首先，为了达到这一目的，数学家阿德里安－马里·勒让德（Adrien-Marie Legendre）创建了一种最小二乘方的方法。运用这种方法，任何一组观测数据的最佳匹配都可以被找到，“这就可以使每个数据点偏离曲线的误差值平方最小化”。[50] 从我们的观点来看，至关重要的一点是勒让德创建了他的理论，并且解决了戴勒姆博雷和莫琛在数据上产生的问题。

高斯

高斯／皮尔森／平均人

拉普拉斯、凯特勒以及勒让德开创的这项工作在卡尔·弗里德里希·高斯（Karl Friedrich Gauss，1777—1855）这里得到继承，他促成了

英国费边社标志

这一理论的第二次飞跃。实际上，这一天文学技术已经表明，当由不同的天文学家作出的观测报告绘制在同一张图表上时，就会发现，用正式的术语说，它们是“规律分布”的。人们还发现，这种规律分布同样适用于其他很多现象，因此，这一术语变为“标准分布”（以平均数为中心）。19世纪90年代，这一观点在英国数学家卡尔·皮尔森（Karl Pearson，1857—1936）这里得到了进一步提炼，他率先提出了“常规分布曲线”这一专业术语，这也就是后来有名的响铃曲线。这或许也正是所有观点中最有影响的观点，起码在当时看来是这样，因为凯特勒运用响铃曲线提出了他所谓的平均人（*l'homme moyen*）概念。[51] 也正是这一概念引发了大多数人的想象力，并且这一概念在不久之后就被诸如作家、商人以及制造商们广泛使用。但是除此之外，这一发现也带来了很多问题，这些问题看起来提出了很多关于人性的根本性论题。那么，平均人的概念是否是理想化的？或者说这个概念是很庸俗的？处在这种分布方式边缘的人们是否是奇异的或者说是堕落的？平均人的概念是否代表着人类的本质？[52]

人们逐渐意识到在统计学中存在着一些基础性的东西——甚至可以说是神秘性的东西。一般性分布的概念以及平均人的概念都意味着：不管是男性还是女性，他们的行为活动的产生，在某种程度上来说都遵循着大多数群体成员的行为逻辑。举例来说，虽然大多数的个体谋杀事件是难以预测的，但是，犯罪统计学仍然可以解释一种普遍性的规律，抑或说是一种稳定性规律，就是在一年又一年的变化过程中，可以预测出全年基本上有多少谋杀事件发生以及大体上会在哪些地方出现。涂尔干在自杀学的研究中也探讨过同样的话题。但是，这又如何来解释现代生活的复杂性呢？难道这些多种多样的表现形式应该被隐藏着吗？“因此，统计学看起来日益成为一种方式，社会事实的研究可以借助于这种方式变得如同物理学等自然科学研究的事实一样，更加客观和更加精确化，而且，社会科学可以借助这一方式，变得像物理学一样，能够揭示一般性的规律和法则。”这些观点也让一部分人看到了成功的希望，他们坚信“社会竞争体系……必须为了基本的社会福利而进行重建”，政府也应参与进来，对由片面工业化带来的破坏，至少可以给予适当的缓冲。[53]这是费边社（Fabian Society）的一个核心观点，它于1883—1884年诞生于伦敦，同时也是伦敦经济与政治科学学会的核心观点，在这里，社会学从1903年起就开始被列入教授课程。[54]

查德威克和“死亡原因”

但是，在13—14世纪，测量方法的发展、精确度的提高以及计量观点的形成，是导致现代化的西方出现的原因之一，也是在维多利亚时代此领域取得的飞跃式的发展。这一领域的最终影响产生于埃德文·查德威克（Edwin Chadwick），他坚持认为“死亡原因”这一特殊问题，必须包含在政府调查的范畴之内。[55]查德威克是两项皇室议案的研究员和“探求真相专员”（这两项议案分别涉及《济贫法》[Poor Law]以及劳动者的卫生状况）。而且，多亏了查德威克，维多利亚时代对于计量的狂热才算是有了统一的标准（为济贫法律委员会收集的统计数据就达15卷之多）。查德威克统计出的最骇人听闻的数据是，通过对7.7万名乞丐的调查研究发现，至少有1.4万人是由于感冒发烧而导致贫困。[56]这一相关性的结论，印证了一个从来没有人设想过的以前就存在的问题，甚至某种程度上说至今仍然伴随着我们。查德威克确证了这种关联性，并且公布了很多骇人的数据，诸如在工业化城市里日益增长的死亡率，在过去的十年里已经增长了一倍，他还指出，在贫困区域，基本上是平均120人，没错，是120人，“通常拥有平均不到一个厕所”。[57]

这些数据激怒了维多利亚时代中产阶层群体中的许多人，在现代化政治的发展过程中也起到了重要的作用（比如，成立了工党）。同时，维多利亚时代的另外一些人认为，鼓励计量是一种控制方式。历史学家G.M.杨（G.M. Young）撰文指出：“列车时刻表的设置，对规范旅客行为普遍具有相当重要的意义。”[58]但是，在一个大众社会里，统计学是必须的，而且，事实证明，统计学远不止是一种控制方式，对大多数人来说，它是一种获取自由的方式。对维多利亚时代的人们来说，统计学是令人振奋的，从哲学意义上说，统计学向人们揭示了公共生活中的诸多确定性和不确定性，而且在实践层面上，统计学有助于政府管理新兴的且常常是情势严峻的大都市。在今天，对于大多数人来说，统计学已经变得枯燥乏味，而且丧失了它曾经拥有的令人振奋的光环。尽管如此，在现代社会里，即使不考虑福利社会这一思想，没有统计学的生活也是无法想象的。

注释

〔1〕 D.吉罗德(D. Gerould),《吉约坦装置:它的传说和学问》(*The Guillotine: Its Legend and Lore*),纽约:冲击波(Blast)图书,1992年,第25页。

〔2〕 同上,第33页。

〔3〕 巴尊(Barzun),《从黎明到颓废》,纽约和伦敦:哈珀柯林斯出版社,2002年,第519页。看待法国大革命的其他观点。

〔4〕 同上,第428页。

〔5〕 肯·阿尔德(Ken Alder),《万物度量:改变世界的七年冒险之旅》(*The Measure of All Things: The Seven-Year Odyssey That Transformed the World*),伦敦:小布朗/阿巴库斯出版社,2002/2004年,第96页。

〔6〕 同上,第314—325页。

〔7〕 霍索恩(Hawthorn),《启蒙与失望》(*Enlightenment and Despair*),英格兰剑桥:剑桥大学出版社,1976年,第67页。

〔8〕 罗杰·史密斯,如前所引,第423页。

〔9〕 霍索恩,如前所引,第218页。

〔10〕 罗杰·史密斯,《人文科学的丰塔纳史》,伦敦:丰塔纳出版社,第423—424页。

〔11〕 圣西门认为社会由贵族、工业者、私生子阶层组成,换句话说,他对资产阶级有一种健康型的厌恶。霍索恩,如前所引,第68页。

〔12〕 约翰·马克斯(John Marks),《科学和现代世界的构建》(*Science and the Making of the Modern World*),伦敦:海涅曼出版社,1983年,第196页。

〔13〕 同上,第197页。

〔14〕 同上,第198—199页。

〔15〕 同上。

〔16〕 夏洛特·罗伯茨(Charlotte Roberts)和玛格里特·考克斯(Margaret Cox),《在英国的健康和疾病:从史前史到当代》(*Health and Disease in Britain: From Pre-history to the Present Day*),英格兰:萨顿出版社,2003年,第338—340页。罗伊·波特警告说,虽然我们现在把肺结核等同于肺病,实际上后者往往包括哮喘、粘膜炎等。罗伊(Roy)和桃乐茜·鲍特(Dorothy Porter),《生病和安康:1650—1680年英国经历》(*In Sickness and in Health: The British Experience, 1650-1850*),伦敦:Fourth Estate出版社,1988年,第146页。

〔17〕 罗杰·史密斯,如前所引,第427页。布尔斯汀(Boorstin),《探索者:人类为

了解世界而不断追索的故事》(*The Seekers*)，纽约和伦敦：古典书局，1999年，第222页。

〔18〕 罗杰·史密斯，如前所引，第201页。

〔19〕 玛丽·皮克林(Mary Pickering)，《奥古斯特·孔德：知识分子传记》(*Auguste Comte: An Intellectual Biography*)，英格兰剑桥：剑桥大学出版社，1993年，第192页。关于与圣西门的决裂。

〔20〕 罗杰·史密斯，如前所引，第429页。

〔21〕 同上，第430页。

〔22〕 皮克林，如前所引，第612—613页和第615页。

〔23〕 罗杰·史密斯，如前所引，第431页。

〔24〕 孔德的成就得到了很高的评价，他在晚年获得这样的评价："广泛宗教的创立者，人类科学的伟大牧师。"

〔25〕 见"斯宾塞风尚"('The Vogue for Spencer')，理查德·霍夫施塔特(Richard Hofstadter)，《美国思想中的社会进化论》(*Social Darwinism in American Thought*)，波士顿：灯塔出版社，1944/1992年，第31页。

〔26〕 罗杰·史密斯，如前所引，第438页。

〔27〕 同上，第446页。

〔28〕 L. A. 考兹(L. A. Coser)，《社会学思想大师：历史和社会学环境中的思想》(*Masters in Sociological Thought: Ideas in Historical and Sociological Context*)，纽约：哈考特·布雷斯出版社，1971年，第281页。哈罗德·珀金斯(Harold Perkin)，《专业学会的崛起：1880年以来的英格兰》(*The Rise of Professional Society: England Since 1880*)，伦敦和纽约：罗德里奇出版社，1989/1990年，第49页。

〔29〕 罗杰·史密斯，如前所引，第555页。

〔30〕 霍索恩，如前所引，第147页，在沃恩学会上的沉闷的争论。

〔31〕 罗杰·史密斯，如前所引，第556页。

〔32〕 同上，第556—557页。

〔33〕 霍索恩，如前所引，第157页。

〔34〕 安东尼·吉登斯(Anthony Giddens)，马克斯·韦伯(Max Weber)作导言，《新教伦理和资本主义精神》(*The Protestant Ethic and the Spirit of Capitalism*)，伦敦和纽约：罗德里奇出版社，1942年(1986年再版)，第ix页。

〔35〕 雷恩哈德·邦迪克斯(Reinhard Bendix)，《马克斯·韦伯：知识分子肖像》(*Max*

Weber: An Intellectual Portrait)，伦敦：海涅曼出版社，1960年，第70页。关于韦伯的政治观点，见霍索恩，如前所引，第154f页。

〔36〕 罗杰·史密斯，如前所引，第561—562页。

〔37〕 吉登斯，如前所引，第ix页。

〔38〕 罗杰·史密斯，如前所引，第563页。

〔39〕 霍索恩，如前所引，第186页。

〔40〕 大卫·弗雷斯拜（David Frisby），《格奥尔格·西美尔》（*Georg Simmel*），伦敦：塔维斯托克出版社，1984年，第51页。

〔41〕 罗杰·史密斯，如前所引，第546页。

〔42〕 同上，见霍索恩，如前所引，第122页。与实用主义的关联。

〔43〕 罗杰·史密斯，如前所引，第547页。

〔44〕 史蒂文·卢克斯（Steven Lukes），《埃米尔·涂尔干：生平和著作》（*Émile Durkheim: His Life and Work*），伦敦：艾伦莱恩／企鹅出版社，1973年，第206页。

〔45〕 同上，第207页，利己主义、社会反常和利他主义之间的区别。

〔46〕 马克斯（Marks），如前所引，第208页。

〔47〕 罗伯茨（Roberts）和考克斯（Cox），如前所引，第537页。"疾病的微生物理论"（'The germ theory of disease'），见亚历山大·赫莱曼（Alexander Hellemans）和布赖恩·本驰（Bryan Bunch），《科学的时间表》（*The Timetables of Science*），纽约：西蒙·舒斯特出版社，1991年，第356页。

〔48〕 罗杰·史密斯，如前所引，第535页。

〔49〕 伯纳尔（Bernal），《历史上的科学》（*Science in History*），伦敦：企鹅出版社，1954年，第4卷，第1140页。

〔50〕 阿尔德（Alder），如前所引，第322页。

〔51〕 阿伦·戴斯罗士（Alan Desrosières），《巨大数字背后的政治：统计推理的历史》（*The Politics of Large Numbers: A History of Statistical Reasoning*），由卡米尔·耐什（Camille Naish）翻译，马萨诸塞剑桥：哈佛大学出版社，1998年，第75页。

〔52〕 同上，第73—79页和第90—91页。

〔53〕 利萨·雷戴斯（Lisanne Radice），《比阿特丽斯和西德尼·韦伯：费边式的社会主义者》（*Beatrice and Sidney Webb Fabian Socialists*），伦敦：麦克米伦出版社，1984年，第55页。

〔54〕 并不是所有的人都支持这一新型方式。在英国，新的出生、结婚、死亡事件的注册都在各个方面遭到严格的管制。清点出生率的做法激怒了英格兰的教会组织，他们认为不去清点的做法是对待非国教徒的充分尊重；一神论者认为清点那些即将加入上帝教会的人们的做法在某种程度上是对上帝的不尊重，而且很多人认为家庭规模的大小无论怎么说都是私人的事情。M. T. 卡伦（M. T. Cullen），《英国维多利亚女王时代早期的统计学运动》（*The Statistical Movement in Early Victorian Britain*），哈索克斯，苏塞克斯：收获者出版社，1975年，第29—30页。

〔55〕 大卫·波义耳（David Boyle），《〈民数记〉中的暴政》（*The Tyranny of Numbers*），伦敦：哈珀柯林斯出版社，2000年，第64—65页。

〔56〕 同上，第72页。

〔57〕 同上，第74页。

〔58〕 戴斯罗士，如前所引，第232页。

第五章 民族主义和帝国主义的使用与滥觞

英国人的“第一个帝国”／英国人的“第二个帝国”

在 1648 年，也就是印度以及美洲地理大发现 150 多年之后，《威斯特伐利亚和约》最终签订。这宣告了三十年战争的最终结束，在这场战争中，新教国家和天主教国家为了实现各自的利益而相互争斗，在如何阐释上帝旨意的问题上纠缠不清。在和约签订之后，他们最终达成一致，即每一个国家都可以自由地进行自己喜欢的解释。为了这一结果的达成，人们已经流了太多的血，因为不同的观点不可能以这样或那样的方式得以阐释，那种“苛刻的容许”机制看起来才是唯一一条可行的道路。[1] 然而，不可回避的是，这种新型的处理方式也带有负面作用，这也是事实。首先，传统的教皇制被抛到一边；西班牙和葡萄牙等国的权力逐渐衰微，欧洲的中心开始转向北方，转移到法国、英格兰以及刚刚取得独立的荷兰王国。[2] 但是迄今为止，越来越明显的事实是，整个地球的情形比最早的探险家所料想的要大得多、多样化得多而且难以掌握得多，而且，这一事实使得北部国家的民众在敏感性上得到了大大的改变，他们的存在价值在三十年战争当中早已得到了进一步的确认。这些北部兴起国家的人们并不关注西班牙人在对待美国印第安人时候的污蔑，他们反而对交易和商业更感兴趣。(移民到尚未独立的拉美国家的西班牙人和葡萄牙人中，女性仅占大约1/4，然而北美鼓励本地的英国居民带着自己的孩子和妻子一起移民到拉美。所以，极少数的英国移民者在本地居民中寻找自己的性伴侣。)这一在早期的天主教人群和后来的新教人群中感情上的改变，与以下事实密切相关，那就是重商主义阶层的势力正在日益取代传统的军事以及领主贵族的势力，成为最主要的政治决定力量。这也导致了智力因素和道德因素在经济基础上的发展：商业在不同的党派看来，都日益被看做文明化和人性化的力量。“商业不仅仅是简单的商品交易，而且还包括交流和忍让。”〔3〕

至关重要的是在一些新教国家里的情况，如英国和荷兰。这些国家都有着悠久的商业传统，因为它们都通过付出一定的代价来换取宗教的宽容，这些国家不愿意让新开拓疆域中的原始居民遭受和他们一样的痛苦。如果他们能够做到的话，他们将会把这些“原始居民”从异教徒中拯救出来，作为他们商业活动的辅助目标，但是他们将不会使用暴力。〔4〕

假如说有什么区别的话，英国在这方面的重视程度要比荷兰更强。英国在美洲有自己的殖民地，而且在与法国的七年战争结束之后，它已经迅速成为欧洲海运实力最强的国家。但是，七年战争也使得英国背上了巨大的债务负担，它开始尝试着通过商业来弥补自己在战胜中的损失，通过收取美洲殖民地的税收，并且通过在议会提案中否决殖民地国家的直接表决权作为辅助措施，这也

《威斯特伐利亚和约》

最终导致了美国独立战争的爆发（虽然美国的税率水平与英国等国的相比要低很多）。[5] 这虽然不是一个预期中的结果，但是与此同时，对于很多人来说，不管是在英国还是在其他的什么地方，殖民政策不再能够作为一项长期的策略来使用的观点已经再明显不过了。这些事实表明，不管是那些依附于强大的国家并且资源被它们榨取殆尽的殖民地，还是那些曾经在经济发展上显露出独立性的自给自足型的国家，它们都希望自由地走自己独特的发展之路。亚当·斯密的一句预言极其中肯，他认为，自由的美国人将会证明他们比受压制下的美国人更加适合做商品交易的伙伴。奈尔·弗格森（Niall Ferguson）说这是一个很好的理由，可以证明，为什么到了1770年，新英格兰人民会成为“这个世界上最富裕的人民”。

历史学家们经常把美洲称做英国的“第一个帝国”，与“第二个帝国”——即亚洲、非洲和太平洋等地区——相区别，在这两个帝国的地区之间，英国的殖民政策存在着极大的差异。在第二帝国区域的统治措施中，主要采用的是军事进驻的方式，完全的征服并非预期的（或可实现的）目标。[6] 这一观点从东印度公司以及荷兰东印度公司的名称就可以清楚地体现出来，这两个公司后来成为第二帝国时期的主要特征，它们主导性的标志就是贸易，而且是受保护的贸易。英国在东方的这些殖民地大多被葡萄牙人称为原料产地、加工厂、自我管理的宗主国，如同在合约中规定的殖民地一样，目的就是使它们成为欧洲商人和亚洲商人的大规模的贸易公司。除了一些必需的防御措施之外，英国在这些地方基本上没有什么像样的军事武装力量——比如在印度，他们不可能形成威胁莫卧儿势力的力量。900名英国国内的公职人员以及7万名英国士兵就足以管理超过2.5亿的印度人。（对于他们是如何实现这种管理的问题，在另一本书中有解释。）[7]

但是，借助于穆斯林势力的衰弱、及时的商业化的胜利以及东印度公司在势力和影响力上的逐渐增长，帝国主义的势头一直在增强确实是事实。在印度很多地方，这些公司最后甚至成为当地很多大地区最有实力的统治者，但是，即使是这样，就像安东尼·派格登（Anthony Pagden）所说，印度仍然与美国以及后来非洲的一些殖民地有很大的区别。他说：“印度和亚洲很多地方只不过是商品流通的通道，而不是作为居住地而存在……不同人群的无意识曾经在印度的欧洲人中间出现过。这里从来没有出现过克里奥尔人群或者多数的混血种人，他们可是能够将很多早先的西属美洲殖民地人群的血统转化为真正混合多元化的人种。”[8]

沃伦·黑斯廷斯的弹劾

即便如此，当两种不同的文化遇到一起并在相互之间产生摩擦的时候，固有的一些风险和弊端就会显露出来。在前文中我们已经看到孟加拉亚洲团体的活动是如何帮助人们复兴东方文化的，威廉·琼斯（William Jones）将注意力集中于梵语、希腊语以及拉丁语之间的深层次的共通性的研究，以及沃伦·黑斯廷斯（Warren Hastigs）这位孟加拉国的总督聚集了大量的印度学者到加尔各答来研究印度的经文（他自己本身也精通波斯语和北印度语）。但是，到了1788年，也就是他的总督生涯结束三年之后，黑斯廷斯被伦敦议会指控，控告他“私藏”了巨额的个人财产，这些财产部分来源于东印度公司，部分受贿于贝拿勒斯和阿瓦杜的统治者。黑斯廷斯在他被指控后经历了漫长的七年时间，最终被无罪释放，对他的审讯成为了一件十分“戏剧化的事件”，这一审讯的主要监督者是埃德蒙德·伯克（Edmund Burke），黑斯廷斯早先的总督职位也没有再被恢复。伯克确信东印度公司背叛了它当初的信条，它当初宣扬和贸易一样“在帝国范围内普及文明和带给人们启迪”，但伯克认为实际上恰恰相反，黑斯廷斯领导下的东印度公司已经成为专制和腐朽的象征，“它一直压制印度人，背弃了它起初宣讲的仁爱的信条”。（后来的历史学家却得出了截然相反的结论，他们认为黑斯廷斯对印度文化研究得越深，他就越值得人们尊重。[9]）按照伯克的说法，黑斯廷斯已经背叛了帝国的最高信条，也就是人性化地普及西方的文明，这也是拿破仑时代的观点。这些话放在伯克（包括拿破仑）身上看都是没有诚意的。实际上黑斯廷斯被指控的事件真正表明的是整个帝国在思考上的自负心理：这种他们制定的颇有野心的目标，其实与第一帝国时代更加赤裸裸的军事进攻的殖民策略相比，并没有他们想象中那么大的不同。奈尔·弗格森曾经列出了作为“第二”大英帝国存在基础的九条特征，并且希望把这些观点散布出去。这些特征分别是：英语、英国的土地使用和占有形式、苏格兰和英格兰银行业、通用的法律、新教主义、群体运动、受限的或者“守夜人”形式的国家政府、典型化的集会形式，以及自由主义的观点。[10]

现代奴隶制度／黑奴贸易

接下来的一个有争议的话题就是奴隶制度的问题。帝国主义的统治体系中总会包含着这种或者那种形式的奴隶制度。我们都应该不会忘记在雅典和罗马城都有奴隶。但是要注意的是，在遥远的希腊和罗马时代里，奴隶们不必遭受到人格上的侮辱和歧视。在那个时代里，不幸的奴隶也不过是被送往军队服役或者在煤矿里劳作；幸运的奴隶甚至还可以被主人请去做孩子们的启蒙老师。

但是，现代的奴隶制却和以前大相径庭：奴隶贸易本身的含义就表明了奴隶制度的歧视性和残酷性。“奴隶贸易最早开始于1444年8月8日的早上，一艘货船搭载了235名非洲奴隶，他们大多来自于现在的塞内加尔国，在葡萄牙占领的港口拉各斯上岸。最初的奴隶交易市场被安排在货船的甲板上，迷糊和恐惧的非洲奴隶，蹒跚着从那些待了好几个星期、狭窄阴暗、缺少卫生保证的船舱中走出来，按照年龄、性别以及他们的健康状况，被像牲口群一样分成不同的小组。”[11] 奴隶贸易一直到了亨利王子的“航海家”号发布许可通知并且到达港口码头之后才正式得到认可。作为这一政策的发起者和支持者，亨利王子有权获得奴隶贸易收益1/5的好处，也就是在这次奴隶贸易中，他将获得46个奴隶所取得的收益。也就是在他的支持下，奴隶贸易“黑金”（由于奴隶而得名）的交通运输业兴起了。

虽然奴隶贸易在欧洲来说还是新生事物，但是，它在非洲的存在时间已经有了好几百年。只不过现在和以前在奴隶数量的需求上存在差异而已。欧洲的奴隶贸易是由一种新兴的商业活动所驱动的——那就是蔗糖的种植。据安东尼·派格登所言，在1492年到1820年期间，整个欧洲对于蔗糖数量的需要达到了惊人的地步，“被运往美洲的非洲奴隶数量是欧洲白人数量的5倍到6倍”。虽然这一数据是众所周知的，但是它仍旧具有极强的震撼力。这一活动塑造了后来的整个美洲，但同时也极富争议地给美洲带来了相当多难以处理的尴尬问题。长期以来制约美洲发展的一个深层次的原因就在于这一事实：即现代的奴隶制度包含着一种对于奴隶主和奴隶之间关系的一种新型的认识。[12]不管是亚里士多德还是西塞罗都无法顺理成章地接受奴隶制度这一说法。必要的时候他们都曾试图争论说奴隶们是一种不同“类型”的人，但是他们也明白这种说法有时候会不能让人信服，尤其是奴隶们一般都会出现在战败方的阵营当中。主流的一神论也持同样的观点。尽管《旧约全书》和《古兰经》中都授权抓捕奴隶，但是这只仅仅适用于“战争这一非常时期”。[13] 早期的基督教徒并不支持其他基督教徒的抓捕奴隶的做法，但是同样的怜悯却永远不会施与那些非基督教徒们。在奴隶贸易开始的几年里，一些天主教的牧师和陪审员们试图宣称非洲的那些“战争”是“正义的”，但是很少有人拿这一观点当回事，到了1686年，也就是宗教法庭声讨和谴责奴隶制度的时候，一种更为进步和相反的观点被提出来。但是，很明显的是，这种声讨并不是反对奴隶制度本身。[14]

罗马教廷对奴隶制的观点

小国梵蒂冈的观点反映出在一段时期内对这一问题的普遍看法——那就是奴隶贸易要比一般的奴隶制度本身残酷得多——但是反对者的数目也一直在急剧增长并且开始将注意力集中在这一事实上：那就是在这一观点背后，隐藏着一个悖论。很多人一直认为黑人是“劣等人群，仅仅比动物稍微强那么一点点”，而且与这一观点相一致的是，黑人们经常被雇主们称呼一些类似于宠物的名字——费都、跳跃者等等。但是这种态度却直接被一系列的事实所反驳，那就是虽然认为奴隶们劣等，雇主们却经常让他们去做一些需要很强的精神和知识素养的工作。[15] 女性奴隶遭遇到雇主性骚扰的可能性也丝毫不会减少，她们会生育下混血的后代，并导致新型社会问题的产生。所以雇主和奴隶之间的关系充满着矛盾和紧张。

种族主义和奴隶制度／威尔伯福斯

种族主义的观点一直占据着重要的地位，甚至一直持续到了奴隶制度被最终废除的时候。威廉·威尔伯福斯（William Wilberforce）却正是一个支持废奴主义的人，在他的信念中，欧洲的基督教文明将会是废除奴隶制度的强有力的力量。在这一点上，他坚持认为奴隶们的最终解放“很可能没有通过基督教教义以及英国的法律、制度以及文化所带来的充满光明、真理和快乐的统治重要”。但是，威尔伯福斯却是当时试验性的殖民地塞拉利昂事件的强烈支持者，该殖民地建立于1787年，目的是为了“在国与国之间引入文明并且通过自由劳动力来开发这片土地”。塞拉利昂确实因此繁荣起来，而且它的首都弗里敦成为新的皇家海军反奴中队的一个基地。[16] 最终，丹麦在1792年成为了第一个在法律中取缔了奴隶贸易活动的欧洲国家。英国在1805年采取行动取缔了奴隶贸易，而到了1824年，奴隶贸易活动被正式确认为一种要遭受绞刑的犯罪活动。但是在其他地方，奴隶制度又一直延续了半个多世纪的时间——最后一个废除奴隶制度的地方是1870年的古巴。[17]

★ ★ ★

维也纳会议／“亲德派”

1648年的《威斯特伐利亚和约》，重新开创了一系列的欧洲国家。维也纳会议在1815年召开，用来重新确定拿破仑帝国覆灭之后的整个欧洲版图，重新创建欧洲新秩序。各国在那时候的态度和现在截然相反。英国外交大臣卡斯尔

《维也纳会议》

雷（Castlereagh）是欧洲新版图的重新构建者之一，他认为意大利这一名字充其量不过是一个“地理上的概念和构想”而已，意大利妄图统一为一个国家的做法简直就是“无法想象的”。[18] 会上的一个德国人对他自己的国家和其他人有相同的看法，那就是维持国家的现状。卡斯尔雷认为，“所有的德国的各个部落组合成一个单一的、密不可分的国家”，不啻于是在做梦，这一设想早已经“被几千年的历史经验驳倒而且将会被最终废除……这是人们凭借自己的努力永远也无法实现的梦想，即使通过血腥的暴力革命也无法实现；这一目标不过是一群疯子们追求的空想而已”。他还总结道，假如统一的观点能够在整个欧洲占据势力上的上风，那么，“紧跟着的血腥战乱带来的荒芜和废墟将会是我们能留给自己后代的唯一的财富和遗产”。[19]

维也纳会议的最主要目标就是极力阻止欧洲再次爆发革命，以及阻止有组织的外交家和政治家们着手重建版图，尤其是阻止他们按照类似于1648年以后的版图模式进行重建。“西班牙和葡萄牙被先前的统治力量成功复辟，荷兰与先前奥地利所属的尼德兰合并，尼德兰也就是后来的比利时，瑞士重组成为永久中立国，瑞典继续与挪威保持联盟关系，由于是五国联盟制度，五个主要领导国家组成的权力机构中缺少法国是不可想象的，所以，法国被规定保持它在1792年时的疆界范围。”[20] 但是，这一小心翼翼维持平衡的欧洲体系，其建立在对中部欧洲保持分裂化、混乱化和无权化的基础之上。[21] 很多参加维也纳会议的人都会被当时被称做“亲德派”的人们所干扰，这些人坚信德国可以统一并且组建为一个一体性的国家。正如法国外交大臣查尔斯·莫瑞斯（Charles-Maurice）从维也纳写给路易十八的信中所说的那样：“他们试图推翻那些触犯了他们的命令，按照自己的意愿重新变更整个欧洲的版图，并且希望通过一个单一的权威主体来取代德国的所有小政府。与他们站在同一阵线的是一些来自大学的人们，这些年轻人被灌输了相关的理论，并且他们一致认为德国极端主义是因为在德国的战争过程中所产生的那些伤痛所导致的。促使祖国德国的统一是他们的宣传口号，也是他们的信念和信仰，他们热切地为此奋斗甚至到了狂热的程度……谁能预测到这种狂热将会产生的巨大影响呢？如果整个德国的人民大众都能够像这样联合在一起，他们将会产生多大的攻击性呢？谁又能够说清楚这样的群众运动会在什么时候停止下来呢？”[22]

文化民族主义

换句话说，在这个问题上，正如哈根·舒尔茨（Hagen Schulze）所指出的那样，对于国籍的原则，仅仅在那些与君主统治的合法性密切相关的地区得到认可，比如在英国、法国、西班牙、葡萄牙、荷兰和瑞典——也就是北欧和西欧地区。说德语的那些地区以及意大利则不在这一范围之内。这就可以用来解释为什么民族主义以及文化民族主义的观念会最早出现在德国了。这些地区在政治上的分裂状况实际上正是欧洲现有政治秩序产生的逻辑结果。任何人都可以通过看地图来发现这一问题产生的原因。“从波罗的海到伊特鲁里亚海是条中轴线，中间的欧洲中部将两端权力抗争的地区分隔开，使得他们相互之间保持适当的距离以减少直接面对时产生的冲突。”〔23〕他们中的任何一个人都不愿意获得对欧洲中部的高度集权，因为如果他们中的任何人获得了这个中部的权力，他们就会很容易成为“整个欧洲的情妇”。〔24〕从很多方面来说，分散的弱小的意大利和德国可以保证获取一些自由。虽然意大利和德国处于类似的境地，但是有一个方面不同，那就是意大利的大部分地区都被外国力量所占领（北部受制于奥地利，南部受制于波旁王朝），这也就可以用来解释为什么现代的民族主义最早出现在德国了。事实上，德国乃至意大利的统一，是当时19世纪非常重要的政治事件，再加上后来的美国内战，它们带来了整个19世纪最后几十年里的工业化方面的激烈竞争，促使形成着我们的现代社会，但是同时也最终导致了第一次世界大战的爆发，为后来多灾多难的20世纪提前布置了社会背景。特里兰德的预言是多么准确啊！〔25〕

印证我们现在所称的“文化民族主义”观点的第一人是约翰·戈特弗里德·赫尔德（1744—1803），虽然伟大的德国历史学家弗里德里希·梅内克（Friedrich Meinecke）曾经说过，弗里德里希·卡尔·范·莫瑟尔（Friderich Karl Von Moser）于1765年最早“在德国那些能够在一天的旅途当中见到20多个小城的地区”发现并创立了“民族主义精神”的概念。伴随着17世纪后期具有自我意识的“公众”的出现（不仅仅在德国），基础已经打好了。赫尔德说：“大自然区分民族的标准已经不再仅仅是树林和高山、大海和荒漠、河流和气候，而是更多的通过语言、爱好和性格来决定，征服原有的专制政权可能看起来更加困难，整个地球的四个季节很可能都不能够填满一只木马的胃口。”〔26〕

在赫尔德看来，民族是不能削减的概念，和帝国主义的概念不相容，是与世界范围内人民的“自然化的复数”是相对应存在的。[27] 德国希望获得统一，建立一个完整的单一型国家，这一想法必须经过“耕耘”，因为他们在他们本土上经历了太长时间的欧洲列强之间的争斗，在那里，“今天的统治者很可能就会在明天转变成为自己的敌人”。[28] 抛开那些占领中部欧洲多个世纪的“混乱拼凑的国家”，19世纪存在两种日益形成的大众化力量。而转变的类型不可以被过高地估计。

爱国主义的重生

对于德国和意大利的这种观点，很多欧洲民族都作出了回应，这些回应在哈根·舒尔茨那里被称做“爱国主义的重生”。[29] 这一行为在法国显得更为真实，比如说，法国的整个教育体系都被放置在为民族主义目标服务的位置上。在经历了革命和战争的反复失败之后，历史学课程和民族政治学课程的设置开始成为民族主义重生的原因。最为明显的，也有人说是耸人听闻的例子就是G.布鲁诺（G.Bruno）的小说《战争中的法国儿童》。该书讲述的是一个14岁的小男孩安德烈·瓦尔登和他的7岁的小弟弟朱利安的故事。这个故事发生的背景是法兰克和普鲁士战争的爆发，这两个男孩子在战争中成了孤儿，并且在他们的已经被德国吞并的家乡法尔斯堡的生活难以继续下去。他们从家乡逃走并且开始了在整个法国的探险和流亡生活，最终在一个小乡村里建立了一种新的生活，正是由于这次探险过程，他们感受到了新生活的美好。这本书最早在1877年出版，在后来的30年时间内，曾经先后被重新印刷过20多次。在那一时期，另外一个充斥着浓厚民族主义情感的例子就是，在儒勒·费里（Jules Ferry，1832—1893）担任教育秘书的时候，学校的每一间教室都被要求张贴一张法国地图，而且在这张地图上，沦陷的阿尔萨斯和洛林被黑色的纱布蒙住以示纪念。儒勒·米什莱特（Jules Michelet，1798—1874）在书中将法国形容为“现代化文明的教皇”，意思是说

创作《马赛曲》的鲁热·德·利尔

它是现代启蒙文化运动的先驱者:“法国关于文明化的观点和看法因此成为整个民族主义地区观念的核心。”(《马赛曲》也因此于1879年被采纳为民族主义的圣歌。)[30]

英格兰也对这一问题作出了回应，但是采用的却是另外一种不同的方式。在1880年到第一次世界大战期间，大英帝国殖民地领土面积的扩大达到了空前的规模，下面这张表格就能清楚地反映出这一趋向：

殖民附属国面积（以千平方公里为单位）

	英国	法国	德国	西班牙	意大利
1881年	22395	526	0	432	0
1895年	29021	3577	2641	1974	247
1912年	30087	7906	12907	213	1590 [31]

这是一些那个时代的统计数据，我尽可能详细地把它们引用进来，它们不仅用来显示殖民地面积的事实，同样也显示出殖民地分布的范围是如此之广。“帝国主义已经成为我们民主化的民族主义最新和最高的集中体现。它已经成为我们民族意识的体现”(威斯敏斯特公爵所说)。“大英民族是迄今为止这个世界上可以见到的最伟大的统治者民族”（约瑟夫·张伯伦所说）。当时刚看到悉尼港口的时候，达尔文曾经写道：“我的第一感觉就是庆幸自己生来就是一名英国人民。”“我坚持认为我们大英民族就是世界上最为领先和优越的民族，我们占领的殖民地越多，对于全人类来说就好……因为上帝已经很明显地选择说英语的民族作为工具，借助它上帝可以创造出很多完全建立在公正、自由以及和平的基础之上的国家和社会，如果我们做一切我们力所能及的事来为这个民族提供尽可能多的机会和能力，那么我们的帮助就注定是遵循上帝的意愿的。我认为，如果存在上帝的话，上帝一定很乐意看到我们正在做的事情，那就是尽可能地将非洲地图上越来越多的地区染上象征着大英民族的红色”(赛萨尔·罗德斯[Cecil Rhodes]所说)。[32]

民族主义爆发的频率在减少，但是它们却也更加种族主义化，这从后来出现的一系列利益上看来好像是必然的。在法国和德国出现的反犹太主义看起来似乎尤为有害。这些事件产生的部分原因是由于英国人的嫉妒[33]：法国人和德国人建立的帝国与英国人的帝国相比在面积上要小得多，正如爱国主义阵线的创立者保罗·德洛莱德（Paul Déroulède）所说，他们形成了这样一种观点，那就是在法国人看来，“在治愈国内的各项社会弊病之前，我们不期望干预国际上的任何事情。”[34] 而且毋庸置疑的是，当前国内公认的永远的敌人就是犹太人。在1886年，艾杜德·德鲁门特（Edouard Drumont）发表了《法国的犹太主义》（*La France juive*）一书，这是关于犹太人生活和风俗习惯的真实写照，虽然这本书看起来是非常蛮横和粗制滥造的，但是这并不妨碍它长期成为一本畅销书。也正是这本书在后来被证实拉开了整个国家反犹太主义浪潮的序幕，并且反犹主义在后来的德雷弗斯冤案事件中达到了高潮，在这一事件中，一位犹太官员被错误地指控为德国间谍。在德国，这种事情被称为沙文主义，即“文化冲突”，虽然这些事情通常都是在学校的监管和教区牧师的授权下发动的，它们其实就是新教教徒所做的强制天主教教徒遵守普鲁士国家政策的尝试。在这些无法忍受的事情当中，犹太人的角色问题必然会被讨论到。

民族主义实现它最终形式的时间大约是在世纪之交的那段时期，体现在莫里斯·巴雷斯（Maurice Barrès）的《自我崇拜三部曲》（1897—1903）当中。巴雷斯的观点认为对于自我中心主义的崇拜是造成文化堕落的主要原因。“民族应该被放置在自我中心主义位置的前面，而且在一个人的一生当中，民族利益应当具有绝对的最高优先权。在民族向某个人传达了国家指令的时候，个人除了无条件地服从之外没有任何自我选择的余地，‘这是他生存的整个世系发展的神圣法则’，他们必须要遵守和‘倾听来自泥土和死去的人们发出的指令’。”[35] 正如哈根·舒尔茨正确指出的那样，民族主义以及民族的观点，作为在19世纪转型期的一项看似乌托邦的理想，以及作为一项自然化的政治生活和文化实体，早已经成为了20世纪转型期一项在国内政治上经常引发争论的因素。“它已经不再位居紧密联系社会的政党之上，而是自身转化为一个政党或者是一个独立存在的社会。”这些结果和影响看起来似乎是灾难性的。

★ ★ ★

19世纪的德国创作高潮

此外，需要我们重视的还有这一事件的夸大化问题。民族主义在很多领域看来是灾难性的，但是在某些领域它也存在着积极性的一面。这些积极性的方面最为明显地体现在19世纪德国知识分子阶层繁盛的方面，不管它是否是由德国的国家统一带来的，还是伴随着国家统一导致的伟大的民族主义自豪感所带来的，但是不可否认的是，知识分子的繁盛确确实实地是在这同一时期出现的。

西格蒙德·弗洛伊德，马克斯·普朗克，恩斯特·马赫，赫尔曼·赫尔姆霍茨，马克思，韦伯，尼采，易卜生，斯特林堡，冯·霍夫曼斯塔尔，鲁道夫·克劳修斯，威廉·伦琴，艾杜阿德·冯·哈特曼……所有的这些人都是德国人或者是说德语。但是在1848年和1933年之间也就是处于世纪之交的转轨期，即这本书的最后所描述的那个时期，德国天才竞相出现在这一时期的现象却经常被人们忽视。“20世纪看起来似乎就是德国人的世纪。”这些话语都出自美国历史学家诺曼·康德的1991年所写的书中。这样的观点同样在法国哲学家雷蒙德·阿隆（Raymond Aron）那里得到了呼应，我们可以在他与德国历史学家弗里茨·斯特恩（Fritz Stern）的谈话中猜测到，当时他们正在柏林参加纪念物理学家阿尔伯特·爱因斯坦诞辰一百周年的展览活动。奥托·哈恩（Otto Hahn）和莉泽·迈特纳（Lise Meitner）也同样出生在1878年到1879年，这就促使阿隆强调说出了上面的话：“看来这确实应该是德国人的世纪。”[36]康德和阿隆的意思是说，在他们看来，在1848年到1933年之间，德国的思想家、艺术家、作家、哲学家以及科学家在当时的整个世界上都是最优秀的，他们的努力将这个刚统一的国家带到了一个新的、难以企及的高度，但是在事实上，他们的这些努力也是伴随着阿道夫·希特勒带来的历史性灾难一起到来的。

任何怀疑这一观点的人——也就是怀疑1848年到1933年这一阶段属于德国世纪这一观点的人——只需要参阅一下下边文章中所列出的这些人的名字就可以了。任何人可以随便从任何一个领域着手来看，他们的优势是如此的全面完整，但是我们还是从音乐学的领域开始看起吧：约翰内斯·勃拉姆斯，理查德·瓦格纳，安顿·布鲁克纳，弗兰兹·李斯特，弗兰兹·舒伯特，罗伯特·舒曼，古斯塔夫·马勒，阿诺德·勋伯格，约翰·施特劳斯，理查德·施特劳斯，阿尔班·伯格，安顿·韦伯恩，威廉·福特文格勒，布鲁诺·沃尔特，弗里茨·克莱斯勒，阿瑟·霍尼格，保罗·辛德密斯，库尔特·韦尔，弗兰兹·莱赫，柏林交响乐团以及维也纳交响乐团。医学和精神心理学领域也并不落后，除了弗洛伊德以外，还有大名鼎鼎的阿尔弗雷德·阿德勒，卡尔·荣格，奥托·

兰克，威廉·冯特，赫尔曼·罗夏，爱米尔·克莱佩林，威廉·赖希，卡伦·霍尼，莫雷尼·克莱恩，恩斯特·克雷齐默尔，格扎·罗海姆，雅各布·伯鲁尔，理查德·克拉夫特·艾宾，保罗·恩里希，罗伯特·科赫，瓦格纳·冯·贾雷格，奥古斯特·冯·瓦塞尔曼，格雷格·孟德尔，恩里克·切尔马克，保罗·克雷蒙斯。在绘画领域，有马克斯·利伯曼，保罗·克林，马克斯·培西斯坦，马克斯·克林格，古斯塔夫·克里姆特，弗兰兹·马克，李维斯·科林斯，汉斯·阿普，乔治·格罗斯，奥托·迪克斯，马克斯·斯勒福格特，马克斯·恩斯特，莱昂·费宁格，马克斯·贝克汉姆，阿历克塞·雅弗林斯基；瓦西里·康定斯基虽然出生在俄国，但是他取得现代绘画艺术上独一无二的重大突破——即印象画派，却是在德国城市慕尼黑。在哲学领域，除了有名的尼采之外，还有马丁·黑格尔，埃德蒙·胡塞尔，弗兰兹·布伦塔诺，恩斯特·卡西尔，恩斯特·海克尔，加特勒布·弗雷格，路德维希·维特根斯坦，鲁德尔夫·卡尔纳普，费迪南德·托尼斯，马丁·布伯，西亚多·赫兹，卡尔·李卜克内西，莫里特斯·石里克。

在学术和历史学领域，德国有朱利叶斯·梅尔·格雷弗，利奥波德·冯·兰克，特奥多尔·蒙森，路德维希·帕斯特，威廉·博德以及雅各布·伯克哈特。在文学领域，除了雨果·冯·霍夫曼斯塔尔以外，还有海因里希以及托马斯·曼，雷纳·玛利亚·里尔克，赫尔曼·黑塞，斯蒂芬·茨威格，杰哈德·豪普特曼，加特弗里德·科勒，西亚多·冯塔纳，沃尔特·哈森克莱沃，弗兰兹·沃费尔，弗兰兹·韦德肯特，亚瑟·史奈兹勒，施特芬·乔治，贝特霍尔德·布莱希特，卡尔·克朗斯，威廉·狄尔泰，马克斯·布劳德，弗兰兹·卡夫卡，阿诺德·茨威格，埃里希·玛利亚·雷马克，卡尔·楚克迈耶。在社会学和经济学，有维尔纳·松巴特，格奥尔格·齐美尔，卡尔·曼海姆，马克斯·韦伯，约瑟夫·熊彼特以及卡尔·波普。在考古学和神学研究领域，除了D.F.施特劳斯，还有海因里希·谢里曼，恩斯特·库尔提乌斯，彼得·霍克海默，格奥尔格·格罗特芬，卡尔·理查德·莱普西斯，布鲁诺·迈斯纳。最后是自然科学、数学以及工程学等领域（虽然这些以它们的重要程度可以放在第一位），这方面的名人有：恩斯特·马赫，阿尔伯特·爱因斯坦，马克斯·普朗克，欧文·施罗丁格，海因里希·赫兹，鲁道夫·迪塞尔，赫尔曼·冯·赫尔姆霍茨，威廉·伦琴，卡尔·冯·林德，费迪南德·冯·泽佩林，埃米尔·菲斯克，弗里茨·海博，赫尔曼·格根，海因茨·章克思，乔治·康德，理查德·康兰特，阿瑟·萨姆费尔德，奥托·哈恩，莉泽·迈特纳，沃尔夫冈·保利，大卫·希尔伯特，沃尔茨·海森堡，路德维希·冯·贝塔朗菲，阿尔弗雷德·韦格纳，更不用说下面的这样或者那样的著名机械公司了：AEG，博世，奔驰，西门子，赫西斯特，克鲁普，梅塞德斯，捷豹，莱卡，帝森。

即使这样也不能完全公正地描绘出德国的所有的精英知识分子。1900年，一个时代的终结，这一年见证了三位重要的历史人物尼采、罗斯金（Ruskin）和奥斯卡·王尔德的死亡，同时也见证了三种思想的横空出世，兴许可以毫不夸张地说，这三种思想形成了20世纪知识分子的脊梁，当然，这是就科学而言，这些观点和研究领域就是无意识、基因以及量子。它们三个中无论是哪一个，都起源于德国。

在解释1848年到1933年这一段时期内德国思想取得巨大和快速发展的原因的时候，我们需要研究三个重要的因素，这其中的每一个因素都对德国和德国人的思想起到特殊的作用，而且还是我们这一章节的题中之义。首先，我们必须先了解德国人关于文化的观点，也就是说，在德国人眼中，什么是文化，什么构成了文化，以及它在整个民族生活体系中所处的具体位置是什么。举例子来说，在英语当中，“文化”这个词在区分生活的精神领域和科学技术领域上并没有什么严格的界限，但是在德语当中，文化的含义意味着创造性活动中的智力的、精神的或者是艺术的领域，但不包括生活中社会的、政治的、经济的或者科学技术的领域。因此，在英语中，文化和文明是同一事物的两个补充方面，但是在德语中，却不是同一个意思。在19世纪的德国，文化的含义是精神创造活动的显示——也就是艺术、宗教哲学等领域；与之相对比，文明指代的则是社会、政治和科学技术机构，而且最为重要的一点是，这些领域都被规定为处在一个比较低层次的位置上。尼采制定出了这其中的重大区分，而且这也是一个至关重要的区分，没有这个区分，要完整地理解整个德国思想界在19世纪取得的成就是不可能的。

这就是因此在德国经常具有的、被C.P斯诺（C.P.Snow）曾经称为“两种文化”的精神实体，它们之间甚至相互冲突。这种区别带来的影响之一就是强调和加深了作为其中一方的自然科学与另外一方的艺术和人类社会科学之间的区分。很多自然和社会科学家，在他们的本职工作上，形成了一种和机械科学、商业以及工业有机的关联。但是，与此同时，尽管他们在各自的相关领域取得了巨大的成功，这些科学家还是无法受到艺术家的尊重。尽管彼时在诸如英国和美国等国家，科学家和艺术家在很大程度上不过是同一种事物的两种不同的区分方式而已，他们相互协作构成了完整的知识分子精英体系，但是这种现象在19世纪的德国看来是不能接受的。一个很好的例子就是在1900年发现了量子定律的德国物理学家马克斯·普朗克，他在量子论中提出，世界上所有的能量都来源于一些非常小的信息包或者是量子物体。普朗克出生于一个也有点学术研究性的宗教世家，而且他自己还是一个非常出色的钢琴演奏家。尽管普朗克关于量子论的物理大发现一直是自然科学领域最为重要的发现之一，但是在普朗克自己的家庭中看来，人文社会科学学者的地位显然要比自然科学家的地位高尚许多。[37]普朗克的表兄，也就是历史学家马克斯·楞次(Max Lenz)，曾经开玩笑地说过这样一句调侃的双关语，那就是自然科学家不过是生存在现实森林中的人——换句话说，就是我们现代人经常所说的十足的乡巴佬。*

恩斯特·马赫（Ernst Mach）所做的工作更加证实了这一观点。马赫（1838—1916）是一位极为有影响力和感召力的还原论者，在他的名号下有相当数量的重要发现，这其中就包括了内耳中的半圆弧形通道对于维持人的躯体平衡所起到的至关重要的作用，以及由于人体的高速运转导致真空的出现，而且在这种真空条件下，人体以超光速的运动速度创造出两种震动波，其中一波在前，而另一波在后（这也就是我们经常所说的“马赫数”概念）。但是，马赫极力反对各种形式的形而上学并且强烈谴责那些在他眼中的“误导性概念”，例如上帝、自然界以及灵魂。他将弗洛伊德的“自我”的概念看做是“毫无用处的假说”。他感觉到即使是“自我”这一概念都是“不可逆的”，也就是说所有的科学知识将被简化为感觉，并且科学研究的工作就是尽可能通过精神上的方式来描述这种感觉。当时，马赫的观点被广泛地接受：不管是列宁还是他的门徒，以及维也纳·西克尔（Vienna Circle），都成为他的忠实追随者。马赫坚信科学能回答所有的问题，而且那些诸如哲学和心理分析等学科才是没有什么用处的。[38]

一方面是自然科学，而另一方面是艺术学和人类社会科学，这种深刻的划分导致了极为严重的后果。与此相关的一个极其重要的后果就是艺术学中的直

* 这一段落中的很多话语来源于作者在前一本书中的一些详细的讨论，此书为《骇人之美：塑造现代思想的人物和观点》。

觉概念得到了人们更加充分的尊重，这大大的提升了它的地位，这种现象在当时的德国表现得最为充分。在那时的德国，不管是在什么领域，直觉的地位都远远高于其他。这一观点也可以在第二层次的概念区分中得到印证，也就是在艺术和科学之间的区分以及文艺和文化之间的区分上。这也类似于感性和权力之间的相对，或者说是智力和精神领域的努力与权力和政治力量控制的领域之间的相对。这里必须要说的是关于感性和权力之间关系的认定，在这里先抛开文化或者国家之间的优先权应该如何排序不谈，在德国就一直没有找到过完全令人满意的解决办法。这些影响都是相当重要的，都与原有的关于政治化的/社会化的历史体现出来的看法有着相当程度的偏离。

在1848年，德国的资产阶层革命最终失败，随之而来的便是，德国的专业人员和商业阶层努力争取，要求获得与旧制度相等的政治与社会地位。换句话说，德国在促进社会政治进步方面远远没有实现英格兰、荷兰、法国以及美国等国家所实现的目标，甚至连某些国家的前几代也不如。德国的自由主义，或者可以说是类似的自由主义，建立在本国的中产阶级要求获得“自由的贸易以及一个法律的框架来保护他们在社会中的经济和社会空间”的需求之上。当这种在宪法层面上的努力确认失败之后，到了1871年，在普鲁士国家的领导之下建立起来的德意志帝国就是历史的必然了，这种很不寻常的社会环境成为一种历史的现实。在真正意义上，正如戈登·克莱格（Gordon Craig）指出的那样，德国人民在德意志帝国创立的过程中基本没有起到任何作用。“新国家的建立不过是一件‘礼物’，只是礼物接受者的意见被忽略了。”[39] 宪法中并未对此进行确认，它不过是德意志帝国的很多小国的众多王子之间所签订的一个简单的协议而已，实际上他们这些人直到1918年才获得了王权。从我们现代人的视角来看，这一做法还产生了很多额外的影响。比如说，其中的一个影响就是“德意志帝国的国会并无实权力，政党缺少接近国家管理权的通道，以及政党选举的结果并不能对整个管理机关的构成产生相应的影响”。除了我们所说的德意志帝国国会之外，还存在着另外一个权力机构，那就是联邦议会，它虽然同样不是竞选产生的机构，但却是整个国家的领导机关，和国会一起分享着国家的统治管理权力，但是它们中的任何一个都不能够具有罢免国家首脑和大臣的权力。更进一步来讲，各个独立小国的自身事务管理并没有受到1871年事件的影响。比如说普鲁士国家的特权（普鲁士国家的人口占据了整个国家人口总数的3/5），取决于一个国民缴纳税收的数目，也就是说，那些纳税数量最高的5%的纳税人，享有全国1/3的选举权，他们享有的选举权比重和社会最底层占85%的人口享有的比重是一样的。[40]国家首脑的统治也没有得到内阁的有力支持：帝国的各个部门，随着时间的影响，势力也在不断壮大，都由一些附属国家的秘书掌握着实权。这些都和在西方存在的各个德国的竞争对手所进行的运动是截然不同的，甚至是完全落伍的（虽然这种“落伍”在现代很多学者看来是一个值得争论的话题）。虽然德国的工业化实力一直在不断增长，但是在德国国内，居于统治地位、掌握实权的仍旧是那些占领着大量土地的封建贵族。这些工业化势力越来越集中到传统人物的手中，因为城市化进程在加剧，商业化在发展，工业化也在扩大和延伸，原本拼凑在一起的各个小国势力越来越小，整个帝国开始形成一个整体。整个国家因此开始具有了更加权威性的力量，在掌控和管理国家的经济和社会事务上发挥了越来越重要的作用。简单地说，由于越来越多的人们加入了德国工业化、科学化和智力化的成功，越来越多的工业化成就就更加集中在少数人手中，那就是土地所有者以及军事力量的领导者，他们这些人的真正上层领导就是整个帝国本身。这种必然导致的混乱是“德国化”在世界大战前兴起的根本性原因。这也是历史导致的时代错误之一。[41]

对于我们来说，这一重要的混乱状况产生了两个重要的影响。首先，那些被排除出了政治生活领域却强烈希望获得平等权利的中产阶层，转而开始将目光转移到教育和文化上，希望将教育文化作为他们获得成功的首要领域，希望通过这一领域获得同贵族阶层一样的平等，在竞争的民族世界中与他者相比获得优势。“高层次的文化”因此在帝制下的德国比其他的任何领域都起到了更加重要的作用，这也正是为什么帝制在1871—1933年的德国发展得如此繁荣的原因之一。但是，这一趋势也为自己的文化奠定了一个基调：那就是自由、平等或者个人化的区分趋向于被放置在个体“内部的隐秘空间”里，而与此相对的是，整个社会则被形象化地描绘为“随意的、外在的、日益敌对化的世界”。第二个影响与第一个影响有重合之处，它导致了人们开始选择民族主义作为逃避的空间，但是，这一由阶层决定的民族主义转而反对新兴的工业无产阶级阶层（和活跃的社会主义阶层）、犹太人阶层，以及非德意志民族的少数群体。“民族主义看起来似乎是道德上的进步，不过似乎是一种理想化的乌托邦，实现的可能性很小。”[42]这第二个影响中的另外一个效果就是对早些年代的理想化，这个时期位于工业无产阶级阶层产生之前，尤其是中世纪和文艺复兴时期，它代表着前工业化时代的那种完整的日常生活形态，因此也被称为“黄金时代”。与发展中的大众社会背景相对，受过教育的中产阶层将文化看做是一种提升了他们生活状况的稳定的价值形式，是将他们与那些弗洛伊德所谓的“乌合之众”相区别开的形式，而且尤为重要的是，这种价值形式大大增强了他们的民族主义倾向。文化，将很多平常的德国人民曾经具有的半神秘、怀旧的特征重新展现出来，那就是知足的、能干的、关心政治的“纯粹”的人民。

“内省”的概念

多种多样的因素联合塑造出了一种德国特有的文化概念，这一概念几乎在英语中找不得合适的词语来翻译，但却是能帮助我们理解整个德国在19世纪向20世纪转变过程当中思想发展的至关重要的因素，这一概念还能帮助解释无意识概念的产生（尤其是在德国国内）以及为什么德国在无意识的研究领域中处于如此主导性的位置。这一概念在德国被称为“内省”（*Innerlichkeit*）[43]，在它可以被翻译的范围之内，它的大致含义就是趋向于退出政治活动领域或者对政治活动保持必要的冷漠，转而关注于个体的内在心理活动。“内省”意味着艺术家们有意识地逃避权力和政治，而是由主动参与甚至书写这种内在思想的信念所引导，他们认为对于艺术家们来说，个体的内在要比外在的世界真实得多，个体内在才是最根本存在的实体。举个例子来说，正如戈登·克莱格告诉我们的那样，在1914年以前，除非被外部力量煽动和刺激，否则艺术家们仅仅是在少数特殊场合才会关注政治和社会事件或者话题。即使1870—1871年事件也并没有真正撼动这种政治上的冷漠。“法国革命的成功以及德国的国家统一并没有在激发文学、音乐或者雕塑等艺术事业上起到多少促进作用。”[44] 作家们和雕塑家们并没有找到尽情发挥自己智力才能的“足够的诗意”的条件。“由于新的德意志帝国的基础设施建设正在进行，德国的艺术家们开始尽情地发挥自己的想象力，他们的研究范围涉及到涅瑞伊德斯、半人马座以及希腊神话等漫无边际的内容”，甚至连伟大的瓦格纳在进行他的音乐剧创作的时候，都取材于和他所生活的时代毫无关联的遥远时空。(《齐格弗里德》[*Siegfried*]，1876年，《帕希法尔》[*Parsifal*]，1882年)。[45]

克里姆特、拉加德和朗伯恩

当然也存在例外情况。比如说在19世纪80年代，艺术界曾出现过一次轰轰烈烈的自然主义运动，这一运动的出现，部分是由于法国小说家埃米尔·左拉（Émile Zola）所推动，这一运动的目标是描述工业化带来的社会弊病和社会不公。但是，与欧洲其他国家的文学发展情况相比而言，德国的自然主义运动在试图对社会弊端进行理性化批判时并不热心，不彻底，因而自然主义从来不会将它关注的重点放在整个德意志帝国体系内部明显的政治危机上。戈登·克莱格在他关于德意志发展历史的书中写道："确实，这些社会危机越来越明显，威廉二世的狂热的帝国主义思想开始抬头，疯狂的军备竞赛也日益开展起来，整个国家的大部分小说家都开始将视线转移并且退回到他们所谓的'内省'之中，当整个现实世界对于他们来说过于混乱不堪的时候，'内省'成为了他们唯一的永久避难所。"[46] 在德国不存在同左拉、肖、康拉德、纪德、高尔基或者甚至是亨利·詹姆斯同一水平和等级的人物。对当今（德国）重要的人物——史蒂芬·乔治、雷纳·玛利亚·里尔克、雨果·冯·霍夫曼斯塔尔等来说，艰难、严酷的社会现实从属于他们的内心情感，他们希望将自己心中的短暂的所想所感、一时的心绪、生活的迷茫统统记录在自己的作品当中。霍夫曼斯塔尔创造的变动的自然的概念，表明任何事物都在变化，没有什么可以一成不变，这些事物都被模糊化、复杂化的规律所控制，这将在最后一章中仔细探讨。古斯塔夫·克里姆特（Gustav Klimt）在雕塑行业中的相同做法精确地体现了这一趋向，而且他的例子是相当有启发性的。

埃米尔·左拉

克里姆特于1862年出生在维也纳附近的城市布姆加特，他的父亲是一位金匠。克里姆特名字的来源是因为他自己用宽大的壁画装饰了环城大道的建筑群。这些装饰是他和自己的哥哥恩斯特一起完成的，但是，在1892年恩斯特去世之后，古斯塔夫隐退了五年时间，在这五年的时间里，他努力学习了詹姆斯·麦克内尔·惠斯勒（James Mcneill Whistler）、奥布雷·比尔兹利（Aubrey

Beardsley）以及爱德华·蒙克（Edvard Munch）的作品。直到1897年他才开始重新复出，并且呈现出一种全新的艺术风格。这种全新的艺术风格不仅新颖，而且大胆和难以理解，它有三个典型的特征：分别是对于金箔材料的精心使用（运用了从他父亲那里学到的技术），对于彩虹色斑点条纹以及硬物瓷釉的使用，还有就是特别针对女性的那种无力的性特征的暗示。克里姆特的作品和弗洛伊德的观点并不相同：他的女性特征并不是神经质的，或者说是一点也不。德国的妇女解放运动在对女性内在方面的关注要比其他国家更加重视得多，而克里姆特的作品恰恰反映出了这一点。[47] 她们是冷静的、平和的，超越一切邪恶的，但是她们仍旧是把"本能的生活转化为艺术"，正如霍夫曼斯塔尔所说。在关注女性行为不检点的问题上，克里姆特颠覆了以弗洛伊德为首的原有的关注女性点滴生活的传统思路。这是对于理查德·克拉夫特－艾宾（Richard Krafft-Ebing）报告的曲解，这部报告名为"性欲的精神变态"（***Psychopathia Sexualis***），这同时导致他们在当时的焦急和震撼。克里姆特的新型思路立即导致了整个维也纳分成了两个派别，但是这也同时为他带来了来自大学的聘任通知书。

三个相关的领域也被纳入到研究日程上来，那就是哲学、医药学以及法学。这三个领域都曾掀起过一段时期的狂热，但是由于人们对医药学和法学的狂热都不过是在重复模仿对哲学引发的混乱，因此这也被人们简单地描绘为"光明对于黑暗的胜利"。克里姆特所做的不过是一个隐喻，人们身体的"歧散性的混乱"不断地传递给周围的旁观者，到达相互之间，并且被一片空白所环绕。哲学专业的教授们都特别愤怒了。克里姆特也因为发表"通过模糊的形式表达模糊的观点"的原因备受人们的蔑视。传统上，哲学这门学问是理性化的学问，它"通过严格的科学论证来寻求客观真理"。克里姆特的初衷并非如此，而且这一观点的后果也不是他想看到的：那就是80多名教授联合起来请愿，强烈要求在大学里不许再展示克里姆特的作品。这位雕塑家得到了他的酬金，而且不允许在以后的时间里在大学中继续授课。[48] 这场争论的重要性在于，在克里姆特的这些作品中，他试图发表一种主导性的声明。他一直在询问，在非理性、直觉和无意识主导着人们生活的主要方面的时候，理性如何才能够取得胜利？理性是不是就是摆在我们前面的唯一出路？本能和直觉实际上是更为古老且更有权力的力量。它很可能是返祖性的，是古老性的，而且不时会展示出隐藏着的巨大黑暗力量，但是，我们拒绝它能带来什么样的利益呢？[49]

“内省”的概念，在弗洛伊德或者说曼恩、舒兹勒以及克里姆特这里则是另外一回事——它是原始性的、活动性的、富于挑战性的。但是也同样存在另一方面的认识，以保罗·拉加德（Paul Lagarde）和朱利叶斯·朗伯恩（Julius Langbehn）为典型代表。他们中的任何一位在现在看来都不如弗洛伊德、克里姆特和曼恩广为人知，但是在当时，他们这些人名气一样大。而且他们之所以出名，就是因为他们对于现代性的强烈谴责和抗议，因为他们看到了现代性的全部，在他们看来，在一些虚幻和现代性的小发明之中，除了腐败和堕落之外，它们一无是处。拉加德是一名经学研究者（德国这方面的学术成就在世界上处于领先位置），他对于现代性的仇恨程度与他对于过去的浓厚兴趣一样，都是相当深刻的。他坚信人类的伟大和意志：他一直认为理性应当位于次等重要性的位置。他一直坚信每个国家都有自己的灵魂，坚信日耳曼和德意志主义：他认为德意志国家应当包含具有着独特意志的德意志英雄们所从属的民族。拉加德也是那些呼吁建立一种新宗教的人物之一，这一观点在后来的阿尔弗雷德·卢森堡、格林以及希特勒本人那里都有具体的体现。拉加德批判新教教会缺少宗教仪式和神秘感，它不过是仅仅超越了世俗主义而已。在拥护新教主义建立的过程当中，他说他希望看到“福音书中古老的教条伴随着德国的民族特色一起烟消云散”。最为重要的是，拉加德极力寻求德国民众的觉醒。他首先采纳了那种所谓的“内在移民”，他认为人们应当在自己身上寻求拯救自身的方法；但另一方面要拥护德国接管那些奥地利帝国中的非德国家。原因很简单，那就是德国民族是异常优越的民族，而其他民族，尤其是犹太民族，是非常劣等的民族。[50]

在1890年，朱利叶斯·朗伯恩发表了他的《作为教师的伦勃朗》（***Rembrandt as Teacher***）一书。在这本书里，朗伯恩的目的是为了谴责和质疑知性主义和科学。在他看来，艺术并非科学或者宗教，它是一种更为高贵的商品，是科学和美德的真正的源头。在科学中，古老的德国的一切美好德行都丢失了：诸如俭约、主体性、个性。《作为教师的伦勃朗》一书可以看做是“对现代德国知性主义温床的尖利的控诉”，在朗伯恩看来，这种知性主义的温床将会让很多鲜活的生命窒息而死；它体现的是一种对于民众和国家的理性力量回归的强烈要求，被物质文明压制得实在太久了的德国民众的理性主义。伦勃朗是一位“完美的德国人和无与伦比的艺术家”，他被人们描绘为站在整个现代文化的对立面，并且被人们尊称为是德国"第三次改革"的楷模。[51] 整本书的主题就是：德国文化正在遭受到科学与知性主义的破坏，它获得重生的唯一途径就是促使能反映出伟大人民内在的精神品质艺术的解放和觉醒，充分唤醒整个社会英雄主义、艺术气质和个性化的精神力量。在1871年以后，德国早已丧失了她的艺术气质和伟大的个性，朗伯恩甚至被看做是邪恶的象征。商业化和唯物质化(曼彻斯特化与美国化)的毒药正在逐步侵蚀普鲁士国家原始的内在的精神品质。朗伯恩认为，艺术必须受到充分的尊重，所以，自然主义、现实主义以及那些各种各样的如左拉或者曼恩等人关注的反映整个社会不公的任何事情，在本质上都是对现实的诅咒。[52]

换句话说，19世纪的德国正在生产一种特殊的艺术形式，这种特殊的艺术形式趋向于观察人们的内心深处和回顾历史，通过这种形式，德国人对文化的热爱促使了一系列文艺骚乱的发生，当然，这种观点可能存在争议，而且争议已经开始。从其他方面看来，这一形式为科学化的种族主义的产生提供了深刻的历史背景。

★ ★ ★

现代化的（科学化的）种族主义来源于三个因素。首先，启蒙主义的观点认为人们的生活状况取决于他们的生物本能的状况（这一观点与理论化的观点完全相悖）；第二，不同民族之间的大范围的联系是通过帝国主义性质的征服来实现的；第三，在整个世界范围内，对于不同文化特征的国家所进行的达尔文进化论思想的使用和误用。

瓦雷的生物种族主义

早期生物种族主义的代表人物之一是儒勒·瓦雷（Jules Virey），他是一名法国医生，曾经于1841年在法国做过关于"文明的生物起源"主题的讲演。瓦雷将整个世界上的人群分为两种类型。第一种是白种人，那就是"基本上达到了完美的文明化程度的人"，另外一部分人就是有色人种（包括非洲人、亚洲人和美洲的印第安人），他们将会遭到斥责，原因是他们"一直无法达到文明化的程度"。瓦雷对于"有色人种"将会达到"充分文明化程度"的看法一直持异常悲观的态度，他指出，就像白人一样，很多圈养的动物，诸如牛之类的，都会有白色的外表，而那些野生的动物，比如说鹿，都具有深色或者黑色的外表。虽然这种看法和当时的科学发现有很多不一致的地方（比如说在当时广为人知的是，在16世纪的时候，所有的人在皮肤和外表上都是同一种颜色），但是，对于瓦雷来说，他认为，自己的这种“基础性”的区分能够用来解决所有类型的所有问题。比如说，他认为“正如野生的动物经常要被人们捕杀一样，黑种人也命中注定了要沦落到被白种人捕杀的地步”。[53] 换句话说，奴隶制度一点也不残酷，因为它是与整个自然界的规律保持一致的。[54]

戈比诺

一个新的关于平等的观点兴起于19世纪，欧洲内部对种族主义的思考有所进步。一个我们非常熟悉的名字就是阿瑟·戈比诺（Arthur de Gobinean），他的主要作品就是《人类种族的不平等》（*On the Inquality of the Human Races*，1853—1855，在达尔文和自然选择理论提出之前，但是在《造物遗痕》一书之后），在这本书中，他认为德国和法国的贵族（不要忘记的是，他自己的贵族身份也是自诩的）“保持了雅利安人的各种原始特征”，雅利安人是人类种族的正统起源。而与此相对照的其他各个种族，都不过是一些混血的种族而已。[55] 这一观点在当时并没有广泛流行，只是在宣扬北部的新教教派和南部的天主教派的区别上达到了较大的效果，这一观点认为，北部新教教徒们的特征是勤劳、虔诚甚至是有些忧郁，而南部的天主教教徒的特征是“慵懒、积极、暴虐”。或许不必吃惊的是，很多北方的新教教徒将会发现（查尔斯·迪尔克就是其中之一），很多人都坚信那些北方的“民族”，诸如盎格鲁－萨克逊民族、俄罗斯民族以及中华民族，将会引导未来的文明发展之路。而其余的那些民族将会构成世界上所谓的“垂死挣扎中的民族”。[56]

拉波格

这一观点和论证在另外一位法国人乔治斯·瓦赫·拉波格（Georges Vacher de Lapouge，1854—1936）那里体现出了局限性。拉波格长期进行原始动物头骨的研究，他一直坚信种族是一种正在形成过程中的物种，种族上的不同是“先天的和无法根除的”，而且那种把种族中的不同抹杀的想法是与生物发展的规律相冲突的。[57] 对于拉波格来说，整个欧洲由三个种族群体所统治和主宰，分别是：欧洲种族——身材较高，有着白色皮肤以及狭长的头骨，第二是阿尔卑斯种族——身材较小，肤色较深，具有圆球型的头骨，还有一个就是地中海种族，也是具有狭长的头骨，但是有比前面说到的阿尔卑斯种族人更深的肤色和更短小的身材。[58] 拉波格将民主看做是一场灾难，而且坚信那些圆头型的种族将会接管整个世界。他认为长头型的种族在欧洲人口中所占的比例正在日益减小，原因是大量的人口开始迁移到了美国，并且他建议免费提供酒给欧洲种族，让他们尽可能多地自相残杀。他的设想并不是在开玩笑。[59]

萨姆纳、菲斯克和凡勃伦

在达尔文的名著《物种起源》出版之后，并没有用太长的时间，这一生物学中的经典理论就被扩展和延伸到了人类社会学领域，达尔文主义最早在美国的人类社会学领域得到宣扬。（达尔文在1869年被美国哲学学会吸纳为荣誉会员，而十年之后，他才被自己的母校剑桥大学授予类似的荣誉学位。[60]）美国社会学家威廉·格拉汉姆·萨姆纳（William Graham Sumner）以及耶鲁大学的索尔斯坦·凡勃伦（Thorsten Veblem），布朗恩大学的莱斯特·沃德，芝加哥大学的约翰·德文，哈佛大学的威廉·詹姆斯、约翰·菲斯克（John Fiske）以及其他的学者，一直在争论政治、战争以及人类社会被划分为多个社会阶层的问题，他们所借助的理论背景就是达尔文主义的“生存竞争”以及“适者生存”理论。萨姆纳确信达尔文看待人类的新型思路已经提供了一个最终的解释，也是最合理化的解释。它有效地诠释了自由放任的经济政策，这也是在商人之间流行的更加自由和更加解放的新型的竞争方式。其他的一些人也同时认为这一理论解释了世界上比较普及的帝国主义结构，在这样的社会结构里，“主动适应”的白种人的地位将会“自然而然”地放置在那些“堕落”的有色人种之上。[61] *

* 需要重提的是：这一段落中的很多话语来源于作者在前一本书中的一些详细的讨论，此书为《骇人之美 ：塑造现代思想的人物和观点》。

菲斯克和凡勃伦的理论与萨姆纳的理论直接冲突，他们两个人的代表作《有闲阶级论》（*Theory of the Leisure Class*）一书在1899年出版，而萨姆纳一直坚信只要用心去做，就可以达到生物学上的适应性的标准。凡勃纳在事实上将这一观点集中到了它最为关键的地方，他认为在商业世界里，那些被赋予了典型化特征的“主导性群体”其实并不比野蛮人强多少，只不过是对于更加原始社会化特征的一种“回归”而已。[62]

拉采尔的生存空间论

在说德语的国家里，真正的显赫的科学家们与冒牌的科学家们，真正的哲学家们和冒牌的哲学家们，还有知识分子和伪知识分子，在吸引公众注意力上彼此展开了激烈的竞争。弗里德里希·拉采尔（Friedrich Ratzel）是一名动物学家，也是一名地理学家，他认为所有的生命有机体都在围绕着生存空间展开激烈的竞争，在这些竞争里，胜利者将那些失利者驱逐出去。同样，这种竞争也延伸到了人类生活领域，那些成功的种族为了避免灭亡，维持自己种族的生存和繁衍，就必须极力拓展自己的生存空间。[63] 恩斯特·海克尔（Ernst Haeckel，1834—1919）是一位来自耶拿大学的动物学家，他特别赞赏社会达尔文主义，并将其视为第二自然规律。他将“竞争”看做是“每天生活必备的口令”。[64] 然而，海克尔却是种族特征遗传规律的坚决拥护者，而且和斯宾塞有所不同的是，他比较赞同那种采用强权力量的形态。人们根据他体现出来的好战的种族特征以及对于闪族种族的反叛，一般将他的行为看做是纳粹主义的表现。[65] 休斯敦·斯特瓦特·张伯伦（Houston Stewart Chamberain，1855—1927），作为仰慕英国的群体中的一个反叛分子的儿子，他只身前往德国并且迎娶了瓦格纳的女儿，对他来说，相比于对历史和文化“科学化”的理解而言，种族间的冲突才是最为根本的。[66] 张伯伦将整个西方的历史描述为“精神和文化上不断创新和开拓的雅利安种族与唯利是图、物质主义的犹太人种族之间无休止的战争和冲突”（实际上他的第一位妻子就具有半犹太种族的血统）。[67] 在张伯伦看来，德意志民族是雅利安种族最后的叛变者，但是随着与其他种族之间的通婚和生育，这一民族的势力正在不断地削弱。

诺尔道的恶化论

马克斯·诺尔道（Max Nordau,1849—1923），出生在布达佩斯，他和涂尔干等人一样，同样身为犹太学者的儿子。他最为知名的书是两卷本的《退化》(*Degeneration*)，尽管这本书长达600多页，但它仍旧成为一本国际畅销书。诺尔道确信“在整个欧洲存在着一场严重的精神瘟疫”，这种精神瘟疫类似于黑死病和歇斯底里症等病症，它正在日益影响着整个欧洲，逐步侵蚀着它的生命力，并且表现出一系列的病症：诸如“斜视眼，畸形的耳朵，发育迟缓……悲观情绪，冷漠，冲动，情绪化，疑神疑鬼，以及缺少最起码的正确和错误的辨别能力”。[68] 在他看来，欧洲的每一个角落都充满着退化和堕落。[69] 在他看来，印象主义画派之所以出现，是由于堕落的哲学所导致的视角的震颤，这一视角的变化使他们采用了一种模糊和朦胧的方式来进行作品的创作。在波德莱尔、王尔德和尼采的作品中，诺尔道和左拉都发现了一种“猥亵性的困扰”。诺尔道坚信退化的产生完全是工业化的必然结果——具体说来表现在一些铁路、蒸汽机、电话和工厂等因素带来的形式上的困扰。因此在弗洛伊德拜访诺尔道的时候，他发现诺尔道实际上承受着别人“无法承受的精神上的空虚”，而且他完全没有幽默感。[70] 这里的社会达尔文主义并不仅仅停留在理论研究的层面上，在欧洲国家中，这一现象在奥地利最为突出。两位重要的政治领导人格奥尔格·冯·舒纳（Georg von Schönerer）以及卡尔·卢戈（Karl Lueger），他们将这一理论渲染上了政治化的色彩，主要强调了两个方面的原因，首先是为了农民们的权力（因为他们坚持在与腐化的城市来往的过程中要保持自己的“无污染状况”），第二条原因就是更加严肃地反对闪族气质，因为在那里犹太人被描述成是堕落的代名词。当年轻的阿道夫·希特勒于1907年到达维也纳就读于这里的一家艺术学校时，也就是这种错误和充满邪气的观点鼓动了他。

罗伊尔

与之相对比的是在法国，这里对于社会达尔文主义的宣传是相对迟缓的，但是当这一理论一经传入的时候，它就表现出一种尤为激昂的社会达尔文主义形式。在《社会达尔文主义的起源》一书中，作者克莱门斯·奥古斯特·罗伊尔（Clemence Auguste Royer）持有很坚定的社会达尔文主义的观点，他将“雅利安种族”看做是远远优越于其他种族的种族，并且指出这些种族之间爆发的战争和冲突是为了民族的积极进步而必然出现的。[71] 在俄罗斯，无政府主义的代表人物彼得·克鲁泡特金（Peter Kropotkin，1842—1921）于1902年发表了他的《互助》（*Mutual Aid*）一书，在这本书里他提出了另外一种观点，他认为虽然种族之间的这种竞争无疑是社会生活中的事实，但这也恰恰说明了相互之间合作的可能性，这种相互间的合作在动物界里普遍流行，并且逐步成为一条人人共知的自然法则。同凡勃伦一样，他也在斯宾塞理论的基础上作了一些额外的发挥，提出在人类生活的领域中，暴力被证明为是一项极不正常的举动。社会达尔文主义与马克思主义相比并不仅仅是非自然的，而且并不仅仅存在于俄罗斯的知识分子群体头脑之中。[72]

罗林·布雷斯

类似的争论同样存在于大西洋另一端的美国南部的各个州。达尔文主义被描绘成是所有民族的共同起源，而且因此被人们用来作为反抗奴隶制度的证据，尤其是它被切斯特·罗林·布雷斯（Chester Loring Brace）如此使用之后。[73] 但是另外一些人却持相反的意见，约瑟夫·孔德（Joseph de Conte，1823—1901），与拉波格和拉采尔一样，都是有学问的研究者，并不是什么乡下人而是经过培训的理论家。当孔德的《南部的种族问题》（*The Race Problem in the South*）一书在1892年出版的时候，他被人们热情地推举为美国社会发展协会的主席。他的观点是残酷的达尔文主义。[74] 他一直认为当两个种族一经发生交往的时候，就必然会发生一个种族统治和主宰另一个种族的状况。

社会达尔文主义最为重要的迅速的影响就是优生学运动的产生，这一运动随着新世纪的到来而产生。上述的所有作家都对这一运动的产生起到过重要的促进作用，但是最早的起源者，即“优生学之父”，却是达尔文的表兄弗朗西斯·加尔顿（1822—1911）。在1904年发表的一篇文章中（在《美国社会学期刊》中发表），他指出，优生学的实质就是种族间的“劣等性”和“优越性”可以被客观明显地描述和衡量出来。[75]

★ ★ ★

种族主义，或者说是近来的相互之间从不妥协的民族中心主义，正在塑造着生活中的一切事情。理查德·金（Richard King）是一位研究原始印度哲学的权威学者，在他看来，是18世纪和19世纪东方的一些学者“很有成效地创造”出了印度教和佛教。[76] 他的意思是虽然东方人眼中关于信仰的复杂体系在过去的几个世纪里发生了很大程度的演化，但是居住在那里的人们并没有认同那种关于宗教信仰的概念，那就是将其“作为包含着一系列相关的诸如信念、教条以及礼拜仪式等要素的单块实体”。他说，宗教信仰的题中之义就是要将其作为有机化的信仰体系，运用神圣化的经文，具有随时为之献身的知识阶层，这是一个欧洲化的概念，根源于3世纪时期的耶稣，由他来重新定义拉丁词汇 *religio*（即宗教）。首先，这一称呼上的改变意味着对他们祖先所实行的传统宗教仪式进行的“重新解读”，但是，早期的耶稣教徒，迫于来自罗马教廷的压力和威胁，早已经进行过这个词语的重新解读，所以对他们来说，这个词语的意思是“密切联系在一起的集体，在这里，‘虔诚这一条纽带’将会把所有的信徒紧密团结在一起”。[77] 金说，也就是从这个角度上，宗教信仰已经成为一个完整的体系，它强调“有神论，以及在人类世界和神灵的先验世界之间存在的排他性、根本性的二元论……到了启蒙运动时期，所有的文化仪式通过这种理论都能被人们理解和广泛接受”。[78]

事实上，在金看来，*Hindoo* 这一术语最早来源于波斯语，它不过是梵文 *Sindhu* 的翻译而已，意思是代指印度河。换句话说，波斯人创造这个词的初衷是为了指那些生活在印度河附近区域的部落，在开始的时候这个术语根本没有任何宗教的意思。[79] 金认为当英国人到达这个地方的时候，他们最早开始将这群生活在这里的居民称为“要么是魔鬼的孩子，要么就是 *Gentoos*（来源于葡萄牙语 *gentio*，异教徒的意思）或者是印第安商人（尤其是商业在印度北部流行开来之后）”。但是，早期的殖民者们并不情愿将这些连基本的宗教常识都不明白的人描述为理解了这一术语，而且是他们将这一复杂的体系称为“异教徒的宗教”。[80] 一直到了18世纪末期，*Gentoo* 这个词才被改为 *Hindoo*，而且之后直到1816年，根据金所说，印度当地的一位知识分子罗姆默罕·罗伊才第一次使用了 *Hinduism* 这个词语。[81]

佛教的产生与此如出一辙。金说：“无论如何也不能肯定地说，藏族人、僧伽罗人以及汉族人在18世纪和19世纪接受欧洲人的影响之前，仅仅凭借他们自己的认识就搞清楚了作为佛教徒的一切要旨。”[82] 在这种情况下，欧根·博诺夫（Eugène Burnouf）成为了一个极为关键的因素，他的代表作《佛教在印度地区的引入》一书有效地开创了我们今天看到的这种宗教形式。他的这本书在1844年出版，是在147页梵文手稿的基础上编著的，这些手稿是布里安·哈德森（Brain Hodgson）于1824年从尼泊尔带回来的。

金说，不管是上述两种方式中的哪一种，在现在看来，当前这些宗教显示出的仪式都是传统经典样式“退化”之后的版本，他们都需要进行较大程度的变革。这种起源上的“神秘性”实现了三个目标。首先，通过展示和证明东方的“腐败和落后”，整个西方帝国的存在会被看做是合理的。第二，当东方还处于一种原始的蒙昧状态的时候，与之相比，西方人已经达到“现代化”而且进步的状态了。第三，东方原始的宗教满足了人们对于宗教起源的怀旧情结，这在当时是非常流行的观念。弗里德里希·施莱格尔已经道出了许多人的想法，尤其是当他写下“所有的一切，是的，所有的一切都毫无例外地有它在印度的起源”。[83]

★ ★ ★

帝国主义与文化

沃伦·黑斯廷斯，我们在前面已经提到过这个名字，他在1772年的时候当选为孟加拉国的总督。他一直坚信的观点就是，英国在印度的统治如果要强盛的话，它就一定需要印度人自身的统一和支持。这种方式让人难以置信的就是他看起来没有干扰任何人的意思。正相反，他开创了一系列教育上的前沿改革，借此来向印度的那些高层摇尾乞怜。首先，他在牛津大学筹建了一个波斯语的教授职位。这一做法一无所获之后，他开始了下一步的行动，那就是和威廉·琼斯以及其他的学者一起创建了孟加拉亚洲学会，这一部分的内容我们已经在前文介绍过。更多的实际性举措就是黑斯廷斯为那些东印度公司的官员们提供了学习波斯语的机会，波斯语在当时是显赫的孟买法庭采用的官方语言，而且他还派遣大批印度梵文学家前往加尔各答教授这些人梵语，并且在教授的同时翻译一些原始的经文。这些举措的一个重要后果就是：印度一些官员的后代开始逐渐熟悉当地的地方语言并且对印度和穆斯林文化怀有深深的同情。以下是从黑斯廷斯翻译的《薄伽梵歌》中的序言里摘出来的几个观点："任何学者观察到的印度人的角色特征都将会带给我们一种异常慷慨的感觉，尤其是针对他们的自然权力，而且他们教会我们用我们自己的方式来评估他们的做法。但是，诸如此类的例子只能够在他们的笔下存在；这些例子只能在英国对于印度的主宰状况中止的时候才能够成为现实，或者说只有到了那些资源仅仅从属于财富和权力的时代一去不复返的时候才能成为现实。"〔84〕

黑斯廷斯的成就在1800年的时候得到进一步的支持，在这一时期，新的总督马奎斯·韦斯利（Marquess Wellesley）创建了福特·威廉姆学院，这一学院在后来成为鼎鼎有名的东方大学。在这里，语言学的教学得到了进一步的拓展，除了波斯语和梵语之外，阿拉伯语以及另外的本地语言也都被纳入到学科之中，与它们一起作为研究对象的还有印度语、穆斯林以及印度本地的法律、科学和数学知识。韦斯利还尤其注意西方教学技术的引进，尤其重视书面考试和公开的讨论。"很多年来，这些辩论展开时借助的仪式一直被看做是最为重要的社会事件。"这一学院被当做一项极为重要的事业来看待，至少在早期的那些日子里是这样。学院拥有自己的印刷出版社，它印刷出版过教科书、印度经典书籍的翻译著作、印度历史和文化及法律课程的研究成果，而且一个新型的图书馆也建立起来，那里搜集了大量稀有的经文古籍。〔85〕

这一启蒙性的政策并没有持续太久。当东印度公司的"法庭"开始提出质疑的时候，这一政策第一次遭遇到了挫折。东印度公司建议整个学院，起码至少教授欧洲学科的那部分学院，应该被转移到英国本土兴建。随后，紧跟着英国人在印度南部城市瓦洛的大屠杀，政策发生了决定性的变化，决议认为英国在亚洲次大陆的权力要想继续得以维系的话，就必须要求印度当地的民族大众发生认识上的转变。〔86〕这是一个根本性的转变，因为除了再次发生战争之外，这一变革将永远不会发生。在一本被命名为"印度人的辩护"的庆祝性的小册子中（它的作者是孟加拉国的一位官员——陆军上校"印度人"斯图尔特），作者认为任何企图促使印度大众发生转向的尝试都是注定要失败的，这其中的一个重要原因就是印度的宗教大多"在很多方面是较为优越的……大量的印度人眼中的神都不过是现实中很多美德的具体的表征，而那种轮回说的理论则更多地适用于包含天堂和地狱的基督教观念体系"。〔87〕

这并不是件多么有益的事情，随着1813年国会对于东印度公司宪章的重新恢复，加尔各答地区的主教辖区重新建立起来，威廉姆·福特学院在这一过程中被拆除，图书馆里那些大量的藏书和经文也遗失到了各个地方。在1854年1月，学院被官方彻底取缔。[88] 孟加拉亚洲学会也被放置在一边自生自灭。学院的存活，以及整个社会的状况，都成为更广范围内的社会变革的晴雨表。在18世纪晚期到19世纪早期，英国人一直延用着东方主义的政策，这些政策至少帮助西方人更加充分地了解了东方人的知识。这一新型的态度，关于大众转向的尝试，至少帮助印度实现了殖民者和被殖民者之间的两极分化。

在思想领域，帝国主义遗留给了我们什么呢？答案是复杂的，而且不能够脱离开整个现代世界以前的殖民地的社会、政治以及经济发展的实际情况。在第二次世界大战结束后的很多年里，随着各地非殖民地化运动的加速开展，帝国主义国家也背上了沉重的负担：这是帝国主义在对殖民国家进行控制的过程中体现出的种族主义、过度的经济开发、文化上的盲目自大必然带来的结果。很多后现代运动都开始将重现前殖民文化作为自己的主要目标。印度人阿马蒂亚·森，曾经获得诺贝尔经济学奖，并且在哈佛大学和剑桥大学举办过专门的学术讲座，他在报告中说在英国人离开印度之后，印度的饥荒现象大大减少了。

但是，近来又出现了一些让人迷惑的新的现象。“假如没有了英国在整个世界统治区域的延伸，那么就很难让人相信的是，自由资本主义的结构能够在世界上经济状况千差万别的国家如此成功地建立起来就成了天方夜谭……印度作为世界上最大的民主制国家，更要对英国的统治感恩戴德。印度本地的精英学校、大学、公共服务、它的军队、它的新闻界和整个议会体系都具有明显的照搬英国模式的痕迹。最后一点，就连英语自身都……19世纪的大英帝国不容置疑地开创了自由贸易和自由资本流动（劳伦斯·詹姆斯曾经将这一运动称做‘看不见的金钱的帝国’），而且还导致了奴隶制度的废除，产生了自由劳动力。大英帝国投入了大量的资金来进行全球化交流网络的发展。这一网络在更大的范围内普及和增强了法制观念。”奈尔·弗格森早就明确地指出，在1913年整个帝国处于发展辉煌期的时候，外国直接投资中的63%都被用到了这些国家的发展上，然而到了1996年，这一比例仅仅保持在了28%的份额上。在1913年，世界股票基金的25%被投资到这些国家中，相当于每个人收入的20%或者说略低于美国人均国内生产总值的水平；而到了1997年，这一比例一直下降到了

5%。在1955年，也就是殖民统治时期末期，赞比亚的国内生产总值有整个大英帝国的1/7那么多；而到了2003年，也就是该国获得独立40周年左右的时候，这一比重却仅仅是1/28。近来的一个关于49个国家的统计调查显示，“那些实行习惯法统治的国家对于投资者权益保护的水平，要比法国等国的民法进行的保护水平高得多”。那些广大的实行习惯法统治的国家基本上都曾经被英国统治过，美国的政治社会学家希摩尔·马丁·利普塞特(Seymour Martin Lipset）曾经指出，那些曾经被英国统治过的国家与被其他国家统治过的国家相比，在独立后实现“持续化的民主”方面，具有着相当显著的机遇和优势。而另一方面，殖民主义的消极影响在他们统治以下这些国家的过程中显露无疑，这些国家已经具有了较高的城市化水平，具有自己源远流长的文化（诸如印度和中国），在这些国家里殖民者们最感兴趣的是抢劫，而不是为这些国家兴建发展所必需的新设施。弗格森认为这可以更好地解释人们经常说起的“巨大的分歧”，那就是上述两个国家为什么由世界的领先地位——领先的时间最晚可以一直延续到16世纪——沦落到相对贫穷的境地。

因此，帝国主义并不单单是指赤裸裸的征服。它的目的是为了建立一个国家政府，形成对于全球的控制，而且并不仅仅是指获得权力上的控制。殖民主义的研究者不仅包括塞西尔·罗德斯（Cecil Rhodes)，而且还包括沃伦·黑斯廷斯以及威廉·琼斯。[89]

★ ★ ★

东方主义的发展在多大程度上影响了帝国主义这一问题，在20世纪晚期一直是学界争论的焦点话题，而且这一话题还一直延续到今天。这一话题之所以引起了人们更加强烈的关注，是因为巴勒斯坦的批评家同时也是纽约哥伦比亚大学比较文学学科的教授爱德华·萨义德（Edward Said）的推动和促进。在他的两本著作中，萨义德都指出，首先，19世纪的大部分文学作品都将东方描述为一个充满幻想的地方，那里，充满着各种漫画类型以及简约化的特征。比如说，简·莱昂·格罗迈斯的作品《耍蛇者》(1870)，就表现了一个年轻的男孩，浑身赤裸，身上弯曲缠绕着一条蛇，站在一块地毯上与前来围观的人们一起娱乐，周围有一群佩带着来复枪和宝剑的深色皮肤的阿拉伯人，他们正在沿着装饰着阿拉伯图饰以及阿拉伯经文的墙脚来回地闲逛。萨义德的观点就是东方学术的知性发展，与实践中的西方学术相比，在很大程度上由于政治权力的干扰而变得腐化，那种认为“东方文化”是一个独立发展实体的观点相对于包含着多种文化、多种宗教信仰、多种种族群体的广大区域来讲，无疑是荒谬和渺小的。他同样也举了一个例子，那就是法国人西尔维斯特·德·萨西(Silvestre de Sacy)，他的著作《阿拉伯文选》在1806年出版，他在书中竭力倡导将“东方文化研究”放到和拉丁文化、希腊文化研究同等的位置上，这一观点帮助人们开始接受东方文化和传统的希腊、罗马经典文化是处在同一个层次的观点。萨西认为，通过这样一种方式，整个世界开始被分为两个部分，由于不平等的政治权力导致的不平等的经济文化交流所引起。他认为西方人在看待“神秘的东方文化”时，头脑中存在着“想象力的魔鬼”，致使他们一直认为“东方人”永远都是懒惰的、欺诈性的而且是非理性的。[90]

★ ★ ★

萨义德在《文化和帝国主义》(*CuHure and Imperialism*，1993）一书中进一步拓展了自己的观点。只有在萨义德所谓的“伟大的文化档案”之中，“知性和美学中的跨越海洋的支配作用才显得尤为明显。假如你是19世纪60年代的英国人或者法国人，你将会看到或者感受到，印度和北非给你的就是一种熟悉却又有些距离的感觉，但是在这种感觉里，你永远不会感受到他们具有独立的主权。在你的小说中、历史故事中、旅行故事以及探险活动中，你的感觉都是自己的意识一直在代表着绝对性的权威……权力影响下的你将永远也不会认为那些所谓的‘当地人’，也就是那些不管是屈从于你还是消极地配合你的当地人，会有足够的能力来要求你放弃对整个印度或者阿尔及利亚的统治。或者说就是他们敢于说一些与你们的想法和观点相左的话，向你提出挑战的事情……”[91]在一些更基本的层面上，萨义德一直坚信：“帝国主义说到底就是思考怎样才能居住和占领那些所有权不属于你的土地，那些远方的土地，那些被他人所居住并且为他人所拥有的土地……对于那些19世纪的英国和法国公民来说，帝国是很自然的文化关注的重要议题。英国所属的印度以及法国所属的北非自身都在英国和法国社会的意识、经济、政治生活和社会机构等方面发挥着异常重要的作用，如果我们提到下面这些人物的话，我们将仅仅能够描绘的是他们集体智慧创造出来的巨大艺术成就的一隅。这些人包括德拉克罗瓦、埃德蒙·伯克、罗斯金、卡莱尔、詹姆斯以及约翰·斯图亚特·密尔、吉卜林、巴尔扎克、纳瓦尔弗里、福楼拜，还有康拉德。”这是萨义德自己的观点，他认为“伟大的欧洲现实主义小说”出现的最主要目的就是为了维系社会对海外扩张的支持。[92]

简·奥斯汀

萨义德更加关注1878年这个时段，在这一时段里，帝国主义“瓜分非洲”的狂潮正式拉开了序幕，也正是在这一时期，现实主义小说也达到了它创作上的最高峰。“到了19世纪40年代这段时期，英国小说作为一种审美形式和一种知识分子的声音，在英国社会达到了它发展的一个显赫时期。”[93] 所有主要的19世纪的英国小说家都接受了一种全世界范围内的观点，他们都表示不能够忽视整个英国的海外势力。[94] 萨义德还列举了符合他所述观点的一些作品：诸如简·奥斯汀的《曼斯菲尔德庄园》以及夏洛蒂·勃朗特的《简爱》，萨克雷的《名利场》，查尔斯·金斯利的《西行记》，查尔斯·狄更斯的《远大前程》，迪斯累利的《坦克雷德》，乔治·艾略特的《丹尼尔的半生缘》以及亨利·詹姆斯的《妇女的肖像》。他认为，帝国在任何地方都是一个至关重要的设置。萨义德认为，“在很多情况下，帝国更多的是作为一项法典为19世纪的欧洲服务，在小说中这种作用只是被轻微地提及，就像那些在豪华的大家庭中提供服务的佣人，他们的工作被认可，但是仅仅是名誉上的，很少被学习和借鉴或者被重视……”[95]

比如说《曼斯菲尔德庄园》（*Mansfield Park*，1814）一书的主要叙事线索就是沿着主人公范妮·普莱斯的命运展开，她在自己10岁的时候离开了在朴茨茅斯附近的家园，前往曼斯菲尔德家园开始一种新型的生活，也就是博特拉姆家的乡村庄园。在这个家庭里，范妮很快得到了整个大家庭的尊重和喜爱，尤其是家中多个姐妹的一致喜爱，并且因此赢得了庄园主长子的爱情，范妮在这本书最后的结局里也就是与他结婚，成为后来这个庄园的女主人。但是，萨义德更加关注的却是作者奥斯汀的一些额外的评论，大意就是说托马斯·博特拉姆在国外，照看着他在西印度安提瓜岛的那些财产。萨义德说，这些引用所体现出来的内容与当时世界上的实际情况存在着很大的冲突。但是事实是存在的，那就是“真正能够适宜生存的地方就是安提瓜岛上的博特拉姆庄园，它的经营状况并不是很好”。[96] 奥斯汀看得很清楚，他认为经营和管理曼斯菲尔德庄园其实就等于是在经营和管理一个帝国的财产，更不用说状元与帝国之间无法忽视的联系了。“能够保证一个庄园内部平静和吸引人的和谐的因素就是来源于其他庄园的生产和自律。”[97]

正是这种平静与和谐让范妮钟爱有加。正如她自己就是一个被从外部带入曼斯菲尔德庄园的人物一样，她其实同样是“被转运的商品”，正如在安提瓜岛生产出来的糖，成为曼斯菲尔德庄园维持庄园平静与和谐必须借助的工具一样。正基于此，奥斯汀实际上将社会和政治联系到了一起，旧的血液都需要借助新鲜的血液来进行更新：整个帝国在很多方面看来都不是很突出的，但是它在经济上的作用却是异常重要的。萨义德的潜台词就是说，奥斯汀本人由于自身的人文气息和艺术气质，使得她在不经意间认同了奴隶制度以及随之而来的残酷，正如认同了殖民地一定要沦为大都市的附属一样。他在此引用了约翰·斯图亚特·密尔在《政治经济学原理》一书中关于殖民地的理论：“它们（殖民地）在很大程度上不能够被当做正常的国家来看待，看待它们的最合适的方式就是将其当做为更大更强的国家提供农业和制造业原料的外在的商品和销售市场……这里所用到的资本都是英国提供的；这里所有的工业活动基本上都是围绕着英国的工业市场需要进行的……与西印度等地的商品贸易根本算不上外部的经济交易，而实际上更像是城市和乡村所进行的交通运输。”[98] 在萨义德看来，《曼斯菲尔德庄园》作为一个财富和智慧的混合体，教规的一项华丽的组成部分，它所遮蔽的东西与它所彰显的东西同样重要，这就是它那个时代的典型特征。

吉卜林

吉卜林（Kipling）和康拉德两个人都将表现帝国时期的这段经历作为自己作品的主题，比如前者的《凯姆》（1901），后者的《黑暗心灵》（1899）、《领主吉姆》（1900）以及《诺斯特罗莫》（1904）。萨义德将《凯姆》这部书看做“勇往直前的男性”小说，在这本书中塑造了两个非常有吸引力的男性形象。凯姆本人一直作为一个男孩的形象而存在（这部书描述了他从13岁到17岁的经历），而且这部小说最为重要的背景，“伟大的游戏”——即政治、民主和战争，都被看做是一场大闹剧。埃德蒙·威尔逊关于《凯姆》的著名论断曾经认为：“展现在我们面前的是两个并排存在但却截然不同的世界，它们相互之间不存在真正的了解……像两条平行线一样永远不会相交……在吉卜林的小说中从来不存在任何根本性的冲突，因为吉卜林从来不希望面对任何的冲突。”〔99〕与此相反，萨义德认为：“《凯姆》中的殖民服务同对于印度公司的效忠之间的矛盾之所以无法解决，不是因为吉卜林不愿意面对冲突，而是因为在他看来根本就不存在什么冲突。”在吉卜林看来，印度最好的命运就是要接受英国的殖民统治。〔100〕吉卜林尊重印度社会里出现的各种社会分层，对于他们的存在并无反感，他和他小说中的人物都不曾对这种社会分层提出干涉。他说，到了19世纪晚期，在印度存在着61种根据社会地位进行的划分，印度当地人群和英国人之间的爱恨交织的关系“来源于双方人群体现出来的复杂的阶层态度”。〔101〕“我们必须阅读这部小说，”萨义德总结道，“这是一系列伟大积累过程的最终实现，它在19世纪的最后一段时期达到了印度独立之前自身发展的最高潮：一方面，英国实现着对印度的监督和控制；而另一方面，印度的方方面面又能够吸引和博取人们爱慕……当我们今天阅读《凯姆》这本书的时候，我们将会看到一位伟大的艺术家，在关注他的时候，我们会产生一种自身看待印度的视角被遮蔽之后的感觉……作者深深喜爱这种感觉之下的印度，但是却不能真实合理地拥有它。”〔102〕

康拉德

在那些积极热衷于帝国争夺战的人群当中，约瑟夫·康拉德由于他抛弃非洲“过剩的财富”而知名。体验了在不同的商业船队中做水手的多年生活之后，康拉德开始沉寂下来专心进行自己的小说创作。他最为知名的小说作品有《吉姆老爷》(1900)、《黑暗心灵》(1902年以书本形式出版)、《诺斯特罗莫》(1904)以及《密码代言人》(1907)，这些作品广泛吸收了达尔文、尼采以及诺尔道等人的观点来开拓一条界线，这条界线存在于20世纪科学、自由和技术的乐观主义以及人类本质的消极主义之间。有一次在报道中，

约瑟夫·康拉德

他告诉H.G威尔士说，“威尔士，我们俩之间的不同是根本性的。你不关注人性本身，但是却认为它是可以改进的。我虽然关注人性本身，但是却知道它是无法改进的！”[103]

康拉德原来的名字是提奥多·康拉德·科泽尼沃斯基，他于1857年出生于波兰的一个地方，在这个被多次瓜分的国家里，他的出生地早在1793年就被俄国占领（他的出生地就是现在的乌克兰）。他的父亲叫阿波罗，是一位失去了土地的贵族，原因是在1839年反俄暴动的时候，他们家的土地被强制征收。康拉德在他12岁之前一直是个孤儿，因此他的生活一直依赖于自己慷慨的、慈母般热情的叔叔塔德苏兹，他每年都定期向康拉德提供补助，到了1894年他去世的时候，留给了自己的侄子康拉德大约1600英镑的财富（在现在看来相当于10万镑）。这一时间正好和康拉德的第一部作品《奥尔迈耶的愚蠢》（这本书于1889年开始写作）出版的时间保持一致，并且在这一时间，他开始使用自己约瑟夫·康拉德的笔名。从此开始他成为一名作家，开始将自己做水手时的经历和故事写成小说。[104]

在康拉德的叔叔去世之前的一段时间里，约瑟夫在返回波兰的途中曾经在布鲁塞尔驻留过一段时间，接受当时比属刚果地区的一个位置的面试，这个面试对他来说是至关重要的，决定了他在1890年6月到12月之间在比属刚果的生活经历，而且在这里生存了10年之后，他写出了自己的名作：《黑暗心灵》。在那个10年里，刚果一直存留在他的脑海里，并且他在等待一个合适的契机来把自己的这段经历在文章中表现出来。这一契机最终产生于1897年对于“贝宁湾大屠杀”案件的揭示以及斯坦利等人在非洲的冒险活动。《贝宁湾——流血的城市》一书于1897年在伦敦和纽约出版，向西方的文明世界展示了一个当地印度人血腥礼拜仪式的令人惊骇的故事。在1884年的柏林会议结束之后，英国对尼日尔河流域的区域实施了保护国的统治策略。当地国王杜博尔采用人牲的方式祭祀祖先的庆典活动开始时，一个前往贝宁湾（现在尼日利亚的一个小城）的英国使团遭受到屠杀。为了报复，英国派遣了一个探险团来占领这个国家，使其长期成为奴隶制国家。这支探险团的司令官R.H.培根在自己的文章中记叙的某些内容与《黑暗心灵》一书中的记载基本上保持一致。当培根司令官到达贝宁湾的时候，他即使具有最最栩栩如生的语言表达方式，也无法描述出自己当时看到的情形：“用什么话语来描述这个地方令人恐惧的状况都是毫无用处的，每一个地方都充斥着死亡、残暴和血腥，而且这里散发的味道根本就不适合于人们的呼吸甚至生存。”[105] 康拉德拒绝了对于组成“恐怖，恐怖”因素的具体描述，这两句话是这部小说的最后结尾里最为著名的两句话。正如库尔茨 (Kurtz) 所认为，在后来的玛洛和英雄嘴里都得到过具体的印证。但是康拉德把这些东西看得很渺小。而培根将这看做是“磨难之树”，这棵树被成堆的头骨和尸体所包围，鲜血涂抹在任何地方，甚至包括青铜制成的雕像和象牙上。

然而，康拉德的目的却不单单是为了激发西方文明社会对这里的暴行进行报道的回应。培根司令官也在文章中例证了这种观点：“……那些当地人绝对不会看不到，那些白种人所谓的和平与完善的统治意味着快乐、满足和安全。”同样的观点也出现在库尔茨的报告中，这份报告是他为研究野蛮文明压制的国际社会学会提供的。玛洛在描述这份报告的时候形容它是“这部作品中最精彩的部分”，“依靠它雄辩的说服力让人震撼”。可是，在文章的最后，光明和可怕，如同寂静夜空中陡然出现的闪光灯一样，“终止一切暴戾”。[106]

这些文明人内心深处的野蛮同样在白人商人的行为中显示出来，在玛洛那里他们被称为“朝圣者”。白人旅行家的故事对康拉德的文学创作也起到了借鉴作用，这些故事同H.M.斯坦利在“黑色非洲”中所叙述的一样，在写作的过程中都毋庸置疑地添加了欧洲人优越于当地人的心理。《黑暗心灵》在构思过程中将文明和暴戾、光明和黑暗进行了讽刺性的对换。以下是斯坦利小说中的一个细节，记录在他的日记当中。由于需要食品，斯坦利就告诉当地的人说：“我们必须拥有食物，否则的话我们就会死亡。你们必须出卖食物来换取我们的珍珠，红色的、蓝色的或者绿色的，黄铜电线或者是贝壳，抑或是……我在他们的喉咙处做了一个十字形的手势。这就足够明了了，他们马上就明白了我的意思。”[107] 而与之相对比的是，在《黑暗心灵》这本书中，玛洛对他们在探险过程中所遭遇到的那群食人部落人群的克制力印象深刻，这群饥饿的人群获得了少量的金属线，但是他们没有食物拿出来出售，因为他们食用的那些河马肉早已经变质，散发着欧洲人无法忍受的刺鼻的味道，于是这些肉被欧洲人扔到了岸上。玛洛非常不解的是“为什么这些人不跟随着我们这群人，然后拿我们当一顿丰盛的晚餐”。[108] 库尔茨是一位有代表性的人物，当然（“整个欧洲都对库尔茨形象的塑造起到促进作用”），康拉德尖锐的讽刺力量在玛洛的叙述话语中清晰地体现出来。帝国的文明化与野蛮的掠夺在本质上是没有什么区别的：

“对于战利品的可耻掠夺曾经在很大程度上损坏了人类道德的历史”，正如康拉德曾经在很多地方所描述过的一样。[109]

在《黑暗心灵》这本书出版的时候，曾经出现过，或者说在以后也可能会持续出现，康拉德会对他的一部分读者表示出厌恶。这种反应正凸显了他自身的价值。这种现象或许可以在理查德·科尔那里得到最好的解释，他是最早的全方位研究康拉德的作者，他的作品在1914年发表。[110] 科尔能够认识到对于很多人来说，都会有一种持续性的需要，那就是坚信虽然这个世界在现在这个时期是让人不安的，但是通过人们的集体努力和选择使用合适的自由主义哲学，这个世界的发展就会被重新纳入到正常的轨道。和自己同时代的小说家威尔士（Wells）和高尔斯华绥（Galsworthy）有所不同，康拉德一直嘲弄这种观点至多不过是一种幻想，如果把握不当，还会导致走向令人绝望的毁灭之路。[111] 证据显示，由于在非洲的那段经历，康拉德病倒了，不仅是身体上的，更是心理上的，而且自此之后，他开始跟那些当时非洲和亚洲的帝国主义者以及种族掠夺主义者划清了界限。《黑暗心灵》一书在终结利奥波德的残暴统治方面起到了关键性的作用，这种统治方式后来被用到了比属刚果的统治上。

★ ★ ★

英语的历史

虽然出生在波兰，而且尽管《黑暗心灵》这本书确实是以比属刚果作为主要的写作背景，但是约瑟夫·康拉德却是用英语来完成自己的著作。帝国主义策略最早正式开始于美洲，但是在后来的印度和瓜分非洲的狂潮时达到高潮，这一策略的一项重大成就就是英语语言的广泛普及。今天，印度说英语的人数已经和英国本土说英语的人数持平，而且是北美的5倍。在整个世界，说英语的人数已经达到了15亿。而在先前的很多年里——几个世纪以来——英语都不过是少数群体的语言，因为它比较难以掌握，所以使用的人比较少。至于它后来所取得的成为世界上最有用的语言的成就，正如梅尔文·布拉格（Melvyn Bragg）所说，是一次意义深远的探险。

我们最早粗略地了解英语是在公元5世纪，当时德国的很多勇士最早学说英语，他们曾经被邀请到当时的英国，作为雇佣军来一起保卫即将分崩离析的罗马帝国。[112] 大不列颠岛的最早居民是凯尔特人，他们说凯尔特语，当然由于罗马人的影响，他们的语言中也会或多或少地带上一些拉丁语的特点。但是德国的各个部落——萨克逊、盎格鲁和朱特——都说各种各样的方言，只有他们相互之间才能够沟通，而且这种情况一直持续到盎格鲁部落最终统一德国之后。现在弗里斯兰省（位于荷兰北部靠海的位置）使用的语言，被认定为同早期的英语有最亲近的关系，在那里，诸如 ***trije***（three，即“三”），***froast***（frost，即“霜冻”），blau（blue，即“蓝”），***brea***（bread，即“面包”）以及 ***sliepe***（sleep，即“睡觉”）等词语，还一直沿用到现在。[113]

早期的英语借用了很多来自拉丁语和凯尔特语的文字，比如说“win”(wine)，“cetel”(cattle)以及“streat”(street)，但是现在使用的大部分英语单词都是来源于古老的英语——比如 you，man，son，daughter，friend，house，等等。当然也有一些来源于北部的词语，诸如“owt”（anything）以及“nowt”(nothing)，分别来源于“awiht”以及“nawiht”。[114] 在表示地点的词语中，凡是以“ing”结尾的词语都指代的是“正在做……的人” ——比如 reading，dorking，hastings；以“ham”结尾的词语都意味着这里原来是一片农场，比如 Birmingham，Fulham，Nottingham；以“ton”结尾的词语都意味着是围场或者是乡村，比如 Taunton，Luton，Wilton。而在德国的各个部落带来的却是北欧古代的字母表，它被视为是字母表中的字母产生后的第一张字母表。这些字母大多都是由笔直的线条所组成，这样就可以更简单地用石头或者木头来制成。这一语言方式总共有 24 个字母组成，缺少 j，q，v，x 以及 z，但是包括 æ，ρ，δ和 uu，最后一个后来成为 w。[115]

英语在起源的时候被人们称做“Englisc”，一直到了北欧海盗入侵的时候才得到了长足的发展，在这之后，结尾加上“by”的词语开始表示地名，用来暗指一些农场和城镇：比如 Corby，Derby，Rugby。丹麦人将“son”用在了个人的名字中，将它置于名字的最后用来指代父亲：比如 Johnson，Hudson，Watson。在当时，另外一些被纳入到英语的词汇还包括：“birth”，“cake”，“leg”，“sister”，“smile”，“thrift”以及“trust”。[116]

在 1066 年黑斯廷斯战争爆发后的 300 年时间里，英语遭受到了严重的威胁。当时的“征服者”威廉在圣诞节那天于威斯敏斯特大教廷举行了自己的加冕仪式，在这一年里，所有的仪式都被用英语和拉丁语来执行，但是国王本人却从头至尾一直在说法语。法语成了教廷以及议会的官方语言。但是，英语也获得了生存和发展，很多法语词汇的引入使得英语的很多词汇意思发生了改变。法语的引进主要使用在对于社会等级的描述上，比如说：army（*arm'ee*），throne（*trone*），duke（*duc*），govern（*governer*），还有在烹饪行业上，比如说：pork（*porc*），sausages（*saussiches*），biscuit（*bescoit*），fry（*frire*）以及vinegar（*vyn egre*）。[117] 古老的英语中的那些词汇并没有绝迹，很多时候它们被相应地改变了。比如说，古老的英语单词中"苹果"原来是指所有种类的水果，但是当法语词汇"fruit"被引入之后，古老英语中苹果的词汇就改变了意思，用来指代一种单一的水果，那就是现在我们通常使用的"apple"。[118] 其他在这一时期进入英语领域的法语词汇还包括：chimney，chess，art，dance，music，boot，buckle，dozen，person，country，debt，cruel，calm以及honest。词汇"checkmate"来源于法语词汇 *eschec mat*，这一词语同样也是转义于阿拉伯词汇 *Sh h mt*，意思是说"皇帝死了"。[119] 这些词汇一起构成了我们后来所说的中世纪的英语。[120]

中世纪的英语开始取代法语在英格兰的地位是在14世纪的晚期才出现的。英国在这一时期发生了巨大的变化，就像与此同时其他国家发生的巨变一样，主要原因就是黑死病的蔓延，它夺取了相当数量牧师的生命，这些人大多都说法语或者拉丁语。农民革命的兴起也大大促进了英语的复兴，因为他们都将英语作为自己的主要语言。当理查德二世在史密斯菲尔德向自己的将帅沃特·泰勒以及他的士兵们发表演讲的时候，据布拉格所述，他采用的就是英语。而且据历史记载，理查德二世是已知文献中第一个一直使用英语的君主。在1399年，当兰卡斯特的公爵亨利自立为王并且将前任理查德二世罢免的时候，他同样一直使用的是被官方历史称为他的"母语"的语言，那就是英语。[121] 作家乔叟使用的大约1/4的词语都来源于法语，[122] 虽然它们的很多词义在现在已经丢失了（比如"lycour"=moisture，"straunge"=foreign，distant），但是他仍旧信心十足地使用英语，这标志着英语语言使用的一个转向。[123]

这种自信心同样反映在很多学者迫切要求将《圣经》翻译成英文版本。虽然约翰·威柯利夫（John Wycliffe）被认为是最先尝试这一工作的人，但是在布拉格看来，来自牛津女王学院的尼古拉斯·黑尔福特（Nicholas Hereford），才在这一领域作出了最大的贡献。他翻译的手稿，至今被密封保管在牛津，这一手稿曾经被传出有很多个版本——据说至少存在175个版本。[124]

In the bigynnyng God made of nouyt heuene and erthe
Forsothe the erthe was idel and voide, and derknessis weren on the face of depthe; and
the Spiryt of the Lord was borun on the watris.
And God seide, Liyt be maad, and liyt was maad.

由此可看出，拼写在当时还是比较混乱的。Church经常被拼写成cherche, chirche, charge, cirche，而people经常被拼写为pepull, pepille, poepul或者pupill，这些在当时都是被允许的。大法官法院为这些词汇定了型，大法官法庭一词也由原来的Chancellery缩短成Chancery。大法官法庭是介于法庭、税务机构和白厅之间的一个机构，实际上实行着管理管家的任务，"大法官法庭英语"（Chancery English）就逐渐成为"官方"的、权威的版本。Ich被I所取代，sych 以及sich 被suche 所取代，righte成为right。当印刷术产生之后，拼写变得更加确定化，同时伴随着元音使用上的重大变革，这一变革对于英语的整个发音体系起到了重大的变革作用。没有人知道为什么这一变革会发生，但是布拉格给出的一个例子就可以清楚地证明这一变革的重要性，他给出的一个句子是，在变革后，我们可以将这个句子理解为"我把我的船命名为皮特"，但是假如元音变革不发生的话，这句话拼出来的意思将会与我们的原意大相径庭。[125]

所有上述的这些都是日益增长的自信心的体现，1611年出现了一项重大的变革，那就是金·詹姆斯（King James）所译出的《圣经》版本，这一翻译是在威廉·泰勒（William Tyndale）翻译的基础上进行的。在他的翻译里我们可以清楚地看到现代英语的形成过程，包括它的实质性内容和具体表现形式：

Blessed are the povre in sprete:for theirs is the kyngdome off heven.
Blessed are they that morne:for they shalbe comforted.
Blessed are the meke:for they shall inherit the erth.

Blessed are they which honger and trust for rightness:for they shalbe filled.

在文艺复兴和那个发现的年代，由于多国语言的相互交流，英语的发展实现了大爆发：比如说bamboo（马来语），coffee 以及kiosk（土耳其语），alcohol（阿拉伯语），curry（泰米尔语）。人文主义的兴起，以及对于传统经典的持续兴趣，重新促使了很多希腊和拉丁词汇的复兴（诸如：skeleton，glottis，larynx，thermometer，parasite，pneumonia）。它们的广泛使用导致了所谓的墨水壶之争的兴起。墨水壶是用来盛放墨水的羊角小壶，以便于使用羊毛笔蘸墨水来书写，这个词后来被指代那些喜欢创造词语并以此来炫耀自己对于传统经典多么博学的人。这种创新在后来已经逐渐地少了，虽然我们现在还经常使用前文已提到的那些词汇，比如说，“fatigate”（使……疲劳），“nidulate”（搭建一个窝）以及“expede”(impede的反义词)。[126] 莎士比亚也是文艺复兴运动中的重要人物，他也是最早使用那些特殊的词语和短句的人，而不在乎这些词语和短句是自己创造的还是借用别人的。他所有的书都是用莎士比亚式的英语编写而成的，但是在他的作品和戏剧中，我们仍旧可以发现以下这些新鲜的词语和短句：诸如：obscene，barefaced，lacklustre，saladdays，在我眼中看来，在失落方面的词语要比在愤怒方面的词语使用得多。他还使用过很多罕见的词语，比如：cadent，tortive，perisive，甚至是honorificabilitudinatibus这样的词语。[127]

在美国，新的景象和新人的出现激发了很多新鲜词汇和新字的的产生，这些词包含了从foothill，一直到bluff，watershed，moose，以及stoop。然后又出现了squatter，raccoon（在一段时间是rahaugcum），以及skunk（segankw）。很多我们熟悉常用的词汇被放在一起，用来描述一些新的事物和经历：比如说bull-frog，rattlesnake，warpath。在新大陆，很多传统词语意义发生了变化：树林“lumber”这个单词在伦敦的语言体系中是垃圾的意思，而到了美国语言体系中，这个词的含义又变成了砍树。诺亚·韦伯斯特（Noah Webster），一位普通的学校教师，他曾经写出了畅销书《美国语拼写手册》（*American Spelling Book*）。这本书在新的语言世界里曾经被翻印过多次，成为销售量仅次于《圣经》的畅销书。他在这本书里解决了整个国家在关于词汇拼写上的困惑：于是如今，尽管在英国人仍然发cemet’ry 以及 laborat’ry 的音，但是美国人却习惯于读出单词的所有音节，那就是cemetery，laboratory。[128] 是韦伯斯特最先将colour和labour中的“u”去掉，并且将traveller中的第二个“l”去掉。在他看来，这些字母都是完全没有必要的。他还将theatre和centre两个单词的形式改为theater和center，这样看起来更加清晰，正如将cheque的单词形式改为check也是如此。Music和physic的形式也发生了变化，将词尾的“k”给省略掉。[129] 由于对外来词汇吸纳的大门敞开，很多印度的词汇也被引进来——比如maize，pecan，persimmon，toboggan，虽然这其中的很多词语诸如tamarack以及pemmican并不像其他的一些外来词语那样使用得如此频繁。那些贫穷的人乘坐着木筏，依靠船桨来做动力，到西方考察，这曾经被称做是riffs，但是在此之后，这一称呼转变为“riff-raff”。“pass the buck”以及“the buck stops here”这两个短语都来源于西方流行的纸牌游戏。“buck”这个词原来的意思是指带着一个鹿角把手的匕首，这个物品传递的含义就是那些有权威的人或者正在进行商品交易的人。[130] OK这个词，或者写成okay，是公认的在英语语言中使用最频繁的词语，据说它有很多种源头上的解释。乔克托族的印第安人认为这个词应该写作***Okeh***，意思是“正是如此”。但是在波士顿，这个词被人们看做是Orl Korrekt的缩写形式，一些伦敦东部的英国人声明他们也是如此理解和使用这个词。在路易斯安纳州工作的劳动者经常在自己搬运的棉花包装袋上涂写上*Au quai*的字样，表示这些包装袋已经准备好，可以随时沿着河道运送到海边。但是这些关于这个词语起源的解释都是很表面的，它的深层次含义到现在还很少有人触及。[131]“Jeans”这一词语渊源揭示的功劳归于列维·施特劳斯先生，他曾经用过一块叫做“geane fustian”的布料，这一布料最早是在热那亚地区手工制作的。

启蒙运动和工业革命自然也帮助引入了更多的新鲜词汇——比如reservoir，condenser，sodium（1807年），centigrade（1819年），kleptomania（1830年），palaeontology（1838年），gynaecology和backterium（都是在1847年），claustrophobia（1879年）。据估计在1750年到1900年之间，世界上出版的科学类报刊中有一半是用英语出版的。[132] 在大英帝国对印度的统治发展到最高潮的阶段时，是由印度人还是由英国人掌握语言权是一个富有争议的问题。而且，作为印度化的欧洲语言，大部分英语的深厚遥远的文化背景是梵语。但是从印度传到英语中的新词汇主要包括：bungalow，cheroot，thug，chintz，polo， jungle，lilac，pariah，khaki（意思是带颜色的沙漠），以及pyjamas。[133] 在英语中将原来的Kolkata改写为Calcutta，虽然后来不久它的称呼又改回到了原来那个。

但是在19世纪，英语伴随着大英帝国领土的扩张而普及，它在澳大利亚、西印度、非洲以及中东的很多地区都得到了普及，它的成就已经达到了先前阿拉伯语、拉丁语以及法语所取得的成就，成为一种国际化交流的通用工具，而且这一作用和地位从那时开始，一直延续到现在。甘地曾经意识到自己的国家被英语所奴役，而且他也的确这样说过，但是那些用英语进行小说创作的印度小说家表现得如此完美，受到如此的追捧，使得这种意识很快被掩盖。英语在全世界范围实现普及的例子，反映出早期的关于民族主义和帝国主义的观点，但是英语的普及却比它们进行得更为顺利。英语不仅仅是一种属于帝国的语言，而且它还是一种属于科学、资本主义、民主以及网络的语言。

注 释

〔1〕 舒尔茨，《国家，民族和民族主义》（*States, Nations and Nationalism*），牛津：布莱克威尔出版社，1994/1996年，第69页。

〔2〕 安东尼·派格登，《民族与帝国》（*People and Empires*），伦敦：威登菲尔&尼克尔森出版社，2001年，第89页。

〔3〕 尼尔·弗格森（Niall Ferguson），《帝国：英国如何塑造整个现代世界》（*Empire: How Britain Made the Modern World*），伦敦：艾伦·莱恩／企鹅出版社，2003/2004年，第63页，同时参见：派格登，如前所引，第92页。

〔4〕 同上，第94页。

〔5〕 同上，第97页。

〔6〕 同上，第98页，弗格森，如前所引，第85页，为了新英格兰人的财富。

〔7〕 关于"保护主义"的术语，意思是说东印度公司需要把他们自身也包含在制定的政策范围之内。参见杰根·奥斯特海姆（Jürgen Osterhammel），《殖民主义》（*Colonialism*），新泽西、普林斯顿以及伦敦：普林斯顿大学出版社，2003年，第32页，同样可见：弗格森，如前所引，第163页。

〔8〕 派格登，如前所引，第100—101页。

〔9〕 杰雷米·巴恩斯特恩（Jeremy Bernstein），《统治的黎明时期：沃伦·黑斯廷斯的生活和时光》（*Dawning of the Raj: The Life and Times of Warren Hastings*），伦敦，奥兰姆出版社，2001年，第208页，也可见：弗格森，如前所引，第38页。

〔10〕 派格登，如前所引，第104页。弗格森，如前所引，第xxiii页和第260页。大卫·阿米特奇（David Armitage），《大英帝国的意识形态起源》（*The Ideological Origins of the British Empire*），英格兰剑桥：剑桥大学出版社，2002年，其中论述到，新教教徒对于财产的观点是帝国概念的重要组成部分。

〔11〕 西莫尔·德雷彻（Seymour Drescher），《从自由到奴隶制：对大西洋奴隶制度产生和衰落的比较研究》（*From Freedom to Slavery: Comparative Studies in the Rise and Fall of Atlantic Slavery*），伦敦：麦克米伦出版社，1999年，第344页，解释说犹太人也参与了些许的奴隶贸易。

〔12〕 派格登，如前所引，第111页。

〔13〕 同上，第112页。

〔14〕 同上，第113页，同样可见穆那，《信仰》（*The Faith*），伦敦：奥兰姆出版社，2002年，第537页及后文，罗马教皇关于奴隶制度的敕令。

〔15〕 派格登，如前所引，第114页。

〔16〕 劳伦斯·詹姆斯（Lawrence James），《大英帝国的兴起与衰落》（*The Rise and Fall of the British Empire*），伦敦：小布朗/阿巴卡斯出版社，1994/1998年，第185页。德雷彻，如前所引，第69—71页，威尔伯福斯生前和生命中的废奴运动。

〔17〕 派格登，如前所引，第117页。

〔18〕 舒尔茨，如前所引，第197页。

〔19〕 同上，第198页。

〔20〕 同上。

〔21〕 同上，第199页。

〔22〕 同上，第200页。

〔23〕 同上，第204页。

〔24〕 同上，第205页。

〔25〕 托尼·史密斯（Tony Smith），《帝国主义的形态》（*The Pattern of Imperialism*），英格兰剑桥：剑桥大学出版社，1981年，第41页，这本书探讨了商业贸易集团开始干预帝国主义意识形态的方式问题。

〔26〕 弗里德里希·梅内克（Friedrich Meinecke），《世界大同与民族主义国家》（*Cosmopolitanism and the National State*），罗伯特·金伯翻译，新泽西，普林斯顿：普林斯顿大学出版社，1970年，第25—26页。

〔27〕 同上，第136页。

〔28〕 米歇尔·默顿（Michael Morton），《赫尔德与他的诗化思想》（*Herder and the Poetics of Thought*），匹兹堡：宾夕法尼亚大学出版社，1989年，第99页。

〔29〕 舒尔茨，如前所引，第232页。

〔30〕 同上，第233页。

〔31〕 沃尔夫冈·J. 莫姆森（Wolfgang J. Mommsen）编辑，《帝国主义》（*Imperialismus*），汉姆博格（Hamburg）出版社，1977年，第371页。

〔32〕 威廉姆·J. 斯泰德（William J. Stead）编辑，《C. I. 罗德斯最后的意愿和遗嘱》（*The Last Will and Testament of C. J. Rhodes*），伦敦：Review of Reviews Office，1902年，第57页和第97页及后文。同样可见，詹姆斯，如前所引，第169页。

〔33〕 奥斯特海姆，如前所引，第34页。

〔34〕 劳尔·吉拉尔道特（Raoul Girardot），《法国的民族主义，1871—1914》（*Le*

nationalisme français)，巴黎，1966 年，第 179 页。

〔35〕 舒尔茨，如前所引，第 237 页。

〔36〕 弗里茨·斯特恩，《爱因斯坦的德国世界》(*Einstein's German World*)，新泽西、普林斯顿以及伦敦：普林斯顿大学出版社，1999 年，第 3 页。

〔37〕 威廉姆·埃沃代尔 (William R. Everdell)，《最早的现代派：20 世纪欧洲思想起源的概貌》(*The First Moderns: Profiles in the Origins of Twentieth-Century Thought*)，芝加哥：芝加哥大学出版社，1997 年，第 166 页。

〔38〕 威廉姆·约翰斯顿 (William Johnston)，《奥地利的思想：一段知识分子化和社会化的历史，1848—1938》(*The AustrianMind: An Intellectual and Social History 1848–1938*)，伯克利、洛杉矶和伦敦：加利福尼亚大学出版社，1972/1983 年，第 183 页。

〔39〕 戈登·克莱格 (Gordon A. Craig)，《德国，1866—1945》(*Germany: 1866–1945*)，牛津，纽约：牛津大学出版社，1978/1981 年，第 39 页。艾瓦·科林斯基 (Eva Kolinsky) 和维尔弗里德·范·德维尔 (Wilfried van der Will) 编辑：《与德国文化伴生的剑桥》(*The Cambridge Companion to Modern German Culture*)，英格兰剑桥：剑桥大学出版社，1998 年，第 5 页。

〔40〕 同上，43 页，科林斯基和范·德维尔，如前所引，第 21 页。

〔41〕 见吉尔斯·麦克当纳 (Giles Macdonogh)：《最后的恺撒》(*The Last Kaiser*)，伦敦：威登菲尔 & 尼克尔森出版社，2000 年 / 凤凰城，2001 年，第 3 页。科林斯基和范·德维尔，如前所引，第 22—23 页。

〔42〕 克莱格，如前所引，第 56 页。科林斯基和范·德维尔，如前所引，第 21 页。

〔43〕 同上，第 218 页。

〔44〕 同上，第 218—219 页。

〔45〕 勋伯格，《作曲家的人生》，伦敦：大卫·哈奈特/麦克唐纳·福多乐出版社，1970/1980 年，第 239 页。

〔46〕 克莱格，如前所引，第 218 页。

〔47〕 J.W.布罗 (J. W. Burrow)，《理性危机：1848—1914年间的欧洲思想》(*The Crisis of Reason: European Thought,1848–1914*)，纽黑文和伦敦：耶鲁大学出版社，2000 年，第 158 页。

〔48〕 它们在1945年纳粹烧毁伊曼多夫宫殿的时候被破坏，它们在第二次世界大战期间曾经被存放在这里。

〔49〕 卡尔•E. 舒斯克(Carl E. Schorske),《维也纳：政治和文化》(*Fin-de-Siècle Vienna: Politics and Culture*)，伦敦：威登菲尔＆尼克尔森出版社，纽约：克诺夫出版社，1980年，第227页—232页。

〔50〕 布罗，如前所引，第137—138页。

〔51〕 见克莱格的书，如前所引，第188页。

〔52〕 布罗，如前所引，第188页。

〔53〕 派格登，如前所引，第147页。

〔54〕 同上，第148页。

〔55〕 霍夫施塔特，《美国思想界的社会达尔文主义》(*Social Darwinism in American Thought*)，波士顿：灯塔出版社，1944/1992年，第171页。

〔56〕 见托尼·史密斯，如前所引，第63—65页，解释了为什么俄罗斯人在这一点上不能够成为后来发展中的民族。

〔57〕 伊万·汉纳福特(Ivan Hannaford)，《民族：一种观念的历史》(*Race: The History of an Idea*)，华盛顿和巴尔的摩：武德鲁·威尔森中心出版社以及约翰斯·霍普金斯大学出版社，1996年，第292页。

〔58〕 麦克·霍金斯(Mike Hawkins)，《欧洲和美国思想界的社会达尔文主义，1860—1945》(*Social Darwinism in European and American Thought, 1860–1945*)，英格兰剑桥：剑桥大学出版社，1997年，第193页。

〔59〕 同上，第196页。

〔60〕 霍夫施塔特，如前所引，第5页。

〔61〕 同上，第51—70页。

〔62〕 同上，第143页。

〔63〕 汉纳福特，如前所引，第291—292页。

〔64〕 霍金斯，如前所引，第132页。

〔65〕 汉纳福特，如前所引，第289—290页。

〔66〕 霍金斯，如前所引，第185页。

〔67〕 同上。

〔68〕 霍夫施塔特，如前所引，第338页。

〔69〕 同上。

〔70〕 约翰斯顿，如前所引，第364页。

〔71〕 霍金斯，如前所引，第126—127页。

〔72〕 同上，第178页。

〔73〕 同上，第62页。

〔74〕 同上，第201页。

〔75〕 汉纳福特，如前所引，第330页。

〔76〕 A.L.麦克费尔（A. L.Macfie），《东方主义》（*Orientalism*），伦敦：朗文出版社，2002年，第179页。

〔77〕 同上，第180页。

〔78〕 同上。

〔79〕 同上。

〔80〕 托尼·史密斯认为，在英国人到来之前，从经济状况上来讲，印度地区要落后英国大约500年的时间，麦克费尔，如前所引，第75页。

〔81〕 同上，第181页。

〔82〕 同上。

〔83〕 同上，第182页。

〔84〕 引用自弗格森，如前所引，第39页。伯恩斯坦，如前所引，第89页，书中说纳撒尼尔·哈尔海德（Nathaniel Halhed，在1771年的时候23岁）是最早指出孟加拉语与梵语之间关系的人。

〔85〕 黑斯廷斯同样还资助了好几项探险活动：伯恩斯坦，如前所引，第145页。

〔86〕 麦克费尔，如前所引，第53页。

〔87〕 见托尼·史密斯，如前所引，第74页，关于英国人如何破坏印度当地的一场争论。

〔88〕 麦克费尔，如前所引，第56页。

〔89〕 弗格森，如前所引，第365—371页。

〔90〕 爱德华·萨义德，《文化和帝国主义》，伦敦和纽约：查托＆温达斯出版社／古典书局，1993/1994年，第6页。

〔91〕 同上，第11页。

〔92〕 同上，第8—12页。

〔93〕 同上，第85页。

〔94〕 萨义德研究的一些不足之处，见：瓦雷里，肯尼迪（Valerie Kennedy），《爱德华·

萨义德：批评学导言》(*Edward Said: A Critical Introduction*) 英格兰剑桥：政治出版社，2000年，第25页和第37页。萨义德仅仅考虑到了小说：见罗杰·本雅明 (Roger Benjamin)：《东方主义美学：艺术，殖民主义和北非，1880—1930》(*Orientalist Aesthetics: Art, Colonialism and North Africa, 1880–1930*)，伯克利和伦敦：加利福尼亚大学出版社，2003年，尤其是第129页及后文，艺术家的旅行奖学金。也可以见菲利普·朱利安 (Philippe Jullian)，《东方主义：东方景色中的欧洲画家》(*The Orientalists: European Painters of Eastern Scenes*)，牛津，飞顿 (Phaidon) 出版社，1977年，在他影响艺术家的这片文章里，他认为他们帮助了"被孤立的东方"(第39页)。

〔95〕 萨义德，如前所引，第75页。

〔96〕 同上，第102页。

〔97〕 同上，第104页。

〔98〕 同上，第108页。

〔99〕 埃德蒙·威尔逊 (Edmund Wilson)，《没人能够读懂的吉卜林》(*'The Kipling that nobody read'*)，见《在伤口和屈服之间》(*The Wound and the Bow*)，牛津，牛津大学出版社，1947年，第100—103页。

〔100〕 诺埃尔·安南 (Noel Annan) 在他的文章《吉卜林在历史思想学史中的地位》(*'Kipling's place in the history of ideas'*) 中提出了另外一种不同的观点，他认为吉卜林关于社会学的观点与后来新的社会学家们的观点有相似之处——诸如涂尔干、韦伯以及帕累托，他"将社会看做许多群组的关联，以及这些群组无意识建立起来的行为形式，他认为是这些形式，而不是人们的意志以及诸如阶级、文明或者国际传统等模糊抽象化的东西，最终决定着人们的日常行为。他们一直在探寻这些群组如何促进社会秩序以及偶尔带来的社会不稳定，尽管他们的先驱们早已经探寻过是否特定的群组一定能够带来社会的进步"。萨义德，如前所引，第186页，以及诺埃尔·安南，"吉卜林在历史思想史中的地位"，《维多利亚学刊》(*Victorian Studies*)，4号，第3卷，1960年6月，第323页。

〔101〕 萨义德，如前所引，第187页。

〔102〕 同上，第196页。

〔103〕 雷蒙德·O. 汉龙 (Redmond O' Hanlon)，《约瑟夫·康拉德和查尔斯·达尔文》(*Joseph Conrad and Charles Darwin*)，爱丁堡，萨拉芒德出版社，1984年，第17页。

〔104〕 D.C.R.A.古纳提勒克 (D. C. R. A. Goonetilleke)，《约瑟夫·康拉德：超越文化和背景》(*Joseph Conrad: Beyond Culture and Background*)，伦敦，麦克米伦出版社，1990

年，第15页及后文。

〔106〕 约瑟夫·康拉德，《黑暗心灵》，爱丁堡和伦敦：威廉姆·布莱克伍德／企鹅出版社，1902/1995年。

〔107〕 古纳提勒克，如前所引，第88—91页。

〔108〕 康拉德，如前所引，第20页。

〔109〕 古纳提勒克，如前所引，第168页。

〔110〕 理查德·科尔（Richard Curle），《康拉德：一位学者》（*Joseph Conrad: A Study*），伦敦：可根·保罗出版社，法国：Trübner，1914年。

〔111〕 在《西方文化的特征》（*Occidentalism*）一书中(伦敦，大西洋书店，2004年)，伊恩·布鲁马（Ian Buruma）和阿维沙·玛格丽特（Avishai Margalit）对于东方的风俗习惯持另外一种相反的观点，“人们对于西方世界原型的认知常常在心理面增加当地人民的仇恨意识，这会加剧基地组织开展的各项运动。”这种意识培植了19世界泛德国地区的一系列的政治运动，这些运动极大地影响了20世纪阿拉伯世界国家以及日本等国人们的思想意识，以及波斯摩尼教，以及天主教和希腊正统教派的区别，在后者的基础上，在俄罗斯，形成了反理性主义的精神。

〔112〕 梅尔文·布拉格（Melvyn Bragg），《英语普及的历程》（*The Adventure of English*），伦敦：霍德＆斯托顿出版社，2003年，第1页。

〔113〕 同上，第3页。同样可见杰弗里·休斯（Geoffrey Hughes），《英语词汇的历史》（*A History of English Words*），牛津，布莱克威尔出版社，2000年，第99页。

〔114〕 布拉格，如前所引，第28页。

〔115〕 休斯，如前所引，第xvii—xviii页，英语的大事年表；或者参见：芭芭拉·A.芬内尔（Barbara A. Fennell），《一段英语发展的历史》（*A History of English*），牛津，布莱克威尔出版社，2001年，第55—93页。

〔116〕 布拉格，如前所引，第23页。

〔117〕 奥斯特海姆，如前所引，第103—104页，关于殖民主义者如何影响（主要是破坏）殖民地地区的语言的讨论。

〔118〕 布拉格，如前所引，第52页。

〔119〕 同上，第58页。

〔120〕 同上，第52页。

〔121〕 同上，第67页。

〔122〕 M.T.克朗奇（M. T. Clanchy），《英格兰与它的统治者》（*England and Its Rulers*）（第二版），牛津，布莱克威尔出版社，1998年。

〔123〕 并不是所有的征服者都会将自己的语言强加给被统治者：见奥斯特海姆，如前所引，第95页，关于西班牙和荷兰（在印度尼西亚）在殖民统治方面经历的不同点。

〔124〕 布拉格，如前所引，第85页。

〔125〕 同上，第101页。

〔126〕 休斯，如前所引，第153—158页。

〔127〕 布拉格，如前所引，第148页。

〔128〕 布尔斯汀，《美国人》（*The Americans*），伦敦：威登菲尔&尼克尔森出版社，1966年，第275页，关于美国人的“说话方式”。

〔129〕 约翰·阿尔吉奥（John Algeo）编辑，《英语语言的剑桥历史》（*The Cambridge History of the English Language*），英格兰剑桥：剑桥大学出版社，2001年，第6卷，第92—93页，以及第163—168页多处。也可参见布拉格，如前所引，第169页。

〔130〕 布拉格，如前所引，第173页。

〔131〕 布尔斯汀，如前所引，第287页，说关于ok这个词，它的另一个起源就是来自old kinderhook，这个词是马丁·范·布伦的昵称，在他的总统竞选运动中使用。竞选期间，他曾经得到了纽约民主组织ok俱乐部的拥护和支持。

〔132〕 布拉格，如前所引，第241页。

〔133〕 关于英语在世界范围的发展状况，可见：罗伯特·伯克菲尔德（Robert Burchfield），《英语的剑桥历史》（*The Cambridge History of the English Language*），英格兰剑桥：剑桥大学出版社，第5卷，1994年，尤其是第10章。

第六章　美国式的思想和现代化的大学

帝国主义在旧的欧洲大陆得到空前发展的时候，正好和美国独立战争爆发的时期相一致。因此，在某种程度上说，每个大陆都面临着一个相似的困境——那就是如何才能让不同民族、不同种族的人生活在一起。所以说美国独立战争不管从哪个层面上讲都是美国发展史上的一个分水岭。虽然在当时只有不多的人才能意识到这一点，但是，在奴隶制度上进退两难的窘境还是让国家出现了衰退的景象，正是这场战争最后才使资本主义和工业化充分释放出了自己的能量。也直到内战结束的时候，这个国家才获得了充分的自由来实现自己早期作出的承诺。

1865年时美国的人口数量升至3100万，相对而言，这个数量与当时主要的欧洲国家相比仍然是微不足道的。同其他事物的增长一样，知识分子的人数也正在形成和扩大的过程之中。[1] 在1776年独立战争胜利之后，宪章得以颁布，这些在很多欧洲人看来都是足以振奋人心的，他们感觉到美国人原来对自己并非缺乏自信。但是即使这样，仍旧有很多不确定的因素：国门仍旧在持续开放（导致产生了如何处理和平原印第安人之间的关系等问题），而且移民形式也正在发生变化。1803年，美国从法国手中购买了路易斯安那州。因此，不管从哪个方面来看，种族、部落、国籍、宗教归属以及民族身份等各种问题都会一直存在。在这种情况下，美国必须学会装扮和掩饰它自己，设计出很多能够满足自身需要的思想和理论体系，而且在适当的场合还可以沿用旧世界的思想。[2]

欧洲的思想观点逐步被纳入到美国语境中并且被理解和吸收的过程，已经被理查德·霍夫施塔特（Richard Hofstadter）和路易斯·梅纳德（Louis Menand）所记录下来，而且在后者的记录中更新更充分。路易斯·梅纳德是哈佛大学的英语教授，他进行记录时使用的方法是对19世纪很多个小群体中的个体人物编写传记的方式，这些个体人物都是新型的英国人，他们相互之间都非常了解，而且正是他们中的一部分人创造了我们今天所说的现代思想的典型的美国传统，也就是美国式的思想。这一章节的第一部分内容在很大程度上依赖于梅纳德的这本著作。[3] 这些选取的个体，专业涉及哲学、法学、心理学、生物学、地质学、数学、经济学和宗教学。尤其值得一提的人物包括：拉尔夫·瓦尔多·爱默生，奥利弗·温德尔·霍尔姆斯，威廉·詹姆斯，本杰明·皮尔士以及查尔斯·皮尔士，路易斯·爱格西以及约翰·杜威。

“这些人在个性上存在着极大的区别，而且他们在很多观点上并不都能保持一致，但是他们在很多观点上仍然存在着交点，所以他们团结一致的时候，会比其他任何群体更有推动作用，尤其是在将美国思想推进到现代社会的过程中……他们这些人的观点改变了美国人的思考方式——而且进一步来考虑的话——还改变了美国人的教育、民主、自由、公正和容忍度。正是这些因素改变了美国人的生存方式——他们学习的方式，表达自己观点的方式，了解的方式，以及如何对待周围不同于自己的人的方式……我们可以说这群思想家们共同的地方不在于他们各种各样的观点，而在于一个单一的观点——那就是关于创意学的观点。他们都一致认同观点并不是‘放置在那里’等待人们去发现的东西，而是工具——诸如刀叉以及微芯片一类的东西——这种工具是人们发明出来用于解决自己在世界里寻找自我的时候产生的问题的。而且他们认为正是由于观点是对于瞬间出现的、无法复制的自然环境的临时性反映，所以它们自身的生存并不依赖于它们的永恒性，而是它们的适应性……他们教会了人们一种怀疑主义的方法，这种方法教会了人们在一个另类的、工业化的、大众市场化的社会里如何生活，在这个社会里，年长的人控制着文明的发展，社会形式看起来正在逐步削弱……当然在他们的作品当中也存在着很多模糊的地方，比如说什么思想能在战争中增加人们的快乐这一问题。”[4] 沿着这条路思考，我们将会更加关注美国很多知识分子中心的产生——比如耶鲁大学、普林斯顿大学、芝加哥大学和约翰斯·霍普金斯大学、哈佛大学，以及在马萨诸塞州的剑桥麻省理工学院。

★ ★ ★

星期六俱乐部

最早创造出这种美国传统的人是奥利弗·温德尔·老霍尔姆斯。他的朋友圈子比较好，在他的朋友圈里包括了卡伯特家族、昆西家族，以及杰克逊家族，其中杰克逊一家来源于一个古老的土地所有者家庭；但他本人却是一个曾经在巴黎大学学习过医药学的教授。正是老霍尔姆斯最早创造出了“波士顿婆罗门”的术语，用来指代那些出身比较优越的学者。也正是老霍尔姆斯，在做医生的那段时期里，发现了分娩热的病因，并最终解释说这种疾病是由于医生自己在一次接一次的分娩过程中传染的。这一发现并没能使他在自己的医生同行们面前获得认同，但是在当时看来，这却是疾病细菌理论和防腐消毒研究领域发展的一项重大进步。[5] 老霍尔姆斯在担任哈佛医学院的院长时，他在学术上达到了顶峰，虽然在很多人看来，老霍尔姆斯有名更是因为他在很多人眼中是他们见识过的最好的演说家，以及他曾经主导创建了形而上学俱乐部，同时也以“星期六俱乐部”而闻名，在这里，大家晚餐时主要讨论一些文学类的话题，这个俱乐部中的其他成员还包括爱默生，哈索恩，朗费罗，詹姆斯·拉塞尔·洛厄尔，以及查尔斯·埃利奥特·诺顿。老霍尔姆斯同时还帮助创立了《大西洋月刊》；他亲自给这份杂志起了这个名字用来反映在新的世界体系和旧的世界体系之间的关联。[6]

爱默生

美国知识分子传统的另外一位创立者就是爱默生。老霍尔姆斯和爱默生是很好的朋友，两人之间相互影响，相互交流。1837年，爱默生在哈佛大学就“美国学术”这一主题作了一场著名的美国大学优等生之荣誉学会（Phi Beta Kappa）的专题演讲，而当时，老霍尔姆斯还是场下的听众。这只是爱默生一系列演讲的第一场，在后来的很多演讲中，爱默生不断宣扬美国文学独立性的概念，催促他的公民伙伴们采用一种自身特有的写作方式，而要与他们熟悉的欧洲传统相互区别开（虽然在他崇拜的人中，基本上没有几个美国人）。一年之后，在哈佛神学院举行的一场声名卓著的的演讲活动中，爱默生解释了他是如何因为宗教布道的原因而“偏离自己的研究主题”的，而且还把自己的手工制作品的人工化和外边正在飘飞的大自然的雪花来进行比较。他自己说，这一行为（加上平日里的很多思考）导致他断绝了自己对于超自然的耶稣力量的信任，放弃了对有组织的基督教的依赖，转而支持一种个体化力量的昭示。正是部分由于这样的原因，导致了哈佛大学——后来还有一座加尔文教派的学院——整整有30年都没理睬爱默生。[7] 老霍尔姆斯一直对他的朋友表示出了真诚和支持。最重要的是，他分享了爱默生在美国文学上的主要观点，这也正是他为什么在兴办《大西洋月刊》的过程中全力以赴的原因。[8]

对于小霍尔姆斯来说，爱默生带给自己的启迪可以与自己的父亲老霍尔姆斯相媲美。在很多年后，小霍尔姆斯还谈到，作为1858年时哈佛大学的一位新生，正是爱默生的观点在他的心头“燃起了一把火焰”。但是小霍尔姆斯自己的观点并不是和自己的老师一模一样。虽然小霍尔姆斯在宗教问题上同样赞成废奴主义，但是他基本上很少参加直接针对黑人的社会运动。不同的是，小霍尔姆斯能够更加清楚和深刻地认识当时的形势。他认为《匹克威克外传》（***The Pickwick Papers***）令人作呕，因为它在对待西印度人时的做法欠妥当，而且他同样痛恨吟游诗人的表演——他们的做法在小霍尔姆斯看来带有明显的“自我歧视性”。[9] 他同意爱默生的观点，认为一个科学化的世界观不应该排除一种道德化的个体生活，或者换句话说，就是与那些处在规范化宗教体系之外的朋友们交流，要远比处在规范化体系中的朋友交流容易得多。

奥利弗·温德尔·霍尔姆斯和《普通法》

正是因为小霍尔姆斯心中一直持有这样的观点，因此1861年美国国内战争的爆发为他真正参加一些实践活动提供了机会。他兑现了自己的承诺，在“道德责任感的鼓舞”下，他毅然参加了战争。[10] 他参加的第一场正式的战争，就是当年10月21日爆发的伯尔的布拉夫（Ball’s Bluff）战争，这场战争绝对称不上成功：1700多名联军战士试图穿越大河，但是最终安全返回的只有不到一半的人。小霍尔姆斯胸口附近被击中一枪，是队伍中最先受伤的三个人之一，正如梅纳德在书中所说，正是由于这些伤口，塑造了小霍尔姆斯。（小霍尔姆斯信中的字迹绝对称不上完美，他告诉通讯员说，原因是自己的这些信件都是受伤后平躺着写出来的。）[11] 此后，虽然他会时不时地回忆起自己在战争中的经历，但是却从不阅读关于美国内战这段历史的书籍。[12] 他知道对于重新追忆那场令自己恐惧的战争，自己所知道的东西和手中所拥有的东西都是不起什么作用的。主导美国内战这场战争的因素是现代化的武器和后现代化的战争策略。关于步兵团武器的订单已经做出，就是用来对抗火枪，这种枪的射程可以达到80码。而19世纪的步枪射程可以达到400码左右。这也可以用来解释美国内战人员伤亡惨重的原因，在这场战争当中，大量的美国人失去了生命，这也是为什么美国内战能让小霍尔姆斯和其他的一些人如此震撼的原因。[13]

在见证了这些人员伤亡之后，小霍尔姆斯学到了在他一生中都一直坚持的原则。那就是对于确定性和肯定性说法的不屑一顾，以及对于“过度绝对化必然会导致暴力冲突”[14] 观念的认同。他审查了自己的遭遇之后评论道，虽然1850年时的废奴主义者在某些北方人看来是颠覆性的危险分子，但是到了战争结束的时候，他们却成了“爱国者”。他因此总结道：“生命中绝对不会仅仅存在一种必须的生活方式。”[15] 这种观点指引了他，并且促使他形成了后来所谓的发散性的评判标准。他的这种智慧体现在了他最为知名的著作《普通法》（*The Common Law*）一书中。[16] 这部书开始写作的时候正值洛厄尔在哈佛大学进行演讲，12场演讲，屋子里都坐满了人，洛厄尔的所有演讲都是在没有讲稿的情况下完成的。[17]

他的个人传记的作者马克·德沃尔夫·豪（Mark DeWolfe Howe）说过，小霍尔姆斯是英国或者美国第一位将普通法放在屈从于哲学家的分析理解以及历史学家的解释的位置上的律师。[18]小霍尔姆斯观点中体现出来的哲学思想认为法律并不具备超越个体的目标和观点。（这一观点正是他从美国内战带来的巨大灾难中得出的。）[19] 并且这一观点沿此方向继续发展。[20] 至少从事实发生的角度来看，每一件案情的存在都是独一无二的。当它被转交到法庭上时，它就立即存在于梅纳德称之为意图、假设以及信念所构成的“旋涡”之中。举个例子来说，在某一具体案件中确实存在着寻求公正的解决方法的意图。而与此同时，在案件进行判决的时候，同样也会产生一种意图，这一意图一般与以往发生的类似案件保持一致。在案件判决的时候同样也会产生另外一种意图，这种意图将会对社会整体产生最大的帮助——通过它的帮助来组织其他社会形式的产生。[21] 同时还会有一系列并不是特别紧迫的目标产生，这些目标都会对最终的判决产生重要的影响，这其中的一些，小霍尔姆斯并没有提出来，因为它们是无法表述的。这其中就会包括一种对于资金重新分配的愿望，那就是希望资金在那些不能够维持自己生存的政党中（一般都是受害者）以及那些能够维持自己生存的政党中（一般是一些制造商和保险公司）实现公平的流动。“然而在这种（全部存在在动机之中的）整体状况下——可以说，在任何案件产生之前，整体状况一直在发生变化——存在的是一种单独化的指令：那就是不让这些指令出现。这样的观点产生的后果看起来是主观的，但是不可否认的是与合法的惯例是不相容的美，这就是所谓的禁忌，法庭当然不愿意为那些鲁莽的行为开脱（比如说在一个靠近繁华居民区的地方兴建铁路），但是它一定不愿意产生对社会倡导的活动的依赖（比如说兴建铁路）。”[22]

小霍尔姆斯的才智首先体现在面对那些相互之间没有严格区别的事实上。这些事实的区分在他的一句著名的话语之后变得十分清晰，这句名言就在他的那本《普通法》一书的开头附近，这句话就是“法律的生命并非是逻辑性的；而是体验性的”。[23] 他一直认为说出苛刻的真相是自己的责任，而不是编造一些历史神话故事说给人们去听。[24] 他的观点是，最为重要的是，普通的法官都会首先作出决定，然后得出他们如何才能到达那里的“似是而非的理由”。他甚至认为法官在审判过程中可以受到“无意识”的影响，这是对这个词语的早期的而且颇有趣味性的使用。[25] 小霍尔姆斯并没有在他的声明中说法官的工作是任性的、随意的，甚至是异质的。他所不能确定的只是经验可以被还原为基本性的规律，虽然人们在试图尝试这些行为上花费了太多的时间。“生活中的所有乐趣都存在于一般性的观念当中，”他在1899年写道，“但是生活中的所有应用都体现在具体的解决方式上——这些并不能通过一般性的规律得出，正如一幅画并不一定能够由于知道了画画的规则之后就能被创造出来一样。它们是通过人们的洞见以及具体的科学知识来实现的。”[26] 此后，他还在自己关于经验观念的基础上实现了他对于民法的巨大贡献——那就是他“理性人”概念的发明。小霍尔姆斯认为经验的核心就是它是“集体性和共同一致”的，是社会的而不是个人心理的。这种看法涉及现代义务体系的核心概念，并且是现代法律对待老问题“我们该如何才能生活在一起”的一个主要观点。在传统观点看来，正如梅纳德所说，很多人由于其他人的所作所为而受伤害，导致了以下问题的产生：那就是什么原因导致了公民义务的产生。传统上说，在这一问题的解决上存在着三种观点。第一，用它可以来充分证明这一问题产生的原因。所有的公民都在履行着他们自己的义务；因此他们也就必然要承担着他们的行为可能招致的花费和后果，而不管他们在从事这些行为之前是否能预见到事情最终可能导致的后果。这就是所谓的“严格的义务”的说法。第二，公民要对他或她自身招致的伤害负责，而对那些自己从未料想到的伤害不必承担责任。这在法律上被称为*mens rea*——也就是一种被称之为“犯罪意图”的学说。第三，对于疏忽大意导致的伤害也存在着一种观点：即使一个公民在以一种特殊的方式来进行活动的时候，虽然他从未预料到这会给其他人带来伤害，但是如果这种行为是疏忽大意或者粗鲁的，那么这个公民也必须要对自己的行为带来的伤害承担责任。[27]

小霍尔姆斯在这一领域的贡献就是将传统法律上的术语“罪行”以及“错误”替换为诸如“疏忽”和“鲁莽”之类的词语。[28] 他认为通过做这些事情，通过那些被看做“鲁莽的”和“疏忽的”行为，可以将他们所要表达的观点解释清楚。在他看来，主要的问题就是确认什么是以及什么不是活动中“可以允许产生的副产品”。他的答案就是“经验”，而且他在这方面的主要成就就是定义了“经验”的概念。[29] 在这种语境下，他的意思就是它是“社会中一个聪明的或者鲁莽的成员”的行为活动。在他看来，法律并不是一个“在天空中沉思的上帝”；它必须根据社会平均化成员的活动来制定规范，最好的执行者就是陪审员。[30] “当人们生活在社会中的时候，”小霍尔姆斯坚持认为，“一些特殊化的行为以及个体特性的丧失……对于维护社会的安宁来讲都是必需的。”因此正是“理性人”，他的信念和行为，指导着霍尔姆斯对于义务和责任的理解。正如梅纳德所说，这是一个统计学上的设想，而且是阿道夫·凯特勒（Adolphe Quetelet）“平均人”（*homme moyen*）概念的“表兄”。“由于‘经验’的指引作用，‘理性人’更加了解到，在给定环境中发生的特殊行为——也就是说，在普及化比较强的地方进行一些代表性的实践活动——同样会产生致使别人受伤的风险。”[31]

小霍尔姆斯也同样也说过，在一定层面上，一个法官“不应该具有特定的政治倾向”。虽然他自己本身是支持资本家的，因为在他看来，资本家是风险的承担者和财富的创造者，正因为这一点，所以有很多人一直认为，他的观点在实质上已经将法律从严格的义务体系中转移到了疏忽引发的责任体系之中，这样一来，大的商人就可以轻而易举地避开需要对工人和客户承担的“义务”。“然而，在他的民事侵权理论中，小霍尔姆斯运用了达尔文关于偶然变异的进化理论以及借鉴了麦克斯韦的大气动力学理论：他把自己专业领域的理论运用到了19世纪的重大科学发现中，认为个体行为的决定因素可以根据对于大众层面上的人口统计进行规划。”[32] 这是法律民主化进程中至关重要的一步。

★　★　★

威廉·詹姆斯、查尔斯·皮尔士和实用主义/新实验心理学

“经验”这个词，在奥利弗·温德尔·小霍尔姆斯的法律研究领域中是如此的重要，这对来自于星期六俱乐部的自己的同事、哲学家及心理学家威廉·詹姆斯来说，意义也是相当重大的。尽管詹姆斯这个名字是一个地地道道的威尔士人名字，但是事实上，詹姆斯本人却具有纯正的爱尔兰血统。[33]

第一位威廉·詹姆斯，也就是我们这里所说的哲学家詹姆斯的祖父，是一位纺织业的百万富翁，要是当初没有约翰·雅各布·阿斯托(John Jacob Astor)的话，他的祖父就会是当时纽约州最富有的人。[34] 他的儿子亨利异常喜欢收藏花瓶古董，甚至因此导致了财产继承权被剥夺，但是在父亲死后的财产争夺战中，他还是获得了最后的胜利。根据理查德·霍夫施塔特书中的记载，哲学家威廉·詹姆斯是此后19世纪60年代和70年代期间美国出现的科学教育的第一位受益者(这在这一章节的后半部分会作出详细的论述)。相比于作为一个优秀心理学家的哥哥亨利来说，詹姆斯更适合于被称为一个优秀的作家。和温德尔·霍尔姆斯一样，威廉·詹姆斯同样质疑决定性的存在。他的比较有名的一句话就是：“让那些确定性的东西都见鬼去吧！”[35] 除了正式的学校教育之外，威廉·詹姆斯与他的家人一起在欧洲旅行过好多次，所以，尽管他从未在一所固定的学校待过很长时间，但是这些旅行还是同样能给他带来很多经验。(在很多地方他都提高了自己的能力。[36]）他最后在科学研究领域找到了自己的归宿，1861年在哈佛大学，他辅佐在路易斯·爱格西（Louis Agassiz）周围，爱格西是“冰河时代”这一概念的发现者，也是当时敢于在公开场合坚持说他的判断是建立在科学之上的并大声指责达尔文主义的著名批评家。[37]在取得了初期

的一些成就之后，他的大量财富都因为一次出版投机活动而流失，爱格西的财产开始转向下坡路。他依靠举办一系列的讲座活动来挽回自己的损失，而且他在波士顿举办的一系列讲座都是相当成功的（甚至在一段时间里星期六俱乐部一直被人们称做爱格西俱乐部）。当他在波士顿的日子里，哈佛大学正在兴建它的科学学院（见这一章的后半部分），而且这个科学学院一直为他预留了一个职位。〔38〕

正是因为爱格西与达尔文之间在观点上的冲突最大程度上吸引了詹姆斯，他的一个传记作者这么说，是因为瑞士人爱格西所树立的榜样导致了詹姆斯最终选择成为一个科学家。〔39〕爱格西是一位自然神论信仰者，他描述达尔文的理论是“一个错误”；他根据事实进行争辩并且认为它比严肃的科学要有害得多。〔40〕詹姆斯对此并不是非常有把握。他质疑最为强烈的就是爱格西的教条理论，尽管他认可这一理论曾经激发起多种新观点的产生，而且他最愿意做的事情就是揭示生物运动变化过程中实际的、注重实效的原则。在詹姆斯看来，自然选择之所以被人们所推崇主要是因为它是实效的而且实用的，但是它的适用性并不比那些一经遇到问题就可以解决的实际经验强。〔41〕詹姆斯喜欢说生活就是依靠经验的多少来进行评判的。〔42〕

在1867年结束了自己在哈佛大学的任职之后，詹姆斯来到了德国。在19世纪，9000多名美国学生来到德国，在那里学习，德国的大学授课方式和我们现在看到的一样，根据不同的学科和专业来组织教学，而不是根据教授对象是牧师、医生和律师的不同场合来组织教学。在这段时间里，詹姆斯有机会和当时顶尖的实验心理学家威廉·冯特（Wilhelm Wundt）一起搞研究，冯特最先在莱比锡建立了世界上最早的心理学实验室。冯特研究的专业——生理心理学——也被人们认为是心理学中最有发展前途的领域。生理心理学的基本假设就是所有的意识产生的过程，与大脑的思维过程是有密切联系的，也就是说，每一种有意识的想法或者行动都有一个有机的、物理化的基础。这种假说的一个重要影响就是实验的方法取代了个人自我反省的方法，成为调查的主要方法。在这种所谓的新型心理学领域中，感觉和思考都是“大脑分泌物”起作用的结果，器官的变化逐步屈从于具体的实验性操作。詹姆斯对这种新型心理学备感失望，而且也对冯特表示出失望的情绪，这在今天的书籍中很少能够表现出来（事实上冯特本人也开始从严格的实验中转向心理状态的研究）。〔43〕冯特的主要贡献就是：他证明了心理学研究的主要立足点要放在具体实验的方法上。这也改变了詹姆斯进行心理学研究的立足点。

如果说冯特对詹姆斯的影响是偶然的话，那么皮尔士对他的影响就是更加必然的。如同温德尔·霍尔姆斯家族以及詹姆瑟斯家族一样，皮尔士家族也是让人非常敬佩的父子组合。本杰明·皮尔士（Benjamn Peirce）可以被称为世界上最早的美国籍的顶级数学家（爱尔兰数学家威廉姆·卢旺·哈密尔顿也认为皮尔士是“他曾经亲密交往过的最有智慧的数学家”），而且本杰明本人还是星期六俱乐部的 11 位创始成员之一。[44]

他的儿子查尔斯·皮尔士（Charles Peirce）给人的印象同样深刻。他在自己 11 岁的时候就写出了一本关于化学发展历史方面的书，在 12 岁的时候就拥有了自己的实验室，这不能不说是一个奇迹，他可以同时用自己的双手写字。了解了这些的话，那么他在哈佛大学的表现就不足为奇了，他在哈佛待烦了，经常酗酒，最终毕业的时候在班级 90 个人中排名第 79。[45] 这是他生命中的低潮时期。后来他继承了自己父亲的研究，而且他们两个人都接受了实用主义哲学，这种哲学建立在数学的基础之上。“想准确地定义出实用主义的概念是非常困难的：意大利人帕皮尼一直认为与其说实用主义是一种哲学，倒不如说实用主义不过是一种思考的方法。”[46] 首先，本杰明·皮尔士深深地着迷于皮埃尔·西芒·拉普拉斯（Pierre–Simon Laplace）以及卡尔·弗雷德里希·高斯（Karl Friedrich Gauss）的理论和估算方法（这些已经在前文中介绍过），尤其是他们关于或然率的观点和理论。[47] 或然率，或者说成是错误产生的规律，对 19 世纪产生了极为重要的影响，主要因为偶然出现的波动会导致一种现象偏离它的常规“法则”带来的自相矛盾。这一规律应用于人类的事实最终指向了决定论。[48]

查尔斯·皮尔士却不是赞同这种观点的人之一。他坚信自己可以看到周围自发出现的生命轮回。（而且在此观点上，他曾经在印刷物上攻击过拉普拉斯。）在界定概念这一点上，他一直争论说，自然规律本身也在不断地进化过程中。[49] 他在坚信偶然性和不确定性的观点上，足以称得上是一位典型的达尔文主义者，而且他最终选择的哲学研究道路也正是为了解决这种混乱。[50] 1812 年，拉普拉斯在自己的著作《或然率分析理论》（*Théorie analytique des Probabilités*）一书中指出：“我们必须……设想现在的关于宇宙的认识必须受到先前对其认识

查尔斯·皮尔士

的影响，而且也必定会是以后对其认识产生的依据和原因。”这就是牛顿关于物质的弹球理论，具有极大的普适性，甚至对于人类学这个或然率作用并不明显的领域都适用。[51] 为了反对这种观点，苏格兰物理学家詹姆斯·克拉克·麦克斯韦（James Clerk Maxwell）在他1871年出版的《热力学理论》（*Theory of Heat*）一书中认为大气中分子的活动可以被理解为或然率。（皮尔士是在自己1875年访问剑桥大学的时候结识麦克斯韦的。）[52] 密闭容器中空气的温度是分子运动导致的结果——它们运动的速度越快，相互撞击的机会就越大，所以就导致了空气温度的升高。但是，这种观点中最为重要的一点就是，空气温度的高低是与分子的平均运动速度密切相关的，气温在分子个体移动速度的变化前提下产生变化。这种平均速度是如何实现的，而且它又是如何才能够测定出来的？麦克斯韦认为微小颗粒中的分子运动速度变化的原因，同在“最小空间内的方式”（这一探测过程首先是在天文学领域进行的）探测过程中错误产生的原因遵循同样的规律。[53] 麦克斯韦指出，他的观点对于整个19世纪产生的最为重要的意义就是物理定律并不是牛顿所说的那样，也不可能是完全精确的。皮尔士在生物学达尔文主义的领域中把握住了这种显著性。事实上，他开拓出了自然选择理论可以发挥作用的社会环境。梅纳德指引我们拿鸟类的生存和发展作为例证。在很多特定的物种中，比如说雀类，大多数的个体都会长着“正态分布”的喙，但是偶尔会有些长着超常规的喙的鸟出生，如果说这算是一种进化上的进步的话，那它就是“选择”的结果。在这一层面上说，进化过程是偶然的，也是要遵循统计学规律，并不是完全随意的。[54]

皮尔士对这种思考方式印象深刻。如果连一些物理现象，一些最小的或者在某种程度上说是最基础的小事情都是无法确定的话，而且甚至是对最简单的事情的理解，比如说确定一个行星的位置这样的问题，都是容易犯错误的话，那么还有什么人的头脑能够真实地“映像”现实呢？最简单的真理就是，“现实不可能一动不动地站在那里，给你充足的时间去精确地映像和认识它本身”。在这一点上，皮尔士与温德尔·霍尔姆斯以及威廉·詹姆斯的观点是一致的：经历是异常重要的，即使在科学化的审判过程中这也是必需的。也就是说，知识的存在是社会化的。[55]

上述的这些都可以看做是实用主义产生的“深刻的背景”（由于某些奇特的原因，皮尔士在当时基本上没用过实用主义这个词；皮尔士描述这个词是“如同说劫匪具有安全感一样荒诞”）。[56]这一看法要比第一次接触这个词语时的反应深刻得多，而且也比那种认为是“经常性的使用导致了实用主义这个词的出现”的观点要深刻得多。或许正是这种思考方式帮助人们认同了美国世界第一的位置。这也是科学领域不确定性开始出现导致的结果，这就是20世纪思想界的一个重要特征，而且也是思想界进化和发展的特征，甚至可称为主要特征，是另外一次通往个人主义道路的螺旋式发展。

这是一个经典的实用主义问题，霍尔姆斯对此非常熟悉，这一问题在詹姆斯那里得到充分的运用，并且被梅纳德充分加以强调。举个例子来说，假如说一个朋友异常信赖地告诉了你一些事情。后来，当你和第二个朋友交谈的时候，你将会得到两个发现：第一，第二个朋友在与你交谈的时候没有意识到你已经知道了一些事情；第二，在你看来，如果你不告诉他你知道消息的话，他将会犯一个非常大的错误。在这种情况下，你将会如何选择？你是会选择忠诚于你的第一位朋友，维持你们相互之间的信赖呢，还是打破你们之间的这种信赖，告诉第二位朋友你知道信息来帮助他避免伤害和尴尬呢？詹姆斯认为最终的选择结果将会取决于哪位朋友对你更加重要，这会成为他观点的一部分。浪漫主义的代表人物一直认为真正的自我是在人的内心深处发现的，但是，詹姆斯认为，即使是在这种最为简单的情境之下，在人的内心深处要么存在着多个影像，要么一个也不存在。事实上，他宁可认为，一直到一个人选择从事一项活动，并且开始了具体的行为之后，他都不一定能够清楚地认识到究竟是什么力量在支使着自己的行为。“最后，你将会作出你自己认为正确的选择，但是这种正确，在事实上不过是你对于自己深思熟虑的过程所进行的自我安慰和鼓励而已。”[57]我们能够理解的其实仅仅是思考，詹姆斯说，如果我们明白了思考和行为之间关系的话。“决定在餐馆里点龙虾可以帮助我们产生一个希望品尝龙虾的冲动；认定被告有罪可以帮助我们在这个具体案件中建立起公平化的标准；作出维护与朋友间信赖的选择可以帮助我们将诚实升华为一项原则，而且选择背叛这一原则的话，帮助我们衡量朋友之间友情的价值。”[58]自我在行动中得到发展，而不是在其他活动中。这些都是和浪漫主义的观点相矛盾的。

詹姆斯强烈地要去解释说这种做法绝对不会让我们的生活变得混乱或者说使得很多人做事情的动机变得更加自私。“我们中的大部分人都不会感觉到自己在做关于比如说道德生活方面的决定的时候会变得自私。”他认为过去的我们和我们的行为，以及别人和他们的行为，帮助我们认识到我们所作的所有判断。而这些事情所组成的一系列并不尽善尽美的假设，就是我们的内心活动。[59]对于詹姆斯来说，作出正确的决定就是一个循环的过程：“在确定一种特殊信仰是否正确的过程中，从来不会存在非循环性的标准，也没有超出通往信仰本身的过程之外的任何标准。思考的过程就是一个循环的过程，在这个过程中，一些思考停滞了，一些思考导致了最终决定的产生，在思考进行之前就已经存在了……真理产生于观点之中，它变成为真，被许多事件造成为真。”[60]

正在詹姆斯形成了他观点的雏形时，在所谓的新（实验）心理学研究领域又出现了一个显著性的进步。伯克利大学的爱德华·桑代克（Edward Thorndike），将小鸡们放在一个有小门的笼子里，如果小鸡们踩踏笼子边上的一个杠杆，笼子的小门就会自动打开。通过这种方式，小鸡们可以通过把头伸出笼门的方式获得吃食物的机会。桑代克评述说：“虽然在开始的时候，小鸡们做出了很多次这样的举动，但很明显都是无目的、无意识的。只有在它们饥饿的时候做出这样的举动，我们才说它们真正地学会了这种行动方式。”[61]对于这一结果詹姆斯并不感到意外，但是这一实验更加验证了他的观点，虽然是通过一种有趣的方式。小鸡们已经学会了只要它们踩踏那根杠杆，笼子的小门就会自动打开，它们就会获得食物作为自己的奖赏。詹姆斯在此基础上更进一步。不管从什么意图和目的上来看，这些小鸡们都会认为只要自己踩踏那个杠杆，小门就会自动打开。所以他得出的结论就是：“它们自己的信念为它们的行动提供了指令。”而且他认为这些指令非常具有普适性。“如果我们在有充分自由的意志或者说认为上帝存在并可以满足我们一切愿望的前提下进行活动，那么我们很可能不会相信这一点；他们应该是实用的，真实的……‘真理’应该是这样一种概念，它必须能够在信念层面上向我们证明它存在的优越性。”[62]换句话说，更加苛刻一点说，真实并不是“在那边”等你发现那么简单，它和“一件事情是什么”并没有太大的关系。詹姆斯说，这并不是我们为什么会思考的原因。头脑是与达尔文主义相适应的：它帮助我们成功通过难关，在思考和行为之间架起一座桥梁。

所有观点中引发争议最多的就是詹姆斯将他所谓的理性应用到知觉当中，应用到先天的观念中。尽管洛克早就说过所有观念的产生都源于感官经历，但是康德一直坚持认为一些最为基础的概念——比如说原因的概念——都不会从感官经验中获得，因为我们是“看”不到原因本身的，只能够推断它。因此他总结道，这些概念都“肯定是先天性的，与自身出生时的状况密切相关”。[63]詹姆斯继承了康德的观点（起码在大部分观点上是），也认为很多观念都是天生的，但是他并不认为在这个问题上存在着神秘化或者神圣化的东西。[64]在达尔文主义的观点中，很明显的是，那些“先天性”的观念不过是经过自然选择之后产生的变异而已。“不支配先天观念产生的那些思想就要受制于支配先天观念产生的那些思想。”但是这并不是因为那些观点在抽象和理论的层面上更加“真实”；恰恰相反，真正的原因是它们能够帮助有机体作出更好的适应。[65]我们坚信上帝存在的那种观点（当我们确实信仰上帝的时候）产生的原因，是因为当时信仰上帝能够给我们带来回报。当人们停止对上帝的信仰的时候（在19世纪有相当多的人已经这么做了，我们将在下一章节中介绍），是因为这种信仰已经不能给人们带来任何回报了。

★ ★ ★

约翰·杜威

约翰·杜威

美国的第三位实用主义哲学家，也就是在皮尔士和詹姆斯之后，就是约翰·杜威（John Dewey）。杜威是芝加哥大学的教授，由于他浓重的佛蒙特州语调、无框的眼镜以及丝毫没有时尚感而闻名。但是从多个角度来看，他却是所有实用主义哲学家中最为成功的一个。同詹姆斯的观点一样，杜威也认为每个人都有他自己的人生哲学和自己的一套信仰，而且这种哲学将会帮助他们过上一种更加快乐和更有成就感的生活。杜威本人也是一个多产的学者，通过在报纸上发表文章、出版畅销书以及与一大批其他的哲学家进行辩论的方式，诸如《伟大的存在元链》(*The Great Chain of Being*) 的作者伯特兰·罗素和阿瑟·拉夫乔伊 (Arthur Lovejoy) 等人，杜威走出了一条和其他多数的哲学家们不同的成名方式。[66] 和詹姆斯一样，杜威是一个忠实的达尔文主义者，坚信科学和科学方式需要融入到生活的其他领域中。尤其重要的是，他认为科学发现必须与儿童教育密切联系在一起。在杜威看来，刚刚开始的20世纪将是“民主、科学和工业化”的年代，而且他争论说，这将会对教育产生深刻的影响。与此同时，社会对儿童的态度也在发生着急剧的变化。在1909年，瑞典女权主义者艾伦·凯 (Ellen Key) 出版了他的著作《儿童的世纪》(*The Century of the Child*)，在这本书中宣扬了他希望对儿童群体进行重新审视的观点，重新审视儿童成长的过程中存在着一种新型欢乐形式的可能性，重视儿童与成年人之间甚至相互之间的巨大差异的客观现实。[67] 这对我们来说不过是个常识而已，但是在19世纪那个年代，儿童的高死亡率还一直没有得到解决，家庭规模相当大但是孩子的死亡率也相当高，在当时想做这样的调查简直是不可能实现的，所以，在当时关于儿童、时间、教育以及情感方面的调查次数，和现在是无法相比的。杜威认为这种调查对于教学活动会产生深刻的影响。自此之后，学校教育，尤其是在美国的学校教育，开始由专业化的权威老师进行严格把关，因为在此之前，美国的学校教育和欧洲相比，太过于放纵学生。这些权威性的老师都具备严格的教学理念，明白应该如何来教育自己的学生，而且明白自己的工作就是要让学生明白知识的本质就是“对于事物固有本质的探索和思考”。[68] 杜威是通过两个方向来实现改变这一思考方式的主要领导人物。他认为传统教育的观点根源于一种休闲和贵族社会的基础之上，但是在现在，这种社会背景在欧洲早就消失了，在美国都没存在过。现在的教育必须要满足民主的需求。第二，也是非常重要的，教育必须依据不同的学生在能力和兴趣上存在巨大差异的客观现实，为了让他们在能力范围之内最大限度地为社会作贡献，教育必须关注于学生自己的能力。换句话说，就是要把实证主义哲学的观点应用到教育领域中。

杜威的观点，以及弗洛伊德观点中的一些类似观点，都在大大增强童年教育重要性上起到了毋庸置疑的促进作用。关于个人成长以及关于知识概念的传统的、权威性的认识遭到排斥，以及教育必须如何寻求发展等问题提出之后，这些问题的概念开始普及到普通人群中。(杜威的直接目的就是通过教育的促进作用，来使社会变得更加“有价值、充满爱心而且更加和谐”。)[69] 在美国，存在着地理分布广阔的大量移民群体，一种新的教育方式能够帮助促使多种个性的产生。与此同时，“成长运动”的观点开始承受着被深刻化的危险，儿童们深深受困于人们制定好的规范中。在很多学校里，老师们都坚信“任何学生都不应该品尝到失败滋味……”的观点，考试和等级划分都被取消。[70]

杜威的哲学观点与詹姆斯和皮尔士的观点是一致的。现在，它应该与在这个世界上的生存情况密切相关。[71]思想和行动不过是同一个问题的两个方面而已。知识不过是自然的一部分而已。我们都尽力在这个世界上开拓出自己的生存道路，我们边行走边懂得什么是对我们有益的，什么事是无益的，行动并不是在它产生的时候就被设定好的。[72] 他感觉到这种方式应该被应用到哲学当中，在这一领域，人们已经困惑于主观思想和客观世界很长时间了。正因为此，那个著名的哲学谜题：“我们是如何产生认知的？”从某种程度上来讲就是一个错误的命题。杜威通过梅纳德强调的类比方式来论证他自己的观点：没有人曾经为这个至关重要的问题所困惑过，这个问题可以被具体地描述为手和世界之间的关联是怎样的。“手的重要功能就是帮助生物有机体来应付环境的变化；在手的功能不能够解决问题的形势下，我们就会采取其他的方式来解决，比如说用脚，一个鱼钩或者一篇评论。”[73] 他的观点就是说在手的功能不能够解决问题的时候，不能够“与生存环境保持关联的时候”我们不必担忧。在手能够发挥作用的时候我们就用手，在脚能够发挥作用的时候就用脚，在舌头能够发挥作用的时候就用舌头。

杜威一直认为思想在很多方面和手有相似之处：它们都是用来处理与世界关系的工具而已。“一种思想的产生并没有比一个简单的刀叉具备更多形而上学的高度和意味。当你使用刀叉在喝汤感觉不方便的时候，你不必担心刀叉本身所具有的局限性，你只需要去取一个汤勺就可以解决问题了。”思想的产生与此是相似的。我们经常陷入迷惑的原因就在于“思想”和“现实”两个概念仅仅存在于我们抽象的思想意识当中，它们同样具备我们在看待其他物体的时候所发现的局限性。“这样一来，探讨主观思想和客观世界之间的分界线，就如同探讨手和客观环境之间的分界线以及刀叉和汤之间的分界线一样，都是没有多大意义的。”他在文章中写道：“所有的东西都不过是它们经历的具体表现而已。”[74] 根据梅纳德的思想，杜威认为哲学在刚开始形成的时候就出现了错误，我们甚至可以考虑到类似于古希腊社会等级结构作用下的情景。毕达哥拉斯、柏拉图、苏格拉底、亚里士多德以及其他的很多哲学家在更大程度上属于清谈者，“安全和自恋的”阶层，他们行动的结果就是为了加强哲学的实用性效果。他认为，自此之后，哲学就因为遭遇到类似的阶级偏见而延误了，这些偏见强调价值上的分离，强调稳定胜于变化，确定性胜于偶然性，高雅的艺术胜于实用的艺术，“头脑完成的事情胜过手完成的事情”。[75]这种观点带来的后果是我们都很熟悉的。“当哲学家们还在一门心思考虑那些人为设置的谜团时，科学早已经开始使用先进的工具和实验性的方法，改变了整个世界。”实用主义一直是哲学所要追寻的目标和方向。

实用主义哲学在美国的出现应该说是无可置疑的，而且在事实上也没有一点质疑的必要。黑格尔、拉普拉斯、马尔萨斯、马克思、达尔文以及斯宾塞等人的机械唯物主义教条，在本质上说是决定论的，尽管在詹姆斯和杜威看来整个世界——如同非洲一样——是一直在前进创新的，“这些地方并不存在着什么预先设置的定论，而且所有的问题正在通过杜威所说的‘智力行动’实践得以解决”。总之，他认为道德问题与其他的任何事情都是一样的，并不例外。这是达尔文主义的一个重要的演绎，它能够在很短的时间内被推断出，但是，它在当时没有得到过多的推崇。“照顾病人的经历可以很好地教会我们如何才能更好地保持自己的健康。”[76]

★ ★ ★

我们这里所说到的威廉·詹姆斯（William James）是一个生活在大学中的人。在不同的学校里从事教学，他的名字是和哈佛大学、约翰·霍普金斯大学以及芝加哥大学紧密联系在一起的。同19世纪的9000多名其他美国人一样，詹姆斯也在德国的大学念过书。当爱默生、霍尔姆斯、皮尔士以及詹姆斯等人开始显露出自己才智的时候，美国的大学教育正在逐渐形成，所以说他们这些人的才能都是在德国和英国的教育体制中实现的。尤其是在英国，追溯到中世纪，大学被看做类似于原始机构。从某种意义上讲，的确如此，但也不能掩盖这样一个事实，正如我们现在所知，大学更多是19世纪的产物。

19世纪的牛津大学和剑桥大学

人们可以了解这其中的原因。一直到1826年，英国才仅仅存在两所大学，那就是牛津大学和剑桥大学，而且这两所大学提供的教育课程十分有限。[77]在牛津大学，每年招生的人数不过才200人，而且招来的这些学生当中还有一部分人坚持不到毕业就退学了。英国的大学大都只对英国国教徒开放，这是根据《三十九条条款》的要求而来的。在18世纪的时候，学校的学习状况日益恶化，仅仅留下一门被学生认可的课程，起码在牛津大学是这种情况，这门课程就是狭义上的经典课程“对于亚里士多德哲学的简单认识”，而在剑桥大学，正式存留下来的考试科目也就仅仅剩下数学学科了。任何地方的大学在当时都不存在入学考试这一环节，而且更荒谬的是，在很多学校里，贵族可以不参加考试就获得学位。考试在后来被人们日益强调和重视是在19世纪的最初几十年里，从后来所发生的事情来看，关于考试环节的更重要的事情却是三位苏格兰人——弗朗西斯·杰弗里、亨利·布鲁厄姆以及西德尼·史密斯（Sydney Smith）在爱丁堡发起的对于牛津大学和剑桥大学的攻击。三人中的前两位都是牛津大学的毕业生，在他们自己创办的杂志《爱丁堡评论》中，他们拿牛津大学和剑桥大学做靶子，指出它们提供的教育太多地扎根于经典文化，因此都是没有什么用处的。“这种偏见对于人们的思想影响如此深远，以至于我们遇到一个英国人时，很容易误以为他们是在学校里求学的，只要不注意他们白色的头发以及眼角皱纹的话。他们之间的交流使用的是拉丁语；而且很明显的是，如果一个人的年龄状况和他精神层面上的进步是密切相关的话，那么，那些80岁的老人看起来就比年轻人大不到一天……”[78]西德尼·史密斯是这场攻击的主要倡导者，之后他又去指责牛津和剑桥两所学校的学生缺乏科学方面的知识，缺乏经济的或者政治的知识，缺乏英国自身的地理知识以及缺乏英国与欧洲之间的商业关系的知识。他认为，那些传统的经典文化不过是增加了学生们的想象力而已，而对他们的智力发展是毫无用处的。

伦敦和爱尔兰的大学

我们在这里还要提到两种反应。首先一个就是英国国内的一些内部学院的建立，尤其是以大学学院和国王学院为代表，它们两个学院的建立都有意识地开始纳入一些非国教徒，而且这两个学院的建立都以苏格兰的大学以及它们异常出色的医学院作为基础。伦敦学院的首创者就是托马斯·坎贝尔（Thomsa Campbell)，他曾先后参观过柏林大学（建立于1809年）和波恩大学（1816年），通过参观这些大学，他创造了一种专门的学费收缴支出体系，在伦敦以及苏格兰两个地方采用，这种学费收缴支出体系与牛津大学早先使用的体系存在着极大的差别。他灵感的另一个来源是弗吉尼亚大学，建立于1819年，它的建立过程中，托马斯·杰斐逊（Thomas Jefferson）的努力功不可没。这种学校机制的理想模式最早出现在州议会的报告之中，这次会议于1818年在蓝岭（Blue Ridge）的岩鱼口（Rockfish Gap）召开，所以这份报告也经常被称做《岩鱼口报告》。报告中介绍说，这所大学建立的具体目标就是“促使政府人员、立法人员和法官的形成，因为国家的繁荣和个人的幸福都要依赖于这些人……”政治、法律、农业、商业、数学以及物理科学和艺术都包含在这一范围之内。伦敦学院一直延续着这种实用主义的视角，而且更为实用的观点被提出来，那就是动员一些公众公司来资助大学的设施建设。不分宗教派别的大学教育也开始在英国发展。[79]

纽曼的“大学观”

这一点构成了他们相互间争论的主要框架，这场争论在1852年达到了最高潮，也就是约翰·亨利·纽曼（John Henry Newman)，即后来的卡迪纳尔·纽曼(Cardinal Newman)，在都柏林所作的5场专门的演讲，演讲的主题就是关于“大学教育的思想”。直接刺激纽曼进行上述演讲的事件就是一批新型大学的建立，比如说伦敦大学以及爱尔兰女王学院（贝尔法斯特[Belfast]，科克[Cork]以及戈尔韦[Galway])，在这些学院里神学学科的教育在原则上是被禁止的。纽曼的这些演讲，后来成为所谓“自由教育”的经典的辩护词，他的演讲主要有两个要点。第一点，“毫无瑕疵的基督教必须成为所有教育模式的构成元素和执行需要遵循的原则”。[80]纽曼坚持认为所有的知识分支都是紧密相连的，那种认为将神学排除出知识体系的做法是对知识和才能的扭曲。第二点，知识是它本身的最终归宿，也就是说大学教育的目的并不是立即就能够显示出它的优越性的，它的成果要在日后的生活过程中逐渐地体现出来。“一旦人形成了思考的习惯，人这一生都不会摒弃它，这一习惯的特征就是自由、公平、平静、适度以及富有智慧；先前的一些思考模式要求我们必须形成一种思考的习惯……知识可以成为它自身的结果。”〔81〕纽曼的开创性观点，也就是最能引发争议的观点——直到现在它还在争论之中——是在他的第七次演讲中提出的(他的五个演讲是在都柏林举行的，但是其他的五个演讲虽然公开了，但是并没有发表出去)。在这次演讲过程中，他说：“……那些已经学会了思考以及推理的人，学会了对比、区分以及分析的人，还有那些学会了提升自己的品味、形成了自己的判断能力以及塑造了自己的思考角度的人，不一定就成为一位律师、一位辩护人、一位口头演说家、一位政治家、一位物理学家、一位好的领主、一位商人、一位士兵、一位工程师、一位化学家、一位地质学者或者是一位古文化研究者，但是他一定会被人们放在知识分子的行列中，他可以从事任何的科学研究活动或者从事我曾经倡导的行业……他们是安逸、优雅、全才以及成功的，在这些层面上他们都是不同于他人的。从这个角度来看，精神文化被认为是相当有用处的。”〔82〕

抛开纽曼对于“自由化”教育的关注不谈，他对于宗教的强调和重视也并不是如人们所说的那样是不适当的，尤其是在美国这样的国家。如乔治·M.马斯登（George M.Marsden）认为的那样，在他对早期美国大学的调查中，有500所大学是在美国内战爆发前建立的，在这些大学之中，只有200所幸存到了20世纪。这其中2/5的大学都是长老会或者公理会的学员，比杰斐逊时期的数量要减少了一倍多，这可是以牺牲卫理会、浸信会以及天主教的利益作为代价的，这一运动在1830年之后加速进行，尤其是在1850年之后最为明显。〔83〕在19世纪的美国，尤其是在教育领域，存在着一种信念上的共识，科学、常识、道德以及真正的宗教之间“是牢固地联系在一起的”。〔84〕

★ ★ ★

哈佛大学／耶鲁大学／威廉·玛丽学院／普林斯顿大学

很多年来，也就是在17世纪中期到18世纪中期的这段时间里，哈佛大学和耶鲁大学一直是美国仅有的高等教育机构。一直到这一时期即将结束的时候，在美国南部地区才出现了一所英国国教学校，也就是威廉·玛丽学院（在1693年被授权兴建，1707年正式开放，并且逐渐地发展成为一所正规的学院）。除此之外，后来成为著名大学的很多学院，都是由长老会教派“新光”（New Light）的教士倡导建立的，比如说新泽西普林斯顿大学（1746年），布朗大学（1764年），位于鲁特格斯的女王学院（1766年），以及达特茅斯学院（1769年）。“新光”是美国对于启蒙运动所作的宗教响应。耶鲁大学在1701年得以创建，就是看到了神学的正统教育在哈佛大学里的衰落，并对此所作出的反应。新的道德哲学预示着“美德”将会在理性的基础上实现，也就是说上帝将会向人们揭示生活的道德基础是建立在理性之上的，正如同上帝向牛顿揭示了宇宙运动变化的规律一样。这也正是耶鲁大学得以建立所必需的基础。[85]不久之后，这种新的方式发展成为我们后来所了解到的大觉醒，在美国的社会背景当中，这种觉醒被描述为一种对待人类本质的消极观点向积极观点的转变，以英国国教的发展作为典型。这是一种更加人性化的思想观念（不像哈佛大学那样，那里一直还保持着加尔文教的传统）并且导致了在这些大学里对于启蒙运动成就的更大的认可，比如说普林斯顿大学，紧随着，耶鲁大学也肯定了启蒙运动的成就。

这种思想在1828年著名的耶鲁报告中发展到了顶峰，这种思想认为人类的个性是受多种多样的因素影响的，而在这些因素之中，最为重要的两个就是理性和道德，而且这些因素必须要保持一定的平衡。所以说，教育的目的就是要“保证文学和科学等不同的学科分支之间要有一个恰当的分布比例，如此才能够塑造出在性格上完全健康的学生”。[86]而且，这个报告还进一步探讨认为，传统经典应该成为这种平衡人格形成过程中的核心因素。

这些学院的一个重要使命，就是要将基督教的教义传播到在1835年时还到处都是未开化人群的西部。在《对西部人的呼吁》（*Plea for the West*）一书中，作者莱曼·比彻（Lyman Beecher）强烈呼吁，要对大洋对面的人群进行教育，单凭从东部地区往西部派遣教师是远远不够的——西部必须建立起属于自己的大学和神学院。这时就出现了一种天主教将会占领和控制整个西部地区的恐惧，而欧洲南部天主教国家移民的大量涌入更加滋长了这种恐惧情绪。这一警示得到了人们的重视，而且截止到1847年，长老教会已经在26个州建立起了一整套包含有100多座院校的教育体系。[87]比如说伊利诺伊大学在1868年建立，加利福尼亚大学在1869年建立。也正是在这个时候，德国体系开始受到推崇，很

哈佛大学一角

多教授和大学管理层人员都纷纷前往普鲁士，专门来学习那里的学校管理方式。通过这种方式，宗教开始在美国的教育体系中占有了一定的位置。比如说，德国在历史学学科上处于领先位置的事实更加强化了神学本身也是历史发展体现的论点，而且这还导致了对于《圣经》的批判。德国也一直认同这样一种观点，那就是教育应该是整个国家的义务，而不仅仅只是个人的私事。最后，德国流行着这样一种观点，那就是学校应该是所有学者们（包括研究者和作家）的家，而不仅仅只是教师的家。

这种情形在哈佛大学最为明显。1636年，也就是哈佛大学最初建立的一段时间里，它是作为一个清教徒学校而存在的。马萨诸塞海湾殖民区的30多位合作者都是剑桥大学伊曼纽尔学院的毕业生，所以说他们在波士顿附近创建的大学基本上参照的是伊曼纽尔模式。而且也同样受到了苏格兰模式尤其是阿伯丁模式的影响。苏格兰的大学都是非居住性质的，是民主的而不是宗教的，而且都是由当地的权贵所掌控的——这其实就是代理联合会的前身。

艾略特

第一个提出我们现在所看到的现代大学构想的人是查尔斯·艾略特

(Charles Eliot)，他是马萨诸塞州科学学院的一位化学系教授，在1869年他刚刚35岁的时候，他就被委任为哈佛大学的校长，他曾经是这里的一位肄业生。当艾略特来到哈佛大学的时候，这里只有1050名学生以及59名教师。但是，到了1909年的时候，也就是艾略特退休的时候，学生数量已经是当初人数的4倍，教师数量达到了原来数量的10倍。但是，艾略特关注的事情不仅限于学校规模。"他去除了继承下来的原来有限的文学学院的课程，并且重新创建了专门化的学校来将这些课程纳入为大学教育的重要组成部分。最终，艾略特推进了一种研究生教育模式，并且因此建立了一种常规的模式，这种模式被后来其他抱有研究生教育发展雄心的学校所沿袭。"更为重要的是，艾略特沿袭了德国高等教育的运作模式，这种模式曾经为整个世界培养出了诸如普朗克、韦伯、施特劳斯、弗洛伊德以及爱因斯坦等著名的人物。而且在知识领域，约翰·费希特、克里斯蒂安·沃尔夫以及伊曼纽尔·康德都是重要的代表性人物，他们一直在思索教育的问题，将德国奖学金的机制从神学的控制之中解脱出来。因此，正如我们所看到的那样，相比于它的欧洲竞争对手们，德国的学者就获得了一种明显的优势，不管是在哲学领域还是在语言学领域以及物理科学领域。举个例子来说，也正是在德国，那些大学中的物理学、化学以及地质学学科方面的知识才能够与人文学科保持平等的地位。[88]研究生讨论会、博士学位的设立以及学生的自主权利等观点都是最先由德国人提出的。

从艾略特开始，美国的大学都开始争相效仿德国的教育模式，尤其是在研究领域中。然而，虽然德国的这种教育模式在推进知识进步和发展的层面上给人的印象是深刻的，而且能够为工业化发展提供更好的技术支持，但是，这种模式也破坏了美国原有的"大学的生存发展模式"，破坏了在校生和教师之间亲密无间的互动关系，而这种紧密的互动关系，在美国效仿德国教育模式之前，一直是美国大学教育的主要特征。这种效仿而来的德国教育模式在威廉·詹姆斯看来，最应该为他所称的"博士章鱼"(the PhD octopus，即博士学位的过多)负起主要责任。耶鲁大学在1861年授予了第一个博士学位；但是截止到1900年的时候，耶鲁大学每年的博士毕业生数量都会超过300人。[89]

效仿德国教育模式的代价就是要突破和废除原有的英国式的教育体系。在很多大学里，为学生提供住宿的公共宿舍已经完全消失，而且也不再提供任何的公共饮食。在19世纪80年代的哈佛大学，德国模式被如此千篇一律地效仿，甚至学生没有必要遵循每天到课堂听课的义务，他们必须要做的事情就是要准时参加最后的学期考试。在这个问题上产生了很多不同的反响。这些反响最先出现在芝加哥，到1900年为止，这里已经率先修建了7座学生公寓，“尽管在这个问题上他们受到了西方人的强烈蔑视，认为他们的做法是一种对于中世纪的、英国式的以及独裁专制式的教育模式的回归”。耶鲁大学和普林斯顿大学不久之后也采纳了相同的做法。哈佛大学也在20世纪20年代的时候，重新遵循了旧有的英国教育住宿模式。[90]

★　★　★

发现的时代

大约在同一时期，星期六俱乐部的实用主义学者们正在逐步增进他们之间的友谊，形成他们的观点，这个实用主义团体的活动对美国人的生活产生了至关重要的影响。大约从1870年开始，美国产生了这个民族有史以来发明和创新能力极强的一代人，甚至在其他国家也没有出现过。托马斯·P.休（Thomas P. Hughes）在他对美国发明史的记录中自豪地认为，1870年到1918年之间的这半个世纪的美国发展，可以同伯里克利统治时期的雅典、文艺复兴时期的意大利以及工业革命时期的英国相媲美。在1866年到1896年这30年期间，美国每年申请的专利数量都以每年两番的速度增长，在1879年到1890年这段时间里，专利的申请数量从每年18200个增长到了每年26300个。[91]

在著作《美国生活中的反智主义》(*Anti-Intellectualism in American Life*)中，作者理查德·霍夫施塔特（Richard Hofstadter）已经详细地介绍了美国国内商人阶层和知识分子阶层之间的紧张关系，赫尔曼·梅尔维尔（Herman Melville）警告说，“当下流行的科学使人们更加贬低自己，变得更加残忍化”，范·维克·布鲁克斯（Van Wyck Brooks）斥责马克·吐温，原因就是认为“他对于文学的热情与对机械制造科学的热情相比，是没有任何意义的”。亨利·福特也曾经作出过著名的论断，那就是“历史不过是一句空话而已”。[92]但是，美国第一代的发明家们看起来并不是特别反对知识分子。更确切地说，它们生活在一种完全不同的社会文化环境中，原因很简单，正如我们所看到的那样，学术成就和研究在19世纪的大学校园里仍在慢慢地形成当中。它们仍旧是宗教占据主导地位的院校，在19世纪末之前，它们并没有成为我们现在所说的那种模式的大学。

同样，因为在1900年以前，工业化的研究实验室并没有得到广泛的推广应用，大部分的早期发明家们继续在自己创建的私人实验室里进行研究。正是在这种背景条件下，托马斯·爱迪生发明了电灯和留声机，亚历山大·格拉厄姆·贝尔发明了电话，莱特兄弟发明了他们的早期飞行器，而且电信技术和无线电技术也在这种背景条件下获得了推广和使用。[93] 也正是在这种背景条件下，埃尔莫·斯派瑞（Slmer Sperry）为海军创新出了一种回旋罗盘以及自动化的控制装置，西拉姆·史蒂文斯·马克西姆（Hiram Stevens Maxim）于1885年将其投入生产，成为"当时世界上最具有破坏力的机枪"。通过借助火药筒后座力的影响来连接下一次的子弹发射，马克西姆机枪大大地取代了原来的洛林机关枪，后者是在1862年发明出来的。正是由于马克西姆机枪的发明，导致了帝国高潮时期的到来，殖民地出现了多次的恐怖暴力活动。[94] 也正是德国的马克西姆机枪导致了1916年7月1日在萨莫河发生的导致了6万人死亡的暴力事件。正是在这些发明出现的基础上，以及伴随着很多金融公司的出现，创造了美国经济持续不断的发展以及教育机制的发展，以及现在很多大的集团出现——诸如通用电气公司、AT&T、贝尔电话公司，爱迪生公司以及MIT。

在这本书当中，或许电报的出现是值得单独拿出来一提的。运用电力作为信号传输手段的设想早在1750年的时候就出现了，但是，第一次应用电报来进行信号传输的人却是弗朗西斯·罗纳德（Francis Ronalds），他的第一次试验在1816年伦敦海莫史密斯他自己的一个花园里完成。查尔斯·维特斯顿（Charles Wheatstone）是伦敦国王学院实验哲学学科的教授，也是最早进行电流速度测量的第一人（虽然测量结果是错误的），他最先意识到欧姆这个概念是电阻的衡量方式，也是电报中最为重要的一个概念，在1837年，查尔斯与自己的同事福泽吉尔·库克（Fothergill Cooke）一起申请了这项专利。能与他们的成就相媲美的是，维特斯顿和库克提议将传输电线沿着新建成的铁路来进行铺设。这样能够确保电报的广泛传布，虽然约翰·塔维尔（John Tawell）在斯劳斯的一场谋杀案后逃走，但是由于电报的作用，他很快被警方逮捕，并没有给人们带来更大的损害。当然，塞缪尔·摩尔斯（Samuel Morse）电码也同样起到了至关重要的作用，摩尔斯也是希望铺设跨大西洋海底电缆的美国人之一。这种电缆的铺设将会是一次巨大和史诗般的冒险活动，这并不属于本书要探讨的内容范畴。假如这种电缆铺设成功的话，那些怀有高尚目标的人就可以利用这种信息上的快速传递功能，来促进世界的和平，保持世界各国之间的有机联系。这种希望看起来是徒劳的，但是这种传输电缆，还是在1866年铺设成功了，在商业方面取得了巨大的成就。而且，正如吉利安·库克森（Gilliam Cookson）在《电缆——改变世界的线路》（*The Cable: The Wire that Changed the World*）一书中所叙述的那样，“从此刻开始，在两种说英语的民族之间，将会产生一种经验共享的感觉，不同国家之间可以进行文化的交流和集中”。[95]

注释

〔1〕 波利斯·福特（Boris Ford）编辑，《带来英国文学发展的新魔鸭》（*The New Pelican Guide to English Literature*），《美国文学》（*American Literature*），第9卷，伦敦：企鹅出版社，1967/1995年，第61页。

〔2〕 康马格尔（Commager），《理性帝国》（*The Empire of Reason*），伦敦：威登菲尔&尼克尔森出版社，1978/2000年，第16页。

〔3〕 路易斯·梅纳德（Louis Menand），《形而上学俱乐部：美国思想发展史》（*The Metaphysical Club: A Story of Ideas in America*），伦敦：哈珀柯林斯出版社／弗拉明戈，2001年。

〔4〕 梅纳德，如前所引，第5—7页。同样可见霍夫施塔特，如前所引，第168页，他同样认同自己所谓的美国思想界的"复兴"所指代的内容。

〔5〕 莫里森（Morison）等，《美利坚共和国的成长》（*The Growth of the American Republic*），牛津和纽约：牛津大学出版社，1980年，第209页。

〔6〕 梅纳德，如前所引，第6页。哈维·维什（Harvey Wish），《现代美国的社会与思想》（*Society and Thought in Modern America*），伦敦：朗曼格林书局，1952年。他认为在这份名单中还应该加入凡勃伦、萨姆纳、惠特曼、德莱塞以及普利策、路易斯·沙利文还有温斯洛·霍默等人的名字。

〔7〕 布罗根（Brogan），《企鹅美国史》（*The Penguin History of the United States*），伦敦：企鹅出版社，1985/1990年，第300页。同样可见布尔斯汀，《美国人》（*The Americans*），伦敦：威登菲尔&尼克尔森出版社，1966年，第251页。

〔8〕 梅纳德，如前所引，第19页。

〔9〕 同上，第26页。同样可见，卢瑟·H.路克（Luther S. Luedtke），《美国的生成：美国的社会和文化》（*Making America: The Society and Culture of the United States*），查佩尔·希尔：北卡罗来纳大学出版社，1992年，第225页，爱默生在影响作家方面的关键性作用。

〔10〕 梅纳德，如前所引，第46页。

〔11〕 马克·德沃尔夫·霍维（Mark DeWolfe Howe），《审判奥利弗·温德尔·霍尔姆斯：一段休整的年月》（*Justice Oliver Wendell Holmes: The Shaping Years*），第1卷，马萨诸塞剑桥：哈佛大学出版社贝尔纳普分社，1957—1963年，两卷，第100页。

〔12〕 梅纳德，如前所引，第61页。

〔13〕 布罗根，如前所引，第325页，关于美国内战中所使用的武器和战术的一个简单介绍。

〔14〕 莫里森，如前所引，第209页。也同样可见艾尔伯特·H. 阿尔舒勒（Albert W. Alschuler），《没有价值的法律，评判霍尔姆斯的生活、工作和影响》（*Law Without Values: The Life, Work and Legacy of Justice Holmes*），芝加哥：芝加哥大学出版社，2000年，第41页及后文，“奥利弗·温德尔·霍尔姆斯在战场上的转换”。

〔15〕 霍夫施塔特，《美国思想界的社会达尔文主义》（*Social Darwinism in American Thought*），波士顿：灯塔出版社，1944/1992年，第32页，达尔文对霍尔姆斯的影响。

〔16〕 霍尔姆斯曾经引以为傲地说，他希望非同寻常的人们都必须在自己40岁之前取得一项为人们所称道的成就。他自己就做到了这一点，他的《普通法》（*The Common Law*）一书就是他在自己39岁的时候完成的。

〔17〕 梅纳德，如前所引，第338页。

〔18〕 哈维，如前所引，第2卷，第137页。

〔19〕 梅纳德，如前所引，第339页。

〔20〕 莫里森，如前所引，第209页。

〔21〕 梅纳德，如前所引，第339页。

〔22〕 同上，第340页。

〔23〕 同上，第341页。

〔24〕 哈维，如前所引，第2卷，第140页。

〔25〕 莫里森，如前所引，第209页。

〔26〕 梅纳德，如前所引，第342页。

〔27〕 阿尔舒勒，如前所引，第126页。

〔28〕 梅纳德，如前所引，第344页。

〔29〕 他说，他对人类的发展持悲观的态度。阿尔舒勒，如前所引，第65页以及第207页。

〔30〕 莫里森，如前所引，第201—210页。

〔31〕 梅纳德，如前所引，第346页。

〔32〕 同上。

〔33〕 莫里森，如前所引，第209页。

〔34〕 梅纳德，如前所引，第79页。

〔35〕 霍夫施塔特，如前所引，第127页，莫里森，如前所引，第199页。

〔36〕 见他的自我描述，加里·威尔森·阿伦（Gary Wilson Allen），《威廉·詹姆斯的

传记》(*William James: A Biography*)，第140页，伦敦：卢帕特·哈特·戴维斯出版社，1967年。

〔37〕 莫里森，如前所引，第297页。

〔38〕 梅纳德在这里提到，“它标志着美国科学教育专家化的开始”，如前所引，第100页。

〔39〕 琳达·西蒙(Linda Simon)，《智力的现实：威廉·詹姆斯的生活》(*Genuine Reality: A Life of William James*)，纽约：哈考特&布雷斯出版社，1998年，第90页。

〔40〕 梅纳德，如前所引，第127页。

〔41〕 同上，第146页。

〔42〕 莫里森，如前所引，第199页。

〔43〕 阿伦，如前所引，第25页。

〔44〕 梅纳德，如前所引，第154页。

〔45〕 同上。

〔46〕 莫里森，如前所引，第198页。

〔47〕 梅纳德，如前所引，第180页。

〔48〕 同上，第186页。

〔49〕 约瑟夫·布伦特(Joseph Brent)，《C.S.皮尔士的一生》(*C. S. Peirce: A Life*)，印第安纳，布鲁明顿：印第安纳大学出版社，1993年，第208页。

〔50〕 霍夫施塔特，如前所引，第124页，赫伯特·斯宾塞与实用主义之间的关联。

〔51〕 梅纳德，如前所引，第196页。

〔52〕 布伦特，如前所引，第96页。

〔53〕 梅纳德，如前所引，第197页。

〔54〕 同上，第199页。

〔55〕 同上，第200页。

〔56〕 布伦特，如前所引，第274页。同样可见霍夫斯坦特，如前所引，第128页，皮尔士与斯宾塞对詹姆斯的影响。同样可见布尔斯汀，《美国人》，如前所引，第260页。

〔57〕 梅纳德，如前所引，第352页。

〔58〕 同上。

〔59〕 西蒙，如前所引，第348页，詹姆斯对皮尔士的质疑。

〔60〕 莫里森，如前所引，第199页。

〔61〕 梅纳德，如前所引，第355页。

〔62〕 同上。

〔63〕 同上，第357页。

〔64〕 阿伦，如前所引，第321页。

〔65〕 梅纳德，如前所引，357页—358页。

〔66〕 拉夫乔伊（A. O. Lovejoy），《伟大的存在之链》（*The Great Chain of Being*），马萨诸塞剑桥：哈佛大学出版社，1936/1964年。

〔67〕 比如可以看：艾伦·凯（Ellen Key），《儿童的世纪》（*The Century of the Child*），纽约：普特南出版社，1909年。

〔68〕 布尔斯汀，《美国人》，如前所引，第201页。

〔69〕 莫里森，如前所引，第223页。

〔70〕 这种在结构上的缺乏最终导致了相反效果的产生，导致了学生大多形成了顺从的性格，主要是因为他们缺乏扎实的知识基础和独立的判断能力，这些东西大多是由于偶然的失败或者挫折导致的。将儿童从父母的“主宰”中解放出来，也是一种自由的体现形式。但是，在20世纪，它将会导致一系列问题的产生。

〔71〕 莫里森，如前所引，第198—199页。

〔72〕 梅纳德，如前所引，第360页。

〔73〕 同上，第361页。也可见：霍夫施塔特，如前所引，第136页。

〔74〕 梅纳德，如前所引，第361页。

〔75〕 罗伯特·B. 维斯布鲁克（Robert B. Westbrook），《约翰·杜威与美国的民主》（*John Dewey and American Democracy*），纽约：康奈尔大学出版社，1991年，第349页。

〔76〕 莫里森，如前所引，第199—200页。

〔77〕 费加尔·麦克格拉斯（Fergal McGrath），《学习的祭献》（*The Consecration of Learning*），都柏林：吉尔父子出版社，1962年，第3—4页。

〔78〕 同上，第11页。

〔79〕 内格利·哈特（Negley Harte），《1836—1986年之间的伦敦大学》（*The University of London: 1836–1986*），都柏林：阿斯隆出版社，1986年，第67页及后文。

〔80〕 约翰·纽曼（John Newman），《大学的理念》（*The Idea of a University*），伦敦：巴兹尔·蒙特格·皮克林出版社，1873年／纽黑文，康涅狄格：耶鲁大学出版社，1996年，第88页。

〔81〕 同上，第123页。

〔82〕 同上，第133页。

〔83〕 乔治·M. 马斯登（George M. Marsden），《美国大学的灵魂》（*The Soul of the American University*），纽约，牛津：牛津大学出版社，1994年，第80页。

〔84〕 同上，第91页。丹尼尔·布尔斯汀曾经说过美国大学的特征之一与其说是学习和教育的地方，倒不如说是对成长中的个体进行崇拜的地方，这也是将这一章节中叙述的两个部分即实用主义和大学教育联系在一起的重要环节。同样可见布尔斯汀：《美国人：民主的体验》（*The Americans: The Democratic Experience*）一书，纽约：古典书局，1973年，关于美国教育如何塑造的有用的讨论，包括一些刚刚设置的学位，第479—481页。

〔85〕 马斯登，如前所引，第51—52页。

〔86〕 布鲁克斯·马瑟·凯莱（Brooks Mather Kelley），《耶鲁大学的历史》（*A History of Yale*），纽黑文，康涅狄格：耶鲁大学出版社，1974年，第162—165页。然而在耶鲁，一直到1886年，原始的语言还在学生的生活中占据着1/3的份额。同样可见卡罗琳·温特（Caroline Winterer），《古典主义的文化》（*The Culture of Classicism*），巴尔的摩和伦敦：约翰·霍普金斯大学出版社，2002年，第101—102页。

〔87〕 同上，第88页。同样可见莫里森，如前所引，第224—225页，关于美国大学增长数量的数据统计。

〔88〕 马斯登，如前所引，第153页。

〔89〕 亚伯拉罕·弗莱克斯纳（Abraham Flexner），《大学：美国、英国以及德国》（*Universities: American, English ,German*），牛津：牛津大学出版社，1930年，第124页。

〔90〕 萨缪尔·埃利奥特· 莫里森（Samuel Eliot Morison）编辑，《哈佛大学的发展》（*The Development of Harvard University*），马萨诸塞剑桥：哈佛大学出版社，1930年，第11页以及第158页。

〔91〕 托马斯·P. 休（Thomas P. Hughes），《美国的起源》（*American Genesis*），伦敦：企鹅出版社，1990年，第14页。

〔92〕 同上，第241页。

〔93〕 同上，第16页。莫里森如前所引，第53页。

〔94〕 休，如前所引，第105页。

〔95〕 吉利安·库克森（Gillian Cookson），《光缆：改变世界的线路》（*The Cable: The Wire That Changed the World*），斯特劳德，格洛斯特郡：特姆帕斯出版社，2003年，第152页。

第七章
十字架与《古兰经》的敌人
——灵魂的终结

19世纪信仰的丧失

乔治·艾略特

在1842年，英国小说家乔治·艾略特（George Eliot）就停止去做礼拜了。她很早就对基督教表示了怀疑，但是她已经深受大卫·弗里德里希·施特劳斯（David Friedrich Strauss）的《耶稣传》（*The life of Jesus, Critically Examined*）的影响，这本书于19世纪30年代中期在德国出版，并由她翻译成英文。在她艰深晦涩的翻译中，施特劳斯宣称："有一点我敢肯定地说，耶稣存在过，至于教堂对自身所赋予的信仰和现实中发生的那些奇迹和超自然事件以及关于耶稣的命运，可以相当肯定地说，没有发生过。"[1] 极为相似的是，当坦尼森（Tennyson）阅读赖尔(Lyell）在1936年写的《地质学原理》时，他就对很多方面产生怀疑了，根据赖尔对古化石的研究，"地球上的生物像其他事物一样，都会发生改变。不仅个体生命会消亡，而且所有的物种都会灭亡"。[2]

在19世纪，对于许多人来说，尽管令人伤感，信仰还是无情地缓慢丧失了，作家A.N.威尔逊(Wilson)以另外的方式对这一突出现象进行了细致的研究。通过他对艾略特(Eliot)、坦尼森(Tennyson)、哈代(Hardy)、卡莱尔(Carlyle)、斯温伯恩(Swinburne)、詹姆斯·安东尼·弗鲁德(James Anthony Froude)、阿瑟·克拉夫(Arthur Clough)、托尔斯泰(Tolstoy)、赫伯特·斯宾塞(Herbert Spencer)、塞缪尔·巴特勒(Samuel Butler)、约翰·罗斯金(John Ruskin)和埃德蒙·戈斯(Edmund Gosse)的考察，进一步证实了其他人所说的信仰缺失，“上帝死了”，不仅是一个理性的转变，而且是情感的转变。专业的书籍和争论已经转变观念，人的思想氛围普遍也有一些改变，对于一个事物的持续的混乱影响然后是对其他事物的影响，通常有着相当大的区别。[3] 1874年，达尔文的表兄弗朗西斯·高尔顿（Francis Galton）向189位贵族成员发出了一份问卷调查，在对他们的宗教信仰情况进行一番调查之后，他对调查的结果感到十分惊讶。70%的人在问卷中描述自己是现有教会中的一员，而有些人说他们没有宗教信仰，其他许多人是某一类或其他类的非国教徒——如卫斯理公会教徒、天主教徒，或者另外一些形式的教会组织成员。问卷中同样问他们的宗教信养是否会以任何方式对科学工作产生具有威慑力的影响时，将近90%的人回答说“毫无影响”。[4] 在那些人当中，一直到1874年，依然有人信仰上帝，这些人大致包括迈克尔·法拉第（Michael Faraday）、约翰·赫歇尔(John Herschel)、詹姆斯·朱尔(James Joule)、詹姆斯·克拉克·麦克斯韦(James Clerk Maxwell)和威廉·汤姆逊（William Thomson，即开尔文男爵）。威尔逊指出，在上述情形中，不同人的信仰缺失都有不同的理由，其中一些人比其他人更确信上帝死了，而有些人试图同时既反上帝又反科学。[5]

爱德华·吉本

与16、17世纪通过知识的力量来抵制无信仰不同，19世纪有更多的问题是还怀有信仰的人必须要面对的，对《圣经》真实性的怀疑甚嚣尘上，尤其是其中所记载的那些所谓神迹。威尔逊把风气开始发生转变的时间定位在18世纪晚期。他说，法国启蒙哲学家们所宣扬的无神论就是转变原因之一，但是在英国，有两本书比其他任何书都更有力地破坏着信仰。它们是爱德华·吉本（Edward Gibbon）的《罗马帝国衰亡史》和大卫·休谟（David Hume）的《自然宗教对话录》，前者在1776年到1788年之间，分三部出版，后者出版于休谟去世三年后，即1779年。威尔逊说，吉本并没有提供形而上学的或者神学的重要论点。[6] 取而代之的是，"吉本是信仰的破坏者……在他轻松的革命中，一页接着一页，不仅嘲弄那些基督教的英雄们，而且还包括他们所谓的至高思想，在吉本笔下，他们的行为完全为人所不齿。为了达到嘲讽的目的，吉本不仅多次对某个基督徒的不道德行为进行刻意揭露。更过分的是，在吉本的所有观点中，他坚决否认基督教曾给'文明'发展留下任何有贡献的印记。"[7] 将前基督教文化所展现的"显而易见的智慧"与早期基督教的迷信、非理性行为和愚昧无知（野蛮）相比较是吉本一贯的做法，而他的这一做法也深深影响了读者。[8]

休谟对于宇宙"理性"和秩序的批判，我们已在较前面的章节中进行了探讨。按照康德的观点，这些概念正如上帝、灵魂以及永生一样，是永远不可能被证明的。[9] 如果以上这些可以被视为信仰缺失的"深层背景"的话，那么，19世纪肯定还有其他的特有因素。历史学家欧文·查德威克（Owen Chadwick）把这些因素分为社会的和知识文化的。其中包括自由主义、马克思主义、反教权主义和"工人阶级心理"。

大卫·休谟

查德威克说，自由主义主宰了19世纪。[10] 但是他承认，这个词的含义变化多端，它的一个原始义是自由——源于约束的自由。经过后来的变革，它意味着过分的自由，放纵、放肆或者无法无天，这就是很多人如约翰·亨利·纽曼在18世纪中叶所理解的自由主义的含义。但是，不管你喜欢与否，自由主义主要是属于基督教的。按照宗教信仰的不同来划分欧洲，改革逐渐引发了信仰自由，但是，基督教在某种程度上一直在寻找一种基于内心的信仰，对个体良心保持敬畏，而不仅仅是一种外在的礼拜仪式。查德威克说，最后并且不可避免地削弱了人们对完全顺从的渴望。"基督徒的良心因而成为欧洲非宗教化（世俗化）的力量；它允许在一个洲中有宗教活动或者没有宗教活动。"[11]

约翰·斯图亚特·密尔

从自由中生发的信仰自由按照自身所需，演变成了爱的自由，自由作为一种权利（我们要记住这是约翰·洛克的贡献，这也是法国大革命之所以爆发的不言自明的原因之一），直到1860年到1890年间，即使是西欧的那些先驱国家也没有真正产生这种思想。[12] 查德威克说，对于约翰·斯图亚特·密尔（John Stuart Mill）来说，自由包含很多内涵，密尔1859年发表了一篇文章《论自由》（*On Liberty*），同年，达尔文出版了《物种起源》一书。然而，密尔对自由的考察包含了他对新问题的看法。由于受孔德的影响很大，那种认为自由可能受到专制政府威胁的观点对他的干扰较小，那种看法只是一个人们耳熟能详的陈旧观点。与之相反，他更多地关注新的民主形式，即对大部分人施行民主，而对个人和少数人施行专制，对知识分子采取高压统治。他发现他周围的“人民”正慢慢获得权力，他希望他们像过去时代中的民众经常所做的那样，能够敢于否定别人，捍卫表达不同观点的权利。[13] 他因此着手定义新的自由观。“唯一的目的是为了能使权力被正当运用在受教化团体中的每一个成员身上，约束他的意志，防止他危害他人。他自身好的方面，不管是身体还是道德，都不是一个充分的理由。不能以正当的理由强迫他去做或者忍耐，因为这更适合他做，因为这会使他获得更多的快乐，因为参考他人的意见去做是明智的，或者说甚至是正确的。”[14] 这比表面看起来要重要得多，因为这意味着一个自由人“有权利被说服和深信”，这和所谓“一人一票”的民主的含义一样重要。同时它和自由主义和现世主义相关联。密尔的文章第一次提出了世俗政府的全部内涵。至于说文章从头至尾缺乏激情，那是因为密尔举了一个例子来说明国家事务是如何被管理的。[15]

★ ★ ★

世俗主义的到来

通过观察普通人的言谈和举止，查德威克觉察至少在1860年到1880年期间，英国社会才开始实现世俗化（非宗教化）。[16] 他说，从这一时期的传记和小说中，我们可以看到当时一般人的阅读习惯和交流方式，并且涌现出越来越多的自发的虔诚者，他们声称要和不虔诚者建立友谊，“以尊重他们的真诚来代替谴责他们的信仰缺失”。[17] 这种变化也可以在新的传媒方式——流通印刷品——所扮演的角色中看到。[18]这种印刷品事实上扮演了很多角色，其中之一就是燃起激情，煽风点火地使那些不同的思想更为对立，使它们之间的口舌战更为激烈，从而使很多公民第一次成为政治人物（因为他们现在是见多识广的）。这也是世俗化的一种影响，主要的教育任务是鼓励民众投身政治，从而以之取代宗教。当教师开始区别于神职人员时，新型的记者行业也开始发展。[19]

新闻报纸的作用

随着文化水平的提高，新闻业也随之获得了发展，自由的思想通过另外一种方式表现出来。个人自由，在经济意义上，或者在道德或观点方面，人们发现它和真正意义上的政治自由和心理自由是不一样的。通过报纸，人们比以前更加意识到如果任工业自行发展的话，只会进一步加大穷人与富人之间的分化。“一种适用于大城市的学说不可能包含所有的真理，它在贫民窟往往失效。”[20] 这给自由的思想内涵带来了一种深刻的转变——毫无疑问，它开始改变自由主义本身的含义。查德威克说，这种转变标志着我们称之为集体主义思考的开始，人们开始越来越多地对政府行为提出干预，并以此为途径来增进公众福利。[21]“自由从此以后更多地按照社会的要求而不是个人的；（自由）很少通过约束来限制自由，而是通过具有高度责任感的社会来达到，生活在这样的社会中的人更有机会享受自由。”[22]

马克思主义、社会主义和无神论

这种新的思考方式使马克思主义更具吸引力，其中包括他的基本宗旨，即认为宗教是不真实的，这是导致社会世俗化（非宗教化）的另一个因素。[23]马克思对宗教的持续流行作出解释，当然是为了说明，这种现象是社会处于病态的征兆。“它使病人忍受其他人所不能忍受的痛苦……”[24] 他说，宗教对资本主义社会来说是必需的，它能使民众安于现状：通过对他们的未来生活作出某些许诺，他们将更容易接受现在失去的大量财富。[25] 大部分宗教，包括基督教，使人们甘于接受社会中现存的贫富分化，“安于”被剥削，他们觉得他们的不幸正是对他们罪恶的惩罚，或者说是一种考验（磨炼），接受惩罚是崇高的，是对自己道德的提升。马克思主义变得重要起来，不仅仅是因为19世纪发生的一系列事件——巴黎公社、公社运动对国际社会的影响、德国社会主义者、俄国革命党的崛起等，这些事件似乎在宣称它们的思想才是真理——而是因为马克思主义也在教导人们如何看待来世：革命，随后它便能将公正和极乐带回人间。查德威克分析说，通过提供一种世俗的来世，马克思主义无意之中制造了一个副产品：社会主义和无神论联系在一起，宗教被政治化了。

但是无论如何，马克思不是孤独的。恩格斯在《1844年英国工人阶级状况》一书中写道：“人们几乎是普遍的对宗教表示冷漠，或者说，自然神论出现了某些迹象，但发展得不够充分，至多还只是只言片语，或者说，出现了模糊的不信宗教和无神论的言论……”[26] 彻底的无神论者从来都不普遍，但在19世纪50年代中期的全英国，第一个“世俗社会”建立起来了。自相矛盾的是，这些组织都有清教徒色彩，他们的许多行为和节欲运动联系在一起。这种情形在1883年到1885年之间最为明显，其中一个原因是无神论者掌握了议会权力。[27]

另外一个造成众多世俗世界出现的普遍因素是城市化本身。德国和法国的数据显示，在几十年里，参加礼拜的人减少了，大的城镇下降得非常厉害，接受圣职的人也同时减少了。[28] 这与部分宗教组织活动的失败相比，也许算不了什么，但这种现象的大量出现却意义非凡，它表明教会没有能力足够快地适应城镇的发展。“巴黎人口在1861年到1905年间增长了将近100%，教区的数量却只增长了大约33%，牧师数量增长了大约30%。”[29]

★ ★ ★

启蒙运动观念的变化

有一种观念认为，我们现在已经经历了启蒙，启蒙当然是件“好事情”，因为启蒙是一个社会发展阶段，一个向现代社会前进的必经阶段，但这不是19世纪的观点。[30] 对于胜利者来说，19世纪是一个以断头台和恐怖结束的时代。托马斯·卡莱尔（Thoams Catlyle）就是其中一位，他们认为伏尔泰和他的自然神论是“不足取”的。对卡莱尔来说，拿破仑是最后一位伟大的人物，同时让卡莱尔引以为豪的是，自己的父亲“从未受到怀疑论的引诱”。[31] 在整个拿破仑时代，甚至直至维多利亚女王统治时期，“人们将启蒙运动想象成一具尸体，一种走入死胡同／陷入绝境的思想，那是一个充满破坏性的时代，在这个时代里，同作为物质文明的标志被毁坏一样，知识也被破坏无余，而正是通过这些物质文明的标志，人类社会可以以文明人的方式生活。”[32]

直到19世纪70年代，观点才开始改变。事实上，英文词汇启蒙最初被用来指称德语中的启蒙，开始于1865年，它出现于J.H.斯特林（J.H.Sterling）写的一本关于黑格尔的书中。但是即使是在这本书里，这个词仍是贬义的——直到1889年之前，它始终没有被赋予积极的含义，在爱德华·凯尔德（Edward Caird）对康德的研究中，第一次使用了“启蒙时代”这个短语。[33] 但是，真正将启蒙及其世俗价值从一个被确定的狭隘领域中“拯救”出来的是《两周评论观察》杂志的一个记者，他叫约翰·摩尔利（John Morley，他也是个MP），摩尔利意识到英国对1789年（法国大革命）影响的反应已经被概括为启蒙哲学，内心世界中的浪漫主义激情已经混合在他称之为将18世纪的真正成果遮蔽起来的平庸形式中。这刺激他在一系列文章中揭示启蒙的世俗价值，因为他发现自己像是耶稣，在试图扼杀实证科学。[34]

伏尔泰

法国也同时发生了一个转变，那里也有像卡莱尔一样的约瑟夫·德·梅斯特尔（Joseph de Maistre）。他写道：“崇拜伏尔泰是心灵堕落的标志，任何人如果被他的作品吸引，可以肯定说，上帝不会爱这样的人。”[35] 尽管拿破仑对教会的态度模棱两可，据说他也曾命令手下的御用作家攻击伏尔泰。

然后是历史学家儒勒·米什莱（Jules Michelet）。在19世纪40年代早期，米什莱和一群朋友一起——维克多·雨果和拉马丁也在其中——他带头攻击教会。他说，天主教教义狭隘得无药可救，禁欲是不近人情的恶习，忏悔是对隐私的滥用，耶稣会会员们是狡猾的操纵者。这些猛烈抨击的言论出现在法兰西科学院举行的一系列激进的演讲中，和在其他地方的演讲不同，他攻击的焦点不是科学而是道德。当然具有讽刺意义的是，伏尔泰狂热地反对他自己所鼓吹的狂热。米什莱以“公正和自由的名义”抨击教会，由于他的这些抨击，在法国，伏尔泰成了有关邪恶思想斗争的焦点。[36] 例如，在路易·拿破仑即位的1851年，各地图书馆被强制性地将伏尔泰和卢梭的作品从书架上撤掉。举另外一个例子，一位在其他方面很受尊敬的学者，他编辑了伏尔泰的论文，警告他的读者说，是伏尔泰引发了1789年（法国大革命）和1793年的恐怖（雾月政变，拿破仑上台）。[37] 1885年，当伏尔泰和卢梭的遗骸不在先贤祠的谣言开始在巴黎传播时，事情到了危机关头，因为他们本应该长眠于显赫的先贤祠里。[38] 在1814年，据称，一群保皇党员无法忍受这些遗骸放在这个神圣的地方，于是他们在死亡夜将遗骸搬走，并将它们扔到了荒地里。谣言只是根据一些偶然事件来的，但是谣言获得了广泛的信任，并且激怒了伏尔泰的支持者，以至于在1897年，一个政府委员奉命调查了此事。调查非常迅速，公墓被打开，人们发现遗骸保存完好。委员会宣称这些遗骸就是伏尔泰和卢梭的。[39] 人们最终认识到，这些所谓的争论实在扯得太远，遗骸被改葬在属于他们的地方。随着这一令人困惑的事件的结束，关于启蒙的观点开始发生转变，并且或多或少地接近了我们现在的观点。

★ ★ ★

施特劳斯、赖尔和达尔文思想的传播者

正如我们已经看到的，乔治·艾略特受到了她所相信的大卫·施特劳斯的著作《耶稣传》的影响，但是她还不是完全具有代表性。受到更为普遍影响的是瑞士人，他们威胁性的骚扰使得施特劳斯于就职之前就被迫离开了他的教授岗位。19世纪的大部分著作，我们认为非常重要，因为是它们导致了

达尔文

宗教信仰的衰落，而这种衰落是很难在众多人群中实现的。普通公众并不阅读赖尔、施特劳斯或者达尔文的著作。他们阅读的是大量流行作家的书籍——如卡尔·沃克特（Karl Vogt）关于达尔文的研究，雅各布·摩尔斯查特(Jakob Moleschott)对施特劳斯的研究，路德维希·布克纳(Ludwig Buchner)关于新兴物理学和细胞生物学的研究。他们阅读这些书是因为他们都有意赶超这两本书的作者。《物种起源》和《地质学原理》中不会攻击宗教。书的内容就在那儿，但是那些流行作家们对这些书进行了解释，并且为更为广泛的读者群作出了详尽的阐释。“对于大部分人群来讲，宗教比物理学和生物学更能引起他们广泛的兴趣。伟大的公众，”欧文·查德威克说，“他们对宗教与科学对决的兴趣要远远大于科学本身。”正是这些流行作家敏锐地采用了可行的解释方式将维多利亚时代中产阶级的思想观念表达了出来，而这些思想观念同样适用于我们当今世界。他们并没有立即说所有的宗教都是错的，而是举出了一系列《圣经》中准确真实和貌似真实的疑点。[40]

最伟大的流行作家当属德国人恩斯特·海克尔(Ernst Haeckel)，他于1862年出版了《宇宙演化史》（*The Natural History of Creation*）一书，仅仅在《物种起源》出版后三年，这本可读性很强且富有争议的书支持达尔文的观点，并且详细阐述了《物种起源》的内涵，到19世纪末，这本书出版了9版，并被翻译成12种文字。1900年以“宇宙之迷”（*The Riddle of the Universe*）为题将*Die Welträtsel*这本书翻译成英文，解释了新的宇宙观，与德文版一样，英文版卖出了10万册。[41]海克尔著作的读者人数远远超过达尔文，并且在一段时间内和达尔文一样知名——人们成群结队地去听他演讲。[42]

就像海克尔解读达尔文一样，其他流行作家在解读施特劳斯的过程中同样出名的是恩斯特·勒南（Ernest Renan）。他起初被指定为牧师，但他渐渐丧失了信仰，开始将新的观念加入许多书中，这其中，《耶稣传》比其他书的影响要大得多。[43]尽管他在不同的时间持有不同的观点，但是看起来正是历史研究摧毁了勒南的信仰，他的关于耶稣的书对其他人也产生了同样的影响。[44] 这本书之所以产生影响，部分原因是因为它精致的法语，当然也因为它将耶稣视为一个历史人物，否定了他的超自然行为，以一种清晰的方式展现出勒南的学识，他对耶稣的神圣性表示怀疑，并且还带有一种同情的态度，将耶稣置于“人性的塔尖”上。他的智慧和道德教诲改变了世界。可以看出，勒南赋予耶稣以明显的同情，从而使得他所强调的耶稣的缺点更能令人接受。同时，他破除了教会、圣餐和教义的需要。和孔德一样，勒南认为实证哲学能够成为一种新信仰的基础。[45] 他强调耶稣是一个道德领袖，一个伟大的人，但不是在任何超人的意义上——有组织的宗教只存在于19世纪，和耶稣没有任何关系。这是一种形式化的宗教信仰，一种理论化的人性主义，许多在新式大学中接收教育的人都能接受这种宗教信仰。他的建议正当其时——合理而且非同寻常。“神性的丧失永不停息，人的一生中不可能永远是上帝之子。”这和古希腊思想中半人半英雄的神有某些相似之处。勒南的书引人注目的原因和精神论在17、18世纪引人注目的原因一样——它帮助人们抛弃对自然实体（存在物）的信仰，而不是完全抛弃他们的信仰。大部分人不可能直接从有信仰者完全过渡到无信仰者。在19世纪，勒南所著的《生命》在法国的出版是当时最著名的话题，它在英国也是轰动一时的事件。

令人印象深刻的是在以上这些由勒南提供的充满同情和怜悯的话语中，他揭示了基督教并不稳定的基础。例如，瑞士历史学家雅各布·伯克哈特（Jacob Burckhardt）读了施特劳斯的《耶稣传》后认识到，《圣经·新约》的历史“不能承受信仰试图寻找家园之重”，许多人对此也有相同的看法。[46]

★ ★ ★

经过修正的“教条”的概念

另外一个导致19世纪世俗化与16、17世纪世俗化的不同的新因素是，产生争论的原因在于卷入了经过修正的概念“信条”。起初，信条的意思是一种信仰的确定，或者说教义——换句话说，它有确定不移的特点。但是这个意思逐渐发生了改变。所以在启蒙主义时代，独断意味着无知和放弃选择解释真理的权利。[47] 这是一个重大的转变，因为尽管天主教僧侣集团毫无与异端邪说作斗争的经验，但是现在信条概念本身成了被攻击的对象。实证科学中取得成功的思维方法提供了一种选择，并且不断被用来作为攻击教会的工具。现在，一个组织如果充满幻想也许没什么，但在那个时期却是典型，那是一个相互验证的社会。这个群体（主要是人类学家）非常热切地想证明没有灵魂存在，他们都把身体托付给社会，那样他们可以通过被解剖而使他们的理论获得验证，消除那种灵魂可能存在于某个地方的思想。他们用史前陶器或者人类体腔装着食物就餐，也许用的是长颈鹿头的头盖骨，以此来强调人类残骸没有什么特别之处，它们和动物残骸没有区别。正如珍妮弗·迈克尔·赫克特（Jennifer Michael Hecht）在她关于灵魂终结的书中所指出的那样，一位人类学家写道："我们已经证明许多体系试图维持道德和法律的基础。说实话，这些努力只是幻想……良知只是本能的一个特殊部分。本能只是一种遗传习惯……没有非同一般的灵魂存在，没有永恒与不朽，没有死后世界的威胁，也就不再有任何处罚。[48]

在这样的情形下，天主教的反应更多是怨恨，这对它们来说已经成为一个问题，日益增多的反教权的运动是导致世俗化的另一个原因，至少对于那些大声叫嚷的少数者来说是这样的。查德威克说，在英国，1864年5月，《星期六观察评论》杂志的一个领导者第一次进入人们的视野，他批评顽固无能的罗马元老院不承认现代科学的进步，尤其是伽利略的发现和洞察力，到那时已经有上百年的历史了。通过这种方式，教权主义被等同于愚昧主义以及保守政治，反教权主义还被扩大到罗马天主教会之外的所有教会，因为它们对包括政治思想在内的现代思想都加以抗拒。[49]各地受过教育的天主教徒中，一些人对罗马教廷的反现代立场表示遗憾，但是在意大利还存在其他问题。

1848年是贯穿整个欧洲的革命年，意大利人发起了反抗奥地利的自由战争。这场战争将教皇皮乌斯九世（Pius IX）置于难以获胜的境地。罗马教廷将站在哪一边呢？意大利和奥地利都是教会的子民。在那年的4月底，皮乌斯九世宣布，作为"伟大的教堂牧师"，他不能对任何低一级的天主教徒宣战。对于许多意大利民族主义者来说，这里面包含的意味太多，于是他们转而反对罗马教廷。这是第一次在意大利发生反教权运动。

法国反教权主义者

在法国，反教权主义者对官方宗教造成了严重破坏。除了对上述宗教权威——施特劳斯、达尔文、勒南、海科尔——的攻击以外，天主教神职人员有计划地被驱逐出高等教育机构，这意味着，随着时间的流逝，教会对青年人思想的控制力越来越弱。[50] 法国教会之所以要付出这样的代价，是因为在18世纪，国家的主教们曾经一度毫无异议地来自贵族阶层，而大革命消灭了大部分贵族，法国教会对其形象作了很大改变，即教皇被迫逐出所有主张限制教皇权力的天主教徒，并且拒绝将任何主教神圣化。法国教会因此和罗马教廷中断往来了一段时间，尽管这多少缓和了一点反教权情绪，但对许多普通人来说，罗马教会现在比以往更加遥远了。[51]

在法国，出现了一个更为复杂的情形，一些人试图调解教会与大革命目的之间的关系。这是由费利西特·拉姆内（Feticitede de Lamennai）领导的，他是一个牧师，但他却全身心致力于世俗教育。他创办了一份日刊《未来》(*L'Avenir*)，鼓吹宗教自由、教育自由、出版自由、集会自由、全民选举和地方分权。这些观念非常现代，而且是太现代了。《未来》的政治主张是如此饱受争议，以至于日刊出版被推迟了很长时间。主教就此发布了一个名为Mirarivos的通谕，谴责这份特别的期刊。[52] 拉姆内于两年后发表《信仰者的话》(*Paroles d'un croyant*)作了回应，在这篇文章中，他宣称资本主义建立在宗教基础上，他号召工人阶级起来反抗，并且要回上天赋予他们的权利。这引发了另一份通谕《孤独的我们》(*Singutari nos*)，它批评《信仰者的话》是"一个篇幅小但影响巨大的邪恶"，并且说它传播与上帝的圣谕相对立的错误思想，招致混乱。格里高利（Gregory）要求各地的天主教会结束听从所谓"确定不移的权威"。但是这在一定程度上导致了非常相反的结果，因为它是在1848年革命前不久出现的，它使得法国天主教会中的共和论调得以复苏，也因而第一次出现了相当数量的教会僧侣集团似乎对革命抱有同情。[53]

皮乌斯起初是个自由主义者（他55岁当选，对于一个教皇来说，这个年龄是相当年轻的）。但是和他的其他意大利同行一样，1848年的事件改变了他。"现在要拯救所有的自由主义者"，皮乌斯给红衣主教三人同盟自由来重建罗马独裁政府的权力。[54] 然而，由于这种努力伴随着更广的统治领域内传统权威的普遍丧失而失败了（如意大利反抗奥地利的独立战争，德国的统一）。他的唯一结果是引发了新一轮的反教权运动。1857年，古斯塔夫·福楼拜（Gustave Flaubert）在《包法利夫人》中塑造了一些人物，他们大部分时候反感牧师，即使他们的孩子接受了洗礼，他们还继续从牧师那里接受最后的礼拜式。[55]在法国，普通人中对宗教漠不关心的人逐渐增加，这正如恩格斯十多年前在英国所提到的那样。

19世纪的最后几十年中，反教权运动在法国首当其冲的是学校的非宗教化。对罗马教廷来说，失去学校这块阵地意味着他们影响的最终消失。[56]这就是为什么大量天主教大学在19世纪70年代中期纷纷建立的原因，教会试图通过这种方式收复一些他们失去的阵地，但这只是造就了一个新的战场，牧师和学校教师相互交战。

在第三共和国的新教育部长儒勒·弗里（Jules Ferry）的领导下，教师们胜利了。弗里就像他的前任奥古斯特·孔德一样令人信服，他认为神学和玄学的时代已经成为过去，实证科学将成为新秩序的基础。弗里宣称："他的目标不再用上帝和国王来统治社会。"为达到这一目标，他将超过10万名宗教牧师从他们的岗位上驱逐出去。[57]

作为回应的天主教学院

罗马教廷对这场最新运动作出了回应，它们在法国里昂、里尔、翁热和土鲁斯建立了天主教学院。每所学院都自称是独立于国立大学之外的神学院，它们的任务就是推出自己的学术成果，和当时科学以及《圣经》历史编年领域内的成果作斗争。莱斯特·库尔茨（Lester Kurtz）阐述了罗马教廷的思想。[58]"第一，它在学术范围内界定了天主教的正统学说，从而形成一个系统，合乎逻辑地回应了现代学术所探求的问题。第二，它详细地阐明了有关教皇权威和教权的教义（即教会的教育权），宣称教会及其独一无二的领导权是从从事宗教事务的耶稣信徒那儿继承过来的。最后，它通过构建教会内部持异端邪说的阴谋者形象来界定天主教的正统学说。"[59]教会现在逐渐确认了新时代的"异教"，它们主要通过在固定的天主教出版物中作出说明，尤其是耶稣会会员的出版物，像罗马的《天主教文明》（*Civilta Cattolica*）和巴黎的《真理报》(*La Vérité*)。随着美国教派的责难，还出现了一系列教皇赦令，最终发生了现代历史上充满血腥的暴行。

教皇绝对神圣与反对现代主义的法令

罗马教廷采用的方法犯了一个致命错误，这些错误普遍存在于所有的敕令和责难中，这个错误就是教会将它们的批评对象视为阴谋群体，认为该群体假装是教会组织的朋友，实际上意图破坏教会组织。[60] 这是对该群体的低估，同时也支持了对手，罗马教廷的真正对手是新知识氛围中的自然权威。教皇自始至终坚持他的传统权威，他的历史的、信徒的继承权。[61] 这些思想在有关教皇权威至高无上的教义中被发挥到了极致，1870年，它第一次由罗马教廷会议发布出来。19世纪的天主教教义在许多方面与20世纪的天主教教义相似，至少在事实上都是由两位任期较长的教皇统治的，它们是皮乌斯九世(1846—1878)及其继任者利奥十三世(Leo XIII，1878—1903)。令人惊讶的是，在那段时间里，当民主与共和以各种各样的方式在全世界开花结果时，这两位教皇却试图在教会内外复兴君主统治理论。在皮乌斯九世的通谕《我们的心忧伤至极》(*Quanto conficiamur*)中，回顾了遥远的《一圣教谕》(*Unam sanctam*)，这是朋尼法斯八世在1302年发布的通谕。换句话说，他试图复兴教皇地位至高无上的中世纪观念。他在《论善心的见证人》(*Testem benevolentiae*)中攻击美国派利奥十三世排除了在教会中实行民主的任何希望，声称只有绝对的权威才是对抗异教的盾牌。[62]

在这些情形下，以及由于渴望独立与统一的意大利与教会达成了妥协，意大利的反教权运动趋于平息。这就是教皇的通谕信中呼吁召开罗马教廷第一次全体会议的重要背景原因之一。[63] 政治骚乱意味着会议不可能脱离现实。如果会议脱离现实的话，它面临的问题是重新建立教会的僧侣组织，为了避免这种情况，会议通过了两项著名宣言。第一个是这样的："基督的教会不是一个所有信仰者都能享有同样权利的团体。"相反，一些人被给予"上帝的力量……去奉献、教化和统治"。第二个是所有宣言中最为著名的："我们教授和界定这样一个信条，它神圣地揭示了："当教皇说'法座'(*ex cathedra*)时，也就是所有基督教的本堂牧师和博士履行义务的时候，通过他神圣通谕的权威，他确立了一条通行于所有教会的关于信仰或道德的教义，在神的帮助下，赞美彼得并给他以承诺，拥有带有神圣救世主意志的圣谕，这样他的教会应该被赋予确立关于信仰和道德的教义。”[64]

因此，来自教皇的神圣教义成为天主教徒的首要信仰。[65] 一直到至少14世纪，这都是高度危险的，还有可能遭遇反抗。罗马教廷可能意识到了这一点，在19世纪伟大的交通和通讯革命的帮助下，教会可以比中世纪更加有效地施行权威，这也许可以解释为什么除了教皇圣谕，还有利奥十三世在1879年发布的《永远之父》(*Aeterni Patris*) 中单独挑出圣托马斯·阿奎那(Thomas Aquinas)作为现代天主教思想的先驱者。这和皮乌斯九世发布的《我们的心忧伤至极》一样包含对前启蒙、前改革、前文艺复兴的中世纪的思想的回归。学者的理论特别注重在科学应用前，在人们的大脑中进行推理训练、思维实践，努力将基督教与其他形式的思想嫁接起来，这是它的聪明之处，而不是寻求一种真实性，从而能获得广泛的认同。[66] 事实上，主要是在耶稣教会神学家手上，天主教思想再次成为一个封闭的自我标榜的循环体系。这种状况的最大影响是在《天主教文明》周围形成了团体，该杂志于1849年在教皇授意下创办，作为对1848年事件的回应。[67] 这些托马斯主义者（其中的领袖人物是乔阿基诺·佩西[Gioachino Pecci]，是帕鲁查主教，也即后来的利奥十三世）不可理喻地反对现代思想的发展，他们坚持认为现代思想应该毫无例外地全部被抛弃。

这个新托马斯主义思想的主要特点是，它拒绝任何进化和变革的思想，它是落后的，属于12世纪，属于亚里士多德，是属于学术研究所认定的不合时宜的思想，在《永远之父》之后，只有曾经接受过圣托马斯智慧的教导的男人才能被任命为教师和牧师。[68] 他们的目标都是为了显示，当新兴科学与已有教义发生冲突时，新兴科学在本质上是“错误”的。这就是教皇圣谕神圣不可动摇的作用。另外，关于教权的教义也被再次提出和界定，教会被迫做出了如莱斯特·库尔茨所说的影响最为深远的行动——尝试创办格里高利大学，它是天主教世界中最重要的大学，是研究托马斯主义的主要中心。这一极为重要的决定改变了大学内部的力量平衡，并确保了它与新的教皇正统学说相一致。古罗马元老院永恒的古老思想比以前更受关注，理解这些思想就已经足够了，而不是发现新思想。[69]

似乎这些还不够，1893年，利奥发表了《致眷顾的天主》（*Providentissimus Deus*），它的目标是涵盖有关《圣经》的所有新兴学问，这份敕令声称，在达尔文之后30多年，施特劳斯和赖尔之后近60年，对宗教作品的理解不可能通过地球上的科学来达到。智慧来自上面的敕令，反复地按照它去做，当然在这些事情上，教皇是正确的。教皇的文件解除了《圣经》包含伪造和虚假谎言的禁令，并且指出科学离终极真理非常遥远，科学家们所做的永远只是修改和补充它。[70]

然而，另外一种阻止对《圣经》中记载的某些事情进行争论的方式是以圣经委员会的形式出现的，它由利奥在1902年任命。在一份教皇通谕信《警醒注意》（*Vigilantiae*）中，他宣布委员会将由博学者组成，他们的任务是按"我们时代的要求"解释《圣经》文本，这种解释今后不但可以"保护教义不受任何微小的错误的侵害，而且可以保护它不受任何大胆观念的挑战"。[71]他最后一次试图阻止这股潮流的努力是发表通谕《论善心的见证人》，该通谕公然抨击"美国教派"是异端邪说，这场特别的运动引发了民主与专制的根本冲突，但获得了一些欧洲保守天主教徒的认同，他们认为，美国天主教代表人物的形为简直是在犯罪，他们破坏了教会的基本理念，竟然支持"自由主义者、进化主义者……并且谈论自由永恒、尊重个体、创制权、自然品行以及认可我们的时代"。[72] 在《论善心的见证人》中，教皇声明了他对美国人民的"爱"，但他说，主要的目的是指出，"某些需要避免和更正的事情"。他说，努力使天主教教义适合现代世界是注定要失败的，因为天主教教义不是一套人类可以精心加工的理论，而是一个需要忠诚地守护和绝对宣扬的神圣藏品。他同样认为宗教权威和政治权威的根本区别在于：教会的权威来自上帝且不能质疑，而政治权威来自人民。[73]

19世纪末，罗马教廷面临着两难境地，他们采取了一种策略，试图保持人们对教会的坚定信仰，然而这个世纪中的赖尔、达尔文、施特劳斯、孔德、马克思、斯宾塞、凯特勒、马克斯韦和其他许多人，都不可能被这种方法所吸引，他们已经对教会产生了怀疑，最终，罗马教廷的努力成了明日黄花。1903年，当皮乌斯十世登上教皇宝座时，他坚信"耶稣十字架的敌人数量在最后的日子里有了激增"。他说，他确信只有信仰者"才能在动乱中获得上帝的旨意，并且拥有恢复平静的力量"。[74] 他因此继承了利奥的事业，重新积聚力量与现代主义作斗争。在他1907年的谕令《可悲矣》(*Lamentabili*)中，他非难了65项现代主义的特殊主张，包括对《圣经》的批判，他还再次强调了有关神秘信仰的信条的原理。然而更多的书出现在禁书目录中，应征更高职位的候选人被迫发誓效忠教皇，拒绝现代主义思想。《可悲矣》不止一次在那条著名的短语中强调了信条的作用："信仰是意志控制下的理性所产生的一种行为。"〔75〕

全世界忠实的天主教徒为罗马教廷近乎理性的证明和坚定的态度而感到欢欣鼓舞。到1907年为止，科学中的重大发现出现得十分迅速——电子、量子、无意识和最为突出的基因学，只有基因学能解释达尔文的自然选择是如何能够发生的。在一个充满动荡的世界中，有一块定心石是件好事情。然而除了天主教之外，只有少数人在倾听。当罗马教廷和他们所遭遇的现代化危机搏斗时，艺术领域发生了一场更为广泛的运动，即著名的现代化运动，它标志着后浪漫主义／后工业革命／后法国大革命和后美国国内战争的情绪的最终到来。正如尼采曾预见过的，上帝之死将释放出新的力量。基督教试图揭示出世界是坏的和丑恶的。这位牧师的儿子写下了这句话："基督教已使世界变坏和变得丑恶。"他认为，民族主义者将成为一股新的力量，他说对了。但是，其他思想也填补了正在产生的真空。其中之一就是马克思主义中的社会主义思想，他们有自己的关于死后世界的理论。第二个是据称拥有自己的理论体系的科学心理学，即拥有新的灵魂观的弗洛伊德学说。

★　★　★

在前文中，我们看到，在东方文艺复兴时期，伊斯兰世界和西方的关系非常特别，至少可以说是一种混合着傲慢和自大的态度，伊斯兰教徒认为，只有极少数东西他们需要向欧洲学习，欧洲进步缓慢的原因是由于宗教不统一。但是，隔阂的真正消除始于土耳其帝国的衰落，19世纪50年代的克里米亚战争（Crimean War）达到了衰落的顶点。这场战争后来被证明极其重要，因为它是历史上基督教和伊斯兰教力量的第一次联合。当时土耳其和法国、英国一起对抗俄罗斯。由于这次非同寻常的亲密合作，伊斯兰教徒发现，他们有大量可以从欧洲学习和受益的东西，不仅仅是武器和战斗以及始终吸引他们的医学，还有其他形式的生活方式。

穆斯林土耳其的改革和科学

一种新的观点在土耳其首次出现，例如，一场叫做“坦兹麦特（*Tanzimat*）”的运动和改革。[76]这个国家发起了一次关于改革的最高会议，并依据法国模式，按照伊斯兰教教法改组了独立的家庭法。征集税代替了农业税，人民成为国家的主人。改革的核心人物是纳默克·凯马尔（Namik Kemal，1840—1888），他编辑了一份《自由》杂志，该杂志的目的是寻求技术进步、出版自由、权力的分化、法律面前人人平等，以及重新阐释《古兰经》，从而使它与议会民主政治相适应。纳默克·凯马尔学到的理念是，不是每件事情都是由神事先决定的。伊萨克·埃佛丁（Ishak Efendi）被任命为帝国军事工程学院的*bashoca*，他依据国外情况于1834年出版了四卷本的《数学大全》（*Mecmua-i Ulum-i Riyaziye*），该书向伊斯兰世界介绍了许多现代科学知识。12年后，库德西·埃佛丁推出了他的《天体的奥秘》（*Asraral-Malakut*），书中尽最大努力使哥白尼学说符合伊斯兰教理论。1839年，36名学生从军事工程学院被选到巴黎、伦敦和维也纳学习，1845年，一个教育临时会议开始确立教育公众的理念。第一本关于现代化学的书于1848年在土耳其出版，第一本题为“现代生物学”的书于1865年出版。按照西方样式建立的工厂在19世纪60年代纷纷出现，一所医学平民学校于1867年在伊斯坦布尔建立，两年后，第一所现代意义的Darülfünan成立，并于1874—1875年间开设课程。课程最初由文学写作和法律组成，以及按计划代替科学的土木工程学(基于法国桥梁和道路学校而设)。学会（Encümen-i Danis）和法兰西学院（the Acadéie Française）不一样，它在1851年才被构想出来，1866年建立了一个翻译委员会，1869年采用了公制体系。当巴斯德(Pastuer)于1885年发现狂犬病疫苗时，土耳其派遣了一个医学代表团去巴黎学习这种新知识，并且商讨授予这位伟大人物一枚土耳其勋章。[77]

伊斯兰的现代主义者

在伊朗，与纳默克·凯马尔同时的是马尔科姆·汗（Malkom Khan，1844—1908），他已在巴黎接受了教育，受奥古斯特·孔德的影响非常大，他写了一本关于"改革"的书，书中他鼓吹权力分化，建立一套世俗法律以及人权法案。他编辑了一份报纸《法律》（*Quanun*），在报纸中，他提出建立两种委员会，一种是民众委员会，一种是乌力马委员会或学术委员会。与他们两人同时的是突尼斯人考伊尔（Khayr al-din al-Tunisi，1822—1890），他也在巴黎学习过，和古希腊时期的亚里士多德非常相似，他调查过21个欧洲国家以及它们的政治制度，他认为对伊斯兰世界来说，简单的因为别人不是穆斯林就拒绝他们已经取得的成就，这是一个错误，他建议伊斯兰世界学习欧洲最好的东西。[78]

在所有伊斯兰世界的思想家中，有超过50位的主要思想家出现在这个时期，他们发起了一场伊斯兰现代化运动——如埃及的卡希姆·艾敏（Qasim Amin），阿富汗的马赫穆德·塔尔齐（Mahmud Tarzi），印度的赛义德·汗（Sayyid Khan），爪哇的艾哈迈德·达赫兰（Achmad Dachlan）和中国的王静斋（Wang Jingshai）。但是有三位影响最大的伊斯兰现代主义者，他们的名字应该在西方更广为人知，他们是：伊朗的赛义德·加马尔丁·阿富汗尼（Sayyid Jamal al-Din al-Afghani，1838—1897）、埃及的穆罕默德·阿布笃（Muhammad Abduh，1849—1905）和穆罕默德·拉希德·里达（Muhammad Rashid Rida，1865—1935），穆罕默德·拉希德·里达出生在黎巴嫩，但他成年后的大部分时间都是在埃及度过的。

阿富汗尼

阿富汗尼主要传达的思想是，欧洲的成功建立在两种基础之上，即科学和法律。他说，这两个东西均来源于古希腊和印度。他于1882年说道，"科学是无止境和无限制的"，"科学将统治世界"。此后，他还说过，"这个世界的统治者不管是在过去、在现在还是在将来，都一直是科学"。"英国人来到了阿富汗，法国人占领了突尼斯。其实，这种霸占、侵略和征服不是来自法国人和英国人，而是科学在到处展示他的伟大和力量。"阿富汗尼希望整个伊斯兰世界的各个阶层都能有一个重新认识。他认为，"思想是历史变革的发动机，伊斯兰需要改革"。他嘲笑那个时期的乌力马宗教学者（穆斯林的学者或宗教、法律的权威），他们只知道阅读古代的典籍而不知道电是如何产生的，也不知道蒸汽机的原理。他反问道，他们怎么能够把自己称做是圣人呢？他把乌力马比喻成一盏灯芯细小的灯，“这盏灯既不能照亮周围的环境，也不能给别人带来光明”。阿富汗尼求学于法国和俄罗斯，他在巴黎时和恩斯特·勒南成为好朋友。阿富汗尼特别指出，宗教人士就像束缚在犁上的牛，他们是被教义束缚的奴隶，他们必须不停地在事先规定好的耕地上行走。他批评伊斯兰教，从而使巴格达黄金时代趋于终结，他认为神学院阻止了科学发展，他为非宗教教义的哲学辩护，因为这种哲学鼓励科学研究。

穆罕默德·阿布笃

穆罕默德·阿布笃也在巴黎学习过，他在那儿创办了一份著名的杂志——《最稳固的联系》，该杂志强烈反对帝国主义，同时呼吁宗教改革。[79] 返回埃及后，他成为首席大法官，并且在政府创办的阿尔阿扎清真寺学院工作，这是研究阿拉伯世界最有影响的学术团体之一。他发起了教育女性和世俗法律运动，这两样在伊斯兰教教法中是不允许的。他尤其对法律和政治感兴趣，这儿是他写的一些东西：“人类知识实际上是关于有用性原则的积累，通过这些知识，人们将那些可以带来益处的工作方法组织起来……法律是组织活动的基础……它能带来明显的益处……每个民族的法律和它的理解水平相一致……因此，不可能将这个群体的法律强加于另一个一开始就超越他们理解能力的群体中……应用于第二个群体的命令就会被妨碍……”另外，他坚持认为政治应该由现状决定，而不是教条。穆罕默德·阿布笃继续呼吁在埃及推行法律改革，要求制定准确简明的法律条文，避免出现他所说的《古兰经》中模棱两可的情况。他从埃及谈到大革命后的法国，这本是一个绝对君主专制的国家，但经过打破专制统治，法国成为一个共和国。他想制定一套公民法来指导公民生活的多个方面，希望这套法律能够按照合理的方式获得所有人的认可。在他的法律体系中，没有提及先知、伊斯兰教、清真寺或宗教。

拉希德·里达

穆罕默德·拉希德·里达上了一所位于黎巴嫩的学校，这所学校混合了现代教育和宗教教育。他能说欧洲许多国家的语言，并且广泛学习了各门科学。[80] 他的思想接近阿布笃，并成为他的传记作者。他也创办了自己的杂志《灯塔》，直到他去世前，他一直利用该杂志传播改革思想，穆罕默德·拉希德·里达认为，社会、政治、文明和宗教的革新是必须的和永不止息的，这样，社会才能沿着科学和知识的轨道前进。他说："人类在任何时候都需要旧的和新的事物。"他举例说，尽管英国人、法国人、德国人在大多数时候更倾向于按自己的方式做事和思考，但他们也会敞开胸怀接受外国的影响。穆罕默德·拉希德·里达承认受到了他们的帮助，并且喜欢他所相信的异端邪说。他所说的有点像伊拉斯谟，但同时他也接受了我们先前提到过的欧文·查德威克的观点。大约从1860年开始，欧洲人将自己视为基督徒，并且能和非信仰者友好相处。最为重要的是，拉希德·里达说，伊斯兰教教法很少或者说根本没有谈及农业、工业和运输——"这些都留给了人们去体验"。他说，国家由这些明确的东西组成——科学、艺术和工业、金融、政府管理以及军队系统。他们在伊斯兰教中是一种集体义务，忽视它们就意味着犯罪。人们需要记住的一条准则是"需要决定了不允许"。

"立宪国家"

伊斯兰世界的现代化所取得的成果由下列部分组成。（1）文化复兴。这指的是试图复兴伊斯兰艺术和文化，主要通过介绍西欧启蒙运动时期的文化成果的方式实现。这里有一些例子：圣徒传记的某些写法被改变，使其更像现代传记；阿拉伯世界中传统的旅行见闻讲演发展了，人们以一种开放的心态，惊讶于欧洲和美国的繁荣——煤气灯、铁路和蒸汽船。1847年，在黎巴嫩第一次出现了由法国戏剧改编的戏剧演出，1853年，第一部乌尔都语戏剧在印度出现，1859年，第一部土耳其语戏剧上演。随着旋转印刷技术的发展（和在欧洲一样），新的定期印刷刊物的出版社出现在阿拉伯世界，它发行了以下刊物：《自由》、《警示》、《解说员》。阿尔及利亚甚至拥有了一份属于改革者的报纸——《批判》，批评家阿尔·坦塔威（al-Tahtawi）写了一本关于伏尔泰、卢梭、孟德斯鸠以及西方法律的著作；纳默克·凯马尔在土耳其翻译了培根、孔狄亚克、卢梭和孟德斯鸠的著作。（2）立宪政体。立宪政体意味着政府受到法律的制约，就是我们现在所说的权力分立，由选举产生议会，而不是由国王、酋长或部落首领任命政府。立宪主义者作出了一项特别决定，他们忽略了天国的概念，认为在现世，在地球上，所有的一切都是平等的。立宪主义者的建议于1866年在埃及被制定出来，并获得了通过。立宪政体在突尼斯被确立的时间是1861年，奥斯曼帝国分别是1876年和1908年，在伊朗是1906年，1909年它又重新通过了立宪政体。1909年，阿富汗的一场现代化运动被镇压。[81] 人们甚至开始谈论"立宪国家"。(3) 科学和教育是现代化的第三个方面。关于达尔文学说，存在一个非常令人担忧的事情，因为许多伊斯兰学者都信奉赫伯特·斯宾塞的社会达尔文主义，他们认为穆斯林社会是落后的，最终将被淘汰。他们因此迫切要求接受西方科学，尤其是要让学生在新式学校中接受科学教育。这个时期出现了一场新式学校运动，意思是"新原理"。新式学校一边教授宗教课程，一边教授非宗教课程，但是目的很清楚，就是要用更多的现代知识取代传统知识。社会学在伊斯兰现代主义者中非常受欢迎；他们尤其信仰孔德的理论，按孔德的观点，社会可以分为三个逐渐进步的阶段：自然的、社会的和政治的（阶段）。阿富汗尼采纳了这种观点，认为人和动物没有区别，人能够像动物一样被研究，他声称只有适者才能生存。与马克思和尼采一样，他认为在最后，生命就是关于权力。阿布笃拜访过赫伯特·斯宾塞，他翻译了斯宾塞的书。在这些观点当中，最为重要的是，现代主义者认为法律来源于人类本性，来自于研究自然法则的过程中，神不是通过《古兰经》而是通过这种方式来展示其神圣性的。(4) 正如19世纪发生在西方的一样，新思想的产生在于对《圣经》的重新解读（我们可以这么说），因此，《古兰经》的文本和《穆罕穆德言行录》都成为批判的对象，拉希德·里达对《穆罕穆德言行录》进行了尖锐的批评，他认为，由后人所写的文章最需要批判，因为它造成了伊斯兰世界的倒退。就《古兰经》而言，他认为它仅仅是个向导，不具备指挥权。阿尔－谢赫·坦塔威·贾瓦尔（Al-Saykh Tartawi Jawhari，1870—1940）根据现代科学编了一本26卷的注释本《古兰经》。(5)妇女。19世纪见证了在许多伊斯兰国家，女子学校的增多和发展，但不是所有的地方都是如此。19世纪还见证了在孟加拉和俄罗斯妇女组织的出现；见证了一夫多妻在印度的终结；见证了1918年阿塞拜疆的妇女选举权（早于法国的1947年，瑞士甚至更晚）。黎巴嫩在1896年，突尼斯在1920年，都发起了一场要求妇女自由获得工作的运动。

读者也许会问，伊斯兰国家的这种现代化运动到底带来了什么，简短的回答就是，它一直兴盛至第一次世界大战，然后才趋于衰微。由于超出了本书写作时间的限定，从“一战”到现在这一期间发生的事将在注释中有个简单概括。[82]

在19世纪后期，基督教和伊斯兰教一直处于持续不断的冲击之下，现在谁能说，哪种信仰更为成功地抵御了这些攻击呢？

注 释

〔1〕 A. N. 威尔逊，《上帝的葬礼》(*God's Funeral*)，伦敦：约翰·默里出版社，1999年，第133页。

〔2〕 同上，第160页。

〔3〕 同上，第4页。

〔4〕 同上，第189页。

〔5〕 同上，第193页。

〔6〕 这个论断可以从书中的考察中得到证实，这些书出版于1905年，在“自由思想者”中影响很大。参见爱德华·罗尔（Edward Royle），《激进主义者、世俗论者和共和论者》(*Radicals, Secularists and Republicans*)，曼彻斯特：曼彻斯特大学出版社，1980年，第173页。

〔7〕 威尔逊，如前所引，第20页。

〔8〕 同上，第22页。

〔9〕 同上，第35页。

〔10〕 欧文·查德威克，《19世纪欧洲思想的世俗化》(*The Secularisation of European Thought in the Nineteenth Century*)，英格兰剑桥：剑桥大学出版社，1975/1985年，第21页。

〔11〕 同上，第23页。

〔12〕 同上，第27页。

〔13〕 阿尔弗雷德·科班（Alfred Cobban）《人道的探索：启蒙在当代史中的作用》，伦敦：凯普出版社，1966年，第236页。也可参见霍索恩，《启蒙与失望》，英格兰剑桥：剑桥大学出版社，1976年，第82—84页。

〔14〕 查德威克，如前前引，第28页。

〔15〕 如上，第29—30页；以及霍索恩，如前所引，第87页。

〔16〕 查德威克，如前所引，第37页。

〔17〕 同上。

〔18〕 同上，第38页。

〔19〕 但是分化有利有弊。“1889年教皇的影响力远胜于1839年，因为后来的教皇被媒体包围，而之前却并非如此。”同上，第41页。

〔20〕 大卫·兰德斯说，贫困者“进入市场的少得可怜”。《自由的普罗米修斯》，英格兰剑桥：剑桥大学出版社，1969年，第127页。

〔21〕 查德威克，如前所引，第46页。

〔22〕 同上，第47页。

〔23〕 再者，查阅早先的资料（参见上面的注释6），可以看出马克思在具有影响力书的名单上的排名要比吉本高。罗尔，如前所引，第174页。

〔24〕 查德威克，如前所引，第57页。霍索恩，如前所引，第85页，探讨了新教教义和天主教教义的不同以及这对马克思主义意味着什么。

〔25〕 查德威克，如前所引，第59页。

〔26〕 同上，第89页。

〔27〕 霍夫施塔特，如前所引，第24页，他察觉到新教徒非常有可能成为无神论者。

〔28〕 查德威克，如前所引，第92页。

〔29〕 同上，第97页。

〔30〕 同上，第144页。

〔31〕 科班，如前所引，第110页。论卡莱尔，见布尔斯汀，《美国人》，威登菲尔&尼克尔森出版社，1966年，第246—247页。

〔32〕 查德威克，如前所引。第145页。

〔33〕 同上，第151页。

〔34〕 罗尔，如前所引，第220页。

〔35〕 同上，第17页。

〔36〕 查德威克，如前所引，第155页。布尔斯汀，《美国人》，如前所引，第195页。

〔37〕 19世纪的人对18世纪持一种普遍的悲观，参见科班，如前所引，第215页。

〔38〕 查德威克，如前所引，第158—159页。

〔39〕 同上，第159页。

〔40〕 参见罗尔，如前所引，英国的非宗教化组织以及它在1876年的复兴。至于法国，参见珍妮弗·迈克尔·赫克特，《灵魂的终结：科学的现代性，法国的无神论和人类学》（*The End of the Soul*），纽约，哥伦比亚大学出版社，2003年。

〔41〕 同上，第177页。

〔42〕 将近世纪末的时候，威斯特的天主教神学教授约瑟夫·伯特兹认为，火山是炼狱存在的证据，人们都嘲笑和讽刺他为“地狱教授”。查德威克，如前所引，第179页。查德威克说，大多数家长不再信仰地狱说，但是他们告诉他们的孩子，地狱作为一种操控人的思想的简单有效的方式，他们曾经确信不移。

〔43〕 查德威克，如前所引，第212页。

〔44〕 同上，第215页。

〔45〕 同上，第220页。像孔德一样，勒南认为，实证主义能够作为新信仰的基础。霍索恩，如前所引，第114—115页。

〔46〕 查德威克，如前所引，第224页。

〔47〕 莱斯特·R.库尔茨，《异端政治》(*The Politics of Heresy*)，伯克利：加利福尼亚大学出版社，1986年，第18页。

〔48〕 赫克特，如前所引。第182页。也可参见：库尔茨，如前所引，第18页。

〔49〕 查德威克，如前所引，第123页。

〔50〕 库尔茨，如前所引，第25页。

〔51〕 同上，第27页。

〔52〕 穆纳，《信仰》，伦敦：奥兰姆出版社，2002年，第655页。

〔53〕 库尔茨，如前所引，第30页。

〔54〕 穆那，如前所引，第655页。

〔55〕 库尔茨，如前所引，第30页。

〔56〕 同上，第30—31页。

〔57〕 《法国的自由主义者和不妥协者，1848—1878》，亚历克·R.维德勒(Alec R. Vidler)，《现代性运动和罗马教会》(*The Modernist Movement and the Roman Church*)一书的第三章，纽约：加登出版社，1976年，第25页及后文。

〔58〕 库尔茨，如前所引，第33页。

〔59〕 同上。

〔60〕 维德勒，如前所引，第42页和第96页。

〔61〕 库尔茨，如前所引，第34页。

〔62〕 同上，第35页。

〔63〕 同上。

〔64〕 穆那，如前所引，第659页，那些时期的生动叙述(包括特别的天气)。

〔65〕 库尔茨，如前所引，第35页。

〔66〕 同上，第38页。

〔67〕 维德勒，如前所引，第60—65页和第133页及后文。

〔68〕 库尔茨，如前所引，第41页。

〔69〕 同上，第42页。

〔70〕 《圣经的问题》，在维德勒书的第十章，如前所引，第81页及后文。莫纳罕，如前所引，第661页，提及利奥对民主和自由十分热心。但是仅仅是和皮乌斯相比较。

〔71〕 库尔茨，如前所引，第44页。

〔72〕 同上，第45页。

〔73〕 穆那，如前所引，第661页，德国的文化斗争使得整个普鲁斯都显得茫然，超过100万的天主教徒无法领到圣餐。

〔74〕 库尔茨，如前所引，第50页。

〔75〕 同上，第148页。

〔76〕 参见霍拉尼，《阿拉伯民族的历史》，第18章，《帝制和改革的文化》，马萨诸塞剑桥：哈佛大学出版社贝尔纳普分社，1991年，第299页及后文。以及：埃瑞克J.理查(Erik J.Zücher)，《土耳其：现代史》，伦敦：L.B .tauris，1993年，第52—74页。

〔77〕 诺格鲁（Ekmeleddin Ihsanoglu），《奥斯曼帝国的科学、技术和学术》，如前所引，尤其是第2、3、4、5、7、8、9和第10章。

〔78〕 《时代》（伦敦），2004年4月29日。也可参见：阿兹迈（Aziz Al Azmeh），《伊斯兰教和现代性》（第二版），伦敦：新左派出版社，1996年，尤其是第4章，第101—127页。

〔79〕 霍拉尼，如前所引，第307页，以及第346—347页。

〔80〕 《时代》，2004年4月29日。阿兹迈，如前所引，107—111页。也可参见：弗朗西斯·罗宾逊，《他世界和本世界中的伊斯兰教及其复兴》，康特维尔·史密斯纪念讲演，亚洲文会，2003年4月10日。

〔81〕 伊斯兰世界开始流行起马基雅弗利研究，并以此作为了解专制君主的的一种途径。

〔82〕 《时代》，2004年4月29日。阿兹迈，如前所引，第41页及后文。霍拉尼，如前所引，第254页，302页以及344—345页。也可参见：塔里克·拉马丹（Tariq Tamadan），《西方穆斯林与伊斯兰教的未来》，牛津：牛津大学出版社，2003年。

改革运动结束了，这或多或少是由于第一次世界大战的原因，当时，相当多的信仰缺失与科学和唯物主义密切相关。在伊斯兰世界中，战后世界出现了并列的两种景况。现代化在许多地方还在继续，但是，以埃及的穆斯林兄弟会为开端，更多的伊斯兰好战派开始站稳脚跟。贯穿整个20世纪20年代到40年代，当马克思主义和社会主义成为官方意识形态，宗教开始走下坡路，并且没有什么东西能和伊斯兰教相适应。这在1968年与以色列的六日战争中达到顶峰，这场战争使得穆斯林国家丧失了决定权。这可以看做伊斯兰世界中社会主义运动的一次巨大失败，这导致了现在原有的穆斯林开始填补战争所造成的政治真空。

第八章　现代主义和无意识的发现

弗洛伊德的雄心 /自比于哥白尼和达尔文/被奉为名人

作为一个青年人，西格蒙德·弗洛伊德（Sigmund Freud）并不缺乏雄心壮志，尽管他有书虫的名声，然而他的黑眼睛和茂密的黑发给他营造出自信的气质。[1] 他把自己幻想成汉尼拔（Hannibal），奥利弗·克伦威尔（Oliver Cromwell）、拿破仑、海因里希·谢里曼（Heinrich Schliemann）——特洛伊的发现者——甚至是克利斯托弗·哥伦布（Christopher Columbus）。之后，他自己为自己重新命名后，他很少充满幻想地将自己和哥伦布、莱昂纳多·达·芬奇、伽利略以及达尔文作比较。在他的一生中，他被安德烈·布列塔(Andre Breton)、西奥多·德莱塞（Theodore Dreiser）、萨瓦尔多·达利(Salvador Dali)视为名人。托马斯·曼（Thomas Mann）认为他是一个预言者，尽管后来改变了想法。1938年，美国总统富兰克林·罗斯福（Franklin Roosevelt）私下对弗洛伊德产生了兴趣，弗洛伊德作为一个德意志第三帝国统治下的犹太人，最终招致了纳粹的迫害而被迫离开奥地利。[2]

弗洛伊德

思想史上也许没有人像弗洛伊德那样遭受这样的毁誉——即使是达尔文，甚至马克思。正如现在专业历史学家和普通大众读者对于文艺复兴和我们简言之的前文艺复兴（前文艺复兴在1050年到1250年间，现代世界开始产生）的观点存在不一致一样，因此，现在普通大众对弗洛伊德的理解与大多数专业心理学家对弗洛伊德的理解之间存在着巨大的鸿沟。

修正的第一个结果是弗洛伊德曾经备受称誉的发现无意识的优先权。盖伊·克拉克斯顿（Guy Claxton）在最近的无意识史中，将“类似无意识”的发现追溯至公元前1000年位于小亚细亚的“雏形寺院”，在那里“灵魂解脱”仪式非常普遍。他说，希腊思想中涉及的灵魂观就已经蕴含着“未知的深度”。帕斯卡（Pascal）、霍布斯（Hobbes）、埃德加·爱伦·坡（Edgar Allen Poe）这三个人已经有了颇为神秘的思想，即人自身是双重的，一半隐藏着，并以某种方式对行为和感觉施加压力。爱伦·坡不是孤立的。马克·D.阿特休尔（Mark D. Altschule）在他的《人类行为中观念的起源》（*Origins of Concepts in Human Behavior*，1977年）一书中这样写道：“很难——或者说也许不可能——找到一位19世纪的心理学家或医学心理学家——没有认识到无意识的精神活动不仅是真实的而且是最重要的。”“我们现在所用的”精神病和精神病学这两个术语是巴伦·恩斯特（Baron Ernst，1806—1849）1833年后在维也纳提出来的。在小说家中，19世纪被命名为“我们的神经世纪”，“神经衰弱症”这个词是乔治·比尔德（George Beard）在1858年造出来的。[3] 英国哲学家兰斯洛特·劳·怀特(Lancelot Law Whyte)说，1870年左右，无意识不仅仅是专业人士，还是那些故作文明的人交谈的主题。德国作家弗雷德里希·斯皮尔哈根（Friderich Spielhagen）与怀特的观点一致。在他出版于1890年的一部小说中，他描述了1870年一个柏林沙龙里的两个主要谈话主题——瓦格纳和无意识哲学。但是，甚至这些都不能算是对无意识的公正评价，作为一种思想，无意识在19世纪有了长足发展。因为这个原因，我们需要将目光投向亨利·埃伦伯格（Henri Ellenberger）和他的权威的宏篇巨作《发现无意识》（*The Discovery of Unconscious*）。[4]

无意识的开始：梅斯梅尔、沙考和原型现象

埃伦伯格将其研究方法分为三种——我们可以称之为远因和近似医学背景下的精神分析，以及19世纪的文化背景。三者同样重要，

他说，所谓远因，指的是这些前辈如弗兰兹·安东·梅斯梅尔(Franz Anton Mesmer,1734—1815),他时常被拿来与克利斯托弗·哥伦布比较，因为哥伦布发现了一个新世界，而他则发现了一个新的内在世界。在病人吞下一粒含铁的药后，梅斯梅尔用绑在他们身上的磁铁来给他看病。他发现并记录下一些病人的症状会随着月相而变化，他的目的在于控制人体内的“人工潮汐”，这种方法在某些情况下可以减轻症状，最起码能让症状减轻好几个小时。梅斯梅尔相信他揭示了体内“潜藏的流体”，他能控制这种流体同时还发现了其他极轻的流体，如燃素和电流，并且部分解释了他强烈的发明兴趣是建立在德·皮杰格（de Puységur）侯爵基础上的，梅斯梅尔发展出两种我们已知的技术，即“纯粹危机”和“催眠梦行症”，后来磁感应催眠术在这两种技术基础上形成了。[5]

让－马丁·沙考（Jean-Martin Charcot,1835—1893）也许是第一个提出弗洛伊德思想中的观点的先驱，他是他那个时代最伟大的神经学者，他治疗的病人来自撒马尔罕和西印度，当他用催眠术区分精神麻痹症和器官麻痹症时，催眠术在他的努力下受到了重视。他证明了用催眠术可以使病人在催眠状态下麻痹。后来，他证明精神麻痹通常发生在出现外伤后。他还展示出歇斯底里性的失忆能够在催眠状态下恢复，弗洛伊德花了四个月时间待在巴黎的萨彼里埃(Salpetriere）医院里向沙考学习，尽管法国人的工作在那时受到了怀疑，但现在看来，病人的行为符合治疗学家的期望。[6]

催眠术是整个19世纪都非常流行的治疗方式，它和被称为行动自动性的病症联系在一起，所谓行动自动性就是当人们看起来处于催眠状态时，在他们被唤醒之前，他们意识不到自己所做的事。经过相当数量病例的证实，催眠术被证明同样对我们现在所说的记忆丧失症有效，记忆丧失症发作时，人感觉突然从他们的日常生活状态中隔离出来，离开他们的家，甚至可能忘记他们自己是谁。[7] 随着19世纪的前进，尽管歇斯底里症仍是精神病学关注的焦点，但是，人们对催眠术的兴趣减退了。粗略地说，因为出现一个男性病例的同时，会有20个女性病例(即男性病例与女性病例的比例是1：20)，歇斯底里从一开始就被视为女性疾病，尽管病症根源最初认为是一些奇怪的方式迫使人必须运动或者认为是子宫的“漫游”，但人们很快清楚地认识到，这是一种心理疾病。性别角色影响发病几率被认定是可能的，甚至是很可能，因为事实上，修女中没有患歇斯底里症的，而在妓女中则非常普遍。[8]

颇具争议的是，第一次出现我们现在所理解的无意识这个术语，是在催眠师对某人进行催眠而被催眠者出现的一系列反应之后，催眠师们发现，当他们对某人进行催眠时，"一种新的生活显现出来后，主体却觉察不到，那是一种崭新的更加完美的个性呈现"。[9] 两种人格的概念在19世纪非常令人迷惑，继而出现了双重自我或"双重精神"这样的概念。[10] 人被分成两个部分，第二意识是封闭的或是开放的，马克斯·德尚(Max Dessoir)在《双重自我》(*The Double Ego*)一书中发展了双重精神理论，该书出版于1890年，并获得了高度评价，他在书中把意识分成*Oberbewussten*和*Unterbewussten*（即"后期意识"和"下意识"），他说，后者是偶尔在梦中被揭示出来的。

埃伦伯格说，在催生无意识的一般背景因素中，浪漫主义与此密切相关，因为浪漫主义哲学中已包含着"原初的意象"（*Urphänomene*）这一概念，变形就起源于此。"原初的意象"之中有原植物（*Urpflanze*）、普世心智（*All–Sinn*）和无意识。根据戈特希尔夫·海因里希·舒伯特（Gotthilf Heinrich Schubert，1773—1843）的观点，另外一个"原初的现象"指的是自恋（*Ich–Sucht*）。舒伯特说，人是一个"双星体"，被赋予了第二个中心（*Selbstbewussten*）。[12] 约翰·克里斯蒂安·奥古斯特·海因洛特（Johann Christian August Heinroth，1773—1843）被埃伦伯格描述成一位"浪漫主义医生"，他认为精神疾病的主要原因是罪恶。他创立了一套理论认为，人的良知起源于另一种"原初的现象"，即"超我们"(*Üer–Uns*)。[13] 瑞士人巴霍芬（Johann Jakob Bachofen，1815—1887）在其1861年出版的《母权论》一书中宣扬母权理论。[14] 他说，他相信历史经历了三个阶段：乱交阶段、母权制阶段和父权制阶段。第一阶段的特征是性混乱，那时候孩子不知道自己的父亲是谁。第二个阶段仅仅是经过了几千年的斗争之后确立的，最终女性获得了胜利，建立了家庭和农业，并且掌握了所有的社会和政治权力。这个时期的主要特征是人们尊重母亲，以母亲为中心形成了一个自由、平等与和平的社会体系。母系社会对体育的重视程度在智力教育之上。父权制是在经过了另一个长期的激烈斗争后出现，它完全颠覆了母系社会，崇尚个人独立，人与人之间相互隔绝。父亲般的爱成了比母亲般的爱更抽象的原则，巴霍芬说，父系社会没母系社会注重实践，它在引向更高的智力进步。他相信很多神话中包含了母系社会中发生的事情，例如俄狄浦斯神话。[15]

相当多数的哲学家也使用了弗洛伊德学说中的概念。下面的书名很有启发，但远不完整（*Unbewussten*在德语中的意思是“无意识”）：奥古斯特·温克尔曼（August Winkelmann）的《动力心理学导论》(1802)、哈特曼（Eduard von Hartmann）的《无意识哲学》(1868)、卡本特（W.B.Carpente）的《大脑的无意识活动》(1872)、费希尔（J.C.Fischer）的《哈特曼的无意识哲学》(1872)、瓦克特（J.Vokelt）的《无意识的悲观主义》(1873)、弗莱明（C.F.Flemming）的《无意识精神活动概念的解读》(***Zur Klärung des Begriffs der unbewussten Seelen-Thätigkeit***,1877)、思考密特(A.Schmidt)的《无意识哲学理念的自然科学基础》(***Die naturwissenschaftlichen Grundlagen der Philosophie des Unbewussten***,1877)、考斯耐特（E.Colsenet）的《精神的无意识生活》(***LaVie Inconsciente de l'Esprit, 1880***)。

叔本华

叔本华

《作为意志和表象的世界》一书中，叔本华(Schopenhauer)指出意识是一个“无法控制的推动力”，他说，“人在被内在力量引导时是非理性的，人不知道它的存在，也很少觉察到它”。[17] 叔本华将人比做地球，而地球的内部我们是不知道的。他说，两种非理性力量控制了人——保护本能和性本能。两者中，性本能更具力量，事实上，叔本华说，没有什么东西能与它相抗。“人如果想抵制性本能纯粹是欺人之谈。”他可能会想他能抵制，但是在现实中，理智是受性驱动的，在这种情况下，意志是理智的秘密敌人。叔本华甚至提出了一个我们后来称为压抑的概念，它本身就是无意识：“意志的反抗从而排斥它接近理性”[18]，“意识活动仅仅是我们精神仅有的表层，它正如地球一样，我们无法知道它的内部结构，只能知道地壳”。[19]

哈特曼

哈特曼更进一步，他认为无意识由三个层次组成。(1) 绝对无意识，它组成了宇宙中的物质，也是其他物体的来源。(2) 生理无意识，它是人类进化发展过程中的一部分。(3) 心理无意识，它是控制我们精神生活的意识。比叔本华更进一步的是，哈特曼搜集了丰富的例证——客观例证，通过这种方式来支持他的观点。例如，他探讨思想、智力、语言、宗教、历史和社会生活之间的关系，非常显明的是，所有这些领域，弗洛伊德都将要亲自去探索。

弗洛伊德关于无意识的许多思想也是尼采拥有的，而尼采除此之外的其他许多哲学观点都是位于次位的。尼采将无意识视为一种狡猾、隐秘本能的实体，它通常通过精神创伤留下伤痕，并以超现实的方式掩盖起来，但会导致病变。[20] 这与乔安·赫尔巴特（Johann Herbart）以及费克纳（G.T.Fechner）的观点一致。恩斯特·琼斯（Ernest Jones）是弗洛伊德（G.T. Fechner）的第一位权威传记作者，他对一位名叫路易斯·冯·卡尔宾斯卡（Luise von Karpinska）的波兰心理学家表示了极大关注，此人最初的观点与弗洛伊德的基本思想和赫尔巴特的思想（他七年前写的）有相似之处。赫尔巴特把精神描述成二元的，不断处于意识与无意识过程的冲突中。这种思想被描述成"当敌对的思想使它不断进行意识活动"。[21] 在赫尔巴特基础上，费克纳将精神比喻成冰山，"十分之九在水下，它的行动方向不仅要由海面吹过的风来决定，而且要由深层的海潮来决定"。[22]

简奈特

皮埃尔·简奈特(Pierre Janet)或许也可以视为前弗洛伊德学派中的一员。作为伟大的一代法国学者中的一份子，包括亨利·伯格森(Henri Bergson)、埃米尔·涂尔干(Émile Durkheim)，阿尔弗雷德·本耐特(Alfred Binet)也可算是其中的成员。简奈特的第一部重要著作是《生理自动性》，书中有他在1882年到1888年间所做的实验结果。在书中，他宣称他掌握了一种催眠术，在催眠状态下，他可以诱使他的病人自动写作。他说，这些作品解释了病人在毫无缘由的情况下产生出恐惧适应的原因。[23] 简奈特还指出，在催眠状态下，病人往往表现出双重人格。一种是试图取悦医生，而几乎同时发生的另一种人格最好解释成"回归童年"（病人们会突然提到它们童年的小名）。简奈特来到巴黎后发展了他的技术，取名为"心理分析"，这是对催眠术自动写作的重复使用，在此过程中，他指出，会随着病人的思维变得越来越清晰而导致危险。然而，危险随着数量增多而更为严重，涌出的思想表明他们正及时返回，而且，这种情形在病人生活中发生的时间越来越早。简奈特断定："在人类大脑中，曾经的记忆一点也没失去，以潜意识形式固定下来的思想既是大脑活动衰退的结果，也是大脑活动进一步衰退和恶化的根源。"[24]

19世纪面临着婴儿性欲问题。医生们传统地认为这是一种非常罕见的反常现象，但是早在1946年，一位名叫迪比尼（P.J.C.Debreyne）的神父，同时也是一位医生，出版了一本小册子，其中，他坚持认为人类存在过于频繁的早期手淫、儿童间的性游戏，以及保姆和仆人对幼童的诱奸行为。杜邦罗（Dupanloup）主教是另一位再次强调儿童存在频繁性游戏的神职人员。他认为他们中的大部分在1岁和2岁时养成了"坏习惯"。最著名是在儒勒·米什莱（Jules Michelet）的《我们的儿子》（*Our Sons*，1869）一书中，他警告父母们正视发生婴儿性行为的现实，尤其是现在，我们称之为"俄狄浦斯情结"。[25]

★　★　★

如果我们对19世纪的主要思想（多数为德国人和法国人的成就）进行考察的话，那么在一些重要的发现中，有两样东西尤为突出。第一个是弗洛伊德在对各种思想进行深入研究后发现的无意识。不管无意识是不是作为一个实体而存在（这个问题我们后面谈），但将无意识思想出现的时间限定到弗洛伊德，则显然推迟了好几十年。事实上，18世纪的大部分时间里，这种思想已在欧洲普遍流行了。第二个是其他许多心理学概念不可避免地和弗洛伊德的许多关于意识的思想相关——如婴儿性欲、俄狄浦斯情结、压抑、退化、移情、本能冲动、遗传和超我——这些也不是根源于弗洛伊德。它们和无意识一样悬而未决，和达尔文揭示出自然选择机制时所提出的进化论非常相似，弗洛伊德学说并不是像人们所相信的那样接近思想的源头。

令人惊讶的是，对于许多弗洛伊德的批评者来说，所有这些还远远不是对他的主要攻击，还没有指出他的主要罪恶。这些批评者中，像弗雷德里克·克鲁斯（Frederick Crews）、弗兰克·奇奥菲（Frank Cioffi）、艾伦·埃斯特森（Allen Esterson）、马尔科姆·麦克米伦（Malcolm Macmillan）和弗兰克·萨洛韦（Frank Sulloway）（名单很长，而且还在增多），进一步认为弗洛伊德——只会闪烁其词——是一个骗子，一个只会征引别人观点的科学家，他捏造和伪造数据，欺骗自己和他人。批评者们的这些抨击完全贬损了他的理论价值以及依此而来的结论。

最好的展示弗洛伊德新观点价值的方法是将它与传统的观点方法相比较，以及考察新观点的接受效果，然后对他进行集中攻击，显示出传统方法现在是如何被改造的（需要再说一遍，这种改造是非常激烈的。我们这儿所谈的批评内容涵盖了最后40年，但主要是最后15年）。作为开始，下面我将讨论传统观点。

★ ★ ★

梦的解析

西格蒙德·弗洛伊德的观点第一次出现在《歇斯底里症研究》一书中，该书于1895年出版，其后在他的《梦的解析》一书中得到更为完整的阐述，该书出版于1899年的最后一周，和在维也纳一样，该书于1899年在莱比锡被准予出版，但是一直推迟到1900年，1900年1月初被再次审查。弗洛伊德是来自莫洛丽亚佛莱堡的一名医生，此时已经44岁了。他是兄弟姐妹八人中最大的一个，从外表看，他是一个传统的人，他相信严谨的热情，穿着由妻子选定的英国布料裁剪成的衣服。他还是一名运动员，一个热心的业余登山爱好者，从不饮酒。从另外一个方面说，他是一个“不折不扣”的雪茄烟鬼。[26]

尽管在个人生活方式方面，弗洛伊德也许是个比较传统的人，然而，《梦的解析》一书引起了强烈的争论，对于维也纳的许多人来说——这绝对是一部令人震惊的书，在这本书中，弗洛伊德人性理论的四个基本板块第一次集体亮相：无意识、压抑、婴儿性欲（导致俄狄浦斯情结）及对自我心理的三重划分：自我（ego）、超我（superego，一般意义上的我，一般地说即良心）和本我（id，最初对无意识的生物学表述）。自19世纪80年代中期以来，弗洛伊德发展了自己的思想，提高了治疗技术，这花了超过15年的时间。他自认为是达尔文开创的生物学传统的继承者。取得医生资格后，弗洛伊德获得了一笔奖学金，用来在沙考指导下从事研究。沙考那时候创办了一个诊所，专为难以治愈的饱受神经错乱痛苦的妇女提供帮助。沙考的研究证明，在催眠状态下，会引发歇斯底里症。几个月后，弗洛伊德重返维也纳，在阅读了大量的神经学方面的著作（如关于大脑瘫痪以及失语症等的著作）之后，他开始和另一位名叫布罗伊尔（Josef Breuer，1842—1952）的杰出医生合作，布罗伊尔也是一名犹太人，他有两项重大发现，一是调节呼气的迷走神经的作用，另一个是内耳半规管的作用，后者控制身体的平衡。但是，对于弗洛伊德来说，布罗伊尔的重要性在于，布罗伊尔于1881年发明的谈话疗法启发了他的精神疗法。[27]

从1880年12月开始的两年时间中，布罗伊尔一直为一名维也纳出生的名叫帕本海姆（Bertha Pappenheim，1859—1936）的女孩治疗歇斯底里症。在病例记录中，他将她写成了安娜O(Anna O)。她有多种严重的症状，包括妄想、语言障碍、妊娠幻象、间歇性的瘫痪和视觉问题。在她发病过程中，经历了两个不同阶段的意识活动，同时还经历了持续几个回合的梦游症发作。布罗伊尔发现在后一个阶段中，经过鼓励，在她讲述自己所编故事的同时，症状会出现加剧。然而，她的病情在她父亲死后恶化了——出现了更为严重的妄想和焦虑。然而，布罗伊尔再次发现，如果允许她在自动催眠过程中谈论她的症状的话，那么，这些症状就会消失。这个过程，安娜称其为“谈话疗法”或“清扫烟囱”，布罗伊尔的下一步发现比较偶然：安娜开始谈论一个特殊症状（难以下咽）的发作，过后症状就消失了。

在此基础上，布罗伊尔逐渐（在一些确定的时间之后）发现，如果他能劝说他的病人回忆起每个过去发生的颠倒了时间顺序的特殊症状，直到她回忆起第一个的话，那么大部分症状会以同样的方式消失。直到1882年6月，帕本海姆小姐才结束治疗，她的所有症状都被治愈了。[28]

安娜O 病例给弗洛伊德留下了深刻的印象（他此前显然未对乔治·比尔德关于神经衰弱症的观点留下什么印象）。一段时间内，弗洛伊德对歇斯底里症患者尝试过使用电疗法、推拿按摩、水疗法和催眠术，但是，弗洛伊德放弃了这种方法，代之以“自由联想法”——借助于这种技术，他让患者谈论所想到的任何东西。正是这种技术使他发现只要提供适当的环境，许多人都能回忆起早年生活中发生的事情，而这些事情在正常情况下早已被忘记。弗洛伊德得出这样的结论，尽管人们忘记了那些事情，但是，这些发生过的事情仍然能够影响人的行为方式，由此，弗洛伊德创造了无意识的概念以及随后的压抑这一概念。弗洛伊德还发现这些被揭示出来的回忆起来困难的早期记忆，在自由联想状态下本质上是关于性的。他进一步发现，许多被回忆起的事情事实上并没有发生，由此他改进了俄狄浦斯情结这个概念。换句话说，病人错误地报告给弗洛伊德的性伤害和失常现象是一种暗号，暗号表明这些不是已经发生的事情，而是病人秘密希望发生的事，而且可以断定人类婴儿经历了一个非常早的性觉醒时期。在这个阶段中，他说，儿子被母亲吸引，而将自己视为父亲的对手(俄狄浦斯情结)，与之相反，女儿被父亲吸引，而将自己视为母亲的对手(厄勒克特情结)。在这个意义上，弗洛伊德说，这种广泛的动机将持续人的一生，并有助于形成人格。[29]

弗洛伊德的这些早期理论遭到了极大的怀疑和不断的反对。维也纳大学神经研究所将其拒之门外。正如弗洛伊德后来所说的，“我很快成了孤家寡人”。[30] 他所作的回应就是让自己沉浸在研究中，分析自己，尤其是他父亲在1896年的去世，更促使他这样做。尽管他们的父子关系在很多年里并不亲密，但是，弗洛伊德非常惊讶地发现，他难以理解地被父亲的死触动了，许多埋藏心底的往事自动呈现出来，他的梦也改变了，他意识到在这些记忆中，有一种至今被压抑着的直接针对他父亲的敌对无意识。这使他将梦视为“到达无意识的康庄大道”。[31] 弗洛伊德在《梦的解析》一书中的中心思想是：在睡眠过程中，自我就像是“一个在哨所醒着的哨兵”。[32] 通过一般的警示来压抑本我的出现往往是低效的，本我通过伪装的梦展现自我。

《梦的解析》的早期销售情况显示了它的反响极低。初版的600部中，只有228部在头两年被售出，初版后的前六年里，好像只卖出了351本。[33] 对弗洛伊德来说，更大的阻碍在于，维也纳的医学同行对此书视若无睹。[34] 柏林的情形和在维也纳非常相似。当时，弗洛伊德被允诺在柏林大学做一次关于梦的讲座，结果只有三个人前去听讲。1901年，在他做哲学社会学演讲前不久，有人递给他一张纸条，上面请求他“快要讲到令人不快的事情时，作一个暗示，以便在此期间，女士们能够离开会堂”。幸运的是，这种孤立不会永远持续下去，尽管存在重大争议，许多人开始及时将无意识视为20世纪最具影响的思想，虽然此做法存在巨大争议。

★ ★ ★

弗洛伊德思想的大修正／被看做吹牛者和骗子的弗洛伊德

讲了太多的正统观点，现在我们讲下修正后的观点。有四项对弗洛伊德学说的指控，依照重要程度的高低，它们分别是：第一项指控是弗洛伊德没有发明“自由联想”术。这种技术是弗朗西斯·高尔顿在1879年或1880年发明的，他发表在《大脑》杂志上，他将该项技术描述成探索大脑“模糊深层”的工具。[35]第二项指控是认为弗洛伊德的书及其学说在读者接受过程中所遭受的冷遇是不真实的——最近的学术研究已经揭示了这种不真实。诺曼·基尔（Norman Kiell）在《缺乏事后认识的弗洛伊德》（*Freud Without Hindsight*）（1988）一文中指出，在《梦的解析》出版后的1899年到1913年间，只有44%（这是一个令人尊敬的数字）的读者对其作了评论，这其中，只有8%的读者作了反面评价。汉娜·戴克（Hannah Decker）是一位弗洛伊德主义者，在她的《弗洛伊德在德国：科学上的革命和反响，1893—1907》（*Freud in Germany: Revolution and Reaction in Science, 1893–1907*）（1977）一书中说：“在所有对弗洛伊德学说的评价中，绝大多数是充满热情的。”[36]尽管《梦的解析》可能卖得不好，但其中的普及本却非常畅销。本章前面提到的无意识的发展史以及诸如超我、婴儿性欲、压抑等这些概念的演变表明，弗洛伊德所说的每样东西并不都是新的。然而，为什么人们会产生这样的期望呢？正如罗伯特·钱伯斯在将进化思想介绍给更为广泛的读者群时所做的那样，弗洛伊德发表他的观点时从来就不存在任何问题，他从未匿名发表过他的观点。

第三项指控是弗洛伊德对布罗伊尔最著名的病人的描述——安娜O，或者叫贝沙·帕本海姆（Bertha Pappenheim），治疗过程存在严重的漏洞，它很可能是经过精心准备的欺骗行为。亨利·埃伦伯格探访了帕本海姆就诊的诊所，他发现了布罗伊尔的记录。由于这份记录的内容与后来发表的论文一致，我们由此可以断定，这些确实是原始记录。至此，包括埃伦伯格以及其他人的发现在内，没有证据显示帕本海姆曾经有妊娠症状。现在这被认为是弗洛伊德编造的谎言。与之相反，正如布罗伊尔所详细记载的那样，安娜O病例缺乏明显的性病病因依据，这完全和弗洛伊德所坚持的性欲是所有歇斯底里症的根本原因这一观点相悖。阿尔布雷希特·希尔施缪勒（Albrecht Hirschmüller）在约瑟夫·布罗伊尔的传记（1989年）中，至今仍然在说：“弗洛伊德—琼斯关于安娜O最终治愈的说法应当视为是一种虚构。”[37] 该书指出，帕本海姆的许多症状可以全部或部分地自动消除，她没有得到情感发泄——事实上，病例记录中止于1882年——在由布罗伊尔进行治疗期间，她在接下来几年里住院治疗不下于四次，每次都被诊断为“歇斯底里症”。换言之，弗洛伊德宣称布罗伊尔使安娜O恢复了健康是错误的，此外，同样重要的是，弗洛伊德肯定知道是错误的，因为他的一封信里清楚地表明，布罗伊尔知道安娜O在1883年依然处于病中，同时也因为安娜O是弗洛伊德未婚妻玛莎·波椭的朋友。[38]

安娜O病例的意义在于，或者说，弗洛伊德报道这个病例的方式至少有三重意义。它表明弗洛伊德夸大了谈话疗法的效果，它表明弗洛伊德推介的所谓性要素在这个病例中不存在，它还表明弗洛伊德对临床细节的表述存在武断之处。我们看到这些趋势以一种重要的方式在弗洛伊德余下的职业生涯中反复出现。

第四项对弗洛伊德的指控是迄今为止除了安娜O病例外最为严重的一个。这个指控就是，在临床病例和观察基础上的整个精神分析学上，委婉地说，弗洛伊德的学说是令人怀疑的和有缺陷的，直接地说，它是带有欺骗性的。或许精神分析学唯一至关重要的思想是弗洛伊德的这样一个结论，即婴儿期的性欲希望在成年期持续下去，但是这种想法是观察不到的，它因此可能导致精神机能障碍。在每例歇斯底里症的背后，他在1896年的报告中写道：“有一件或更多童年初期发生的事情，尽管封存了几十年，经过精神分析，它们仍然能被重现出来。”关于这点，令人奇怪的是，在1896年，尽管此前他从未报告过一起单独的幼儿性虐待病例，但是在4个月内，他宣称他追溯到了13位歇斯底里症患者关于受虐待方面的无意识记忆。与此类似，弗洛伊德认为，与某个特殊症状密切相关的这些事件或情形，可以通过他的精神分析技术得到揭示。发泄这些事件——在与之相关的情感反应中交谈并重新体验——将使情感得到宣泄，从而使病症消除。他确信，用他的话说，“这是个重要发现，发现了神经病理学领域内的尼罗河的源头……”[39] 但然后他接着说——这带来了一个伟大的修正——“病人从未自发重复这些事件，在治疗过程的瞬间，他们也从未做过医生们所获得的某种场景下的完整记忆。”对于弗洛伊德来说，正如他所介绍的发现那样，这些记忆属于无意识，病人觉察不到，事件的踪迹从不会出现在有意识的记忆中，只会出现在病症中。去他那儿治疗的病人对这些场景毫无印象，他承认，当他们被告知时，他们通常愤愤不平，只有最重要的强制性治疗才能引导他们开始重新将经历过的事情回忆出来。早期环境中的虐待，正如艾伦·埃斯特森及其他人所揭示的那样，弗洛伊德早期的治疗技术不是静静地坐在长沙发椅上进行情感分析，听病人讲述，与之相反，弗洛伊德会触摸病人的前额——这是他的压力技术——他坚信某些东西将进入他们脑中——一种想法、图像或记忆。他们被要求描述这些图像或记忆，直到耗费长时间的精力之后，他们将碰到那些导致歇斯底里症（猜测的）的事件。换言之，批评者们说弗洛伊德对各种症状的深层原因有着非常坚信不移的思想，而不是被动倾听，以及从临床病症中获得的观察，他把他的观点强加到他的病人身上。

他所做的最为著名的观察采用了一种非同寻常的方法。他的病人在幼儿期曾被引诱或者说被性虐待，这些经历潜藏在神经病症状的根源。犯罪者被分成三类：成人陌生者，负责照看孩子的成人如女仆、家庭女教师或家庭教师，还有无可指责的小孩……“大多数是哥哥长年和比他们小一点的妹妹有着持续的性关系。”[40] 早期性经历被认为最有可能发生在3岁至5岁期间。对于这一点，批评者的主要观点是，弗洛伊德所宣称的所谓临床观察结果，并不是真的。批评者坚持认为这些被一些值得怀疑的重构取代了，这些重构建立在对症状的象征性阐释上。有必要重复指出的是，仔细研读弗洛伊德的各种报告显示：病人从来不是自愿地讲述被性虐待的往事。与之相反，他们强烈地拒绝讲述。可以肯定地说，是弗洛伊德鼓励、说服，经由知觉或推断暗示了这些过程。实际上，他在许多场合已经承认是猜测了那些隐藏的问题。

然而，还有另外一些有意义的事件。在18个月中，弗洛伊德曾向他的同事威廉·弗莱斯透露（只透露给弗莱斯），他从没相信过神经病起源的理论，他认为那未必就是对孩子的普遍误解，无论如何，在这些思想基础上，他失败地进行了分析，并未得出成功的结论。“当然，我不会在达恩讲它，也不会在亚实基伦（Askelon）说，在非利士人的地盘上说，但在你我眼中……”换言之，他没有准备好从事这些令人尊敬的科学事业，并且当众承认他正失去对早年发现的自信。现在他开始相信这些结果可能是无意识幻想而不是记忆。然而，甚至从那时以后，这种新的转变也花了很长时间才成功，因为弗洛伊德开始认为，幼儿幻想的发生是为了掩饰童年早期自发的色情活动。在1904年以及1914年，他都提到，青春期前后，一些病人回忆起幼儿时期受引诱的无意识记忆来抵御幼儿手淫的无意识记忆。1906年，幻想的罪人是成人和大龄小孩，但在1914年，他并没有明确地讲他们是什么人。然而在那份报告中，他最终收回了他的引诱理论。虽然如此，在1925年，这些处于争议中的事件发生30年之后，他首次当众说明，他的女性病人指控她们的父亲曾引诱过她们。对于他的这种变卦的程度我们不能言过其实，毫无疑问，他激进地改变了引诱的剧本——从现实到幻想，他进一步将引诱者的角色由陌生人／家庭教师／哥哥弟弟改成了父亲。呈现在布告牌上的重要一点是，这种转变不是因为出现了新的临床病例，弗洛伊德简单描述了一个异样图景，使用的是同样的要素，不同的是，他离开那件事件已经有四分之一个世纪了。第二，同样重要的是，从19世纪80年代晚期到1925年期间较长的时间里，他治疗了很多女性病人，弗洛伊德从未报告过她们中的任何一人早年曾受她们的父亲或其他人的引诱。换言之，可以看出，一旦弗洛伊德停止寻找，这些症状就不会自我显露出来。批评者们认为，这当然是进一步的证据证明，引诱论与夸大的俄狄浦斯和厄勒克特情结也许是弗洛伊德学说中最具影响力的部分，而且是20世纪最重要的思想之一，尤其在医学和艺术领域，我们不用普通语言来表达，而用最不寻常的、牵强的——非常坦率地说未必可信——系谱学。理论起源上的不一致是非常明显的。弗洛伊德并没有在他的病人身上发现早期的性觉醒：他推断或觉察到或猜测到它在那儿。他没有仔细从被动的临床病例观察中发现俄狄浦斯情结：他将原有的猜测强加到病状上，在先前的强行进入之后，他甚至不能说服自己。此外，这是一个不能被任何独立的、持怀疑态度的科学家复制的过程，这也许是所有证据中最受诅咒的，是对弗洛伊德声称自己是一个科学家的盖棺定论。如果一种科学的实验过程或临床例证不能被其他科学家用同样的方法重复进行，这算什么样的科学呢？英国精神病学家、广播员安东尼·卡莱尔（Anthony Clare）将弗洛伊德描述成一个“残忍的、拐弯抹角的骗子”，并且断言精神分析学的许多理论基石都是伪造的。[41] 我们很难不认同他的观点。以弗洛伊德的压力技术为例，他的所谓劝说和猜测很不可信，我们有权利怀疑无意识是否存在。本质上说，他只是把所有东西融合在一起而已。

无意识这个概念以及它的所有内涵，可以看做是一个处于绝对优势之巅的德国人，或者按照德国人的说法，是德国传统中的一种医学形而上学思想。从系谱角度来认识被证明是极其重要的，弗洛伊德一直认为自己是一位科学家、生物学家，一个哥白尼和达尔文传统的仰慕者。然而没有什么东西可以比真理更久远，是时候将精神分析学作为一种死的思想埋葬了，同时带上燃素、炼丹术、炼狱和其他错误的观念。骗子们将会发现，适合他们大显身手的时代已经结束了。现在我们很清楚地知道，精神分析不是一种治疗方法，弗洛伊德许多后来的书如《图腾与禁忌》（*Totem and Taboo*）以及他对莱昂纳多·达·芬奇画中性形象的分析，都是自找麻烦的天真，他使用了过时的和非常明显的错误例证。整个的弗洛伊德学说都是草率的和任意的。

以上几段所讲的实际上是最近的修正，在19世纪末和20世纪早期，当弗洛伊德还活着的时候，无意识被认为是真实的，是一种确定不移的真实，它在本书最后的且最为伟大的思想的基础结构中扮演着重要角色，它是一种转变，将对思想史产生深刻的影响，尤其是对于艺术。这就是我们所知道的现代主义思想。

★ ★ ★

梵高、莫奈和奥斯曼的巴黎／艺术作品里的新大都会和现代主义

文森特·梵高

1886年，画家文森特·梵高（Vincent von Gogh）画了一幅小画，名为《巴黎之郊》。作品展现了一副荒芜的景象，画面上，一条低矮的地平线横亘在一片灰色恐怖的天空下。泥泞的道路向左右延伸——画面中没有方向。在画面的一端，可以找到一排破栅栏，前景中是一个身份不明的骑兵，更远处是一位母亲和几个孩子，画面中央是一盏孤独的煤气灯。顺着地平线方向有一架风车和一排蹲着的、团状的带着一排相同窗户的建筑——工厂和仓库。画面颜色呈土褐色。这是维克多·雨果和埃米尔·左拉才可能描绘的景象。[42]

这幅画的年代很重要，它展现了法国首都郊区底层人的生活状态。文森特·梵高之所以以这样单调的方式构思画面是因为这是巴黎人称之为“奥斯曼式的改造结果”。[43] 世界——尤其是法国——自从1789年以来发生了翻天覆地的变

化，爆发了工业革命，但是巴黎比其他任何地方的变化都大。奥斯曼式的改造指的就是这种转变的残酷。在拿破仑三世的命令下，拜伦·奥斯曼（Baron Haussmann）以一种无论在法国还是其他地方都史无前例的方式对巴黎进行了超过17年时间的改造。截至1870年，五分之一的街道都是他的杰作，3.5万人被转移，花费了25亿法郎，建造过程中雇用了全国建筑行业内五分之一的工人(参见19世纪的统计数字)。从那以后，林荫大道成为巴黎的主要标志。[44]

文森特·梵高1886年的画记录了这个世界阴沉的边缘，但是，其他画家——莫奈（Manet）以及在他引领下的印象派画家——则更倾向于庆祝新的开放空间和宽阔街道的诞生，新巴黎变得忙碌不堪，城市的灯光是其他许多画所构想的城市象征，如古斯塔夫·凯利伯特（Gustave Caillebotte）的《巴黎的街道，雨天》（*Rue de Paris, temps de pluie*）（1877），或者他的《欧洲大桥》（*Le Pont de l'Europe*)(1876)，莫奈的《通往卡普辛斯的林荫大道》（*Le Boulevard des Capucines*)(1873)，雷诺阿（Renoir）的《巴黎大道》（*Les Grands Boulevards*)(1875)，德加（Degas）的《巴黎协和广场》（*Place de la Concorde, Paris*)(大约1873）或毕加索（Pissarro）的任何一部作品，都展现了巴黎的春天或秋天以及巴黎阳光下、雨中和雪中的大街。

在19世纪的城市中，现代主义诞生了。后来，人们发明了内燃机和蒸汽汽轮机，电最终被人们控制，电话、打字机和录音机也纷纷出现。印刷机和电影被发明出来。第一个贸易联盟形成，工人活动变得有组织。截至1990年，世界上出现了11个大都市——包括伦敦、巴黎、柏林和纽约等——这些城市都有超过100万的居民，人口密度空前。城市扩张的同时，大学也日渐增多，早先的章节中我们提到过大学的情况，大学造成了哈罗德·珀金斯所说的专业社会的出现，那个时期——粗略地讲，从1880年开始——诸如医生、律师、学院和大学的教师、地方政府官员、建筑学家以及科学家开始在民主政治中占据主导地位，他们视专业技能为获得晋升的条件。珀金斯指出，在英国，这种专业人士的数量至少翻上一番，在某段时期，如1880年到1911年期间，数量翻了4倍。查尔斯·波德莱尔（Charles Baudelaire）和古斯塔夫·福楼拜首次指出，莫奈及其带领的“一伙人”（作为一种批评术语）试图在绘画中捕捉这些东西：转瞬即逝的城市体验——短暂、强烈、偶然和专横。印象派画家捕捉住了灯光的变化，同时还包括一些独特的奇观——新机器如铁路，以及令人恐惧和讨厌的东西——巨大幽暗的火车站，它提供承诺的运输服务，但是却喷出令人窒息的煤烟。漂亮的城市景观被丑陋的但是又必不可少的桥梁破坏无余。歌舞助兴的明星们在脚下脚灯的掩映下矫揉造作，通过墙上一面巨大的闪闪发光的镜子，可以从前后看到一个个酒吧服务女郎。这些就是新奇的形象特征，但对现代主义来说，意味着更多的内涵，它的兴趣在于既庆贺又谴责现代化，并且在各界中——科学界、实证哲学、理性主义——用它们的巨大财富造就了这些大城市，同时造成了新的贫穷、孤独和堕落。[45]现代化的城市令人迷惑，充斥着来来往往的人群，大量的偶然和意外。科学已经剥夺了这个世界的意义（宗教、精神层面）。在这样一个尴尬处境下，这就成了艺术的工作，描述这些发生的事情，接近它并批评它，如果还有可能的话，来补救它。通过这种方式，一种观点形成了，即不管现代化代表了什么，它在带来益处的同时，也带来了不利之处。令人惊讶的是，在这样迷茫和矛盾的环境下，产生了如此多的智慧之花。[46]与浪漫主义时代和文艺复兴时代相比，现代主义的特征主要依赖于其完全的创造性。所谓的“新的时代传统”产生了。中产阶级文化达到顶峰，在这个热闹的世界上孕育出了先锋这样的概念，一种奉为神圣的浪漫主义思想认为，艺术家胜过一切——通常以死相抗——中产阶级是尝试和想象的先导，但他们的角色是，发明的同时也进行着严重的破坏。

如果有什么能使现代主义者团结起来的话——理性主义和现实主义是一方面，理性主义的批评者、无意识的信奉者以及文化悲观主义者是另一方面——这就是他们之间激烈的交战。现代主义超越任何东西之上，它是艺术发展的高潮——绘画、文学、音乐——因为城市是个强化剂：依据它们的本性，它们让人们活动起来，并相互斗争——更好地交流和相识。[47]结果交换变得更加便捷，同时也不可避免地更加残酷。我们现在认为它理所当然，但同时压力增大了，人们发现那也可以转化为一种创造力。如果说现代主义经常反科学的话，这是因为其中的悲观主义是科学刺激所致。达尔文、麦克斯韦和汤姆森的发现令人惊慌失措，至少看起来改变了世界的伦理、方向和平衡，破坏了这些非常现实的观念。

霍夫曼斯塔尔

在许多于迷茫的世界中努力寻找自己的生活方式的作家中，雨果·霍夫曼斯塔尔（Hugo von Hofmannsthal,1874—1929）被认为是一个理性起点，因为他很好地澄清了部分混乱。霍夫曼斯塔尔出生在一个贵族家庭，带着父亲的祝福和鼓励——甚至是期望——他成为一名美学家。尽管如此，霍夫曼斯塔尔视古老的维也纳美学文化是科学的侵略物。他在1905年写道，我们时代的本质“是多样性和不确定性，它仅仅可以建立在游移感（*das Gleitende*）之上。”他还说：“其他一代人所坚信的是实际上也是游移感。”[48]在麦克斯韦和普朗克的发现之后，是否有一个更好地描述牛顿所构建的世界的方法呢？（这些在本书结语中会探讨。）“每个事物都可分成许多部分，”霍夫曼斯塔尔写道，“部分还可以分成更多的部分，没有什么东西可以被概念所穷尽。”[49]奥匈帝国的政治环境妨碍了霍夫曼斯塔尔，尤其是反犹主义。对他而言，反理性主义力量甚嚣尘上的原因是科学引发的对现实理解的改变，新思想产生了如此大的阻碍，以至于引发了大规模保守的反理性主义。

除了霍夫曼斯塔尔之外，易卜生、斯特林堡和尼采也代表了欧洲思想最终的反向运动，在力量中心发生转移后，随之而来的是三十战争。后三者的出名应归因于丹麦批评家乔治·布兰德斯（Georg Brandes）于1883年出版的《推动现代化进程的人》（*Men of the Modern Breakthrough*）一书。[50]他强调，具有现代思想的人包括福楼拜、约翰·斯图亚特·密尔、左拉、托尔斯泰、布雷特·哈特（Bret Harte）和瓦尔特·惠特曼（Walt Whitman），但是，最重要的是易卜生、斯特林堡和尼采，布兰德斯将现代文学创作定义为自然主义和浪漫主义的综合——外部和内部——列举三个人为最高代表。

易卜生

易卜生现象先是风靡柏林，然后蔓延至整个欧洲，这一现象的发生是从《群魔》（*Ghosts*）开始的，该剧遭当局禁演（一个彻底的现代主义者/先锋事件）。于是被迫封闭演出，观众人数的爆满超过了预期。（然而书卖得很好，还进行了重印。[51]）为此举行了一场易卜生酒会，会上宣告了“新时代的开始”。随之而

易卜生

来的是易卜生周。这期间见证了《海上来的女士》（*The Lady from the Sea*）、《野鸭》（*The Wild Duck*）和《玩偶之家》（*A Doll's House*）的同步上演。《群魔》最终被允许公开演出，那一年后来的时间里，《群魔》成为轰动一时的事件，并对詹姆斯·乔伊斯（James Joyce）产生了重要影响，当然也包括其他人。弗兰兹·瑟韦斯（Franz Servaes）就受到了影响，他说："一些人好像从内心被震惊了，几天都不能恢复平静。易卜生热持续了两年。"[52] 据说，现代戏剧史上最重要的事件是易卜生在之后放弃韵文形式而写作关于当下问题的散文剧。[53]其他许多作家——亨利·詹姆斯（Henry James）、契诃夫（Chekhov）、肖伯纳(Shaw)、乔伊斯、里尔克(Rilke)、布莱希特（Brecht）和皮兰德罗(Pirandello)——相当多地归因于他的影响。他所开创的新领域包括当下政治、蓬勃发展的大众传媒、道德的文化、无意识的方法，所有这些，他都用他人无可比拟的精细和丰富的笔触表现出来。我们要向易卜生致敬，要不是他的大量创作开创了现代戏剧，我们很难在这个时代看到所有无谓的纷扰，他的戏剧主题是如此的贴切，女性角色（《玩偶之家》），代沟（《社会栋梁》[*The Master Builder*]），个人自由与公共权威的冲突（《罗斯马庄》[*Rosmersholm*]），商业活动在提供工作机会的同时也带来了污染的威胁（《全民公敌》[*An Enemy of the People*][54]）。但是，他的精美的语言和对剧中人物内心世界激烈冲突的刻画吸引了很多人；批评家们宣称他们可以透过戏剧的表面去发现"第二种无言的现实"。或者如里尔克所说的，易卜生的所有作品都包含着对有着显著关联的内在本质的深刻探索。[55]易卜生是第一个着力于为现代世界的"第二自我"寻找合适的戏剧结构的人，这些戏剧作品照亮了从维科以来每个人心中难以自拔的心灵困境。他展现出这种困境可能导致悲剧、喜剧或者仅仅是庸常的生活状态。正如威尔第（当然也包括莎士比亚）认识到最深刻的悲剧往往关注非英雄人物（乔伊斯在《尤利西斯》[*Ulysses*, 1922]中也有完美表现）一样，易卜生在剧中表现了平庸、荒诞、无意义——以及它们对人的威胁——是现代主义的稳定基石。达尔文做得最为糟糕。

斯特林堡

易卜生戏剧的力量在于情感强烈，而斯特林堡的优点则在于多才多艺。用一位评论者的话说，叫“马背上的思想”，他是一个多面天才，对于一些人来说，他们将他视为与莱昂纳多和歌德一样的人。[56] 斯特林堡是一名小说家、画家，但最重要的是他是像易卜生那样的剧作家，他生活在一个发生剧烈震动的现代世界。在他早期的书中，像《在海边》（*By the Open Sea*），完成于1890年6月，书的主题正如他所设定的那样，他孤立自身从而导致自我的毁灭。[57] 主人公伯格被迫生活于节奏飞快的蒸汽和电的时代，作为一个现代人，他精神错乱，充满过度的神经质。斯特林堡说，这就是现代人的症状，生活的压力增强了，人们愈加神经过敏。现代社会造成了新的生活方式的产生，以及新人的产生。[58] 后来，在他年届四十、身体状况极差的情况下所写的剧作中（他称之为地狱危机），他对梦越来越感兴趣（《到大马士革去》[*To Damascus*]是一部关于梦的剧作）。一位批评家称其为“确定性的内在真实，非逻辑的内在逻辑形式，是对强制力的最高层认识（包括外在和内在两方面），而这些完全不在意识控制之下”。他对新技术的发展阶段有着极其浓厚的兴趣，创造了所谓表现主义戏剧。[59] 在《到大马士革去》一剧中，甚至无法清楚地知道那些无名角色是否算得上角色，心理原型代表智力或情感状态，包括未知的，像埃伦伯格所说的某种原始意象。正如斯特林堡所说的那样，人物性格分裂，或双重或多重，易变、具体、分散和集中。但是一种独立的意识占据主导地位，那就是做梦者。[60]（也就是霍夫曼斯塔尔所说的“游移感”）这部剧作和《在海边》有很大不同，在这部剧作中，斯特林堡说，科学不能告诉我们任何关于信仰的东西，那种高度的理性在面对大多数的时候是无能为力的。“梦给那些看似杂乱无章的现象提供了一种形式——混合的、变形的、消失的。”通常“我把自己想象成一个传播媒介：每样东西都能轻松来到，半无意识地，仅带有一丁点计划和深思熟虑……但它不是按顺序来到，来不是为了取悦我”。[61] 里尔克所说的关于《杜伊诺哀歌》（*Duino Elegies*）的“到达”，以及毕加索所说的在其艺术中戴着非洲面具的仲裁者角色，与此非常相似。[62]

事实上，斯特林堡代表了许多方面，而不仅仅是一个方面。他的表现主义（换言之，和传统的格格不入），他病重后对科学的背弃，他以梦、无意识的方式表现出对非理性的迷恋，在前达尔文世界对信仰的坚守——所有这些都标志着他是现代主义的典型代表，从各个方面关注许多力量对个体产生压力。尤金·奥尼尔（Eugene O'Neill）说斯特林堡是“当今所有现代戏剧的先驱……”正如詹姆斯·弗莱彻（James Fletcher）和詹姆斯·麦克法兰（James McFarlane）所说过的，他是这个时代独一无二的传声筒。[63]

★ ★ ★

陀斯妥耶夫斯基

斯特林堡和易卜生与俄罗斯作家托尔斯泰、屠格涅夫、普希金、莱蒙托夫尤其是陀思妥耶夫斯基一样，都表现出对丰富的内心世界的关注。对布罗（J. W. Burrow）所说的“难以捉摸的自我”进行最初思考的是俄罗斯人。也许是因为俄罗斯与其他欧洲国家相比显得异常落后，作家们感觉地位很低，并且更加的无所寄托。[64] 屠格涅夫非常喜欢使用多余人这个概念（《多余人日记》，1950年），多余是因为主人公被自己的良心折磨得非常痛苦，但最后所得甚少，多余人在“语言和行动上放荡不羁”。[65] 罗亭（Rudin）是屠格涅夫1856年所写小说的名字，陀思妥耶夫斯基《罪与罚》（1866年）中的拉斯克里尼科夫，《白痴》（1872年）中的梅什金，托尔斯泰《战争与和平》（1869年）中的皮埃尔和《安娜·卡列尼娜》（1877年）中的列文，这些人都希望通过犯罪、浪漫爱情、宗教或革命活动来唤醒他们虚弱的良心。[66] 但是，陀思妥耶夫斯基思考得更远，在《地下室手记》（1864年）中，他探索生活——追寻它本来的模样，一个小公务员获得了一小笔遗产，退休之后过着隐士一样的生活。故事是关于意识、人物性格和自我的真正探讨。尽管在某个阶段，公务员被描写成一个心怀恶意、具有报复心理和心怀不轨的人，在其他时候，他又具有相反的品德。人物身上人格的不一致是陀思妥耶夫斯基小说的主要特征。这位小公务员以这样的自白结束：“事实上，我从未在任何事情上取得成功。”他没有人格，他只有一个面具，在面具后面，仅仅是其他面具。[67]

威廉·詹姆斯（William James）和奥利弗·温德尔·霍尔姆斯（Oliver Wendell Holmes）的实用主义的相同之处是聪明。在一个趋于一致的整体中，没有人格这类东西，也没有连贯的保证。事实上，机会原则是任意引导，那么行为将会随着某种标准分布。除了那些，我们还能从自身获得一些教训，但俄罗斯作家们倾向于说，我们对待这些机会通常是武断的，只是为了与某类人一致。[68] 甚至普鲁斯特（Proust）都受到了这种思想的影响，他在其巨著《追忆似水年华》中进行了探索，他所刻画的人物，性格的变幻无常超越于时间之上。普鲁斯特刻画的人物不仅不能预测，而且他们被假定，他们的性格特点以一种令人紧张的方式处于前后不一致之中，而其他人则具有完全相反的性格。[69]

尼采

尼采

最后是尼采（1844—1900）。尼采一般被认为是一名哲学家，尽管他自己宣称心理学是科学的支柱。"迄今为止，所有心理学都陷入道德偏见和恐惧当中，它不敢引向深入……心理学家因此作出了一种牺牲（探索这种深度）……至少有权利要求将心理学作为科学的女王来认识。心理学为其他科学的存在作好了准备。"[70] 沃尔特·考夫曼（Walter Kaufmann）称尼采为第一个伟大的深层心理学家，他所指的是尼采具有从人的自我评价中看出潜藏的动机、听出没有说出来的内容的能力。[71] 弗洛伊德也应该感谢尼采的帮助，但这个帮助远不是直接展现出感觉和欲望。其实并不是我们口中所说的那样，弗洛伊德发现了无意识，对尼采而言，他则发现了权力意志。在尼采看来，难以捉摸的意识和第二自我并不是隐藏得很深而无法充分认识，自我成就和自我实现的途径是通过意志，这是一个自我克服和打破自我限制的过程。在尼采看来，一个人不可能通过观察而发现内在自我，也不是通过外在表现认识内心世界，我们必须承认诸如傲慢这样的动机是完全自然的存在，不必为此而感到羞愧。当一个人克服了自我限制后，就能发现自我。[72]

尼采认为科学家崇拜客观，正如浪漫主义者曾经说过的（尽管在尼采看来，浪漫主义者通常是伪君子）——人要过自己的生活，创造自己的价值——只要是通过行动来发现自我就可以。"自律和不断地专注于自我尝试和体验激荡的生活……是来自自我否定和压抑的自我支撑……把意志转向权力内部与自我相抗，像基督徒那样去训练，自我憎恨，内疚，怨恨健康、成就和优越……在一个以一时冲动为特征的世界中，仅有对道德意义的形而上学保证，职业思想提供了一条在社会环境中检验、锻炼、确定自我的明显途径，通过选择、调整、有规律的活动和自我选择接受它的义务。”[73]

★ ★ ★

先锋派

现代主义所包含的一切，都可以看做和弗洛伊德的无意识一样具有同等价值的艺术。它关注内在形式，试图解决现代社会的无序状态，将浪漫主义和自然主义相融合，宣扬科学、理性和民主，同时显现出它们的缺点和不足。现代主义是一种试图超越事物表层的艺术，它的非具象派艺术理论是一种高度的自我意识和直观反应，现代主义作品有着鲜明的自我特征，是另一种达到极致的个人主义。它的许多主义——印象主义、后印象主义、表现主义、野兽主义、立体主义、未来主义、象征主义、意象派、新印象画派、分隔主义、旋涡主义、达达主义、超现实主义——是一系列先锋派理解未来意识的革命性实验。[74] 现代主义也是一场庆典，欢庆旧文化的没落和破灭，艺术和科学并肩携手给我们带来理智与情感相连的新观念，它的实验形式——既荒谬又毫无意义——弥补了不确定的普遍偶然性。[75] 有人迫不及待地想要改变这种状况，这其中，马克思主义的信仰者认为革命是不可避免的，怀疑论者从不停留于事物表面，正如人们担心真理本质的暂时性一样，害怕被新科学抛弃，人们在新的大都市表现出来的本质特征——比从前更加难以捉摸，按怀疑主义疗法的教义，什么事都做不成，不管是身体和社会的疾病，还是其他什么，最终像在维也纳那样的大都市里开花结果。与之相反的作品是奥斯卡·王尔德的《道林·格雷》(*The Picture of Dorian Gray*)，这是一部表面上充满幻想的艺术作品，而其内在结构上则关于灵魂，它揭示了主人公性格中真实的自我。

是什么使得《梦的解析》及其理论变得如此重要而且及时呢？弗洛伊德(按生活于“前修正主义世界”的非专家人士的说法）将“可信的临床证据”用到意识领域，而迄今为止对这一领域的研究仍处于混乱的困境状态。[76] 他的更为全面的理论使自我的看似深奥的非理性获得了某种一致性，而且，他以科学的名义为其增添了荣誉。在 1900 年，这似乎是一种获得进步的方式。

注　释

〔1〕 罗纳德·克拉克，《弗洛伊德：其人和其影响》，纽约，兰登书屋，1980年，第20页和第504页。

〔2〕 埃沃代尔，《最早的现代派》，芝加哥：芝加哥大学出版社，1997年，第129页。

〔3〕 马克·D. 阿特休尔（Mark D Altschule），《人类行为中观念的起源：社会与文化因素》，纽约和伦敦：约翰·威利出版公司，1977年，第199页。彼得·盖伊，《舒兹勒的世纪：中产阶级文化的形成1815—1914》，纽约和伦敦：W.W.诺顿出版社，2002年，第132页和137页。

〔4〕 盖伊·克拉克斯顿，《难以捉摸的思想：无意识秘史》（*The Wayward Mind :An Intimate History of the Unconscious*），伦敦：小布朗出版公司，2005年，多处。

〔5〕 亨利·F.埃伦伯格，《发现无意识》，伦敦：艾伦·莱恩／企鹅出版社，1970年，第6—70页。

〔6〕 同上，第124—125页。

〔7〕 同上，第142页。

〔8〕 鲁本·方伊（Reuben Fine），《心理分析史》（*A History of Psychoanalysis*），纽约，哥伦比亚大学出版社，1979年，第9—10页。

〔9〕 埃伦伯格，如前所引，第145页。

〔10〕 历史学家彼得·盖伊的著作，尤其是他的四卷本的《布尔乔亚经验：维多利亚到弗洛伊德》（*The Bourgeois Experience*），牛津和纽约：牛津大学出版社，1984年，他认为，整个19世纪从某种程度上是弗洛伊德的世纪。他的书涉及性、性交、尝试、学习、隐私、自我概念的变化，这已是对他书中所涉及的大量内容进行了提取。古斯塔夫·格里（Gutave Gely）的书《从无意识到意识》（*From the Unconscious to the Conscious*），伦敦：柯林斯出版社，1920年，提出了相反的理论：是进化产生了意识。

〔11〕 埃伦伯格，如前所引，第205页。

〔12〕 同上，第212页。

〔13〕 同上，第219页。

〔14〕 同上，第218—223页。

〔15〕 这句话出自戴维·巴肯（David Bakan）《西格蒙德·弗洛伊德和犹太神秘主义传统》，这是一种完全不同的传统，作者的观点太过肤浅。普林斯顿，新泽西：范·诺斯詹德（D.Van.Nostrand）出版社，1958年。

〔16〕 埃伦伯格，如前所引，第208页。

〔17〕 同上，第209页。

〔18〕 布赖恩·马格（Bryan Magee），《叔本华哲学》（*The Philosophy of Schopenhauer*），牛津：牛津大学出版社，1983年，第132—133页。

〔19〕 恩斯特·格林纳（Ernest Gellner），《精神分析运动》（*The Psychoanalytic Movement*），伦敦：帕拉丁出版社，1985年，第21页及后文。

〔20〕 埃伦·伊斯特森，《迷人的海市蜃楼》（*Seductive Mirage*），芝加哥和拉萨尔，伊利诺斯：Open Court，1993年，第214页。

〔21〕 恩斯特·琼斯，《西格蒙德·弗洛伊德：生平与著作》，伦敦：贺加斯出版社，1953/1980年，第一卷，第410页。

〔22〕 埃伦伯格，如前所引，第358页。

〔23〕 埃尔顿·梅奥（Elton Mayo），《皮埃尔·简奈特的心理学》，伦敦：罗德里奇&可根·保罗出版公司，1951年，第24页及后文，提供了一个简洁的解释。

〔24〕 埃伦伯格，如前所引，第296页。

〔25〕 同上。

〔26〕 乔瓦尼·考斯提甘（Giovanni Costigon），《西格蒙德·弗洛伊德：小传》，伦敦：罗伯特·黑尔出版社，1967年，第100页。

〔27〕 约翰斯顿，《奥地利思想》，伯克利、洛杉矶和伦敦：加利福尼亚大学出版社，1972/1983年，第235页。

〔28〕 伊斯特森，如前所引，第2—3页，约翰斯顿，如前所引，第236页。

〔29〕 约翰斯顿，如前所引，第236页。

〔30〕 考斯提甘，如前所引，第42页。

〔31〕 同上，第68页及后文。

〔32〕 同上，第70页。

〔33〕 克拉克，如前所引，第181页。

〔34〕 同上，第185页。

〔35〕 格里高利·齐尔博格，《自由联想》，《精神分析学国际杂志》，第33章，1952年，第492—494页。

〔36〕 也可参见：汉纳·戴克（Hannah Decker），《德国精神分析学的医学接受，1894—1907：三项可信研究》，《医学史报告》，第45卷，1971年，第461—481页。

〔37〕 阿尔布莱希特·希尔斯缪勒（Albrecht Hirschmüller），《约瑟夫·布鲁伊的生平和

著作》，纽约和伦敦：纽约大学出版社，1978/1989年，第131页。

〔38〕 参见：米凯尔·博尔奇－雅各布森（Mikkel Borch—Jacobsen）（由科比·奥尔森和谢维·卡伦汉以及作者合作翻译），《牢记安娜O：一个世纪的神秘传奇》，纽约和伦敦：罗德里奇出版社，1996年，第29—48页。

〔39〕 莫顿·沙茨曼，《弗洛伊德：谁诱使了谁？》（*'Freud:Who seduced whom?"*），《新科学家》，1992年3月21日，第34—37页。

〔40〕 伊斯特森，如前所引，第52页。

〔41〕 安东尼·卡莱尔，《那种令人颤抖的感觉》，《星期日》，1997年11月16日，第8—10页。

〔42〕 T.J克拉克，《现代生活剪影》，普林斯顿，新泽西和伦敦：普林斯顿大学出版社，1984年，第25页。

〔43〕 同上，第30页。

〔44〕 同上，第23页及后文。

〔45〕 珀金斯，《专业社会的崛起》，如前所引，第80页，一张表。同样的主题可用于德国，参见：杰弗里·考克斯和康拉德·H．贾劳斯奇（编辑），《德国专业：1800—1950》，纽约和牛津，牛津大学出版社，1990年。马尔科姆·布拉德伯里（Mlcolm Bradbury）和詹姆斯·麦克法兰（编辑），《现代主义：欧洲文学入门，1890—1930》，伦敦：企鹅出版社，1976/1991年，第47页。

〔46〕 同上，第68页。

〔47〕 同上，第100页。

〔48〕 约翰斯顿，《奥地利思想》，如前所引，第23页和第32页；以及舒斯克，《维也纳：政治和文化》，伦敦：威登菲尔＆尼克尔森出版社，纽约：克诺夫出版社，1980年，第19页。

〔49〕 舒斯克，如前所引，第19页。

〔50〕 布拉德伯里和麦克法兰（编辑），如前所引，第499页。

〔51〕 罗伯特·弗格森，《亨利克·易卜生》，伦敦：理查德科恩丛书，1996，第321页。

〔52〕 埃沃代尔，《最早的现代派》，如前所引，第290页。弗兰茨·塞尔维亚（Franz Servaes），《荣格·柏林》（"Jung Berlin，1、2、3"），见《维也纳日报》，1896年11月21日和28日，12月5月。

〔53〕 布拉德伯里和麦克法兰（编辑），如前所引，第499页。

〔54〕 这是基于易卜生对自己国家人民的愤怒。弗格森，如前所引，第269及后文。

〔55〕 约翰·弗莱彻和詹姆斯·麦克法兰，《现代主义戏剧：起源和类型》，布拉德伯里和麦克法兰（编辑），如前所引，502页。

〔56〕 同上，第504页。

〔57〕 桑德巴奇，如前所引，第viii页。

〔58〕 同上，第ix页。

〔59〕 弗里德里奇·马克尔和利斯·罗恩·马克尔，《斯特林堡和现代主义戏剧》，英格兰剑桥：剑桥大学出版社，2002年，第31页；詹姆斯·麦克法兰，《私人剧场：从梅特林克到斯特林堡》，布拉德伯里和麦克法兰（编辑），如前所引，第524—525页。

〔60〕 马克尔和马克尔，如前所引，第23页及后文。

〔61〕 布拉德伯里和麦克法兰（编辑），如前所引，第525页。

〔62〕 安德烈·马尔罗（André Malraux），《毕加索的面具》，纽约：霍尔特，莱因哈特&文斯顿出版社，1976年，第10—11页。

〔63〕 埃沃代尔，如前所引，第252页；弗莱彻和麦克法兰，如前所引，第503页。

〔64〕 布罗，《理性危机》，纽黑文和伦敦：耶鲁大学出版社，2000年，第148页。

〔65〕 同上。

〔66〕 同上，第148页。

〔67〕 同上，第149页。

〔68〕 同上。

〔69〕 同上，第162—163页。

〔70〕 罗杰·史密斯，《丰塔纳人类科学史》，如前所引，第851页以及参考文献。

〔71〕 同上，第852页以及参考文献。

〔72〕 同上，第853页。尼采的传记作者科提斯·凯特说，他希望弗洛伊德、阿德勒和荣格明白，对于自己的过去，个人观点在本质上是矛盾的。这可以作为一种刺激物或对立物。但是过去的经历可以提供灵感，为意志提供力量。科提斯·凯特，《弗里德里希·尼采》，伦敦：哈钦森出版社，2002年，第185页。

〔73〕 布罗，如前所引，第189—190页。

〔74〕 参见埃沃代尔，如前所引，第1—12页，探讨现代主义是什么“或可能不是什么”，第63页，关于修拉（Seurat）的《杰克岛的星期日艳阳天》可以选为现代主义的第一

部杰作。布拉德伯里和麦克法兰，《名称和现代主义的本质》，布拉德伯里和麦克法兰（编辑），如前所引，第28页。

〔75〕 布拉德伯里和麦克法兰（编辑），如前所引，第50页。

〔76〕 詹姆斯·麦克法兰，《现代主义思想》，布拉德伯里和麦克法兰（编辑），如前所引，第85页。

结　语
电子、元素和难以捉摸的自我

卡文迪许实验室和量子物理学的诞生

位于英国剑桥大学的卡文迪许实验室是世界上无可争辩的最杰出的科学研究机构。自从19世纪晚期建立以来，它已经取得了一些有史以来最为重要和最具创新性的科学成果。这些成果包括1897年发现电子，1919年发现轻元素的同位素以及原子的分裂（同样在1919年），发现质子（1920年）、中子（1932年），解开DNA结构之谜（1953年），以及发现中子星（1967年）。从1901年设立诺贝尔奖以来，共有超过20位来自卡文迪许和卡文迪许培养的物理学家荣获物理学奖或化学奖。[1]

卡文迪许实验室建立于1871年，三年后正式启用，它位于自由巷（Free School Lane）的一座仿哥特式建筑内，建筑正面六块石山墙与一排拥挤的小房间连为一体，用斯蒂芬·温伯格（Steven Weinberg）的话说，“由一系列令人迷惑的楼梯与走廊网络组成”。[2] 在19世纪后期，很少人真正知道物理学家到底做什么。物理学这一概念本身也是相对较新的。那时还没有由公共基金设立的物理实验室——真实的情形是，根本就没有听说有物理实验室的思想。此外，按照现在的标准，那时的物理学尚处于原始状态。物理学原理的教学在剑桥大学是作为数学荣誉学位考试的一部分而进行的，其目的是为年轻人在不列颠和大英帝国取得高职位提供必要知识。在这种体系下，物理学根本没有发展的条件；物理学事实上成了数学的一支，任务是教育学生如何解决问题，为他们成为牧师、律师、学校教师和国家公务员提供某些知识（不是成为物理学家）。[3]然而，在19世纪70年代，德国、法国、美国和英国的经济竞争愈加激烈——主要由于德国统一以及美国在内战结束后的发展，大学纷纷扩张，柏林建立了新的物理实验室，剑桥大学也进行了重组。威廉·卡文迪许（William Cavendish）是德文郡的七位公爵之一，他是一位地主和工业家，他的祖先亨利·卡文迪许（Henry Cavendish）是早期重力学的权威，威廉·卡文迪许同意为承诺重视实验物理学发展的大学资助建立一所实验室。实验室启用时，公爵收到一封信（用优美的拉丁文写就），告诉他为表示敬意，实验室以他的名字命名。[4]

克拉克·麦克斯韦

新的实验室在经历了小的失误之后就开始获得成功。尝试过——失败了——先是引进威廉·汤姆森（William Thomson），然后是来自格拉斯哥的罗德·开尔文（Lord Kelvin）（他开创了绝对零度的思想，对热力学原理作出了贡献），其次是来自德国的赫尔曼·冯·赫尔姆霍茨（Hermann von Helmholtz）（他有许多发现和值得赞誉的洞察力，包括早期的量子概念），剑桥最终为克拉克·麦克斯韦（Clerk Maxwell）提供了一份导师职位，他是剑桥毕业的苏格兰人，这比较意外，麦克斯韦的贡献使他一般被认为是“牛顿和爱因斯坦之间最伟大的物理学家”。[5]（牛顿之后，爱因斯坦之前）麦克斯韦最重要的贡献是完成了一个数学方程，该方程成为理解电和磁的基础，不但解释了光的本质，而且引导德国物理学家海因里希·赫兹（Heinrich Hertz）于1887年在卡尔斯鲁厄发现了电磁波，现在我们称其为无线电。

麦克斯韦在卡文迪许制定了一项研究计划，旨在建立测量电的精确标准，尤其是联合电阻，即欧姆。由于在19世纪50年代和60年代电报的大规模应用，这项研究计划便具有了国际重要性，麦克斯韦的这种开创性不仅在英国居于领先地位，而且同时确立了卡文迪许在处理实际问题和设计新型仪器方面的卓越地位。后来，正是因为这个，几乎在所有方面，实验室在1897年到1933年间物理学的黄金时代扮演了一个极其重要的角色。卡文迪许的科学家被誉为拥有“指尖上的大脑”。[6]

实验的重要性／作为宗教对手的实验

麦克斯韦死于1879年，他的职位后被瑞利男爵（Lord Rayleigh）成功接替，他在麦克斯韦的基础上工作，但五年后就隐居于位于埃塞克斯的庄园，然后导师职位有点意外地传给了年仅28岁的约翰·托马森，尽管他很年轻，但他已是剑桥享有盛誉的数学物理学家，大家都知道托马森，可以说，是他推动了第二次科学革命，创造了我们现在的世界。第一次科学革命——粗略地说，是以从1543年哥白尼的天文学到牛顿的万有引力为中心，以及出版于1687年的《数学原理》。第二次科技革命围绕物理学、生物学和心理学领域的新发现展开。

但是物理学成了开路先锋，它曾经在一段时间内是科学革命的中心，这主要归因于对原子理解上的分歧。作为一种思想，原子——一种基本的、不可见的和不可分割的物质——就我们所知，它的思想可以追溯到古希腊。它建立在17世纪基础之上，当时构想原子特别像一只小的撞击球，“坚硬而且不可测知”。在19世纪最初几十年里，化学家如约翰·道尔顿（John Dalton）被迫接受了原子理论，将原子视为最小的组成元素，为了解化学反应过程——例如，两种无颜色的液体混合之后，立即形成一种白色固体或沉淀物。类似的，这些化学物质的变化规律与它们的原子质量相关，这启示了俄国化学家门捷列夫（Mendeleyev），他的庄园离莫斯科200英里，在特维尔（Tver）他用63张卡片进行了“化学纸牌游戏”，绘制出了元素周期表。这张表被称为“组成宇宙的字母语言”，它启发人们在其他事物中还有一些元素有待发现。门捷列夫的元素周期表和粒子物理学的发现不谋而合，它以一种合理的方式将物理学和化学联系在一起，向各门科学的综合迈出了第一步，这种综合也正是20世纪的特征之一。

门捷列夫

麦克斯韦接管卡文迪许后，他进一步发展了牛顿的原子观。1873年，麦克斯韦将牛顿机械世界观中的微小撞击球思想引入电磁学领域，麦克斯韦认为，这个领域中“弥漫着虚空”——电和磁的能量以光速通过它传播。[7] 尽管取得了这些进展，麦克斯韦仍然认为原子是固体，质地坚硬，并且在本质上是机械的。

问题是如果存在这样的原子，由于它们太小，以当时可用的技术尚无法进行观察。这种情形随着德国物理学家普朗克的研究而开始改变，作为他攻读博士学位所进行的研究的一部分，普朗克研究了热导体和第二热力学原理。这一原理最初由鲁道夫·克劳修斯（Rudolf Clausius）确立，他是一位出生在波兰的德国物理学家，尽管罗德·开尔文也提供了这方面的一些观点。克劳修斯第一次推出他的原理是在1850年，这一原理保证任何人都能观察，当活动发生时，能量就能作为热量散发出去，此外，热量不能被组合成有用形式。这种常识性的观察产生了重要的影响，其中之一是热量产生后，能量再也不能聚集起来，也不再有所用途和被重组，宇宙将逐渐沦为无序状态。（毁坏的房子再也不可能完全恢复原状，打破的瓶子再也不可能按原来的样子粘合起来。）克劳修斯的话不可动摇，不断增大的动乱就是熵，他得出结论，宇宙将逐渐死亡，在博士论文中，普朗克抓住了这一原理的要点。第二原理显示，时间是宇宙和物理学的基础，这本书以深时间的发现为序言，普朗克带给我们全新的宇宙观。不管宇宙可能是什么，时间对我们来说是宇宙的基本要素，它以某种方式通向我们尚不能理解的事物。时间意味着宇宙仅是一维的，因此牛顿学说中，机械的撞击球图像肯定是错误的，至少可以说是不全面的，因为它允许宇宙按任意方向运动（后退或前进）。[8]

但是如果原子不是撞击球，它们会是什么呢？

新的物理学观点会在某个阶段形成，旧的问题和新的技术将同时涌现。旧的问题是——电到底是什么？*当本杰明·富兰克林将它比喻成“微妙的流体”时他接近了真理一步，但是很难再进一步，因为电的主要表现形式——闪电不能精确地引入实验室。后来取得了一项进展，科学家们观察到电光的闪烁通常在部分真空的气压计中出现。这带来了一项新的发明——并由此诞生了最为重要的器具：每端都带有电极的灯管。空气被从这些管中抽出，在气体进入之前，电流立即通过电极（有点像闪电），这时观察发生了什么，气体是如何受到影响呢？在这些实验过程中，如果电流通过真空，就可以看到一种奇特的白热光。白热光的真实特性一开始无法理解，但因为射线从阳极射出，然后被阴极吸收，

* 在希腊词语中“电子”（意指琥珀）之后，有了电这个称谓。在古希腊，人们首次观察到琥珀在摩擦的时候，会吸引所有朝向它的物体。

于是欧根·戈尔德施泰因（Eugen Goldstein）称它们为 ***Cathodenstrahlen***，或者叫阴极射线。直到 19 世纪 80 年代，使用阴极射线管进行的三项实验最终使一切真相大白，并开启了现代物理学辉煌的篇章。

排在第一位的就是在 1895 年 11 月，威廉·伦琴（Wilhelm Röntgen）在渥兹堡观察到当阳极射线撞击阴极射线管壁时，具有高强度穿透力的射线便散发出来，他称之为 X－射线（对于一个数学家来说，这意味着不可知）。X－射线使各种金属发出荧光，最令人惊奇的是，他发现这种射线可以穿过他手上的软组织，使里面的骨头显露出来。伦琴观察到的荧光引起了亨利·贝克勒尔（Henri Becquerel）的好奇，一年后，在一次著名的偶然实验中他试图观察自然的荧光是否也能产生同样的效果，他将一些铀盐放到大量的感光板上，并把它们一起放到封闭的抽屉里。四天后，他发现板上形成了图像，发现在无线电出现过程中也会有荧光产生。[9]

但是在1897年，汤姆森的发现则更上一层楼，造就了卡文迪许的第一次伟大成功，促成了现代物理学的第一次腾飞，这毫无疑问是现代世界中最激动人心也最重要的知识探险。在一系列实验中，J．J.汤姆森将不同气体注入玻璃管中，并让电流通过其中，然后在它们周围安上磁场或电场。在这种系统性的实验操作条件下，汤姆森令人信服地演示出，微小的阳极射线原子瞬间从阳极喷射到阴极。汤姆森进一步发现，原子的喷射轨道会随着电场强弱的变化而发生变化，磁场使它们形成一条曲线。[10] 更为重要的是，他发现，粒子比氢原子轻，是由所知最小的物质单位组成的，同时还确切地发现，不管通过什么样的气体，都会有同样的粒子喷发。汤姆森清楚地揭示了某种原理——事实上这就是第一次实验所确立的关于物质构成的粒子原理。

起初，汤姆森称这些粒子为微粒，现在我们叫它电子。电子的发现以及汤姆森通过系统实验验证了它的存在可能性，直接引导恩斯特·卢瑟福(Ernest Rutherford)取得进一步的突破。十年之后，他发现，原子结构像一个微型太阳系，微小的电子像行星围绕太阳一样，围绕巨大的原子核运行。经由这个发现，卢瑟福通过实验方式验证了爱因斯坦的理论发现，爱因斯坦则用他的著名公式 $E=mc^2$（1905）揭示了这一理论，物质和能量在本质上是一致的(质能可以相互转换)。这些深刻的理论成果和实验结果产生了一系列的影响——包括核武器、冷战的政治格局——超出了本书论述的时间范围，但是，汤姆森成就重要的另一个原因是，它与我们密切相关。这里必须提及。

他通过系统的实验取得了这样的成就，我们认为西方历史上曾经有过三个最具影响的思想，它们是灵魂说、欧洲思想以及实验。现在我们需要通过论述来阐述这个观点，最可信的做法是从后往前论述。

★ ★ ★

作为三大最重要思想的灵魂、欧洲和实验

毋庸置疑，在当代以及在过去相当长的时间内，组成我们称之为西方的国家——即传统意义上的西欧，尤其包括北美，像一些处于发展前沿的国家如澳大利亚——在世界上已经取得了巨大的成功，社会繁荣不仅表现在物质条件方面，即公民享受优越的物质条件，而且在政治方面，公民具有很高的道德自由。（这种情形现在正在改变，但就他们所达到的程度而言，以上那些都是实实在在的。）这些优势是相互关联相互影响的，就其中许多物质成果而言——如医疗改革、出版及其他媒体、交通技术、工业加工——在一般的民主化进程中都伴随着社会和政治自由。这些是物质发展的成果。科学如果不是建立在观察、实验和推论基础上的话，它就不可能获得发展。实验是所有思想中最为重要的一个独立因素，理性（而不是民主）形成了权威。正是这种实验的权威性、科学方法的权威性以及科学家个人的独立身份，使他接近了他的神、他的主，通过无数的技术积累而形成科研成果，为我们所享用。这些科学成果也构成了现代世界的基础。科学知识的积累也使得知识的总量越来越大。由此，实验成为一个重要的科学思想。科学方法除了其他吸引人的方面之外，它也许是民主最为纯粹的形式。

但是，问题立即产生了：为何实验先发生，并且是在我们所说的西方蓬勃发展呢？这个问题的解决可以说明为何产生欧洲思想，粗略地说，转变的发生始于公元1050年到1250年之间，这一点异常重要。转变的具体内容在《欧洲的思想》中已经提及，但在这里我们需要扼要重述一下这些要点。我们可以说，欧洲是幸运的，未曾遭受亚洲那样的瘟疫的肆虐，它是第一块布满人类的大陆，由于资源有限，所以产生了效率这样的思想，并成为一种价值观；效率思想的逐渐产生，在基督教的发展过程中，产生了同样的文化，依次孕育了大学、独

立思考的思想，由此产生了非宗教思想以及实验思想。思想上最为深刻的时代，确切地说是在17世纪中期。在1065年或1067年，在巴格达发现尼扎米亚神学院（Nizamiyah）。这是一所技术学院，它的建立结束了阿拉伯／伊斯兰兴盛了两三百年的伟大的智力开放状态。仅仅20年后的1087年，依纳留（Irnerius）开始在巴格达讲授法律，此时，伟大的欧洲学术运动正在兴起。一个文明衰落之后，另一个文明开始寻找到自己的发展轨迹。充满魅力的欧洲正处于思想史上最伟大的转折点。

★ ★ ★

历史上的伟大“转向”

对于一些读者来说，也许会感到奇怪，灵魂应被视为历史上居于第二位的最有影响力的思想。确实，上帝的观念更有力量、更普遍，在任何情况下难道不是严重的重复吗？的确，上帝是历史上非常具有力量的思想，在世界上许多方面都发挥着影响力。同时，有两个合理的理由可以说明灵魂曾经——并且始终是——一个更具影响力和生命力的思想。

其一是所谓死后生活的发明（不是所有的宗教都包含此类思想），如果没有它，任何像灵魂这样的实体将没有多少意义，它可以使有组织的宗教更好地控制人的思想。在远古后期和中世纪，灵魂这个概念和死后生活、造物主，更重要的是和牧师相关，它使宗教权威获得了特别的权力。灵魂思想无疑在许多世纪中丰富了人类思想的无限性，然而，思考和自由的权利也在那几个世纪被剥夺了。灵魂观还妨碍和阻止进步，使人们成为受教育阶层的奴隶。特泽尔（Friar Tetzel）修士确信，一个人可以通过购买赎罪券而使灵魂免于在炼狱中受罪，当硬币掉到盘里时，购买者将升入天堂。这种我们可以称为“灵魂赎罪术”的欺骗行为是导致改革的主要原因之一。约翰·加尔文（John Calvin）在日内瓦使信仰彻底摆脱了牧师的控制，并加速了这种怀疑和无信仰。关于灵魂的各种各样的转变（来自于各种各样的古代思想，亚里士多德的古希腊时代、《蒂迈欧篇》[*Timaeus*]的三重灵魂，中世纪和文艺复兴时期的“双重人”[*Homo duplex*]概念，妇女的灵魂，鸟的形状，马维尔[Marvell]关于灵魂与肉体的对话，莱布尼茨的单子），现在也许会让我们感到非常古怪，但却是那个时代中非常重要的问题，并且是向现代观念演变的必经阶段。17世纪的转变从这些古怪的念头开始，到腹和肠，到将大脑视为自我本质的所在，霍布斯认为不存在所谓精神和灵魂，这是另一个重要阶段，与宗教观念相对，笛卡尔将灵魂视为一种哲学概念而加以重构。[12] 从灵魂世界（包括死后生活）转移到实验世界（我们这里和现在），这种彻底转变首次发生在欧洲，转变表现了古代世界和现代世界的根本不同，它代表了历史上知识权威的最重要转变。

其二是对同一问题的解释相当不同。至少在西方，为何灵魂观非常重要，而且毫无疑问比上帝观更为重要和更为丰富呢？简单地说，灵魂观比上帝观更为长久。有人也许会说，既然灵魂观更进步，而且超出了上帝观、宗教观，人们干嘛还需要信仰它呢——也许特别是缺乏信仰的人——所以才关注内心世界。

我们可以看到灵魂永恒的力量，同时，当它在历史上遭受各种各样的批评时，我们也可以看出它的进化特质，通过不断出现的特定形式来展现它的力量。在任何时候、任何形式之下，我们都可以将它的出现概括为不断地向内转，努力通过自身寻找真理，称之为我们的内在性情结。第一次向内转发生在所谓的轴心时代，非常粗略地说，大约是从公元前7世纪到公元前4世纪。大约与此同时，在巴勒斯坦、印度、中国、希腊，而且非常有可能在波斯，都发生了向内转。每个地区所建立的宗教都是鲜明而且高度仪式化的。尤其是各地都出现了僧侣，他们占据优越的地位，并成为世袭阶层。他们控制了通向上帝或其他诸神的权力，他们获得的好处不仅表现在物质上，还表现在他们具有崇高的宗教地位。以上所有国家都出现了先知（在以色列）或智者（印度的佛和《奥义书》的作者，中国的孔子），他们公然抨击僧侣阶层，主张向内转，声称通向真正的神圣的途径是通过某种形式的自我否定和自我学习。柏拉图的一个著名思想就是精神高于物质。[13]

这些人以自身为榜样为后来者引路。耶稣和圣奥古斯丁宣讲了大量相同的教义，例如耶稣强调上帝的仁慈，认为信仰者可以坚守自己内心的部分信念而不是完全拘泥于外在的宗教仪式。圣奥古斯丁(354—430)非常关注人的自由意志，他说，人有一种内在的能力来评价事情的道德顺序或者说人能进行自我判断，从而决定选择的优先权。根据奥古斯丁的说法，深入我们内心深处和选择上帝是为了了解上帝，正如在20世纪，罗马天主教有另外一个伟大的向内转。内心忏悔正越来越受关注，而这正是上帝所希望的，内心忏悔而不是外在苦修，这就是第四次拉特兰教堂公会确定的定期忏悔。14世纪的黑死病产生了影响，大量的死亡使人悲观绝望，促使他们倾向于一种更私人的信仰（由于瘟疫蔓延，相当多的私人小礼拜堂和慈善机构纷纷建立起来，神秘主义日渐兴起）。文艺复兴时期自传的出现，被雅各布·伯克哈特称为“大量的内在灵魂图像”，这是另一个转变。15世纪末，在佛罗伦萨，基洛拉莫·萨瓦纳洛拉坚信，上帝派遣他去帮助改造意大利人的思想。人们在一片悲叹声中寻求教堂的重建，魔鬼的可怕警告即将降临，除非立刻进行完全的思想改造。当然，16世纪的新教改革无疑是所有时代中最伟大的向内转。为了回应教皇的公告，即信徒可以为他们在地狱中遭受痛苦的亲属的灵魂购买赎罪券，马丁·路德最终打破了这种无耻行径，他向人们鼓吹，无须通过牧师为中介来接受上帝的恩宠。那些庞大而华丽的天主教堂和天主教理论，以及他们源于《圣经》的所谓介于人和上帝之间的中介者身份，都是骗人的鬼话。路德现在的主张都可以从经文中获得支持。他促成了一种真正的内心忏悔，他说，在所有的忏悔中，只有内心忏悔才可以适当赦免罪过：个人的内心思想是最重要的。在17世纪，笛卡尔进行了著名的向内转，他声称，人所能确信的唯一的东西就是他的内心世界，尤其是怀疑精神。18世纪晚期/19世纪早期的浪漫主义运动也是一次向内转，是对启蒙主义的一次反动，18世纪的观点或思想认为，科学可以使世界获得最终的理解。与此相反，浪漫主义者说，一个无可辩驳的事实是，紧随着维科，卢梭（1712—1778）和康德声称，为了了解我们应当做什么，我们必须听取内心的声音。[14] 浪漫主义者据此说，我们一生中有价值的东西首先是道德，它来自于人的内心。那个时期出现的小说和其他艺术样式都反映了这种观点。

浪漫主义者特别清晰地展示了灵魂观的演变过程。正如布罗（J. W. Burrow）所观察到的，浪漫主义的本质（也许有人会提及其他向内转）是双重人，或者说第二自我，这是一种不同的自我，通常情况下，人试图发现或释放更为高级的或更好的自我。用另外一种方式来表述：“我们生活在两个不同的层面，不同的区域……这些区域渗透得如此彻底，以至于其中一个既不从属于对方，也不与对方相对抗。人的两重性当然不是什么新观念，对立统一（*coincidentia oppositorum*）的思想对我们来说已经相当熟悉了……但是，双重含义和言行不一的存在……从未像现在这样被如此强调（如在浪漫主义时代）。[15]

浪漫主义和所谓第二自我——正如我们所看到的——是其中一个因素，亨利·埃伦伯格在《发现无意识》中已经有了论述，他的大量工作是通向深层心理学的康庄大道，并在西格蒙德·弗洛伊德、阿尔弗雷德·阿德勒（Alfred Adler）和卡尔·荣格（Carl Jung）那里达到了顶点。无意识是最后一个伟大的向内转，是一种尝试，正如前面章节所探讨的那样，它是对我们内心世界的科学考察。现在我们看到，弗洛伊德学说在广泛领域内的失败比它作为一种治疗方法的失败更为重要。

★ ★ ★

亚里士多德的影响多于柏拉图

浪漫主义，意志，教化（***Bildung***），韦伯对职业、民族主义分子、无意识的发现的看法，"内省"……内在生活的主题，第二的、内在的或者康德所说的更高的自我，即使不是更顽强，它也如在整个历史进程中一样，顽强地贯穿于19世纪的思想中。德国人特别关注非理性，一些人发现它是形成20世纪纳粹恐怖统治的"深层背景"（创造出了超人——一种克服自己意志活动局限的人——作为人类历史的目标）。那不是一件微不足道的事情，然而，这不是我们这里关注的焦点。取而代之的是，它有助于我们对思想史进行论断，我们对此更感兴趣。它的确是我们上面所讨论的类型，再次证明了人们试图探索自己的内心深处，寻找……上帝、满足、宣泄、他的"真实"动机、他的"真实"自我。

阿尔弗雷德·诺斯·怀海特（Alfred North Whitehead）有一个著名评论，他说，西方思想史是由柏拉图的一系列注脚构成的。在我们漫长路途的结尾，现在我们可以看到，不管怀海特用的是带有修辞色彩的说法还是讽刺色彩的说法，他至少说对了一半。在思想领域，历史由两条主流构成（这里我说的有点过于简单化，但这是结语）。历史走"到这里"，人类以外的世界，即所谓的亚里士多德的世界，我们已经对它进行了观察、探索、旅行、发现、测量、实验以及对环境进行了控制，总之就是我们现在称之为科学的物质的世界。然而，这段冒险的经历从来都不是一帆风顺，并且这种进步有时是逐个完成的，甚至遇到阻碍或连续几个世纪受到阻碍，这种阻碍主要来自信奉正统基督教的人。这种冒险总的来说必须被视为一种胜利。很少有人怀疑世界的物质进步，或者大量的物质进步，事实明显在那儿，我们所有人都能见到。这种进步还在继续，并且在20世纪不断加快步伐。

思想史的另一条主流是对人的内心世界的探索，灵魂（精神）和／或第二自我这样的概念，我们可以称为柏拉图主义——与亚里士多德主义相对，关注的对象不同。这股思想流根据其自身可以划分为两类。首先是关于人们的道德生活、社会和政治活动以及群体生活方式的发展，这些都必须被视为有限制的胜利，或者至少看做一种占统治地位的正面成果。历史上的大转变始于君主专制政体，不管是世俗的还是教皇的专制，经由封建制到民主制，从神权制到世俗社会，最终带来更大的自由和更大规模的实现，到更多的人享有自由（一般而言，当然——始终有期望）。这个演变过程的不同阶段已在前面几页中描述过了。尽管政治和法律制度的设置在全世界各不相同，所有人都有他自己心目中的政治和法律体系。他们有公平的观念，这种观念扩展得很好，除了面对复杂繁琐的法律，我们呼吁简单化。在充满竞争性的公共机构中，例如，我们可以看到公平观念超出了纯粹的犯罪／法律领域，而延伸至教育领域。甚至像属于数学一支的统计学的发展，有时也是由对公平的兴趣而激发的。尽管业已规范的社会科学所取得的成果被限制在与物理学、天文学、化学或医学的比较中，可以说，它们的演变更多地被视为政治学一个分支的改进。所有这些都必须看做是一种胜利（也许是有限的）。

最终的主题——人们对自身、对内心世界的理解——已经证实是最令人失望的。一些人，也许是许多人，会对此带有疑问，认为艺术史和创造史中比较好的部分就是人类的内心世界史。毫无疑问，这在某种意义上是正确的，还有一个真实的情形就是艺术从不解释它自身。更为通常的情况下，它们试图描述它们自身，或者更准确地说，表现无数环境中无数的自我。但是，在当今世界，弗洛伊德主义和其他"深层"心理学的异常流行确实证明了这种评价，它们主要关注"内在自我"和自尊（然而误入歧途）。如果艺术作品确实是成功的，那么还需要这些心理学、需要这种新的观察方式吗？

我们可以得出一个非同寻常的结论，那就是，尽管出现了比较突出的个性特征，出现了大量艺术作品集，出现了小说，男人们和女人们设想了很多方法来表达他们自身，然而，人类对其自身的研究是历史上最大的理性（知识智力）失败，是探究过程中取得最小成功的领域。但是，这毫无疑问是真实的，我们已经强调过，虽然经过几个世纪不停地"向内转"，但是我们依然所知甚少。这些“向内转”没有建立在相互借鉴的基础之上，像科学一样以一种累积的方式进行；它们相互取代，先前的不同没有了，或失败了。柏拉图已经误导了我们，怀海特也错了：思想史上获得巨大成功的故事中，主要的成果是亚里士多德的遗产，而不是柏拉图的。这首先可以在最新的历史编纂学中得到确认——它强调，我们现在所说的现代早期已经取代了文艺复兴作为历史上最重要的过渡阶段的说法。正如萨森（R.W.S. Southern）所说的，这个时期在1050年到1250年之间，亚里士多德的重新发现，是人类生活中最伟大、最重要的转变，它导向现代，而不是（柏拉图主义的）两个世纪后的文艺复兴。

意识的神秘性／难以捉摸的自我

许多年里——数百年——很少有人对身体内部是否存在“灵魂物质”产生怀疑，很少有人持有怀疑，在他们看来，这种灵魂代表了人的本质，一种不朽的、不可毁灭的本质。关于灵魂的思想在16世纪和17世纪发生了改变，随着上帝信仰的丧失开始加快步伐，其他观念被创造出来。从霍布斯开始，其后是维科，他们开始探讨自我，并且这种思想开始取代对灵魂的探讨，这种观点在19世纪取得了胜利，尤其是德国浪漫主义、人类学或社会科学以及内在性和无意识的发展。大众社会和新的大都会的出现在这里也起了部分作用，激发了自我的丧失。[16]

与这一背景相对，弗洛伊德的出现是一个不寻常的事件。在叔本华、哈特曼、沙考、珍妮特，马克斯·德尚的双重自我和舒伯特的原型现象或者巴霍芬的《母权论》之后出现，弗洛伊德的思想并不都是如它们有时候表现出来的在刚出现的时候便使人们大吃一惊。然而，在一个令人震动的开始之后，它们产生了广泛的影响，保罗·罗宾逊（Paul Robinson）在20世纪90年代中期的描述中称其为“20世纪出现的最具影响力的思想”。[17] 其中一个原因是弗洛伊德作为一名医生，却将自己想象成为一位生物学家，一位继承哥白尼和达尔文传统的科学家。因此，弗洛伊德学派深切希望将无意识即自我科学化。在这一点上，无意识被认为是思想史上两股主流的最伟大的融合，它可以称为运用柏拉图主义对亚里士多德学说的理解。它的发现当然包括历史上最伟大的智慧成果，是所有时代思想的综合。

今天，许多人确信弗洛伊德的成果是成功的，这就是在所有地区深层心理学都广受欢迎的原因之一。同时，在精神病学专业和更为广泛的科学领域中，弗洛伊德受到更为普遍的诋毁，他的思想被视为空想和非科学而被抛弃。1972年，获得诺贝尔医学奖的彼得·梅达沃先生将精神分析学描述为“20世纪思想史上最令人伤心和最奇怪的里程碑之一”。[18] 许多研究者发表文章表示，精神分析学不能作为一种诊疗手段，弗洛伊德其他书中（例如《图腾与禁忌》或《摩西和一神教》）的许多思想都是完全不可信的，是一种误导，他使用的例子不能被证实。从前面几章我们可以看到，最近的学术研究过于不信任弗洛伊德，而且还在强调并解释他们不信任的原因。

但是，如果现在大多数受教育者接受了精神分析已经失败的事实，那么也可以说，关于意识的观念没有获得更好的遭遇，意识这个词是生物学家和神经学者们创造出来描述我们当下的自我。如果按照这个结论，我们从19世纪末快进到20世纪，那么我们遭遇到了“智慧的十年期”，这一说法在1990年被美国国会采纳。在这十年期间，出版了许多关于意识的书，“意识研究”作为一种学术规范而扩散开来，并且举办了三次关于意识的国际座谈会。结果如何呢？这要依你的谈论对象而定。约翰·马多克斯（John Maddox）是《自然》杂志的前主编，《自然》和《科学》是世界上最重要的科学类杂志，他写道：“少量的自省能使一个人去发现在他或她脑中的部分神经元执行了思考过程。从人类使用者角度来看，这些信息看起来被隐藏了。”英国哲学家柯林·麦金（Colin McGinn）就职于新泽西的鲁格豪尔大学，他认为意识在原则上难以解释，而且永远难以解释。[19] 其他的哲学家，如哈佛的托马斯·耐格尔（Thomas Nagel）和希拉里·普特南（Hilary Putnam），他们认为目前（也许是永远）的科学无法解释“感质”（qualia），我们将主体的经历理解为意识，用西蒙·布莱克本（Simon Blackburn）的话说，为什么我们大脑中的灰色物质能给我们提供一种对黄色性质的经验。本杰明·利贝特（Benjamin Libet）通过一系列有争议的实验，宣称意识发生的时间非常快（“利贝特的延迟”）。这（如果正确）是否是种进步还不清楚。在伦敦经济学院从事思考的欧洲教授约翰·格雷（John Gray）是意识研究中将这种现象看做“严重问题”的人之一。[20]

另一方面，加州大学伯克莱分校的米尔斯哲学教授约翰·塞尔（John Searle）说没有太多东西需要解释，意识是“自然发生的东西”，当你将“一袋神经元放在一起时它会自动出现。他解释，或者尝试，通过类比：水分子的活动解释了流动性，但是，个体分子不是流体——这是另一种自然发生物。[21]（这些观点令人想起威廉·詹姆斯[William James]和查尔斯·皮尔斯[Charles Peirce]的实用主义哲学，自我意识从行为中产生，而不是通过其他方式）。来自伦敦大学的物理学家罗杰·彭罗斯（Roger Penrose）相信一种新型二元论是需要的，事实上新的物理学原理可以应用在脑中，以此来解释意识。彭罗斯的特殊贡献是认为量子物理学可以用于微观结构内部，如我们知道的位于大脑神经细胞内，制造——某种程度上至今尚未言明的方式——我们所谓的意识的现象。[22] 彭罗斯确信我们生活在三个世界中——物理的、心理的和数学的世界："物理世界是心理世界的基础，心理世界依次是数学世界的基础，数学世界又是物理世界的基础，由此形成一个循环。"[23] 许多人发现这个理论非常吸引人，虽然如此，他们并不认为彭罗斯证明了任何东西。他的推论是迷人的、富有原创性的，但它还仅仅是个推论而已。

相反，这两种形式的简化法在现在的社会环境下吸引了最多的支持。丹尼尔·丹尼特（Daniel Dennett）是塔夫斯大学具有生物学倾向的哲学家，该大学位于马萨诸塞州，邻近波士顿，对于像他这样的人来说，人的意识和个性特征产生于对于我们生活的叙述，并且这跟大脑的特殊区域相关。例如，越来越多的事实表明，那种"故意臧否他人的行为是人普遍具有"的能力，这和大脑的某个特殊区域密切相关（眶额皮层），而且，这种产生自我中心主义的特定区域是人的一种缺陷。同样有证据表明，当人脑在"处理"与非故意性动词相反的有意性动词时，眶额皮层的血液供应量会增加，这样所造成的对此脑区域的损害会导致大脑失去内省的功能。其他实验显示，我们称之为脑杏仁核的大脑的这个区域的活动与恐惧经历相关，单只猴子在确定性游戏中的决定可以通过大脑中的前额叶纹状体循环以及固定类型的单个神经元循环预知出来。我们已知的叫做心得安和5–羟色胺的神经传递素影响作出决定，当经历愉快的事情时，纹状体内的腹壳就会被激发起来。[24] 按照这种观点，不同的个体之间，大脑的微观解剖结果相当不一致，一次特殊的经历会对大脑的不同区域产生影响，很清楚，它需要综合。与大脑活动相关的任何"深层"类型的经历还没有被发现，而且看起来还有很长的路要走，尽管这始终是最具发展前景的研究领域。

相关研究——这也许备受期望，近年来取得了其他发展——在达尔文的指引下，研究大脑和意识。在什么意义上意识是适合的呢？这种研究产生了两种观点：第一，大脑事实上能适应许多不同的工作。由于这个原因，大脑由三个基本部件构成，一个像爬虫一样的核（我们的基础发动机），古哺乳类脑层，它产生出某种对后代产生影响的东西，新哺乳类脑，主管理性、语言和其他“更高层次的功能”。[25] 第二，研究认为通过进化（通过我们的身体）会产生一些突发的性质：例如，在心理和医学现象中始终隐含着生物化学的解释——钠／钾透膜转移也可以被称为“神经活动的潜力”。[26] 在这个意义上，原则上来说，意识不是什么新事物，即使现在我们也不能完全理解它。

通过对动物世界的神经活动的研究也显示，神经活动既通过“放电”工作又不是放电；放电的频率代表神经活动的强度——刺激的强度越大，任何特别的神经的开启和关闭也就越快。这和电脑的工作原理非常相似，以比特表示信息单位，所有的信息都用 0 或 1 表示。电脑运行过程中平行的观念引起了丹尼尔·丹尼特的思考，类似的过程是否会发生在大脑的不同进化阶段呢？是否由此产生了意识呢？再者，尽管非常着急，但是这种推论并没有比最初的探索走得更远。在那时，没有人看上去能够想到下一步会发生什么。

所以，尽管最近几年所有关于意识的研究以及“硬”科学始终在提供最为可行的方法，然而自我依然难以捉摸。科学证明，关于外在世界的研究已经取得了大量成功，但是，对我们自身领域的研究却非常失败。尽管普遍的观点认为，自我在某种程度上是大脑活动的产物——源于电子元素的活动，如果你将要回避这个结论——很难，毕竟这些年，我们始终无法知道如何探讨意识，还有自我。

所以，本书在这里所提及的是科学家们要构建的最后一种思想。假如说亚里士多德学说在遥远的过去取得了成功，然而，它现在却无法面对那种可能——甚至是或然性——柏拉图学说的本质概念“内心世界”是一种误导吗，还是没有所谓内心世界？向内看，我们一无所获——没有什么能稳定，没有什么能忍受，没有什么我们能认同，没有什么是确定的——因为没有什么能被我们发现。人类是自然的一部分，因此我们更喜欢发现我们的内在本质，理解我们自身，通过发现我们的外在自我，找到我们作为动物的准确定位。用约翰·格雷的话说：“动物园是比修道院更好的窗口，通过它可以观察窗外的人类。”[27] 这不是自相矛盾，没有这些研究的重组，现代化的失调还将继续。

注 释

〔1〕 卡文迪许的获奖者包括J.J.托马森（1906年），恩斯特·卢瑟福（1908年），W.L.布拉格(1915年),F.W. 阿斯顿(1922年),詹姆斯·查德威克(1935年),E.V.爱普里恩(1947年)，PMS布莱克特（1948年），弗朗西斯·克里克和詹姆斯·沃森（1962年），安东尼·海威西和马丁·莱尔（1974年），和彼特·卡毕札（1978年）。参见：杰弗里·休斯，《“指尖上的大脑”：物理学在卡文迪许实验室，1880—1940》，理查德·梅森（编辑），《剑桥思想》，英格兰剑桥：剑桥大学出版社/坎托，1994年，第160页及后文。

〔2〕 克劳瑟(J.G .Crowther)，《卡文迪许实验室，1874—1974》(*Cavendish Laboratory, 1874-1974*)，伦敦：麦克米伦出版社，1974年。

〔3〕 梅森（编辑），如前所引，第162页。

〔4〕 克劳瑟，如前所引，第48页。

〔5〕 斯蒂芬·温伯格（Steven Weinberg），《亚原子粒子的发现》(*The Discovery of Subatomic Particles*)，纽约：W.H.自由人，1983/1990年，第7页。

〔6〕 梅森（编辑），如前所引，第161页。

〔7〕 保罗·斯特拉瑟恩（Paul Strathern），《门捷列夫的梦：寻找元素》(*Mendeleyev's Dream: The Quest for the Elements*)，伦敦：哈米什·汉密尔顿出版社，2000年，第3页和第286页。也可参见：理查德·罗德斯（Richard Rhodes），《原子弹的制造》(*The Making of the Atomic Bomb*)，纽约：西蒙&舒斯特出版社，1986年，第30页。

〔8〕 同上，第31页。

〔9〕 同上，第41—42页。

〔10〕 同上，第38—40页。

〔11〕 同上，第50—51页和第83—85页。

〔12〕 罗伊·波特（Roy Porter），《理性时代的肉体》(*Flesh in the Age of Reason*)，伦敦：艾伦·莱恩/企鹅出版社，2003年，第69页及后文。

〔13〕 同上，第30页。沃尔曼（Dror Wahrman），《现代自我的形成：18世纪英格兰的个性和文化》(*The Making of the Modern Self: Identity and Culture in Eighteenth Century England*)，纽黑文：耶鲁大学出版社，2004年，第182—184页。

〔14〕 布拉德伯里和麦克法兰（编辑），如前所引，第86页；阿诺德·豪塞尔（Arnold Hauser），《艺术社会学》(*The Social History of Art*)，纽约：古典书局/克诺夫出版社，未注明出版日期，第4卷，第224页。在《奥古斯丁创造的内在自我》(*Augustine's Invention of the Inner Self*)（英格兰剑桥：剑桥大学出版社，2003年）一书中，菲利普·卡利（Phillip

Cary）认为，奥古斯丁创造了自我这个概念表示私人的内在空间，并且开创了西方的内在性传统。

〔15〕 布罗，《理性危机：1848—1914年间的欧洲思想》（*The Crisis of Reason: European Thought, 1848-1914*），纽黑文和伦敦：耶鲁大学出版社，2000年，第137—138页。

〔16〕 同时，第153页。

〔17〕 保罗·鲁宾逊，《展览符号》（*Symbols at an exhibition*），《纽约时报》（*New York Times*），1998年11月12日，第12页。

〔18〕 P.B.梅达沃（P. B. Medawar），《前进的希望》（*The Hope of Progress*），伦敦：梅苏恩出版社，1972年，第68页。

〔19〕 约翰·马多克斯(John Maddox)，《尚待发现的一切》(*What Remains to Be Discovered*)，伦敦：麦克米伦出版社，1998年，第306页。

〔20〕 约翰·孔维尔（John Cornwell）编辑，《意识和人类特性》（*Consciousness and Human Identity*），牛津和纽约：牛津大学出版社，1998年，第vii页。参见：西蒙·布莱克本（Simon Blackburn），《世界在你脑中》（*The world in your head*），《新科学家》，2004年9月11日，第42—45页；杰弗里·盖伊（Jeffrey Gray），《意识》（*Consciousness: Creeping Up on the Hard Problem*），牛津，牛津大学出版社，2004年。本杰明·利贝特（Benjamin Libet），《思想时间：意识的时间因素》（*Mind Time: The Temporal Factor in Consciousness*），马萨诸塞剑桥：哈佛大学出版社，2004年。

〔21〕 参见：例如，J.R.西尔（J.R.Searle），《神秘的意识》（*The Mystery of Consciousness*），伦敦：格兰塔出版社，1996年，第95页及后文。

〔22〕 罗格·彭罗斯（Roger Penrose），《思想的阴影：寻找迷失的意识科学》（*Shadows of the Mind: A Search for the Missing Science of Consciousness*），牛津和纽约：牛津大学出版社，1994年。

〔23〕 同上，第87页。

〔24〕 孔维尔（编辑），如前所引，第11—12页。劳拉·斯皮妮（Laura Spinney），《为什么我们做，我们做什么》（*Why we do what we do*），《新科学家》，2004年7月31日，第32—35页；艾米丽·苏格（Emily Suiger），《他们知道你想要什么》（*'They know what you want'*），同上，第36页。

〔25〕 罗伯特·赖特（Robert Wright），《道德动物》（*The Moral Animal*），纽约：万神殿出版社，1994年，第321页。

〔26〕 奥拉夫·斯彭斯（Olaf Sporns），《生物学变化和大脑结构》（*Biological variability and brain function*），孔维尔（编辑），如前所引，第38—59页。

〔27〕 约翰·盖伊，《稻草狗》（*Straw Dogs*），伦敦：格兰塔出版社，2002年，第151页。

人名和地名表

Abbeville (France) 阿布维利（法国）

Abd al-Malik 阿布杜勒·麦利克

Abd Wahhab, Muhammad ibn 穆罕默德·阿卜杜勒·瓦哈比

Abduh, Muhammad 穆罕默德·阿布笃

Abelard, Peter 彼得·阿贝拉德

Sic et Non (Yes and No) 《是与非》

Abu al-Fazl, Alliami：*Akbar- Namah* (*Book of Akbar, The*)阿布·法兹：《阿克巴之书》

Abu Bakr 阿布·巴克尔

Abu-Lughod, Janet 珍妮特·阿布·卢格霍德

Before European Hegemony: the World System AD 1250-1350 《欧洲霸权之前：公元1250—1350年间的世界体系》

Academy (Athens) 学院（雅典）

Acosta, Joséde 何塞·德·阿科斯塔

Acropolis (Athens) 雅典卫城

Adams, John Quincy 约翰·昆西·亚当斯

Adler, Alfred 阿尔弗雷德·阿德勒

Adso：*Letter on the Antichrist* 阿德索：《关于反基督者的信》

Aeschylus 埃斯库罗斯

Persians, The 《波斯人》

Supplicants, The 《恳求者》

Agassiz，Louis 路易斯·爱格西

Agia Sophia（Constantinople） 君士坦丁大教堂

Agricola，Georgius 乔治乌斯·阿格里科拉

Ailly，Pierre d'：*Imago Mundi* 皮埃尔·戴利：《世界形象》

Akbar 阿克巴大帝

Al Khwarizmi，Muhammad ibn- Musa 艾尔－花拉子密

De numero indorum（*Concerning the Hindu Art of Reckoning*） 《关于决战印度教艺术》

Logical Necessities in Mixed Equations 《混合方程逻辑的必要性》

Alberti，Leon Battista 莱昂·巴蒂斯塔·阿尔贝蒂

Della Famiglia 《论家庭》

On Painting 《论绘画》

Albertus Magnus 艾尔伯图斯·马格纳斯

Aldus Manutius 阿尔德斯·马努蒂乌斯

Alexander of Myndus：*Collection of Wonders* 孟多司的亚历山大：《奇迹录》

Alexander of Villedieu 维勒迪约的亚历山大

Alexander the Great 亚历山大大帝

Alexandria 亚历山大里亚

Al-Farabi，Abu Nasr Muhammad 艾尔－法拉比

Ihsa al-ulum（*De Scientiis*） 《各科举寓》

Alfonso X of Castile 卡斯蒂尔的阿方索十世

Al-Ghazali，Abu Hamid Muhammad：*ihya' ulum al-din*(*Revivification of the Sciences of Religion*) 阿布·哈米德·本·穆罕默德·安萨里：《宗教科学的复活》

Al-Kindi 艾尔－金迪

Al-Kufah 艾尔－库法

Al-Nazzam 艾尔－奈萨姆

Altschule，Mark D：*Origins ofConcepts in Human Behaviour*(1977) 马克·D.阿特休尔：《人类行为中观念的起源》（1977）

Ammonius Saccas　阿摩尼阿斯·萨卡斯
Anaxagoras of Clazomenae　克拉佐曼纳的阿那克萨哥拉
Anaximander　阿那克西曼德
Anaximenes　阿那克西美尼
Ancient Greece　古希腊
Ancient Rome　古罗马
Annet, Peter: *Resurrection of Jesus Considered* (1744)　彼得·安纳特:《基督复生》
Antioch　安提克
Antiochus Epiphanes　安提阿哥伊皮法尼斯
Antipater　安提帕特
Apollonius of Perga　阿波罗尼奥斯（帕加的）
　Almagest (*Mathematical Syntaxis*)　《天文学大成》
　Conics　《圆锥曲线》
Apollonius of Rhodes: *Argonautica*　阿波罗尼奥斯（罗德岛的）:《阿尔戈英雄》
Aqsa mosque (Jerusalem)　阿克萨清真寺（耶路撒冷）
Archimedes of Syracuse　锡拉库扎的阿基米德
　On the Equilibrium of Planes　《论平板的平衡》
　On Floating Bodies　《论浮体》
Aretino, Pietro: *Ragionameni*　彼得罗·阿瑞提诺:《对话录》
Argenson, René Louis, Marquis d': *Considerations on the Past and Present Government of France* (1737)　达让松侯爵雷纳·路易:《论法国过去和现在的政府》
Aristarchus of Samos　萨摩斯的阿里斯塔克斯
Aristophanes　阿里斯托芬
　Clouds, The　《乌云》
Aristotle　亚里士多德
　Metaphysics　《宇宙哲学》
　mysticism　神秘主义

Parts of Animals, The 《论动物的器官》

Physics 《物理学》

Politics 《政治学》

urban planning 城市规划

Arius 阿里乌斯

Arnaud，Antoine and Nicole，Pierre：*Art of Thinking, The* 安托尼·阿诺德和皮埃尔·尼科尔：《思维的艺术》

Arnold，Matthew 马修·阿诺德

Culture and Anarchy(1869) 《文化和无政府》

Aryabhata 阿耶波多

Arybhatiya 《阿耶波多历算书》

Ascham，Roger 罗杰·阿斯科姆

Asclepius 阿斯克勒庇俄斯

Ashoka 阿育王

Asvaghosa：*Buddhacarita* 马鸣：《佛所行赞》

Athens 雅典

Attar，Farid al-Din：*Mantiq ut-Tair*(*Conference of the Birds, The*) 阿塔尔：《鸟的聚会》

Augustus，Emperor of Rome 奥古斯都大帝

Australia 澳大利亚

Australopithecus afarensis (Lucy) 南方古猿阿法种（露西）

Averroës (Abu al-Walid Muhammad ibn-Ahmad ibn- Rushd) 阿威罗伊

Avicenna see Ibn Sina/Avicenna 阿维森纳，见伊本西纳

Aztecs 阿兹特克人

Babylon 巴比伦

Bachofen，Johann Jakob：*Law of the Mothers, The/Mother Right*(1861) 约翰·雅各布·巴霍芬：《母权论》

Bacon，Francis 弗朗西斯·培根

Bacon，Roger 罗杰·培根

Lesépoques de la nature (1779) 《自然史》

Burbage, James 詹姆斯·伯比奇

Burckhardt, Jacob 雅各布·伯克哈特

Civilisation of the Renaissance in Italy, The (1860) 《意大利文艺复兴时期的文明》

Burke, Peter 彼得·伯克

Burnet, Thomas 托马斯·伯内特

Archaeologiae and Theory of the Visible World (1736) 《可见世界考古和理论》

Sacred Theory of the Earth (1691) 《地球的神圣原理》

Byblos/Jublai (Lebanon) 黎巴嫩

Byron, Lord 拜伦爵士

Manfred 《曼弗雷德》

Byzantine Empire 拜占庭帝国

Calvin, John 约翰·加尔文

Camerarius, Rudolf Jakob: *De sexu plantarum epistola* 鲁道夫·雅各布·卡默拉留斯:《关于植物性别的通讯》

Cantabria (Spain) 砍塔布连(西班牙)

Cantor, Norman 诺曼·康德

Caravaggio, Michelangelo Merisi da 米开朗基罗·梅里西达·卡拉瓦乔

Casas, Bartolome' de las 巴托洛梅·德·拉斯·卡萨斯

Apologètica Historia 《历史道歉》

Brief Account of the Destruction of the Indies (1552) 《印度群岛毁灭述略》

History of the Indies of the New Spain (1581) 《新西班牙的印度群岛》

Cassiodorus 卡西奥多鲁斯

Institutes Concerning Divine and Human Readings 《神与人类阅读要义》

Cassirer, Ernest 恩斯特·卡西尔

Philosophy of Symbolic Forms, The 《象征符号哲学》

Castiglione, Baldassare: *Courtier, The* 卡斯汀里奥尼:《拍马屁的人》

Hampson, Norman　诺曼·汉普森

Han Yu　汉语

Handel, George Friederic　乔治·弗里德里克·汉德尔

Hangchow (China)　杭州（中国）

Harappa (India)　哈拉帕（印度）

Hargreaves, James　詹姆斯·哈格里夫斯

Harris, William　威廉·哈里斯

Harsha Vardhana　曷利沙·伐弹那

Harvey, William　威廉·哈维

De motu cordis (1628)　《心血运动论》

Haskins, Charles　查尔斯·哈斯金斯

Hastings, Battle of　黑斯廷斯战斗

Hastings, Warren　沃伦·黑斯廷斯

Hathaway, William　威廉·哈舍维

Hauser, Arnold　阿诺德·豪瑟

Haussman, Baron　拜伦·奥斯曼男爵

Haydn, Joseph　约瑟夫·海顿

Hazor (Israel)　哈扎（以色列）

Hazorea (Palestine)　哈卓里（巴勒斯坦）

Hecht, Jennifer Michael　珍妮弗·迈克尔·赫克特

Hegel, Georg Wilhelm Friedrich　格奥尔格·威廉·弗里德里希·黑格尔

Heilman, Andreas　安德里·希尔曼

Heine, Heinrich　海因里希·海涅

Heinroth, Johann Christian August　乔安·克里斯蒂安·奥古斯特·海因洛斯

Helve' tius, Claude-Adrien　克洛德－阿德里安·爱尔维修

Henry III　亨利三世

Henry IV, Holy Roman Emperor　亨利四世

Henry the Navigator　航海家亨利

Henry VII, King of England　亨利七世

Letters of Obscure Men 《无名者的书信》
Hutton, James 詹姆斯·赫顿
Theory of the Earth（1795） 《地球的理论》
Hutton, William 威廉·赫顿
Huxley, T H 赫胥黎
Huygens, Christiaan 克里斯蒂安·惠更斯

Ibn Ahmad, Sa'id 赛义德·伊本·艾哈迈德
Ibn al-Baytar 伊本-阿卜德
Al-Jami fi al-Tibb（*Collection of Simple Diets and Drugs*） 《医方汇编》
Ibn al-Nadim：*al-Fihrist* 伊本·艾尔-纳迪姆：《科学书目》
Ibn al-Nafis 伊本·纳菲
Ibn Battuta 伊本·巴图塔
Ibn Hanbal, Ahmad 艾哈迈德·伊本·罕百里
Ibn Ishaq, Muhammad 穆罕默德·伊本·伊斯哈格
Ibn Khaldun, Abu Zayd 伊本·哈尔顿
al-Muqaddimah 《历史绪论》
Ibn Khordadhbeh 伊本·胡尔达兹比赫
Ibn Majid, Ahmad 艾哈迈德·伊本·马吉德
Ibn Sina/Avicenna 伊本西纳/阿维森纳
Al-Qanun（*Canon, The*） 《医典》
Ibn-Hazm, Ali：*al-Fasl fi al-Milal w-al-Nihal*（*Decisive Word on Sects, Heterodoxies and Denominations*） 伊本-哈扎姆：《有关异端和教派的决定性词汇》
Ibsen, Henrik 亨利克·易卜生
Ictinus (architect) 伊克蒂诺（建筑师）
Ignateva cave (Russia) 伊格纳特娃洞穴（俄罗斯）
Ignatius, Bishop of Antioch 安提克大祭司依纳爵
Ihsanoglu, Ekmeleddin 埃克梅勒·诺格鲁
Ilgen, Karl David 卡尔·大卫·伊根

Origin of Civilisation（1870） 《文明的起源》

Prehistoric Times（1865） 《原始时代》

Lucy（Australopithecus afarensis） 露西（南方古猿阿法种）

Lueger，Karl 卡尔·卢戈

Lukács，Georg 格奥尔格·卢卡奇

Luther，Martin 马丁·路德

Address to the Christian Nobility of the German Nation（1520） 《告信奉基督教的日耳曼诸贵族》

Ninety–Five Theses 《九十五条论纲》

Lyell，Charles 查尔斯·赖尔

Geological Evidences for the Antiquity of Man（1863） 《古代人类的地质迹象》

Principles of Geology（1830–33） 《地质学原理》（1830—1833）

MacCulloch，Diarmaid 迪尔米德·麦卡洛克

Mach，Ernst 恩斯特·马赫

Machiavelli，Niccolò 尼科洛·马基雅弗利

Prince, The（1519） 《君主论》

Madina 马迪纳

Magellan，Ferdinand（Fernäo Magalhäes） 费迪南德·麦哲伦

Maillet，Benoîtde 贝奴亚·德·梅耶特

Telliamed（1748） 《特里梅德》（1748年）

Maine，Sir Henry：*Ancient Law* 亨利·梅恩：《古代法》

Malta 马耳他

Mal'ta（Siberia） 马尔他（西伯利亚）

Malthus，Thomas Robert 托马斯·罗伯特·马尔萨斯

Essay on the Principle of Population, As It Affects the Future Improvement of Society（1798） 《人口原理及其对于未来社会改进的影响》

Manchester 曼彻斯特

Manchester，William 威廉·曼彻斯特

Mango，Cyril　西里尔·曼戈
Mani（Manichaeus）　摩尼
Mannheim，Karl　卡尔·曼海姆
Mantegna，Andrea　安德列亚·芒特格纳
Marcion　马吉安
Marcus Aurelius，Emperor of Rome　马可·奥勒留
Marlowe，Christopher　克利斯托弗·马洛
Marshack，Alexander　亚历山大·马沙克
Martial　马提雅尔
Martianus Capella：*Marriage of Philology and Mercury, The*　马尔蒂亚努·凯柏拉：《水星和文字学婚姻》
Martin，Henri-Jean　亨利－让·马丁
Marx，Karl　卡尔·马克思
Capital（1867–94）　《资本论》（1867—1894）
Masaccio　马萨乔
Masada（Israel）　马萨达（以色列）
Mas'udi　马苏德
Maxwell，James Clerk　詹姆斯·克拉克·麦克斯韦
Mazar，Amihai：*Archaeology and the Land of the Bible*（1990）　阿米亥·马扎里沙里夫：《考古学与圣经》
Mazlish，Bruce　布鲁斯·麦兹利希
McCormick，Michael　迈克尔·麦考密克
Origins of the European Economy: Communication and Commerce, AD 300—900（2001）　《欧洲经济的起源：交流与商业，300—900年》
McGinn，Colin　柯林·麦金
Mecca　麦加
Méchain，Pierre-François-André　皮埃尔－弗朗索瓦－安德烈·莫琛
Medici，Cosimo de'　考西莫·德·梅第奇
Megasthenes　麦加斯梯尼
Menand，Louis　路易斯·梅纳德

Mendel，Gregor　格里哥·孟德尔
Mendeleyev，Dimitri　迪米特里·门捷列夫
Mendelssohn，Felix　费利克斯·门德尔松
Mengtzu (Mencius)　孟子
Menuhin，Yehudi　耶胡迪·梅纽因
Mercati，Michel　米歇尔·莫卡提
Mercator (Gerhard Kremer)　麦卡托（杰哈德·克莱曼）
Mercator，Nicholas　尼古拉斯·墨卡托
Mermaid Tavern (London)　美人鱼旅舍（伦敦）
Mesmer，Franz Anton　弗兰兹·安顿·梅斯梅尔
Mesopotamia　美索不达米亚
Mettrie，Julien Offray de la：*L' homme machine* (*Man a Machine*) (1747)　朱丽安·奥弗雷·德·拉·美特里：《人是机器》
Michelangelo Buonarroti　米开朗基罗·博纳罗蒂
Last Judgement　《最后的审判》
Mill，James：*Analysis of the Phenomena of the Human Mind* (1829)　詹姆斯·密尔：《人类心理现象分析》
Mill，John Stuart　约翰·斯图亚特·密尔
On Liberty (1859)　《论自由》
Principles of Political Economy　《政治经济学原理》
Mirabeau，Marquis de　米拉波侯爵
Mirandola，Pico della　皮科·德拉·米兰德拉
Mithen，Steven　史蒂文·米森
Mohenjo-Daro (India)　摩亨佐-达罗（印度）
Moleschott，Jakob　雅各布·摩尔斯查特
Monardes，Nicolás：*Joyfull Newes out of the New Founde Worlde* (1574)　尼古拉斯·莫纳德斯：《来自新世界的令人振奋的消息》
Montaigne，Michel de　米歇尔·德·蒙田
Monte Cassino (Italy)　蒙特卡西诺（意大利）
Montesquieu，Charles Louis de Secondat　孟德斯鸠

De l' esprit des lois（*The Spirit of the Laws*）(1748) 《论法的精神》
Monteverdi，Claudio 克劳迪奥·蒙泰威尔第
Montpellier (France) 蒙彼利埃（法国）
More，Thomas 托马斯·莫尔
Morley，John 约翰·摩尔利
Morris，Colin 科林·莫里斯
Morse，Samuel 塞缪尔·摩尔斯
Moryson，Fynes：Itinerary (1617) 费恩斯·莫里森：《旅行日志》
Moynahan，Brian 布赖恩·穆那
Muhammad (the Prophet) 穆罕默德（先知）
Murchison，Sir Roderick 罗德里克·默杰生爵士
Murdoch，William 威廉·默多克
Mureybet (Syria) 穆赖拜特（叙利亚）

Napoleon 拿破仑
Neander Valley (Germany) 尼安德谷（德国）
Neanderthals（*Homo neanderthalensis*） 尼安德特人（智人尼安德特人）
Nebuchadnezzar，King of Babylon 尼布甲尼撒，巴比伦国王
Needham，Joseph 李约瑟
Nestorians 聂斯托利派
New World (the Americas)：in 1492 新大陆（美洲）：在1492年
Newman，John Henry，Cardinal 约翰·亨利·纽曼，即卡迪纳尔
Newton，Isaac 艾萨克·牛顿
Principia Mathematica（1687） 《数学原理》
Nicaea 尼西亚
Nietszche，Friedrich 弗里德里希·威廉·尼采
Ninevah (Mesopotamia) 尼尼微（美索不达米亚）
Niobid Painter 尼俄柏画家
Nizamiyah (seminary) 尼扎米亚神学院
Nonius Marcellus：*De compendiosa doctrina* 尼纳·马斯罗斯：《古罗马人列

表》
Novalis (Friedrich von Hardenberg) 诺瓦利斯（弗里德里希·冯·哈登伯格）

Old World 旧大陆
Omo Industrial Complex 奥莫石器工业合成物
Oppenheimer，Stephen：*Out of Eden: The Peopling of the World* (2003) 史蒂芬·奥本海默：《走出伊甸园：世界上的人》
Origen (*Origenes Adamantius*) 奥利金（奥利金斯·阿达曼提奥斯）
Hexapla 《六文本合参》(用六国语对译的六种经文合璧的书)
Principles of Things, The 《事物原理》
Orkneys (Scotland) 奥克尼（苏格兰）
Ouyang Xiu：*History of the Tang* 欧阳修：《唐书》(后更名为《新唐书》)
Ovid 奥维德
Owen，Robert 罗伯特·欧文
Observations on the Effect of the Manufacturing System (1815) 《论工业制度的影响》
Oxford 牛津大学

Paine，Thomas 托马斯·潘恩
Palestine 巴勒斯坦
Palestrina，Giovanni Pierluigi da 乔瓦尼·皮耶路易吉·达帕莱斯特里纳
Pappenheim，Bertha 贝沙·帕本海姆
Paris 巴黎
Parmenides 帕曼尼迪斯
On Nature 《论自然》
Parthenon (Athens) 帕台农神庙（雅典）
Pascal，Blaise 布莱斯·帕斯卡
Pasquier，Étienne 艾蒂安·帕斯奎尔
Recherches de la France (1560) 《法国研究》

Patanjali　波坦阇利
Paul III　保罗三世
　Sublimis Deus　《伟大的天主》
Paul IV，Pope　教皇保罗四世
Peirce，Benjamin　本杰明·皮尔士
Peirce，Charles　查尔斯·皮尔士
Pergamum　帕加马
Pericles　伯里克利
Persia　波斯
　Islamic Renaissance　伊斯兰文艺复兴
Petrarch，Francesco　弗朗西斯科·彼特拉克
Petronius：*Satyricon*　彼得罗纽斯：《萨蒂里孔》
Petty，Sir William　威廉·配第爵士
　Treatise on Taxes and Contributions（1662）　《赋税论》
Phidias　菲迪亚斯
Philo Judaeus of Alexandria　亚历山大大帝时代的斐洛·尤迪厄斯
Picard，Jean　让·皮卡尔
Piero della Francesca　皮耶罗·德拉·弗朗西斯卡
Pilate，Pontius　彼拉多
Pipino of Bologna：*De Consuetudinibus et Conditionibus Orientalium Regionum*
　皮皮诺（博洛尼亚的）：《东方的习俗与情况》
Planck，Max　马克斯·普朗克
Plato　柏拉图
　Dialogues　《五大对话集》
　Laws　《法律》
　mysticism　神秘主义
　Phaedo　《斐多篇》
　Republic　共和国
　Republic　《共和国》
　Symposium, The　《会饮篇》

theory of ideas　理念论

Timaeus　《蒂迈欧篇》

Plato of Tivoli　蒂沃利(意大利中部，罗马之东)的柏拉图

Plautus　普劳图斯

Pliny the Elder　老普林尼

Natural History　《自然史》

Plitz，Anders　安德斯·皮尔茨

Plotinus　普罗提诺

Enneads　《六部九章集》

Polanyi，Karl：*Great Transformation, The*（1944）　卡尔·博兰尼：《大转型》

Polo，Marco：*Description of the World. The*　马克·波罗：《马可波罗游记》

Pompanazzi，Pietro　皮耶特罗·鲍姆帕纳兹

Pompeii（Italy）　庞贝（意大利）

Popper，Karl　卡尔·波普

Portugal　葡萄牙

Posidonius　波西多尼奥斯

Postgate，Nicholas：*Taxation and Conscription in the Assyrian Empire*（1974）　尼古拉斯·波斯特盖特：《亚述帝国的税收和征兵制度》

Praxiteles　普莱克西泰勒斯

Price，Simon　西蒙·普里斯

Priestley，Joseph　约瑟夫·普利斯特列

General History of the Christian Church（1790）　《基督教会通史》

Protagoras of Abdera　阿布德拉的普罗塔哥拉

Pseudo-Plutarch：*Lives of the Ten Orators*　普鲁塔克：《十大演说家生平》

Ptolemy，Claudius　克劳迪亚斯·托勒密

Almagest（*Mathematical Syntaxis*）　《天文学大成》（《数学体系》）

Geography　《地理学》

Pythagoras　毕达哥拉斯

Pytheas　皮西亚斯

Qafzeh cave (Israel)　卡夫扎洞（以色列）
Quesnay，François　弗朗索瓦·魁奈
Quetelet，L.–A.–J.　凯特勒
Quintilian　昆提良
Qumran　昆兰

Rabelais，François　弗朗索瓦·拉伯雷
　Gargantua and Pantagruel　《巨人传》
Ras Shamra/Ugarit　拉斯珊拉／乌加里特
Rashtrakutas (dynasty)　拉诗特拉库塔王朝
Ratzel，Friedrich　弗里德里希·拉采尔
Rawson，Philp　菲利普·罗森
Redouté，Pierre–Joseph　皮埃尔－约瑟夫·雷多特
Renan，Ernest：*Life of Jesus* (1863)　恩斯特·勒南：《耶稣传》
Rhazes (Razi)　腊泽斯（拉齐）
　Al–Hawi　《哈威》
Ricardo，David　大卫·李嘉图
Robertson，H. M.：*Aspects of the Rise of Economic Individualism* (1933)　H. M. 罗伯逊：《经济个人主义兴起的几个问题》
Robertson，J. M.　J. M. 罗伯逊
Roman Empire　罗马帝国
　boundaries　边界
Rome　罗马
Rousseau，Jean Jacques　让·雅克·卢梭
　Social Contract (1762)　《社会契约论》
Rowland，Christopher　克利斯托弗·罗兰德
Rubianus，Crotus，pseud：*Letters of Obscure Men*　克罗特斯·鲁比阿那斯：《无名者的书信》
Russell，Bertrand　伯特兰·罗素
Rutherford，Ernest　恩斯特·卢瑟福

Saggs,H．W．F．　H．W．F．萨格斯
Said，Edward　萨义德·爱德华
　Culture and Imperialism（1993）《文化与帝国主义》
Saint–Simon，Claude– Henri　克洛德·亨利·圣西门
Sallust　萨卢斯特
Savasorda　萨瓦苏达
Savonarola，Girolamo　基洛拉莫·萨瓦纳洛拉
Scaliger，Justus Joseph　尤斯图斯·约瑟夫·斯卡利格
Schaaffhausen，Hermann　赫蒙－夏夫豪森
Schaller，George　乔治·舒勒
　Last Panda, The（1993）《最后的熊猫》
Schelling，F W　F．W．谢林
Schlegel August　奥古斯特·威廉·施莱格尔
Schlegel，Friedrich　弗里德里希·施莱格尔
　Über die Sprache und Weisheit der Indier（1808）《论印度人的语言和智慧》
Schlegel，Wilhelm　威廉·施莱格尔
Schleiermacher，Friedrich　弗里德里希·施莱尔马赫
Schmandt–Besserat，Denise　丹妮斯·施曼特－巴塞瑞特
Schöffer，Peter　斯考飞氏
Schopenhauer，Arthur　阿瑟·叔本华
Schubert，Franz　弗兰兹·舒伯特
Schubert，Gotthilf Heinrich von　戈特希尔夫·海因里希·舒伯特
Schulze，Hagen　哈根·舒尔茨
Schumann，Robert　罗伯特· 舒曼
Schwab，Raymond　雷蒙德 ·施瓦布
Scotland　苏格兰
Secord，James　詹姆斯·斯科德
　Victorian Sensation（2000）《维多利亚时代的轰动》
Sedgwick，Adam　亚当·塞奇威克
Seleucus I Nicator　塞琉古一世

Ignaz Semmelweis 伊格纳兹·塞麦尔维斯
Seneca 塞内加
Natural Questions 《自然问题》
Sennacharib, King of Assyria 辛那赫里布，亚述王
Shaftesbury, Lord 沙夫茨伯里勋爵
Shakas 沙加
Shakespeare, William 威廉·莎士比亚
King Lear 《李尔王》
Shelley, Percy Bysshe 珀西·比希·雪莱
Siberia: settlement 西伯利亚：定居
Siger of Brabant 布拉班特的西格尔
Sima Guang: *Complete Mirror of the Illustration of Government* 司马光：《资治通鉴》
Sima Qian: *Historical Records, The* 司马迁：《史记》
Simmel, Georg 格奥尔格·齐美尔
Philosophy of Money, The 《货币哲学》
Sivin, Nathan 内森·斯文
Smith, Adam 亚当·斯密
Wealth of Nations, The (1776) 《国富论》
Smith, Roger 罗杰·史密斯
History of the Human Sciences (1997) 《人类科学史》
Smith, Sydney 西德尼·史密斯
Snow, Sir John 约翰·斯诺爵士
Society of Antiquaries 文物工作者协会
Socrates 苏格拉底
Solon 梭伦
Sophocles 索福克勒斯
Oedipus Rex 《俄狄浦斯王》
Southern, Richard 理查德·萨森
Spain 西班牙

Sparta　斯巴达
Spencer，Herbert　赫伯特·斯宾塞
Spinoza，Baruch de　巴鲁赫·斯宾诺莎
　Tractatus Theologico-Politicus（1670）　《神学政治论》
Sprat，Thomas　托马斯·斯普拉特
St Ambrose，Bishop of Milan　圣安布鲁斯，米兰主教
St Anselm　圣安塞姆
St Augustine　圣·奥古斯丁
　City of God　《上帝之城》
　Confessions　《忏悔录》
　On the Trinity　关于三位一体
St Augustine of Hippo　希波的圣奥古斯丁
St Benedict of Aniane　阿尼亚纳的圣·本尼迪克特
St Benedict of Nursia：*Rules for Monks*　努西亚的本尼迪克特：《修道院院规》
St Brendan the Navigator　航海家圣布伦丹
St Charles Borromeo　圣查尔斯·博罗梅奥
St Denis (Paris)　圣丹尼斯（巴黎）
St Francis of Assisi　阿西西的圣弗朗西斯
St Ignatius Loyola：*Spiritual Exercises*　圣依纳爵·罗耀拉：精神锻炼
St Jerome　圣杰罗姆
　Vulgate　拉丁文《圣经》
St Paul　圣保罗
St Peter's (Rome)　圣彼得的（罗马）
St Philip Neri (Rome)　圣菲利普·尼利（罗马）
St Thomas Aquinas　圣托马斯·阿奎那
Stahl，Georg Ernst　乔治·恩斯特·斯塔尔
Stanley，H M　H.M. 斯坦利
Stoics　斯多葛
Stonehenge (England)　史前巨石柱（英格兰）

Strabo (geographer) 斯特拉博（地理学家）
Strauss, David: *Life of Jesus, Critically Examined, The* (1835) 大卫·施特劳斯：《耶稣传》
Strindberg, August 斯特林堡
Sulla, Lucius Cornelius 卢修斯·科尼利厄斯·苏拉
Sumer 苏美尔
Swift, Jonathan: *Battle of the Books, The* (1697) 乔纳森·斯威夫特：《书籍之战》

Tacitus 塔西陀
Germania 日耳曼
Tarnas, Richard 理查德·塔那斯
Temple (Jerusalem) 寺庙（耶路撒冷）
Temple, Sir William: *Essay upon Ancient and Modern Learning* (1690) 西尔·威廉·坦普尔：《论古今学问》
Terence 特伦斯
Tetzel; Johann 约翰·特泽尔
Thales of Miletus 米利都的泰利斯
Theophanes the Greek 希腊人塞奥法尼斯
Theophrastus 泰奥弗拉斯
Thespis 泰斯庇斯
Thomas, Keith 基斯·托马斯
Thompson, E P: *Making of the English Working Class* (1964) E.P. 汤普森：《英国工人阶级的形成》
Thomsen, Christian Jürgensen: *Guide Book to Northern Antiquities* (1848) 克里斯蒂安·尤根森·汤姆森：《北方古代文物指南》
Thomson, J J J. J. 汤姆森
Thomson, William 威廉·汤姆森
Thorndike, Edward 爱德华·桑代克
Thucydides 修昔底德

Tierra del Fuego 《火地岛》
Tocqueville，Alexis de 阿列克西·德·托克维尔
Democracy in America 《美国的民主》
Toledo 托莱多
Tönnies，Ferdinand 费迪南德·托尼斯
Trajan，Emperor of Rome 图拉真，罗马的皇帝
Turgot，Anne Robert Jacques：*On the Successive Advances of the Human Mind* 安·罗伯特·雅克·杜尔哥：《论人类意识的连续进步》
Tutankhamun，Pharoah of Egypt 图坦卡门，埃及法老
Tylor，E B E. B. 泰勒
Tyndale，William 威廉·廷代尔
Tyre 泰尔

Umayyads 倭马亚王朝
Umma (Mesopotamia) 乌玛（美索不达米亚）
Ur (Mesopotamia) 乌尔（美索不达米亚）
Urban II 乌尔班二世
Uruk (Mesopotamia) 乌鲁克（美索不达米亚）
Ussher，James：*Annals of the Old and New Testament*（1650–53） 詹姆斯·厄舍尔：《旧约和新约编年》

Valla，Lorenzo 洛伦佐·瓦拉
Van Gogh，Vincent 文森特·梵高
Varro 瓦罗
De Novem Disciplinis 《教育九卷》
Nine Books of Discipline 《教育九卷》
Vasari，Giorgio 乔治亚·瓦萨里
Vasco da Gama 瓦斯科·达·伽马
Veblen，Thorsten：*Theory of the Leisure Class*（1899） 索尔斯坦·凡勃伦：《有闲阶级论》

Wang Mang，Emperor 王莽，皇帝

Watt，James 詹姆斯·瓦特

Webb，Walter Prescott：*Great Frontier, The*（1953） 沃尔特·普雷斯科特·韦伯：《大边疆》

Weber，Karl Maria von 卡尔·冯·玛利亚·韦伯

Weber，Max 马克斯·韦伯

Protestant Ethic and the Spirit of Capitalism（1904） 《新教伦理和资本主义精神》

Webster，Noah 诺亚·韦伯斯特

Weiss，Johannes：*Jesus' proclamation of the Kingdom of God*（1971） 约翰内斯·韦斯：《耶稣对天国的预言》

West，M L：*East Face of Helicon: West Asiatic Elements in Greek Poetry and Myth, The*（1977）韦斯特：《赫利孔山的东方面孔：希腊诗歌和神话中的西亚元素》

Whiston，William 威廉·惠斯顿

Wilkins，Charles 查尔斯·威尔金斯

Wilkinson，Endymion 魏根深

Williams，Raymond 雷蒙德·威廉斯

Willis，Thomas 托马斯·韦利斯

Anatomy of the Brain and Nerves, The（1664） 《大脑和神经解剖》

Wilson，A N A.N.威尔逊

Wittkower，Rudolf 鲁道夫·维特科夫

Woolley，Leonard 伦纳德·伍利

Wordsworth，William 威廉·华兹华斯

Wren，Christopher 克利斯托弗·雷恩

Wycliffe，John 约翰·威柯利夫

Xuan Zang 玄奘

In the Footsteps of the Buddha 《佛陀遗踪》

思想表

progress　进步
progressionism　级数
prophets　先知书
prosa　散文一词的拉丁语源，意为“直截了当的”
Protestant ethic　新教道德规范
Protestantism　新教
　national dimension　民族因素
　and printing　和印刷术
proto-capitalism　原型资本主义
Pseudoepigraphia　伪碑文
psyche　灵魂
psychology　心理学
public health　公共卫生
publishing　出版

quadrivium　（中世纪的）四学科（指算术、几何、天文、音乐）
quantification　量化
Quinisext Council　昆尼色克特会议
Qur'an　《古兰经》
scholarship and study　奖学金和学习

Rabula Codex　《拉布勒抄本》
racial theories　种族理论
Ramadan　斋月
Ramayana　《罗摩衍那》
Rationalism　理性主义
reading　阅读
realism　现实主义
reasonable man　理智的人
Record of the Later Han, The　《后汉书》

replaced by mind　为心理所取代
in Zoroastrianism　拜火教
specialisation of occupations　职业专业化
spirituality　精神性
sprezzatura　冷淡
standardisation　标准化
tools　工具
weights and measures　度量衡
state　国家
divine legitimation　圣职人员合法化
modern　现代国家
secular legitimation　世俗的正当性
statistics　统计学
stoicism　斯多葛学派
student guilds　学生团体
studia humanitatis　人文学科
studium generale　探讨普通学问的场所，研究某一学科高深学问的机构，被用来指称获得正式认可前的大学
Sturm und Drang　狂飙突进运动
syllabaries　音节文字
symbolic behaviour　象征性行为
syncretism　不同宗教信仰的汇合
Christian　基督教的
Hindu　印度的
Islamic　伊斯兰的
Renaissance　文艺复兴的
Thomist　托马斯主义者
synthesis of knowledge　知识的综合
systematic experimentation　系统实验
systematic observation　系统观察

译后记

《人类思想史》一书的英文名为“*Ideas*”，正如其副标题“*From Fire to Freud*”所暗示的，从有了火种以来，人类就不断地因为新的思想火花而进步，而本书正是以一种百科全书式的气魄贯穿介绍了人类思想从古至今的发展，勾画了一部生动而清晰的人类思想史。

在这部《人类思想史》中，作者详尽介绍了历史上有影响力的创意思想，以传统的历史叙事的三分法为基础，提出人类历史的三大创意思想是灵魂、欧洲和实验。这部大作共分为三卷，依次为《浪漫灵魂：从以赛亚到朱熹》、《冲击权威：从阿奎那到杰斐逊》、《平行真理：从维科到弗洛伊德》。彼得·沃森从文明的起源——火开始，一路讲到古代思想和学术的萌芽，再到近、现代科学的发展，以独特的视角切入整个人类思想、文明的发展脉络。在占有大量信息的基础上，融入自己的洞察和理解，以一批塑造和改变了整个人类文明发展的人、事件和创意思想为线索，在分析和考察的基础上，详细阐述和分析了历史上各个阶段和文化中曾经出现过的重要事件、人物、思想，以及文化发展、经济发展、学术发展、科技发展等等，洋洋洒洒将世界历史上的各个看似独立、无甚关联的思想、人物和事件串在一起，从哲学家、天文学家、神学家、发明家、诗人、法学家到生物学家，从亚里士多德、阿奎那、托勒密、穆罕默德到迦梨、朱熹、贝多芬、斯特林堡和杰斐逊，从手斧到火、最初的文字、最初的房屋、最早的城市；从马匹、战争、第一部法典到关于灵魂和意志的观念、柏拉图、孔子、希腊个人主义的诞生、古罗马的公共图书馆；从犹太教的诞生到基督教、印度孔雀王朝、阿拉伯的《金色七悬诗》；从《绳法经》、格子乘法到中国宋代的文艺复兴；从欧洲的创意思想到七大人文学科的出现、文艺复兴、透视画法到莎士比亚；从新教、科学革命到“公众”一词的发明和怀疑的出现直至弗洛伊德，将个人、家族、民族、政府、财产、学术等观念的发展与整个人类文明和思想的发展结合起来，把人类思想发展的历史从古到今串成有机的脉络，将文明成形、发展和成熟的过程清晰地展现在我们眼前。

本书在选取题材上宏阔而又精微，在写作方式上充分发挥了作者驾驭语言的天赋。谈起历史，读者不由地会想到人类历史上各种里程碑性质的战争、帝国等等，思想的发展在以往的历史书中似乎只是那些重大事件的陪衬。然而在这部书的《绪论》中，作者说到，这部书一方面是为了更有趣地说明一部思想史可能是一部怎样的历史，另一方面是为了向读者展示研究历史的另一种方法：不探讨军事战役，不谈论某位帝王的丰功伟绩，而是以军事策略的进步、威力巨大的新式武器的发明，讨论为君之道，以及国王和主教之间为了人心的思想斗争。书中没有征服美洲的真实细节，但是详细论述了发现新大陆的指导思想，以及这个伟大的发现如何改变了欧洲人和阿拉伯人的想法；书中没有描述各个帝国是如何建立的，但却颇费笔墨探讨帝国和殖民主义的观念……虽然绝无可能将人类思想历史的发展毫无遗漏地呈现出来，但是本书详略有当，将文明发展的脉络与个体的思想家结合起来，用足够的宽度覆盖历史上重要的创意和思想的同时，在细微处为我们将最具创意的历史人物、历史事件、思想以及影响一一呈现。

除了在人类思想历史中起过重大作用的主流思想之外，作者还在书中介绍了很多在传统历史研究中很少见的、似乎“微不足道的”思想，比如：是谁第一个把时间分为公元前和公元后？为什么我们把一个圆分成360度？天堂的概念从何而来？谁发现了冰河世纪？《吉尔伽美什》是什么？水泥是什么时候发明的？莎草纸是怎么回事？数学中使用加减符号始于何时何地？……这些微不足道的思想似乎已经淹没于历史的洪流中，但是，却实实在在地影响了人类的思想和生活。

作者从当下的角度对历史进行观照也是本书的特点之一。本书既凝聚了历史厚重感，又承担了现实的责任和意义。作者以一种极度开放的方式溯源我们当今的生活、风俗和科技发展，介绍历史细节的同时，以一种生动的方式将看似枯燥的历史编织进一个充满新奇思想火花的大网，将东西方历史和思想横向比较，让读者从宏观角度把握整个人类而不仅仅是西方的思想发展，引发读者的思考和对东西方文化的比较，使读者不仅能够追根溯源，厘清人类思想发展的前因后果，生动地了解历史，更能清楚地理解当下人类的状况、所处的发展阶段和未来的方向。

《人类思想史》一书的作者彼得·沃森（Peter Watson）是一位经历十分丰富的作家和历史学家。他曾经做过记者，做过《新社会》(*New Society*) 杂志的编辑，在《星期日泰晤士报》(*The Sunday Times*) 的“深度观察”栏目供职四年，也为《时代周刊》(*The Times*)、《观察家》(*The Observer*) 等著名报刊撰稿。从1997年6月开始，沃森加入了剑桥大学麦克唐纳考古研究院，专注于历史研究，发表了共13部历史著作，包括《大脑的战争：心理学在战争中的使用和误用》(*War on the Mind: the Military Uses and Abuses of Psychology*)、《智慧与力量，文艺复兴巨匠传记》(*Wisdom and Strength, the Biography of a Renaissance Masterpiece*)、《20世纪思想史》(*The Modern Mind: An Intellectual History of the 20th Century*)、《没有偶然》(*Nothing is an Accident*) 等等，上至人类早期历史和思想发展，下至当代思想和创意，涉猎极为广泛。

早年的新闻工作经历使沃森的历史学著作的写作方法跟其他历史学家有很大不同。他注重史实，更看重历史与当代的关系；他文笔犀利，在尖锐的洞察背后是大量翔实的历史证据。历史与现实的结合，深度与广度的统一在他的历史著作中得到了恣意的发挥，他所引用的历史文献之广，其分析考察之深带给作者很高的声誉，其影响不仅在历史领域可见，更波及文化、哲学、文学、宗教学等领域。

记者出身的沃森，以其清新隽永的文本和视角开创了全新的历史文献写作的方式。他从细微处入手，把复杂深奥的理论、学说还原为生活的常识经验，把人类数千年历史还原为精彩多样的情景片段。言简意赅、深入浅出、娓娓道来，让人叹服。作者倾一己之力撰写的这本超过百万字的巨著，一经出版便在西方知识界引起强烈反响。伴随作者清新而又内容翔实的描述，读者可以恣意畅游于哲学、文学、历史、政治、艺术、科学等各个领域的发展图画之中，并体会到诸多领域之间及它们与整个人类历史发展的细腻联系。在这样浩繁的、包罗万象的思想海洋中，读者仿佛与文学家、思想家、科学家、艺术家、发明家们亲密接触，近距离观察这些塑造了人类世界发展轨迹的人物，体味他们独特的视角和思维方式。细细品读起来，本书绝非一般历史书籍那样罗列和堆砌信息，作者凝练而又生动的语言使一件件的历史事件、一段段的历史时期仿佛一幅幅画卷，又宛如一首首诗歌或者一篇篇散文，生动、清新、隽永，一一呈现在读者的眼前。读者不仅可以从书中了解人类思想发展的脉络和历史，了解中西文化和思想的差异和融合，更体会到语言的魅力和叙述的精妙。

彼得·沃森对人类思想的起源、学术的发展、文明的进步等考察和分析在这部《人类思想史》中得到了系统、清晰的阐释，这样一部跨历史、哲学、文学、人类学等学科的研究巨著，无疑具有重要的学术价值和文献价值。本书译者长期从事东西方文学研究、外国语言学研究，但面对这样一部涉猎广泛的著作，仍然是战战兢兢、如履薄冰，这部气势磅礴的著作所涉及的材料源于多种语言，包括阿拉米语和梵语，还涉及大量文献，为了将原著的丰厚的思想和凝练的语言尽量忠实地展现在中国读者的面前，译者作了大量艰苦而细致的工作，查阅资料，相互切磋，一遍又一遍不厌其烦地修改、校对。而且，本译著可以说拥有一个强大的顾问团队，包括国内外历史、文化、文学领域的专家学者，他们对于专业知识的指导也是本译著得以顺利完成的保障。感谢为本书翻译作出贡献的这些专家学者。感谢为引进此书作出贡献的韩德江博士。中译本各译者翻译分工如下：

姜倩翻译《浪漫灵魂》从开篇到第五章。南宫梅芳翻译《浪漫灵魂》第九章至第十三章和《冲击权威》第一章。韩同春翻译《浪漫灵魂》第七章和《平行真理》第一章、第二章、第五章至结束。高录泉翻译《冲击权威》第二章至第十四章。苗永姝翻译《浪漫灵魂》第六章和《平行真理》第三章、第四章。刘织翻译《浪漫灵魂》第八章、第十四章。

在本书即将付梓之际，对于译者来说，既有欣慰，更多忐忑。翻译本非易事，尤其是面对这样一部既跨学科又有创见的学术著作，如何准确传达各学科精髓和作者的创见，颇费心力。但是，翻译的艰辛不应成为谬误的挡箭牌，本书翻译难免错漏之处，恳请读者不吝批评匡正。

感谢中央编译出版社慧眼识珠，为中国读者引进此书。

南宫梅芳

图书在版编目(CIP)数据

人类思想史：平行真理／(英)沃森著；韩同春，苗永姝，南宫梅芳，姜倩，
高录泉，刘织译.
—北京：中央编译出版社，2011.5

ISBN 978-7-5117-1138-0

Ⅰ. ①人…
Ⅱ. ①沃… ②韩… ③苗… ④南… ⑤姜… ⑥高… ⑦刘…
Ⅲ. ①思想史－世界
Ⅳ. ①B1

中国版本图书馆 CIP 数据核字(2011)第 240160 号

人类思想史：平行真理

出 版 人：和龑
责任编辑：苗永姝
责任印制：尹珺
出版发行：中央编译出版社
地　　址：北京西单西斜街 36 号(100032)
电　　话：(010) 52612345（总编室）(010) 52612335（编辑室）
(010) 66130345（发行部）(010) 52612332（网络销售部）
(010) 66161011（团购部）(010) 66509618（读者服务部）
网　　址：www.cctpbook.com
经　　销：全国新华书店
印　　刷：北京金瀑印刷有限责任公司
开　　本：787 毫米×1092 毫米　1/16
字　　数：380 千字
印　　张：24.25
版　　次：2011 年 5 月第 1 版第 1 次印刷
定　　价：49.00 元

本社常年法律顾问：北京大成律师事务所首席顾问律师　鲁哈达
凡有印装质量问题，本社负责调换。电话 010-66509618